"十二五"职业教育国家规划教材

经全国职业教育教材审定委员会审定

高职高专经济金融类专业工学结合规划教材

金融职业礼仪

（第二版）

主　编　王　华

副主编　徐　烨　蒋含真

ZHEJIANG UNIVERSITY PRESS

浙江大学出版社

图书在版编目（CIP）数据

金融职业礼仪 / 王华主编. —2 版. —杭州:浙江
大学出版社,2014.7(2020.6 重印)
ISBN 978-7-308-13127-8

Ⅰ.①金… Ⅱ.①王… Ⅲ.①金融－商业服务－礼仪
－高等学校－教材 Ⅳ.①F830

中国版本图书馆 CIP 数据核字（2014）第 080586 号

金融职业礼仪（第二版）

主　编　王　华

责任编辑　邹小宁
封面设计　俞亚彤
出版发行　浙江大学出版社
　　　　　（杭州市天目山路 148 号　邮政编码 310007）
　　　　　（网址:http://www.zjupress.com）
排　　版　杭州中大图文设计有限公司
印　　刷　临安市曙光印务有限公司
开　　本　787mm×1092mm　1/16
印　　张　16.5
字　　数　412 千
版 印 次　2014 年 7 月第 2 版　2020 年 6 月第 11 次印刷
书　　号　ISBN 978-7-308-13127-8
定　　价　35.00 元

PREFACE

随着社会主义市场经济体制改革的不断深化，我国金融市场逐渐形成了多元化的竞争格局，在竞争愈演愈烈的形势下，各金融企业要在服务高度同质化的环境中谋求生存与发展，重要的手段之一是为客户提供优质高效的服务品质，在客户心目中树立起良好的形象。这主要受到三方面因素的影响：第一，企业所提供金融服务的准确快捷性；第二，所开发金融产品的丰富安全性；第三，员工所展现金融职业礼仪的得体性。其中，每位金融员工所展现的职业礼仪水平是给客户的"第一印象"，直观地反映出该金融企业的服务与管理水平。客户能从与员工的互动过程中感受到该金融企业良好的信誉与专业实力。这就要求金融从业人员不但要具备精深的专业水平和娴熟的业务技能，更要了解、掌握并自觉遵守金融职业礼仪的技巧和规范，使礼仪内化为自身的素质涵养，外化为得体优雅的行为。只有这样，金融企业的形象才会得以提升，从而，高素质、高质量的金融服务也将成为各家金融企业品牌建设的有力载体，成为企业持续发展强劲动力。

为满足新形势下金融行业对从业人员所具备的职业礼仪的新要求，帮助金融院校学生熟练掌握礼仪规范与行为，尽快成为懂礼仪、会实践的实用型人才，我们本着求实和与时俱进的精神编写了这本应用型教材《金融职业礼仪》，以满足高职高专院校的学生及社会各界人士对金融职业礼仪知识学习的迫切需要。

本书结构科学合理，内容循序渐进，涵盖了金融行业工作人员的仪表礼仪、金融行业工作人员的仪态礼仪、金融行业工作人员的语言礼仪、金融行业日常交际礼仪、金融行业公务礼仪、金融行业岗位服务礼仪、金融行业营销礼仪、金融行业涉外服务礼仪等八大模块。每一模块包括多个项目。每一个项目由工作任务、工作步骤、知识链接等部分构成。每一个项目都包含实训与指导的内容，具有较强的实用性和可操作性。

本书由浙江金融职业学院王华教授担任主编，浙江金融职业学院徐烨、蒋含真担任副主编。其中，王华编写导论、模块四，吕虹编写模块一，蒋含真编写模块二，徐烨编写模块三、模块五，王娟、叶少航编写模块六、模块七，张佳编写模块八。全书由王华最后定稿。

在本书的编写过程中，我们参考了大量的文献资料以及许多同行的书籍，限于篇幅所限，未能一一罗列，在此向他们表示感谢和歉意！由于编撰水平所限，加之时间仓促，书中仍有许多纰漏与不足，欢迎广大同行和读者批评指正。

编　者

2014 年 1 月 11 日

目 录

C O N T E N T S

导　论

随着市场经济的快速发展，社会交往、国际交往的日益频繁，社会组织和个人对礼仪的重视程度越来越高，有"礼"走遍天下，无"礼"寸步难行，礼仪已成为个人立身处世、企业谋生求存的重要基石。金融体制改革以来，我国金融市场已经形成了多元化的竞争架构，新的形势下，金融业面临的竞争愈加激烈，在金融行业高度同质化的今天，能否在竞争中求生存、谋发展，关键在于良好形象的建树和优质高效的服务，不断打造优秀的服务品质，凸显一家银行的"比较优势"，而优秀的服务品质主要取决于文明得体的金融职业礼仪、安全健全的服务功能、准确快捷的服务效率和优美舒适的服务环境等。在这四个方面，金融职业礼仪是金融行业展示给客户的"第一印象"。这就要求金融行业从业人员不但要具备精深的专业水平和娴熟的业务技能，更要了解、掌握和自觉地遵守金融职业礼仪的规范和技巧。

金融职业礼仪的本质

一、礼仪的含义

礼仪是"礼"和"仪"的统称，是指在人际交往过程中，人们为了表示尊重与友好而共同遵守的行为规范和准则。

在现代社会里，礼仪是人们在平等互尊的基础上进行交往时用以规范行为、沟通思想、交流情感、促进了解的重要形式，是人的道德修养和文明程度的外在表现，是建立和谐有序社会的重要保障。具体来讲，礼仪是社会组织或个人在人际、社会乃至国际交往中以一定的约定俗成的程序、方式来表现的律己、敬人的行为规范。这种律己、敬人的行为规范，从个人修养角度来看，是一个人内在素质和修养的外在表现；从道德的角度来看，是为人处世的行为规范和行为准则；从交际的角度来看，是一种交往的方法和技巧；从民俗的角度来看，是沿袭下来的待人接物的习惯做法；从审美的角度来看，是人的心灵美的外化。金融职业礼仪又是通过礼貌、礼节、仪式体现出来的，三者既相互联系又有各自特定的内容和要求。

礼貌是礼仪的基础，主要是指在人际交往和社交过程中，表现出来的敬意、友善和得体的气度与风范。通常所说的礼貌修养,主要表现在个人对仪表、仪容的适度修饰,较高的涵养,待人接物的彬彬有礼,言谈举止的端庄、优雅等方面。礼貌的思想核心和首要内容就是一种敬人的态度。诸如金融行业员工在为客户服务时,要求"来有迎声,问有答声,走有送声",在服务中要求使用"请""您好""对不起""谢谢""再见"等文明用语,这都是礼貌在金融服务过程中的体现。

礼节是礼仪的基本组成部分,是礼貌在语言、行为、仪态等方面的具体表现形式。主要是指在工作和交际场合中,相互表现出来的尊敬、祝颂,迎来、送往,问候、致意之类的各种惯用的规则和形式。礼貌与礼节之间的关系是互为表里的关系。没有礼节,无所谓礼貌;有了礼貌,则必然伴有相应的礼节。礼节的应用强调的是得体,即根据不同的交际对象和交际的场合施以恰当的礼节。金融行业的礼节是金融组织和代表组织的员工对交往、接待、服务的对象由衷表示尊敬、和善和友好的行为方式。诸如在为客户提供服务过程中的站姿、行姿、坐姿的要求;每天营业开始时,值班经理带领全体员工站立迎接第一批客户的要求;为客户站立服务的要求等。

仪式通常是指围绕一定主题所举行的具有某种专门规定的程序化行为规范的活动,场合一般较大且较隆重,以表示重视、尊重和敬意。如升旗仪式、开业典礼、庆祝典礼、迎宾仪式、签字仪式等。仪式是由一系列具体表现礼貌的礼节构成的。礼节与仪式相比,礼节只是表示礼貌的一种做法,而仪式则是表示礼貌的系统完整的过程。

由此可见,礼貌、礼节、仪式三者是互相渗透、相辅相成的,但又有一定的区别。礼貌的核心是尊重他人的一种态度,从社会学的角度讲,是人的行为的一种道德规范,它决定一个人待人处世的基本行为倾向,较之礼节更为根本。但礼貌只是大致指出人的行为的方向和轮廓,并不具体规定和说明人的行为方式和方法,从这个角度来讲,礼貌还是比较抽象的;而礼节则是体现礼貌的行为细节,尊敬他人的态度要以相应的礼节的配合才能体现出来,两者之间的关系实为内容与形式的关系。礼节是礼貌的外在表现形式,礼貌则是礼节实施的内容基础。礼貌与礼节的关系,正如古人所言的"文"与"质"的关系。仪式主要是作为一种集体性的社交活动形式,在仪式中对礼貌、礼节又有不同的要求。

二、金融职业礼仪

(一)金融职业

金融是货币流通和信用活动以及与之相联系的经济活动的总称。广义的金融泛指一切与信用货币的发行、保管、兑换、结算、融通有关的经济活动,甚至包括金银的买卖;狭义的金融专指信用货币的融通。

从事金融活动的机构主要有银行、信托投资公司、保险公司、证券公司、投资基金,还有财务公司、金融资产管理公司、邮政储蓄机构、金融租赁公司以及证券、金银、外汇交易所等。

金融职业是金融机构从业人员利用专门的知识和技能,为社会创造物质财富和精神财富,获取合理报酬,作为物质生活来源,并满足精神需求的工作。

(二)金融服务

在市场经济条件下,金融业的竞争更多的是服务的竞争,金融行业必须在服务上下功夫,才能在同行业中获得持续的、较强的竞争力。学会与客户交往、沟通的技巧,掌握对客户服务的行为规范,展现一名金融行业工作人员的外在美和内在修养,能更容易赢得客户的满意和忠诚,提升企业的形象。

金融服务就是满足人的生产活动、经济交往、价值实现和物质交换需要而出现的互利性活动。金融服务的本质是通过主动为他人提供特定服务(信用活动)来获取利益。

在一般情况下,金融行业主要提供以下几类服务:

(1)存、取现金服务。随着银行客户服务技术的进步,银行服务满足客户需求、为客户提供现金的途径亦随之改变,这种改变在近年来日益突出(如电话银行的普及、网上交易的实现等),但目前传统的现金存取仍然是主要服务形式。

(2)资金安全性服务。如保管箱、中远期结售汇买卖等安全的货币存款等业务。

(3)货币转移服务。如结算、支付、薪水代发等业务。

(4)授信、延期立付服务。如贷款、承兑、担保等业务。

(5)金融顾问、代客理财服务。这是一个正处于快速发展中的银行服务领域,主要以提供金融智力、技术服务为主。

(6)投资、证券、保险业务。从金融服务的定义中,我们不难发现金融服务的普遍性特征。就一般性概念来讲,金融服务是一种满足客户金融需求的活动,这种活动是围绕着货币融通和交易过程而展开的,以"共同受益,获得满足"为基础。

对于具体的金融服务而言,大致有这样一些主要特征:

(1)金融服务与金融企业的存亡有关,是其本质性的活动。

(2)金融服务是借助一定的载体和产品形式对外出售的无形劳务产品。

(3)金融服务的终极目标是使客户金融服务需求得到满足。

(4)金融服务是金融企业本身与客户之间双赢的利益分享、共同受益活动。

(5)金融服务是主动提供和不断更新的,而非本身自发的活动。

怎样把客户服务放在首位,最大限度地提供规范化、人性化的服务,以满足客户需求,是金融行业面临的最大挑战,也正是金融职业礼仪要解决的问题。

(三)金融职业礼仪

1.金融职业礼仪的定义

金融职业礼仪与礼仪有着密切的关系,礼仪是金融职业礼仪的基础和内容。金融职业礼仪是礼仪在金融服务过程中的具体运用,是礼仪的一种特殊形式,是体现服务的具体过程和手段,使无形的服务有形化、规范化、系统化。

金融职业礼仪是指金融行业工作人员在自己的工作岗位上所应严格遵守的行为规范。

所谓规范,是指标准的、正确的做法。行为规范是指人们在特定场合之内进行活动时的标准的、正确的做法。

金融职业礼仪是一门实用性很强的礼仪学科。同礼仪的其他门类相比,金融职业礼仪具有明显的规范性和更强的可操作性。具体来讲,金融职业礼仪以工作人员的仪容规范、仪态规范、服饰规范、语言规范和岗位规范为主要内容。

(1)仪容规范。金融职业礼仪的仪容规范是指金融行业人员在工作岗位上,按照本行业的要求对自己的仪容进行必要的修饰与维护的要求和标准,主要内容包括面部修饰、发部修饰、肢体修饰和化妆修饰四个方面。

(2)仪态规范。金融职业仪态规范是指对工作人员在工作岗位上的姿态、行为和动作的具体要求。主要包括仪态、举止、风度。

（3）服饰规范。金融职业礼仪服饰规范是指金融行业对其从业人员在工作岗位上的服饰提出统一的要求与限制。工作人员的服饰问题,主要涉及其在金融工作中所穿戴使用的服装、饰品、用品等的选择与使用的规范。

（4）语言规范。金融职业礼仪的语言规范是指对金融行业从业人员在工作岗位上使用的礼貌用语及谈话技巧的要求及准则。

（5）岗位规范。金融职业礼仪的岗位规范是指工作人员在金融岗位上应遵循的具体要求和操作标准。

金融业是广泛接触社会、接触人的工作。由于服务对象的地域、民族、文化、语言、宗教、信仰、习俗等不同,工作人员为了能做好服务与接待工作,也要学习和了解社交礼仪、涉外礼仪、习俗礼仪和宗教礼仪等。

2.金融职业礼仪的特征

（1）规范性。金融职业礼仪是指金融行业工作人员在自己的工作岗位上应当严格遵守的行为规范。这种规范,要求金融机构及其工作人员按照一定的礼仪规范做好服务与接待工作,同时在服务过程中的言谈举止也要合乎礼仪规范。在金融服务接待活动中,"宾客至上"、把"尊贵让给客人"应该是金融行业各个部门共同的行为准则,是金融行业全体成员应该共同遵守的人际交往和社会交往准则。

（2）可操作性。金融职业礼仪是礼仪在金融服务过程中的具体应用,具有简便易行、容易操作的特征。它既有总体上应遵循的原则、操作规范,又有具体细节上的一系列方式、方法,实用可行,规则简明,易学易会,便于操作,易记易行。

（3）灵活性。培根说:"礼仪是微妙的东西,它既是人们交际所不可或缺的,又是不可过于计较的。"金融行业礼仪的规范是具体的,但不是死板的教条,它是灵活的、可变的。金融行业工作人员应在不同的场景下,根据服务对象的不同特点,灵活地处理各种情况。

金融职业礼仪的基本要求

金融行业是窗口行业,金融行业与社会接触面最广,与人们的经济生活息息相关。服务质量的优劣,直接体现工作人员的文明和文化素养,体现金融企业的服务质量和管理水平,从某种意义上讲,也体现一个国家和国民的精神面貌和道德水准。因此,从根本上提升服务品质、打造金融企业核心竞争优势、增强服务意识、提升服务素养是金融职业礼仪对金融行业及员工所提出的基本要求。

一、职业道德

职业道德,既是金融职业礼仪的主要理论基石之一,也是对金融行业员工的基本要求,金融行业的职业道德,是指工作人员在金融服务过程中,接待自己的服务对象,处理各种关系时所应遵守的职业行为准则。

金融行业职业道德核心思想,是为社会服务,为人民服务,对服务对象负责,诚实守信,让服务对象对金融行业的服务质量称心满意,并且通过全体金融行业工作人员的一言一行,传达出本单位对服务对象的体贴、关心与敬意,反映出本单位的精神风貌和社会责任感。

金融行业职业道德的具体内容,主要包括金融行业工作人员的思想品质、服务态度、经营风格、工作作风、职业修养等五个方面的规范化要求,它们都是金融行业工作人员在其工作中的行为准则。

（一）思想品质

对于金融行业工作人员在思想品质方面的规范化要求,主要表现在热爱祖国、热爱社会主义和热爱本职工作三个方面。

热爱祖国、热爱社会主义就是拥护中国共产党的领导,积极投身社会主义现代化建设事业,从自己身边的点滴小事做起,从我做起,努力奉献,为国效力,为国分忧,永远热爱自己的祖国,永远忠于自己的祖国,维护民族利益与尊严,维护社会主义利益与尊严。

热爱本职工作就是爱岗敬业、忠于职守,就是要努力做到热爱自己所从事的职业,热爱自己的工作岗位,维护本职业的利益,担负本岗位的责任,在工作上认真负责,在技术上精益求精,为求掌握最好的职业技能,勤勤恳恳,踏踏实实,始终如一地工作。

（二）服务态度

服务态度主要是指金融行业工作人员对于工作的看法以及在为服务对象进行服务时的具体表现,一名金融行业工作人员的服务态度端正与否,直接影响到他为服务对象所提供的服务的好坏。在我国,对金融行业工作人员的服务态度的总要求是:热情服务,礼待宾客,以质见长。

（三）经营风格

对于金融行业在经营风格方面的总要求是:必须切实维护客户的权益,从而有利于社会的发展与稳定。要实现这一目标,通常要求金融行业与金融行业工作人员在金融产品服务和诚信两方面多下功夫。

（四）工作作风

工作人员的工作作风是指金融行业工作人员在工作岗位上所表现出来的态度与行为,它不仅体现金融行业工作人员的思想品质,而且影响到金融行业工作人员的服务质量与个人形象,金融行业工作人员应做到清正廉洁、客观公正。

（五）职业修养

通常是指金融从业人员,在自己的工作岗位上通过长期的锻炼,从而在思想上、业务上达到一定的水准,以及由此而养成的待人处事的基本态度。对于广大金融行业工作人员而言,个人的职业修养往往会直接影响到他的服务质量与工作态度。这就要求金融行业工作人员在职业修养方面应当树立崇高的理想,努力钻研业务,做到理论与实践并重。

二、角色定位

角色定位理论,主要是要求金融行业工作人员在为服务对象提供服务之前,必须准确地确定双方各自所扮演的角色。只有准确地确定了双方各自所扮演的特定角色,金融行业工作人员才能为服务对象提供更到位的服务。

（一）确定角色

角色定位理论认为,人们不仅在日常生活里扮演着一定的角色,而且在不同的场合里或者依据不同的标准还往往扮演着不同的社会角色、生活角色或者性格角色。金融行业工作人员在工作岗位上应明确自己扮演的是社会角色。

（二）摆正位置

金融行业工作人员在工作时必须清楚地知道，自己应当被定位于服务人员的角色，即自己在工作岗上所要扮演的角色，是要为人民服务，为社会服务，为社会主义现代化建设服务，而且要意识到，自己所从事的工作，是既重要又光荣的。

金融行业工作人员要恪守本分，以朴素、大方、端庄、美观为第一要旨，在工作岗位上，金融行业工作人员的一切行为，包括仪容、仪态、服饰、语言直至待人接物的行为等，均不得与之背道而驰。

（三）特色服务

所谓特色服务，是指有别于常规服务、具有某种特殊性的服务。特色服务之所以常常取得成功，关键就在于它能够了解人们的特殊需求，并给予适当满足。金融行业工作人员在对服务对象进行角色定位时，除了取决于自己的经验、阅历、教养与判断之外，主要是基于自己对对方的性别、年龄、气质、教养、仪容、仪态、服饰和语言等方面所进行的综合观察，才能结合金融行业服务项目在为对方服务时做到"投其所好"。

（四）不断调整

在服务过程中，金融行业工作人员为自己所进行的角色定位需要有所变化、有所调整，主要是因为随着自己与服务对象相互接触的不断加深和服务工作的不断进行，自己所处的具体位置不时需要有所变动。

三、双向沟通

双向沟通理论是金融职业礼仪的重要理论支柱之一，它的中心内容是主张以相互交流、相互理解作为金融行业工作人员与服务对象彼此之间进行相互合作的基本前提。双向沟通理论认定，金融行业工作人员与服务对象彼此之间缺乏相互交流、相互理解，如果要向服务对象提供令人满意、称心的良好服务，通常是不可能的。

（一）理解服务对象

双向沟通理论特别强调：人是需要理解的，而服务者是必须理解他人的。在服务岗位上，唯有正确地理解服务对象，金融行业工作人员才能够以自己的优质服务去充分地满足对方的实际需要。

（二）加强相互理解

相互理解，亦即双向沟通，是实现交往成功的基本前提，有时人们也将其简称为沟通。在任何形式的人际交往中，包括金融行业工作人员与服务对象在服务过程中的人际交往在内，假如没有交往双方之间的相互理解，就很难使双方的交往融洽而成功。

（三）建立沟通渠道

双向沟通理论认为，要想在人际交往之中真正地使交往双方实现相互理解，主要有赖于建立一种约定俗成的、相对稳定的、有助于交往双方彼此相互理解的沟通渠道，可被视为在人际交往中，交往双方实现相互理解的一种捷径。

（四）重视沟通技巧

金融职业礼仪是实现双向沟通的一种最重要的沟通技巧，金融行业工作人员要充分认识金融职业礼仪在双向沟通中的重要性，端正对金融职业礼仪实用性的认识，正确把握沟通技巧。

四、三A法则

金融行业工作人员欲向服务对象表达自己的敬意的时候，必须善于抓住如下三个重点环节，即接受服务对象、重视服务对象、赞美服务对象。由于在英文里，"接受""重视""赞美"这三个词语都以"A"字母打头，所以它们又被称作"三A法则"。

（一）接受服务对象

接受服务对象，主要体现为应当积极、热情、主动地接近服务对象，淡化彼此之间的戒备、抵触和对立的情绪，恰到好处地向对方表示亲近友好之意，将对方当作自己人来看待，真正将客户视为自己的"上帝"和"衣食父母"，诚心诚意地意识到"客户至上"的道理，认可对方，纳容对方，接近对方。只有做到这一点，才能真正地提高自己的服务质量。

（二）重视服务对象

重视服务对象，主要应当认真对待服务对象，并且主动关心服务对象。金融行业工作人员在工作岗位上要真正做到重视服务对象，首先应当做到目中有人，有求必应，有问必答，想对方之所想，急对方之所急，认真满足对方的要求，努力为其提供良好的服务。金融行业工作人员重视服务对象的具体方法主要有：服务过程中面带微笑，牢记服务对象的姓名，善用服务对象的尊称，倾听服务对象的要求，等等。

（三）赞美服务对象

赞美服务对象，是要求金融行业工作人员在向服务对象提供具体服务的过程中，要善于发现对方之所长，并且及时、适度地对其表示欣赏、肯定、称赞与钦佩。这种做法的最大好处，是可以争取到与服务对象的合作，使金融行业工作人员与服务对象双方在整个服务过程中和睦而友善地相处。金融行业工作人员在赞美服务对象时，要注意实事求是、恰如其分，否则自己对对方的赞美往往适得其反。

五、形象效应

金融企业形象不仅是指一种产品、一项规定或行为留给公众的印象，也是金融企业与目标公众在长期的社会交往中形成的一种依赖关系，是企业知名度、美誉度的综合反映，是企业履行社会责任的重要标志。企业形象是企业各个部分形象的总和，具体来说，包括产品形象、服务形象、员工形象和企业外观形象等几方面的内容。

金融职业礼仪的形象效应是指金融企业形象在人们心目中所产生的反映和效果。金融企业的形象效应主要体现在服务之初、服务之中和服务之后，也可以说是体现在服务的第一环节、中间环节和最后环节，也就是金融行业工作人员在与服务对象交往过程中的第一印象、中间印象和最后印象，称之为金融职业礼仪的首轮效应、亲和效应和末轮效应。

（一）首轮效应

首轮效应有时亦称首因效应。它的理论核心点是：人们在日常生活中初次接触某人、某物、某事时所产生的即刻印象，通常会在对该人、该物、该事的认知方面发挥明显的，甚至是举足轻重的作用，对以后的印象有着很深的影响。首轮效应理论实质上是一种有关形象塑造的理论。在人际交往中，之所以强调第一印象十分重要，目的就在于要塑造好形象，维护好形象。

首轮效应理论对整个金融行业有两条重要启示。第一，一家金融单位在创建之初或与客户打交道之初,必须注意认真策划好自己的"初次亮相",以求使社会公众对自己的良好形象先入为主,萌生好感,并且予以认同。第二,金融行业的全体从业人员在面对客户时,均应力求使对方对自己产生较好的第一印象。

（二）亲和效应

亲和效应是指人们在交际过程中,往往会因为彼此之间存在着某些共同之处或近似之处,从而感到相互之间更加容易接近。这种相互接近,通常使交往对象之间萌生亲切感,更加相互接近、相互体谅。交往对象由接近而亲密,由亲密而进一步接近的这种相互作用,有时被人们称为亲和力。

金融行业工作人员与服务对象,尤其是常来常往的服务对象彼此之间形成亲和力,是非常有必要的。要做到这一点,必须做到真诚待人。

（三）末轮效应

末轮效应理论认为最后的印象将产生很深的影响。末轮效应理论的核心思想,是要求人们在塑造金融行业或个人的整体形象时,必须有始有终,始终如一。特别主张在人际交往的最后环节,争取给客户留下一个尽可能完美的最后印象。在服务过程中,得体而周全地运用末轮效应的理论,有助于金融行业与金融行业工作人员始终如一地在服务对象面前维护自己的完美形象;有助于金融行业与金融行业工作人员为服务对象热情服务而真正地获得对方的认可,并且为对方所愉快地接受;有助于金融行业与金融行业工作人员在服务过程中克服短期行为与近视眼光,从而赢得服务对象的认同,并因此逐渐地提高本单位的社会效益与经济效益。所以,金融行业工作人员都要特别注意,在为服务对象进行服务的整个过程中,如欲给对方留下完美的印象,不但要注意给对方留下良好的第一印象,而且要注意给对方留下良好的最后印象。

根据金融行业目前的具体情况,金融行业工作人员在掌握并运用末轮效应理论时,应当注意三个方面的问题。

1. 抓好最后环节

首先,对金融行业而言,要抓好服务过程的最后环节,主要应该从自己的"硬件"方面着手。即有必要对处于服务过程中最后环节的设备、设施及其他一切有可能为服务对象所接触或使用的用具、物品等都力臻完善。

其次,对金融行业工作人员而言,要抓好服务过程的最后环节,主要是使自己始终如一地在服务对象面前保持高度热情。

2. 做好后续服务

所谓后续服务,又叫售后服务,它在这里特指在金融行业工作人员为服务对象所提供的直接服务结束之后,金融行业和金融行业工作人员有责任与义务,主动或应邀为服务对象提供的连带性、补充性服务。

金融行业可为服务对象提供的后续服务,主要包括咨询指导、接待投诉、服务热线和服务上门等。金融行业及服务人员应当注意的是,自己为服务对象所提供的上述种种后续服务项目宜求其精、求其实。

3. 着眼两个效益

在服务工作中,倡导金融行业工作人员热情为服务对象进行服务,从根本上着眼于金融行业社会效益与经济效益双丰收。

金融行业工作人员在自己的工作岗位上面对的一切客户都是自己的服务对象。不论对方是存款还是取款、业务大还是小，自己都有义务自始至终地为对方热忱服务。当然，面对客户亦有一定的区别。接待本机构客户时，应当细致周到；接待潜在客户时，应当积极争取；接待非本机构客户时，则应当宣传感化。

六、提倡零度干扰

零度干扰理论，亦称零干扰理论。它是金融职业礼仪的一种重要的支柱型理论。它的基本主张是：金融行业工作人员在向服务对象提供具体服务的一系列过程中，必须主动采取一切行之有效的措施，将对方所受到的一切有形或无形的干扰，积极减少到最小极限，也就是要力争达到干扰为零的程度。

零度干扰理论的主旨，就是要求金融行业工作人员在服务过程中，为服务对象创造一个宽松、舒畅、安全、自由、随意的环境，使对方在享受服务的整个过程里，尽可能地保持良好的心情，让对方始终感到满意，令客户获得精神上的享受。

实践证明：一个社会的文明程度越高，其社会成员对服务领域内的干扰现象就越是难以容忍。服务对象的文化程度越高，在其享受服务的整个过程中便越是不希望受到任何形式的干扰。

零度干扰理论的核心，就是要使服务对象在接受服务的过程中所受到的干扰愈少愈好。金融行业工作人员要落实好这个主要意图，就应当特别注意以下三个方面。

（一）创造无干扰环境

为服务对象创造无干扰的周边，主要需要金融行业与金融行业工作人员从讲究卫生、重视陈设、限制噪声、注意气象、注意光线与色调的几个方面着手。

（二）保持适度的距离

人际距离，一般是指在人与人所进行的正常交往中，交往对象彼此之间空间上所形成的间隔，即交往对象之间相距的远近，在不同的场合和不同的情况下，通常会有不同的要求。心理学实验证明，人际距离必须适度，人际距离过大，容易使人产生疏远感，人际距离过小，则又使人感到压抑、不适或是被冒犯。总之，人际距离过大或过小均为不当，它们都是有碍于正常人际交往的。

1.服务距离

服务距离是金融行业工作人员与服务对象之间所保持的一种最常规的距离，它主要适用于金融行业工作人员应服务对象的请求，为对方直接提供服务时。在一般情况下，服务距离以 0.5～1.5 米为宜。至于金融行业工作人员与服务对象之间究竟是要相距近一些还是远一些，则应视服务对象的文化背景、个性、性别、社会地位、情绪等的具体情况而定。

2.引导距离

所谓引导距离，一般是金融行业工作人员在为服务对象带路时彼此双方之间的距离。根据惯例，金融行业工作人员引导服务对象时在服务对象左前方 1 米左右是最为适当的。

3.待命距离

待命距离特指金融行业工作人员在服务对象尚未传唤自己，要求自己为之提供服务时，须与对方自觉保持的距离。在正常情况下，它应当是在 3 米之外，只要服务对象视线所及，可以看到自己即可。金融行业工作人员主动与服务对象保持这种距离的目的在于不影响服务对象浏览、斟酌或选择服务项目。

4.禁忌距离

禁忌距离主要是指金融行业工作人员在工作岗位上与服务对象之间应当避免出现的距离。这种距离的特点,是双方身体相距过近,甚至有可能直接接触,即小于0.5米。这种距离,多见于关系极为亲密者之间。若无特殊理由,金融行业工作人员千万不要主动采用。

(三)热情服务无干扰

真正受到服务对象欢迎的金融行业工作人员的热情服务,必须既表现得热烈、周到、体贴、友善,同时又能够善解人意,为服务对象提供一定的自由度,不至于使对方在享受服务的过程中,受到金融行业工作人员无意的骚扰、打搅、纠缠或者影响。这便是向服务对象提供无干扰的热情服务的含义。

从根本上讲,要求金融行业工作人员在向服务对象提供热情服务时,必须同时具有对对方无干扰的意识,实际上就是要求金融行业工作人员在服务过程中必须谨记热情有度。在一般无干扰情况下,金融行业工作人员要向服务对象提供无干扰的热情服务,特别有必要注意以下三个具体问题。

1.注意语言

按照惯例,金融行业工作人员在自己的岗位上,除了以常规礼貌用语向服务对象主动致以友善的问候之外,一般不宜对对方多言多语,否则,就会产生负面的影响,对对方形成一定的干扰。金融行业工作人员尤其需要在语言上避免出现不适当的征询、不适当的邀请和不适当的推介等差错。

2.注意表情

在人际交往中,表情通常亦被人们视为一种信息传播与交流的载体。金融行业工作人员在向服务对象进行服务时,有必要对自己的表情自觉地进行适当的调控,以便更为准确、适度地向对方表现自己的热情友好之意,应避免不佳的眼神和不佳的笑容等。

3.注意举止

德国大诗人歌德曾说:"一个人的礼貌,就是一面照出他的肖像的镜子。"金融行业工作人员在为服务对象进行服务时,要讲究文明礼貌、举止得体,要对自己的行为有所克制,如不卫生、不文明、不敬人和不负责等可能干扰对方的举止理当严禁。

金融职业礼仪功能和原则

一、金融职业礼仪功能

金融活动中,礼仪无时不在、无处不有。礼仪作为一种人的行为规范,在金融活动的各个方面发挥着越来越重要的作用。得体自然的金融职业礼仪对于银行提升服务水平、展示窗口形象、增强竞争能力具有重要意义,其作用主要有以下几个方面。

(一)提高素质功能

礼仪体现一个国家和一个民族的文明程度和道德水准,也是人的文化教养、精神风貌的重要标志。著名思想家颜元说:"国尚礼则国昌,家尚礼则家大,身尚礼则身修,心尚礼则心泰。"对金融行业来讲,礼仪教育是培养高素质员工不可或缺的内容,是企业文化、企业理念的重要组成部分。讲究礼仪不仅是广大客户对金融行业的基本需求,是金融行业精神文明的表现,是金融行业员工的必备素质,也是对客户的尊重。

(二)规范约束功能

礼仪是调整社会成员在社会生活中相互关系的行为准则,人与人之间的交往需要按照一定的行为和程式规范进行。在交际场合中,不懂礼或不守礼就无法使交际活动顺利进行,就难以确保交际活动的效果,也难以实现交际的目的。金融职业礼仪规范,围绕金融行业的特点和发展的目标,把企业的规则、规范和道德标准具体化为一些固定的行为模式,应用于对客户的交往、接待、服务和回访的过程中,体现在对不同岗位员工礼仪的具体要求上,诸如服务态度、服务仪表、服务质量、服务效率和服务素质等,这些要求对每一个员工都具有规范和约束作用。

(三)塑造形象功能

现代市场竞争不但是产品的竞争,同时还是形象的竞争,礼仪是塑造个人和组织形象的重要手段。对于个人来讲,礼仪是其道德信念、精神风貌、气质风度、行为修养和交际能力的外在表现,体现在仪表、态度、举止和谈吐等各个方面。一个人如能按照礼仪规范严格地约束自己,自觉地按礼仪规范行事,就可以不断完善个人形象,获得事业的成功。对企业来讲,礼仪是企业价值观、道德观、员工整体素质的集中体现,是企业文明程度和服务质量的重要标志。金融行业员工是社会化和企业化的个人,其个人形象的优劣直接影响企业形象的塑造。比如一个金融行业员工的言谈举止得体优雅、风趣幽默,那么大家会认为他很好,自然会留给客人组织形象良好的印象,相反,则差也。因此,金融行业从组织角度出发,无论是领导者还是员工,都应有强烈的形象意识。同时,金融行业也必须注重礼仪文化的建设,通过礼仪教育和礼仪实践,提高员工的礼仪文化素养,培养员工的礼仪品质,使员工养成良好的礼仪习惯,最终实现个人发展和企业发展的双赢。

礼仪是金融企业的窗口,能反映一家金融企业的管理水平、文化底蕴,能体现员工的精神面貌、职业素养,是金融企业的金字招牌,员工的举手投足、言语谈吐、穿着打扮,都代表着一家金融企业的外在形象和内在管理,构建先进的服务文化,应首先从讲究礼仪开始。

(四)提高效益功能

礼仪是企业的无形资产。礼仪不仅能够展示企业的文明程度、管理风格、道德水准和良好形象,而且直接为企业带来巨大的经济效益和社会效益。以礼仪服务为主要内容之一的优质服务,是金融行业生存和发展的关键所在。礼仪是服务的包装,能使服务更加美丽。礼仪服务能使金融行业获得客户的好感和信任,同时也能使客户在接受服务的过程中得到人格、心理、情感的尊重和满足。礼仪是沟通的“名片”、营销的助推器,金融行业每一位员工对客户礼貌的接待、亲切的问候、甜美的微笑、优雅的气度、热情周到的服务,往往会给客户留下良好的第一印象,是吸引客户、广开财源的直接因素。所以,良好的礼仪形象对提高金融企业的经济效益和社会效益具有十分重要的作用。

(五)调节关系功能

调节关系是礼仪的重要功能。对金融行业来讲,礼仪的调节功能表现在人际关系和公共关系两个方面。就人际关系来讲,讲究礼仪、遵循规范,有助于消除人际交往初始时的戒备心理和距离感,增进相互好感;可以避免和化解人际交往中存在的矛盾,促进相互的沟通和交流。就公共关系来讲,礼仪对建立和维护组织良好的公共关系十分重要。金融企业的公共关系有内部与外部诸多关系,如员工关系、同业关系、股东关系、客户关系、社区关系、政府关系和媒体关系等。礼仪在诸多关系中就像调和剂一样起着协调的作用。通过礼仪交往可以表现出人与人之间、组织与组织之间相互的尊重,加深彼此的情感,缓和紧张的关系,消除隔阂,建立和维护友好合作关系,提高共事能力和办事效率。

(六)维护秩序功能

礼仪规范归根结底是为了建立和维护秩序,促进和谐。就宏观方面来讲,礼仪要求每一个人都要遵循体现社会要求和人们共同利益的行为准则和行为规范。它通过约束人们的态度和动机,规范人们的行为方式,协调融洽人际关系,来建立和维护正常的社会秩序、工作秩序和生活秩序。就金融行业来讲,礼仪具有使工作秩序规范化、程序化和条理化的功能。通过规范员工的仪容仪表、服务用语和服务操作程序等,使服务质量具体化、系统化、标准化和制度化。在固定的礼仪中,使员工接受一定的道德规范的要求,并在礼仪文化的氛围中受到熏陶,从而自觉调整自己的行为。每个人都知晓为什么做、做什么、如何去做、做到什么程度,使工作有章可循,有礼可依,协调一致,井然有序,以达到制度化、规范化的要求。

二、金融职业礼仪的原则

(一)平等原则

平等原则是金融职业礼仪的首要原则,金融职业礼仪的根本点就是交际双方的相互平等和相互尊重。如果没有人与人之间交往的平等,所有的交际礼节都会成为表面、机械、形式化的做作。因此,在人际交往中,虽然需要根据不同的交往对象,采取不同的礼仪方式,但在对交往对象人格的尊重上,则要求一视同仁,平等待人,不能因交往对象在年龄、文化、职业、地位、贫富、亲疏等方面的不同而厚此薄彼。

(二)尊重原则

礼仪的本质是尊重他人,尊重是礼仪的情感基础,是相互之间建立友谊、加深交往、发展关系的前提,是金融活动获得成功的重要保证。尊重原则是指在礼仪行为的实施的过程中,要真诚地体现出对他人的重视、恭敬和友好,而不能轻视、怠慢和冷漠。只有首先尊重对方,才能赢得对方的尊重;只有互相尊重,才能建立和谐的人际关系。古人云:"敬人者,人恒敬之。"要体现对他人的尊重,一要热情真诚,不要夸饰做作;二要有礼有节,不要怠慢无礼;三要言行一致,不要表里不一;四要求同存异,不要压制、排斥;五要一视同仁,不要为人势利。

(三)真诚原则

真诚是人与人相处的基础,礼仪需要真诚,并不只是为了图一时之名而虚修礼貌。在公务活动中运用礼仪时,务必诚信无欺,言行一致。只有如此,自己在运用礼仪时所表现出来的对交往对象的尊敬与友好,才会更好地被对方理解并接受。

(四)遵守原则

礼仪虽然对人的行为具有规范和约束作用,但它不同于法律规范,因而不带有强制性和惩处性,需要社会成员自觉遵守。只有按礼仪规范去要求自己、约束自己,礼仪才能发挥各方面的功能。如银行设置的"一米线",目的是保证每一位客户存款取款的安全,但在实际中由于很多人不能自觉遵守,致使"一米线"形同虚设,起不到应有的作用。对金融行业的员工来讲,如果违背了职业礼仪规范,就会对交往或服务的对象产生失礼甚至是无礼的行为,致使服务质量大打折扣。不但会使个人和组织的形象受损,而且还造成不良后果。因此,每一个员工不仅要懂得礼仪,更重要的是要自觉将礼仪付诸工作和社交实践。只有这样,才能使礼仪规范真正发挥作用。

(五)宽容原则

宽容是建立和保持和谐的人际关系的基础。古人云:"水至清则无鱼,人至察则无徒。"这句话形象而深刻地说明了宽容在交往中的重要性。宽容的原则要求人们在交际活动中,严于律己,宽以待人。遵循宽容原则,一要做到理解体谅,对他人的言行举止不求全责备;二要做到心胸宽广,对失礼之人不斤斤计较。

(六)从俗原则

由于国情、民族、地域、文化背景的不同,礼仪存在着明显的差异性,即所谓"十里不同风,五里不同俗",因而不能忽视从俗的原则。从俗的原则要求在金融活动中,一要随主流,不要搞特殊,当另类;二要尊重交往对象的习俗禁忌,做到入乡随俗;三要因角色不同而变换,当己为主人时,则"主随客便",当己为客时,则"客随主便"。

(七)适度原则

礼仪的一个重要特点就是礼仪的对象化,即在不同的场合,面对不同的对象,对礼仪有不同的要求。适度原则要求人们在施礼的过程中,要善于把握礼仪的尺度,根据具体情况、具体情境施行相应的礼仪,避免"过"与"不及"。即在金融活动中,既要尊人,又要自尊;既要彬彬有礼,又不能卑躬屈膝;既要热情大方,又不能轻浮忘形。讲"礼"重"仪",适度得体,才能取得良好的工作效果。

金融服务意识与礼仪修养

一、金融服务意识

(一)金融服务意识的含义

意识是人类所固有的一种特性,它是人的头脑对客观世界的一种反映,是感觉、思维等各种心理活动过程的总和。存在决定意识,意识又反作用于存在。意识是通过感觉、经过思维而形成的,思维是人类特有的反映现实的高级形式。金融服务意识是指有随时为服务对象提供各种服务的、积极的思维意识。它通过对服务的感觉、认识、思维而形成,与组织精神、职业道德、价值观念和文化修养等紧密相连,是热爱本职工作的表现。

(二)金融服务意识的重要性

金融服务意识是后天培养出来的,它是一个对于组织极其重要的理念。金融行业员工有什么样的服务意识,就有什么样的服务。服务意识关系到服务水准、服务质量,只有在良好的服务观念、服务意识的指导下才能端正工作人员的工作态度,激发他们的工作热情,提高其对自身工作的兴趣,从而为服务对象提供更优质、热情的服务。而在市场竞争日益激烈的今天,金融行业就是要比服务质量、服务水平和服务意识,因此金融行业工作人员要时时刻刻为服务对象着想,服务对象就是本组织的衣食父母。

(三)金融服务意识的核心理念

金融服务意识的核心理念是:服务是光荣的。中国封建社会长期"重农抑商"的观念,导致人们轻视商业、服务业,看不起服务工作。在这一传统观念的影响下,今天许多年轻人在选择职业时,仍然对把服务业作为终身职业心有不甘,这点与西方发达国家相比差别较大。其实今天的金融服务其"内涵"已经比以往扩大了很多。现在社会上有着庞大的服务大军。社会分工促成了繁杂的行业、工种与岗位的产生,它们支撑着社会肌体的运行。每个人都是在为他人做工作,也都在接受着他人的服务。整个社会就像一个服务网络,每个人都是其中的一个节点。人们应该清醒地意识到,服务是光荣的,离开了服务,当今社会就无法正常运转。

（四）金融服务意识的要求

1. 明确角色

有的金融行业工作人员因故抱怨说:"那人太过分了,在家我父母也没这么说过我,我咽不下这口气!"这些话表明,金融企业工作人员把客人对其的态度与父母对自己的态度相比,不能接受两者之间的差异,这是典型的对角色定位不准的表现。

其实,金融行业工作人员与服务对象之间是服务与被服务的关系,是服务产品的提供者与消费者的关系。尽管双方在人格上是平等的,但所承担的社会角色是不同的,在服务岗位上就自然不能与服务对象平起平坐。

与此相反,有的金融行业员工认为自己就是侍候人的,在客人面前唯唯诺诺、谦恭过头,那也没有必要。现代社会等级观念已被打破,服务人员不是小听差,不要自卑自贱。有文化教养的客人也不希望与不懂得自尊的人打交道。美国的里兹·卡尔顿酒店提出一个口号:"我们是为先生女士服务的先生女士。"能正确认识自身价值,自尊自重,自豪而不自卑,更能得到客人的尊重。

2. 关注细节

金融行业工作人员想要满足服务对象的不同需要,不能只关注所谓的大事,而是必须从细节做起。无论工作如何繁杂和琐碎,或是多么简单与重复,都要重视、留神、认真、严谨地对待每一个细微之处。对金融企业工作人员来说,服务工作是日复一日、成百上千次的,但对于服务对象来说,却可能是第一次,甚至是唯一的一次感受。因此,金融行业工作人员不仅要认真细致地做好每一个服务对象的礼仪礼貌和做好工作中的每一件小事,使服务对象无时无刻不感到这种接待服务是一种美好的经历和享受。

俗话说"细节决定成败",有时常常是看起来微不足道的小事,却给服务对象留下或好或坏的印象,决定了他们的评价。眼下许多个性化服务其实就是关注细节,其结果往往是感动服务对象,培养了终身客户。例如,银行柜台配备老花镜,雨天赠送公益伞。细致的服务让客户感动。再如一位饭店客房服务员,在收拾房间时,发现枕头中间有一道折痕。于是她思索着。折痕产生的原因可能是这位客人平时喜欢用比较高的枕头睡觉,住店后嫌这里的枕头太矮,因此对折使用了枕头。于是她便主动赠配了一个枕头,结果赢得了客人的称赞。

3. 善解人意

善解人意,就是要揣摩客人心理和换位思考。服务是一门艺术,应该研究每一个服务对象的不同服务需求,在向服务对象提供服务时,要综合考虑对方的身份地位、修养和心情,甚至是对方与同来的其他服务对象之间的关系,据此揣摩服务对象的心理,然后依照各自不同的情况,提供有针对性的差异化服务。比如,餐厅服务人员会根据不同的服务对象来推荐菜肴,公务宴请的要观察分析主宾的喜好,家庭聚会的要注意简单实惠,情侣约会的要考虑精致浪漫,等等。

在揣摩客人心理的基础上,金融企业工作人员还应该学会换位思考。即要站在服务对象的角度去思考问题,主动进入对方的角色,来思考服务对象所需要的究竟是什么。如果说揣摩客人心理,就是站在客人身边,仔细观察客人需求的话,那么换位思考,则是要把自己假设成客人,"进入"客人的思维来思考他们的需求。比如,客人来兑换新币,工作人员附赠红包一只,客人自然很感激,认为这里的工作人员有人情味,乐于再度光临。

4.一视同仁

金融企业或金融机构为所有客户或消费者提供服务。在服务企业或服务机构中,金融行业工作人员对所有的服务对象不分性别、国籍、民族、肤色、衣着、宗教信仰、文化高低、地位、经济状况,都应一视同仁,热情服务。遵循价值规律,服务对象付出了货币,服务人员就应提供热情、细致、殷勤和周到的服务作为交换。这种服务正是和服务对象互相平等的必要条件,做不到这一点,服务人员就是怠慢了服务对象,平衡的天平就会发生倾斜。

人是有感情的动物,人的情绪往往会受到周围人和环境的影响。但是不论服务对象是和颜悦色、一脸笑容,还是情绪沮丧、唏嘘失落,甚至是怒发冲冠、咆哮不已,服务人员都应该提供相同质量的服务,不能厚此薄彼、区别对待。而且金融行业工作人员也不应把自己在家庭、社会和员工间的喜怒哀乐带到和服务对象之间的关系中来,要力争做到在昨天、今天、明天,刚才、现在、等会,对这位、那位、下一位,都提供同样优质的热情服务。

二、礼仪修养

礼仪修养是礼仪活动的一种重要形式。在社会活动中,人们的礼仪不是自发形成的,而主要是靠在后天交往的实践中自觉修养得来的;不是一蹴而就的,而是在交往实践中逐渐学习、积累而成的。探究礼仪修养问题,对于我们金融行业员工自觉地把握礼仪规范和进行礼仪实践,具有十分重要的意义。

(一)礼仪修养的含义

"修养"是一个含义广泛的概念,主要是指人们在思想、道德、学术及技艺等方面所进行的勤奋学习和刻苦锻炼的功夫,以及经过长期努力所达到的一种品质和能力。所谓礼仪修养,主要是指人们为了达到一定的社交目的,按照一定的礼仪规范要求,并结合自己的实际情况,在礼仪品质、意识等方面所进行的自我锻炼和自我改造。

金融行业员工的礼仪修养是金融行业员工为了实现组织目标,按照一定的礼仪规范要求,结合金融行业的特性,在礼仪品质、意识等方面所进行的自我锻炼和自我改造。

注意礼仪修养研究,是中国传统礼学家们的一个重要特点。孔子和孟子就十分重视礼仪的修养问题。当然他们所讲的修养标准主要是从统治阶级的立场出发,认识到修养对提高人们的品质具有重要意义,但这种认识所包含的某种合理因素,是值得我们借鉴的。金融职业礼仪修养在批判地继承传统修养理论的基础上,认为礼仪修养不但包括依照金融职业礼仪的基本原则和规范而进行的自我反省、自我检讨、自我批评和自我解剖,而且包括在金融职业礼仪实践中形成的礼仪品质。把礼仪修养与具体的礼仪实践联系起来,就使得礼仪修养具有了科学的内涵。

(二)礼仪修养的必要性

礼仪修养的必要性最主要表现在以下两个方面。

1.规范礼仪行为

行为是人类活动的特征,是人类有意识、有目的的活动,是人类所特有的生存方式。人类的行为,具有复杂的表现形式和多样的层次结构。根据人类生活实践的主要形式,一般可分为经济行为、政治行为、法律行为、道德行为及日常生活行为等。这些行为的每一类,又可划分出若干层次的行为类型。而礼仪行为,即可以被看作是人类行为的一个独立层次,同时,它又渗透在人类的其他行为之中。礼仪对于行为的研究和考察主要是研究和考察人类社会行为中的礼仪行为和各种社会行为的礼仪意义。

所谓礼仪行为,就是人们在一定的礼仪意识的支配下,在人与人之间的交往过程中所表现出来的行为。例如,人们在日常交往过程中,相互表示问候、致意、致谢、祝愿、慰问等,这便是礼仪行为的具体表现。

礼仪行为的基本特征在于它是个人和组织对他人和社会礼仪需要的自觉认识和自由选择的表现。这就是说,一方面,礼仪行为必须是基于对他人和社会礼仪需要的自觉认识而表现出来的行为,没有这种认识,就不能构成礼仪行为。即人们在社会生活中,为了求得自己的生存和发展,总是要以各种形式与他人和社会发生种种交往联系。在交往过程中,人们要使自己获得他人和社会的尊重,达到交往的目的,首先必须尊重别人,按照一定的礼仪原则和规范进行行动。自觉地认识这种礼仪关系,并付诸行动,就是礼仪行为。另一方面,礼仪行为必须是行为主体自由选择的结果。即作为一种礼仪行为,必须是由行为主体根据自己的意志所做出的抉择,人们在自己的意识中甚至可以抛开礼仪的干涉,但在行为上终究要受礼仪的支配。

正因为礼仪行为具有自觉性和选择性,这就使得人们的礼仪修养不仅成为可能,而且成为必要。通过礼仪修养可以使人们的行为逐渐符合礼仪的原则和规范,引导交往活动趋于美好。自私自利、心胸狭窄、谈吐粗俗、举止放荡等行为,是无交往可言的。相反,宽以待人、严以律己、豁达大度、恭敬谦让等行为,却可以促使交往的成功。而这种良好的礼仪行为的形成,必须借助于人们的礼仪修养。

2.培养礼仪品质

礼仪品质,是指一定社会的礼仪原则和规范在人的思想和行动中的体现,是人在礼仪行为中所表现出来的比较稳定的特征和倾向。一般说来,礼仪品质具有以下基本特征:

(1)礼仪品质和礼仪行为密切联系,离开了一定的礼仪行为,就不能构成礼仪品质。礼仪行为是礼仪品质的客观内容,礼仪品质则是礼仪行为的综合表现。一定的礼仪行为持续不断地进行,形成一定的礼仪习惯,进而构成一个人的礼仪品质,而一定的礼仪品质只有通过礼仪行为才能表现出来。

(2)礼仪品质是一种自觉意志的行动过程。人的礼仪品质不仅仅是一种礼仪习惯或习性,更重要的还是一种自觉意志的行动过程,是审慎地凭借意志的选择而得的习性,是在行为的每一场合和每一时期,都能凭借一定的判断和选择,凭借自觉意志控制和处理感情与行为的结果,是一个人的自由意志的凝结。

(3)礼仪品质是在礼仪行为整体中表现出来的稳定特征和倾向。人们的礼仪行为,不单是个别行为动作或举动构成的行为整体,而且是各个活动领域和各个活动时期的一系列行为结合起来构成的行为整体。因此,一个人的礼仪品质不但体现在他的某个持续进行的行为中,更充分地体现在他的一系列行为所构成的行为整体中。从这个意义上可以说,礼仪品质就是一个人的一连串礼仪行为,是一个人在礼仪行为整体中所表现出的稳定的特征和一贯的倾向。

礼仪品质的形成不是先天的,人天生无所谓有礼或无礼。礼仪品质的形成,既不能离开一定的社会环境和物质生活条件,也不能离开人们的生活实践和主观修养,它是在一定的社会环境和物质生活条件中,通过一定的社会生活实践和教育的熏陶,以及个人自觉的修养逐步形成和培养起来的。由此可见,礼仪修养对于培养一个人的礼仪品质,起着十分重要的作用。

金融行业是现代社会的一个重要组成部分,是传播文明的重要窗口之一,对金融行业员工加强礼仪修养,主要有以下几个方面的意义:

(1)有利于建设和谐社会。金融行业服务范围广泛,员工的风貌首先会直接影响整个社会,讲究金融礼仪,对于社会主义精神文明建设,对于当前构建和谐社会将产生积极的作用。

(2)有利于提高员工的整体素质。要做好金融工作,关键是要有一支思想素质和业务素质好的员工队伍。讲究金融礼仪修养,不仅能促进员工文明素质的提高,也是形成一个有凝聚力的企业文化环境的重要途径。

(3)有利于提高金融行业的核心竞争力。在金融产品同质化的今天,金融行业的竞争日益激烈,要求金融行业必须在开拓新业务的同时,更要重视服务水平的提高,以高质量的服务赢得客户。我们每一个工作人员的仪表风度、言谈举止,都在公众中塑造着所在金融实体的整体形象,反映着金融行业的服务水平。因此,讲究金融礼仪修养及规范,是增强金融行业核心竞争力的重要内容。

金融行业员工要提高自己的礼仪修养水平,首先要充分认识到重视礼仪修养对提高自己的整体素质、维护行业良好信誉、提高金融服务水平具有重要的作用;其次,应该学习礼貌、礼仪、礼节的基本知识,并且在日常工作、生活中注意运用,通过反复实践以后,才能把礼仪礼节的基本知识转化为员工内在的素质。

(三)培养礼仪修养的途径

礼仪修养是一个自我认识、自我磨炼、自我提高的过程,是通过有意识的学习、仿效、积累而逐步形成的,需要有高度的自觉性。如果一名金融行业员工在金融系统内工作,只是迫于行规的压力才对客户致意问候,似乎是彬彬有礼,而步出组织,换了环境,就举止轻浮,谈吐不雅,这实际上是礼仪修养缺乏的表现。只有金融行业员工把礼仪修养看作是自身素质不可缺少的一部分,是事业发展的基础,是完美人格的组成,才会真正有自觉意识的主动性。

培养良好的礼仪修养可以通过以下途径:

1. 自觉养成文明习惯

人的习惯可以在无意中形成,也可以通过有意识的学习和培养,依靠社会健康的舆论导向和良好的环境习得。习惯一旦形成,就会成为无意识的行为表现出来。"好习惯,好形象",自觉地养成良好的行为习惯是金融行业员工培养礼仪修养的重要途径。

2. 主动接受礼仪教育

礼仪教育是使礼仪修养充实完美的先决条件。因此,主动接受礼仪教育和培训是十分必要的。通过礼仪教育和培训,可以懂得常识,树立标准,分清是非,明辨美丑,这就使金融行业员工礼仪行为的形成有了外因,为进一步提高自我修养的内因创造了条件。礼仪教育,可使金融行业员工经过努力,不断磨炼,产生强烈的提高自我修养的愿望,最后达到处处讲究礼仪的目的。

3.广泛涉猎科学文化领域,学习礼仪方面的知识,使自己博闻多识

现代科学文化发展很快,要适应社会发展,仅仅满足于一般的文化水平显然是远远不够的,涉猎相应广泛,具备多方面的知识,对于人际交往是大有益处的。一般来说,讲文明、懂礼仪、有教养的人大多是科学、文化知识丰富的人。这种人逻辑思维能力强,考虑问题周密,分析事物较为透彻,处理事件较为得当,在人际交往时能显示出独有魅力而不显得呆板,不会给人以浅薄的印象。

我国有悠久的礼仪传统,在古代、近代、现代的典籍中,有浩繁的有关礼仪礼节的知识。随着改革开放的不断深入和扩大,我国对外交往也日渐增加,而各国的礼仪风俗等千差万别,因此,金融行业员工有必要注意搜集、整理、学习和领会,以利于在实践中运用,久而久之,则能使自己的礼仪修养达到新的高度。

4.积极投身金融实践,逐步养成讲求文明礼仪的习惯

礼仪修养是一个从认识到实践的不断反复过程,通过反复,不断提高。仅仅从理论上弄清礼仪的含义和内容,而不去在实践中运用是远远不够的。要使自己成为一个知礼、守礼、行礼的人,就必须把对礼仪的认识运用到实践中去,并注意运用所学知识搞好金融服务和社交活动,同时,对自己的行动再进行反省,并把从反省中得出的新的认识,再贯彻到行动中去,如此不断循环,从而达到提高礼仪修养的目的。

总之,实践在礼仪修养中起着极其重要的作用,实践的方法是礼仪修养的根本方法。人们的礼仪修养只有在交往实践中才有可能形成。任何礼仪修养,如果不与实践相联系,必然是无所作为的。

▷ 思考与练习

1.什么是金融职业礼仪?金融职业礼仪的本质是什么?

2.金融职业礼仪的基本礼仪要求有哪些?

3.金融职业礼仪的功能有哪些?

4.试述金融行业员工正确服务意识培养和加强礼仪修养的必要性。

▷ 知识实训

实 训 一

[实训背景]

刘明从学校毕业后应聘到某银行营业部担任大堂经理,每天都要负责客户咨询、引导、解释等工作,面对不同类型和不同需求的客户,刘明深感沟通技巧的重要。

[实训要求]

1.6人一组,要求模拟大堂经理在工作中可能遇到的问题,应用沟通技巧灵活处理。

2.到一家银行营业大厅现场观摩,然后分组讨论,进一步了解沟通技巧的重要性。

[实训提示]

1.双向沟通理论是金融职业礼仪的重要理论支柱之一,以相互理解、相互交流为服务人员与服务对象彼此之间进行相互合作的基本前提。

2.离开了服务人员与服务对象彼此之间的相互交流、相互理解,服务人员要向服务对象

提供令人满意的服务,通常是不太可能的。

实　训　二

[实训背景]

某银行营业部电脑突然出现了故障,全体工作人员虽然积极配合排除故障,但还是让客户排队等候了 20 分钟,面对这种情况,银行工作人员应遵循一定的规范和标准,文明礼貌地做好服务工作。

[实训要求]

1. 6 人一组,讨论银行服务规范的重要性,银行工作人员应遵循服务的规范和标准有哪些。

2. 在模拟场景中练习服务规范和标准。

[实训提示]

模拟练习时要注意以下几点:

1. 如实告诉客户需要等候的原因。

2. 柜面工作人员接待等候的客户时,做到文明服务、礼貌服务,要求起立并说"对不起,让您久等了"。

3. 大堂内,做到主动服务、热情服务。主动为客户提供茶水,注意为老弱病残让座,为有需要的客户介绍金融产品。

▷ 主要参考书目

[1] 胡锐,边一民.现代礼仪教程.杭州:浙江大学出版社,2004
[2] 王华.金融职业礼仪.北京:中国金融出版社,2006
[3] 柳建营,熊诗华,张明.大学礼仪教程.北京:学苑出版社,2005
[4] 李莉.现代金融礼仪规范化.长沙:湖南科学技术出版社,2005
[5] 高裕民.金融职业道德.北京:中国金融出版社,1995
[6] 金正昆.服务礼仪.北京:北京大学出版社,2005
[7] 刘长凤.实用服务礼仪培训教程.北京:化学工业出版社,2007

模块一
金融行业工作人员的仪表礼仪

⇨ **案例导入**

维护好个人形象

郑伟是一家大型金融机构的总经理。有一次,他获悉有一家德国著名金融企业的董事长正在本市进行访问,并有寻求合作伙伴的意向。他于是想尽办法,请有关部门为双方牵线搭桥。

让郑总经理欣喜若狂的是,对方也有兴趣与他的企业进行合作,而且希望尽快与他见面。到了双方会面的那一天,郑总经理对自己的形象刻意地进行一番修饰。他根据自己对时尚的理解,上穿夹克衫,下穿牛仔裤,头戴棒球帽,足蹬旅游鞋。无疑,他希望自己能给对方留下精明强干、时尚新潮的印象。然而事与愿违,郑总经理自我感觉良好的这一身时髦的"行头",却偏偏坏了他的大事。

郑总经理的错误在哪里? 他的德国同行对此有何评价?

[案例分析]

根据惯例,在涉外交往中,每个人都必须时时刻刻注意维护自己的形象,特别是要注意自己在正式场合留给初次见面的外国友人的第一印象。郑总经理与德方同行的第一次见面属国际交往中的正式场合,应着西服或传统中山服,以示对德方的尊重。但他没有这样做,正如他的德方同行所认为的:此人随意,个人形象不合常规,给人的感觉是过于前卫,尚欠沉稳,与之合作之事再做他议。着装也是一种无声的语言,它显示着一个人的个性、身份、角色、涵养、阅历及其心理状态等多种信息。在人际交往中,着装,直接影响到别人对你的第一印象,关系到对你个人形象的评价,同时也关系到一个企业的形象。

⇨ **学习目标**

[知识目标]

1.正确认识仪表礼仪对良好职业形象塑造的重要作用,理解仪表、仪容礼仪的含义、基本内容和要求。

2.了解服饰打扮的要求,掌握着装的"TPO"原则、饰物的搭配原则,以及金融行业人员工作着装的具体要求和规范。

[能力目标]

1.了解金融行业工作人员工作时个人发型的正确选择和修饰的方法,能够较熟练地掌握仪容修饰技巧与方法,以及职业淡妆的具体操作方法和化妆技巧。

2.能够根据金融行业不同工作场合职业着装的原则及特定场景的要求,结合自身特点正确进行服装的选择及包袋、鞋袜、饰物的搭配。

▷ 工作项目

项目1 了解仪表礼仪的构成
项目2 金融行业工作人员的仪容礼仪
项目3 金融行业工作人员的服饰礼仪

项目1 了解仪表礼仪的构成

▷ 工作任务

了解仪表礼仪的构成

▷ 工作步骤

第一步:了解仪表的概念。
第二步:明确仪表礼仪的构成。
第三步:掌握仪表美的具体要求。

在经济文化日益发展的今天,人们逐渐认识到,良好的个人形象是一份特殊的资产,美好的形象更是无价之宝,无论在日常生活中还是金融活动中都起着至关重要的作用。根据一般人的思维定势,得体的个人形象,会给初次见面者以良好的第一印象对此。根据西方学者总结得出形象沟通的"55387"定律:决定一个人的第一印象中55％在于外表、穿着、打扮,38％在于肢体语言及语气,而谈话内容只占剩7％。而良好的第一印象又取决于仪表所传递出的信息,个人的整体形象凭借个人的仪表形象来体现自身的风格特征和个人魅力。

随着我国加入世界贸易组织和市场经济的发展,金融在社会经济生活中的地位日益提高,它已渗透到社会生活的各个角落。金融行业服务是建立在规范的职业礼仪基础之上的。礼仪在工作、生活中发挥着重要作用,良好的礼仪规范不仅可以有效地展现个人的教养、风度和魅力,还能够提升金融行业的服务形象,从而在全球化金融市场中展现中国金融企业的独特魅力,以全面提升竞争力。这也成为每个金融行业从业人员所面临的任务。

▷ 知识链接

一、仪表的概念

仪表,即人的外表,是一个人精神面貌、文化教养、内在气质、性格内涵的外在表现,也是个人基础礼仪和个人形象的重要组成部分。每个人的形象都是通过仪表、服饰、举止、谈吐来体现的,是一个人留给他人的整体印象。堂堂的仪表,给人以视觉的愉悦,更给人以人格的尊重。在政务、商务、事务及社交场合,一个人的仪表不但可以体现他的文化修养,也可以反映他的审美趣味。穿着得体,修饰自然,不仅能赢得他人的信赖,给人留下良好的印象,而且能提高与人交往的能力。相反,则往往会降低你的身份,损害你的形象。仪表既是一门艺术,一方面要讲究协调、色彩,另一方面要注意场合、身份,也是一种文化的体现。

 小资料

周恩来的《镜箴》及风采

周恩来青年时代在天津南开中学读书时,学校教学楼门口一侧的一面大镜子上写着一段镜铭:"面必净,发必理,衣必整,纽必结;头容正,肩容平,胸容宽,背容直;气象勿傲勿暴勿怠,颜色宜和宜静宜庄。"这段著名的"容止格言"每天提醒着南开的学子要时刻保持端庄得体的仪表、仪容、仪态,处处注意自己的容貌举止。

铭如其人,周恩来身体力行,其一生的风度和仪表堪称楷模,一直为世人所敬仰,甚至连美国前国务卿基辛格也被周恩来总理的风采所折服,对周恩来赞不绝口。他在《白宫岁月》中写道:"周恩来神采飞扬、双目炯炯,既有勃勃英气,也有安详举止。"

衣冠整洁、仪表大方,是对人有礼貌的表现,也是中华民族的优良传统。

二、仪表礼仪的构成

自古以来,人们对美的追求就是客观存在的。爱美是人的天性,是人们热爱生活的表现,也是社会进步的标志。仪表美是一门艺术,它必须讲究整体的协调。天生丽质的毕竟是少数,现代人要充分展现自我风采,塑造美好的社交职业形象,可以通过适当的人工修饰,如化妆、服饰、发型设计等扬长避短,使自己拥有美。其次,仪表美的内涵是非常丰富的。除了容貌美、形体美、服饰美,还有气质美,更重要的是心灵美,即我们每个人都要有一颗真诚美好、善良的心灵,这是仪表美的本质。只有内在美与外在美和谐统一,才能称得上真正的仪表美。

仪表一般由天然形象和外饰形象共同构成。天然形象指的是人体的自然资质,也称长相,包括人的五官、脸型、肌肤、发质、身材等;外饰形象通常则是指通过对人体进行修饰打扮所形成的一种外观形象。俗话说,一个人的仪表之美靠的是"三分长相,七分打扮"。得体的修饰打扮有利于弥补个人形象的某些不足,但严格地说,只有当天然形象和外饰形象有机地结合在一起,人的仪表才可能充分展现自然美。

人的仪表一般包括仪容和服饰两大部分,而仪表礼仪主要指的是人的仪容礼仪和服饰礼仪。

金融行业工作人员仪容的基本要求是清新、端庄的仪容和恰当自然的修饰。端庄的仪容给人们以信任感,而恰当自然的修饰又可以给人以愉悦感。金融行业工作人员最基本的形象是拥有整洁干净的头发。在今天,头发的功能不仅仅表现出人的性别,更多的是反映一个人的道德修养、审美水平、知识层次及行为规范,我们还可以通过发型判断出其职业、身份、受教育程度、生活状况及卫生习惯,更可以感受出他对工作、生活的态度。因此要成为一名优秀的金融职业人,需要"一切从头开始"!

受职场环境影响,职业着装来自职业环境的约束,专业差别体现的就是一种文化、礼仪和修养。因工作的性质与要求,不同的行业又有不同的要求,也就约束着各行各业的着装。因此着装具有展示角色和规范行为等功能。

职业形象是一个行业或组织的精神内涵和文化理念在从业人员身上的具体体现,是一定行业或组织的形象与具体从业人员个体形象的有机结合。不同的行业应有不同的职业形象。仪表礼仪修养的原则是要把社会性与个体很好地有机结合起来。仪表礼仪也是现代金融行业从业人员职业形象礼仪的重要组成部分。塑造良好的金融行业工作人员的职业形象对理解和掌握仪表礼仪方面的知识是必不可少的。

三、仪表美的具体要求

(一)良好的个人卫生

为了保持良好的职业形象,首先要注意个人的仪表整洁,养成良好的卫生习惯。金融行业工作人员应做到面容清洁、口腔清洁、鼻腔清洁、头发清洁和手清洁等。勤洗澡、勤换衣裤、勤漱口,身上不能留有汗味或异味。上班前不能喝酒,忌吃葱、蒜、韭菜、洋葱等有刺激性气味的食物,保持牙齿清洁,口气清新。此外,还应注意小节,保持指甲清洁,指甲不要留有黑边,大拇指、小拇指指甲均应剪短;衣领、衣袖要干净;头发要清洁,不能有头屑,并要适时梳理;男性鼻毛应剪短,不留胡子;女性不要穿破损的袜子;保持鞋子干净、光亮、无破损。

(二)协调美观的整体效果

仪表美也应当是整体的美,强调的是整体效果。白皙的皮肤,端正的五官,令人赞叹;修长的身材、优美的线条,让人羡慕。但仪表美绝不仅仅限于此,是和谐统一的美。某一局部的美并不等于就是仪表的美,但若追求面面俱到的美,也会使美失去平衡。仪表美应与身份、年龄、性格、体型相吻合,与周围环境场合相协调。为了更好地服务客户,为公司树立良好的形象,现代审美观要求我们金融服务人员按照各岗位特点来塑造自己的仪表美。

(三)秀外慧中的职业形象

仪表美必须是内在美与外在美的和谐统一,要有美的仪表,必须从提高个人的内在素质入手,"诚于中而形于外"。如果没有文明礼貌、文化修养和知识才能这些内在素质作为基础,那么所有外在的容貌、服饰、打扮、举止,都会让人感到矫揉造作,就会在道德、情操、智慧、志向、风度等方面让人大打折扣,而不会给人产生美感。"金玉其中,败絮其外",只能使人厌恶。作为金融行业的工作人员,更要努力将自己的形象塑造得端庄而稳重、大方又富有亲和力,这也是良好气质风度的综合体现。

知识实训

[实训背景]

李先生陪同学到一家知名企业求职。李先生一贯注重个人修养,他整洁的衣服、干净的指甲、整齐的头发,就给人一种精明、干练的感觉。来到企业人事部,临进门前,李先生自觉地擦鞋底,待进入室内后随手将门轻轻关上。见有长者到人事部来,他就礼貌地起身让座。人事部经理询问他时,尽管有别人谈话的干扰,他也能注意力集中地倾听并准确迅速地予以回答,同人说话时,他神情专注,目不旁视,从容交谈。这一切,都被来人事部察看情况的总经理看在眼里。尽管李先生这次只是陪同学来应试,总经理还是诚邀李先生加盟这家企业。现在李先生已成为这家企业的销售部经理。

[实训要求]

1.试从仪表礼仪的角度分析李先生能成为这家企业的销售部经理的原因。

2.要求在礼仪实训室的壁镜前两人一组联系实际进行现场分析。

[实训提示]

1.良好的个人礼仪修养在社交中有重要作用。

2.要成为彬彬有礼、风度翩翩、备受欢迎的人,首先必须注意个人礼仪,养成良好的行为习惯,奠定成功人生的基础。

项目2　金融行业工作人员的仪容礼仪

➡ 任务分解

任务1　认知仪容的基本含义

任务2　认知头发的修饰技巧

任务3　美容化妆知识的学习与技能掌握

任务1　认知仪容的基本含义

➡ 工作步骤

第一步:通过对教材提供的小资料等相关知识的学习,了解仪容的基本含义。

第二步:通过对银行实地和相关资料、图片的观察,认识和理解金融行业工作人员的仪容礼仪要求。

➡ 知识链接

一、仪容的含义

仪容是个人魅力的重要组成部分,主要是指人的容貌,由发式、面容以及人体所有未被服饰遮掩的肌肤所构成,也是个人仪表的基本内容。

人们通常会在初次见面时较为注意对方的发型和脸,因此发型应该尽量清爽和简洁。具有清新、端正的仪容和恰当自然的修饰是对金融行业工作人员仪容的基本要求。仪容在个人整体形象中居于显著的地位。仪容传达出最直接、最生动的第一信息,反映着个人的精神面貌。个人仪容受两方面因素的影响。一是个人的先天条件,它是自然形成的;二是后天的修饰和保养,科学的保养、积极的美容和合理的修饰、装扮能使形象焕然一新。因此良好的心态与充足的睡眠;科学合理的饮食(多饮水和多吃水果,注意各种维生素、矿物质的摄入和补充),适度的锻炼(一定的户外活动,有助于表皮细胞的新陈代谢);长期的正确养护,再加上适当的美化,都可使我们的仪容大为改观。仪容修饰是人体装饰艺术中的重要组成部分,也是礼仪中不可缺少的物质条件。

小资料

"魅力效应"和"晕轮效应"

仪容在人际交往中还存在着"魅力效应"和"晕轮效应",即凭对对方部分的印象来推想整体的印象。在人与人交往活动中,每个人的仪容都会引起交往对象的特别关注,并将影响到对方对自己的整体评价。

二、仪容礼仪

仪容礼仪就是对自己的外在形象,也即外表,如头部、脸部等进行整体形象的设计和修饰。

金融行业工作人员的仪容礼仪不仅代表自我形象,更代表金融机构的整体形象,金融行业员工必须保持良好仪容,需要懂得一些仪容修饰的基本常识与技巧,从而有效地弥补自身的缺陷和不足,为使自己成为金融行业的一个成功人士打下坚实的基础。

对金融行业工作人员个人的仪容要求,首先要遵循美观、整洁、卫生、得体的仪容修饰基本原则,加以修饰。

金融行业工作人员个人仪容修饰的主要内容通常有头发、面貌、手臂、腿部、化妆等几个方面。

任务2　认知发型的修饰技巧

▷ 工作步骤

第一步:搜集观看相关资料和图片,了解发型修饰的要素。

第二步:掌握金融行业工作人员发型修饰的要求。

第三步:知识拓展,了解自我发型修饰的技巧及协调性原则的运用。

▷ 知识链接

一、发型的修饰的要素

发型是构成仪容的重要部分。头发整洁、发型得体是职场人士个人形象最基本的要求,一切从"头"开始。恰当得体的发型会使人容光焕发,充满活力,显现出与众不同的特质。发型可表现人的个性、欲望、心理与时尚。

在对自己的头发进行正确护理的同时,应根据自身的形体、气质和身份选择适当的发型,可扬长避短。恰当的发型能使人容光焕发,充满朝气和活力。金融行业的员工进行个人头发的修饰,不仅应遵循一般性要求,同时必须严守本行业、本岗位的特殊性要求。

整洁干净的头发是金融行业工作人员个人形象最基本的要求,直接影响他人对自己的评价。为了确保自己头发的整洁,维护本人和金融机构的良好形象,金融行业工作人员必须对自己的头发常清洗、勤修剪、常梳理、慎染烫及少戴头饰。

（一）常清洗

了解自己的发质基础,选择合适的洗护用品,使用正确的方法定期对头发进行适当的护理和保养。日常的护理和保养主要包括正确洗发,适时护发及按摩,并长期坚持,使自己的头发柔顺光亮。一般认为,金融行业工作人员每周至少应清洗头发 2～3 次。有必要的话每天清洗 1 次。

（二）勤修剪

为保持整洁和良好的发型,修剪头发也需定期进行,并且持之以恒。一般情况下,金融行业工作人员如果是留短发,通常每 15～20 天修剪一次,而女性留长发也需 30～45 天修剪一次,以保持发型的整洁性。

（三）常梳理

经常梳理头发能起到理顺发丝、增进血液循环的作用,因此每天数次梳理自己的头发是金融行业工作人员必须做的,并且坚持在出门上班前、换装上岗前、摘下帽子时、下班回家时及其他必要时自觉梳理自己的头发。梳理头发是很私人的行为,因此作为金融行业工作人员,应注意行为文明,不宜当众进行或直接用手梳理头发,断发、头屑等切不可随处乱撒。

（四）慎染烫

金融行业工作人员在染发方面应特别慎重,重点应考虑自己是否有染发的必要,如是早生白发或长一头杂色的头发,将其染黑是无可厚非的,但如果是为了追求时尚,有意将自己的一头黑发染成其他颜色,尤其是染成五彩斑斓的颜色,显然不符合金融行业工作人员的形象要求。而烫发对于女性员工来讲是可以的,但也应选择端庄大方的发型,不可过于卷曲蓬松和造型复杂或华丽。而男性员工一般不允许烫发。总之,在染发和烫发方面,金融行业工作人员应遵循职业的约束性。

（五）少戴头饰

金融行业工作人员佩戴头饰是女性员工在用来"管束"自己头发时才被允许的,且在头饰的选择上也应遵循发卡、发带等与职业着装相符的颜色或图案相符等要求。因此在工作时如头饰的佩戴是为了标新立异或追求时尚打扮,那最好不戴。

二、金融行业工作人员发型修饰的原则

（一）发型的选择

发型对于一个人的整体形象的塑造非常重要,发型也被人称为"第二张面孔"。出现在他人面前时头部总是首先被注意到,直接影响别人对你的印象。发型样式多种多样,也无类别。但金融行业工作人员在发型的选择上应遵循自然、大方、整洁、美观的原则,选择适合自己脸型、肤色、体型的发型;同时还可以通过发型来弥补一些先天的缺陷。职业发型应体现实用性与审美性、形象性与联想性、流行性与职业性兼顾的特征。

（二）金融行业工作人员发型的具体要求

从金融行业的工作性质出发,遵循发型的职业性要求,长短应适当,不能过短或过长。男性与女性又各有不同的要求。

对金融行业男性工作人员发型的具体规定:留发长度一般在 5～7 厘米。前发不超过额头,后发不能触衣领,左、右发不能盖住耳朵。常见的有四六分、二八开、中分和寸头等。绝对不允许男性金融行业工作人员在工作时长发披肩或梳发辫,同时一般也不允许剃光头。

这已成为现代社会在个人礼仪规范上有关发式的一条约定俗成的细则。

对金融行业女性工作人员发型的具体规定：头发不宜长于腰部，前不宜挡住眼睛，而且不允许随意将头发披散开来。如果留长发，在工作时和公众场合应盘、编起来，或用饰物扎好，保持整洁，并露出额头。也不应为了引人注目，标新立异地剃平头、剪光头，长度一般不短于6厘米，多选择短发、束发等简洁明快的发型，给人以端庄、干练之感，塑造良好的职业女性形象。

三、发型修饰的技巧及协调性原则的运用

作为现代金融行业的工作人员，在选择发型时既要考虑自己的身份、环境、年龄、自身职业的特点，同时也要兼顾自身的脸型、肤色、体型、服饰的风格特点等个体特质条件，掌握基本的修饰技巧，努力达到较为协调的良好效果。

（一）发型与体型、肤色协调

发型与体型之间的关系应遵循相互依存、相互衬托的原则。发型的选择得当与否，会对一个人的整体美产生极大的影响。脖颈短粗者，适宜选择高而短的发型；脖颈细长者，适宜选择齐颈搭肩舒展或外翘的发型。男士不要梳大背头式发型，否则有头重脚轻之感，应顶部稍长，两侧不宜蓬松。女士可将发盘于顶，以显挺拔之感。体型矮胖者，适宜选择有层次的短发，由于脖子显得较短，故不能留过肩长发。而体型瘦高者，适宜留长发。肤色偏黑的不宜留长发，应选择干净利索的短发；而皮肤偏白者，不宜将头发染得太黑，避免对比过于强烈，而显得不够自然协调。

（二）发型与服饰协调

头发为人体之冠，为体现整体美，发型必须根据服饰的表化而改变形状。如金融行业的女性工作人员在穿着礼服或工作制服时，可选择盘发或短发，以显端庄稳重、秀丽文雅；而穿着便服或休闲装时，可选择适合自己脸型、体型、肤色的发式，体现高雅的审美情趣和生活品位。

 小资料

发型与脸型

发型最能衬托脸型的表现效果，发型也是脸部最好的修饰物。利用发型的变化可以掩饰面部的缺点，更重要的是在发型的陪衬下，能使脸更生动、更富有魅力。下面简单介绍几种常见脸型的发型设计修饰技巧。

● 瓜子脸（椭圆脸、鹅蛋脸）：通常称为标准脸型，此类女士可配任何发式，但不能过分繁杂，否则影响标准脸型的美观。脸型过于瘦削的可将头发散下显得丰润些。对于男士则太过于秀气，应刮方前额。而脸型过长的应选使自己显圆润的发型。女士宜头顶压低，刘海过额，将发型的前面剪成发帘以遮盖过长的前额；两侧蓬松自然或适当加厚两侧的发量使轮廓成椭圆形，但一般不宜留过短的发型。作为男士应避免向后梳理的后背型发式，可在额头留一缕头发，显圆润柔和些。脸型过短则发型不宜留长。女士宜束发成辫，可使脸长些；男士适合留"草坪头"。

● 方形脸：此类脸型的发型设计要点是"切角成圆"。额头遮住，两侧稍长，用曲线美盖

住脸部棱角,以达到发式的外廓以圆套方的效果。女性可结低发髻或两颊披发,发线侧分,向头顶斜向延伸;如果选择长直发,前额散发盖住两棱角,而发梢应为长短参差不一的层次,以掩饰过于宽大的两腮。而对于男士则是较为理想的脸型,阳刚之气浓郁,发式的选择余地较广泛,无须过多修饰。

● 圆形脸:俗称娃娃脸,脸短下巴圆是主要特点。因此在设计时要交替采用衬托法和遮盖法,应向上将头顶部位的头发梳高,使脸部视觉拉长,要避免头发遮住额头,利用头发设法遮住两颊,使两颊宽度减小,发线最好是中分。此类脸型的男士选择短小型发式效果比较好,鬓角可以修剪成正方形、顶部为平面造型的寸头,可显得成熟些。

● 橄榄形脸(菱形脸、申字形脸):此脸型上下尖窄,而中部宽,通常颧骨比较高。女士适合于蓬松的大波浪发型,不适宜过短,两侧的轮廓圆顺、丰满,前额最好以侧分发掩饰。这种脸型不适宜中发型。

● 梨形脸(三角形脸):上窄下宽,宜留能使前额较宽的发型,如中分、侧分。女士以中发或长发为宜;也可留短发,犹如童发或蘑菇头形式,关键是增加两侧头发的厚度,以掩饰窄尖的额头,从后部看呈 V 形,两侧参差的发丝对于宽阔的腮部有一定的修饰作用,风格活泼,富有动感。男士发型上部造型饱满,两侧应偏厚,整体轮廓的线条从腮部圆顺下去,可弱化原有脸型的效果。

● 桃形脸(倒三角形脸):特点是前额较宽,两颊及腮部内收,下颌部窄尖,总体显单薄,缺乏生气。故不适合超短发和长发,可选择短发或中长发。上部贴伏头形,两侧长至下颌处或以下,而上部蓬起。发线宜采取直线中分。

● 大脸形:应使头发自然贴伏遮住两颊,以减少脸的宽度,不宜梳过于蓬松的发型,否则脸会显得更大。

任务3 美容化妆知识的学习与技能掌握

▷ 工作步骤

第一步:皮肤日常护理的方法。(护肤的基础知识、日常护肤的六步曲、周期性皮肤护理的程序)

第二步:美容化妆知识的学习与技能掌握。(了解化妆的基本知识和化妆原则、基本掌握一般职业淡妆的化妆技巧与操作流程、熟练掌握金融行业工作人员面部及肢体等仪容的整体修饰要求)

▷ 知识链接

一、现代职场女性皮肤日常护理的正确方法

(一)护肤的基础知识

护肤是美容的基础,做好护肤是美容化妆的先行条件,只有重视皮肤的护理,才能使化妆起到良好的修饰作用。面对日益加快的工作生活节奏,为保持良好的工作状态和精神面貌,每日必须在了解自己皮肤类型的基础上,选择适合自身肌肤的护肤用品,坚持对自己的皮肤进行正确的常规护理,以保证皮肤的健康、整洁。

小资料

皮肤的有关常识

1. 皮肤的构成

皮肤覆盖在人体的最外面,与人的容貌密切相关。健康的皮肤应该是红润有光泽,光滑细嫩,柔软而富有弹性,微含水分,呈弱酸性,没有瑕疵和皮肤病。

表皮是最外层皮肤,覆盖全身,有保护作用,也是平日使用护肤品、彩妆品的部位。

表皮最外层是角质层,能够保存水分。而最底层称为基底层,又称再生层,它可以不断分裂新细胞,使产生的新细胞不断向外推挤,等细胞到达最外层时便老死,而后脱落,这就是皮肤的再生循环,通常这种再生循环现象需要 28 天(也就是说,每 28 天都可能有脱皮的现象,有时轻微,有时严重,因人而异)。表皮还有一个重要的构造——毛孔。毛孔分为两种:一种是汗腺的开口,另一种是皮脂腺的开口。每次谈到清洁与收缩毛孔,所说的就是皮脂腺的开口。毛囊的内部细胞也有类似表皮的再生循环作用,但是它在新陈代谢的过程中,常会引起毛孔阻塞,这就是一切面疱(粉刺、痤疮)问题的起因。

2. 皮肤的分类

人的皮肤按其皮脂腺的分泌状况,一般可分为四种类型——中性皮肤、干性皮肤、油性皮肤和混合性皮肤,实际中敏感性皮肤也是一类常见的皮肤。

● 中性皮肤:也是健康理想的皮肤,油脂分泌量适中,皮肤红润细腻。其特征是毛孔大小刚好,水分、油脂分泌平衡,弹性佳,对外界刺激不敏感。中性皮肤的 pH 值约为 5～5.6(呈弱酸性)

● 干性皮肤:皮肤白嫩,毛孔细小而不明显。皮脂分泌量少,皮肤比较干燥,对外界刺激也较敏感。有时会变得粗糙,甚至会有脱皮的现象。干性皮肤的 pH 值约为 4.5～5。

● 油性皮肤:此类皮肤相对肤色较深,毛孔粗大,皮脂分泌量多,不容易起皱纹,对外界刺激不敏感。易长粉刺、痤疮,也称青春痘,通常较易出现在男性和青春期的少男少女脸上。在保养过程中要特别注意清洁工作,定期做深层清洁以保持毛孔的畅通无阻,才能远离面疱和粉刺。油性皮肤的 pH 值约为 5.6～6.6。

● 混合性皮肤:混合性皮肤兼有油性皮肤和干性皮肤的特征。在面部 T 型区(前额、鼻口四周、下巴等部位)呈油性状态,特别容易出油,而眼部及两颊呈干性或中性状态。此类皮肤一般多见于 20～35 岁的女性。

● 敏感性皮肤:可见于上述各种皮肤,其皮肤较薄,对外界刺激很敏感,很容易因为外在环境的改变而引起过敏。特别是现在臭氧层遭到破坏,紫外线对皮肤造成的伤害已经不能不引起重视,加上空气、环境的污染,使皮肤变得更敏感,因此无论是哪种肤质都可能出现敏感的现象。

清秀、自然的妆面是建立在健康、细致的皮肤基础上的。但因为身体内部机能的变化,皮肤有时出现青春痘或皱纹,化妆效果也就大受影响。肌肤的状况每天都在变化,因此具备肌肤保养的基本常识,有时比化妆更为重要。而皮肤的护理是长效性的,须长期坚持才见效。

（二）日常护肤六步曲：

日间护肤三步曲：洁肤——爽肤——护肤。

晚间护肤三步曲：洁肤——爽肤——润肤。

第一步，洁肤。将洗面奶倒在手中或分点在脸的额头、两颊、鼻部、下颌五个部位上，蘸少许水，由里到外、由下往上打圈，然后用温水将洗面奶清洗干净。

第二步，爽肤。用化妆棉蘸取爽肤水，轻拍脸颊，先内后外。

第三步，护肤或润肤。用日霜或晚霜，由外向内在额、双颊、下巴处用手轻轻抹开，稍加按摩，使其完全吸收，不泛油光为止。在此基础上根据具体情况涂抹隔离霜或防晒霜等。

（三）周期护肤的方法与步骤

一般按 7 天为一周期，在冬天干性皮肤可 10 天左右为一周期，进行一次深层洁肤及较为全面的护理。

周期性皮肤护理的程序：

第一步，洁肤。如化有淡妆，应先用卸妆水或乳，卸妆后进行常规皮肤清洁，用仪器或角质霜去除多余的死皮细胞和角质，进行深层的洁肤。

第二步，按摩。运用人工或机器进行按摩、点穴，使紧张的皮肤状态得以缓解，减少黑色素生成和沉淀及紧致肌肤。

第三步，面膜。根据不同的肤质及皮肤的不同状态选用相应的面膜，同时对皮肤问题加以处理。

第四步，爽肤。用化妆棉蘸取爽肤水轻拍，使其收缩毛孔、增加弹性。

第五步，润肤。润肤霜或润肤乳自上而下、由内向外均匀地涂抹并稍加按摩，使之完全吸收，维持肌肤酸碱平衡。

注意：做完护理后不要马上化妆，应让皮肤有呼吸的时间，也有利于对护肤品的吸收。

二、化妆的基本知识和化妆原则

美是一种和谐、整体、赏心悦目的感觉。大方得体的妆容是一个人整体素质的体现。美容化妆是女性日常生活中一个极其重要的内容。化妆首先是一门视觉艺术，它通过运用各种化妆工具，施以丰富的化妆用品，遵照美容规律，采取适用于不同人群的化妆技巧和方法，对人物的脸面、五管及其他部位进行理想的描画、渲染和调整，以强化主体形象，突出个性化的美感为目的，达到美的效果。简单说，化妆就是有意识、有步骤地来美化自己。由于化妆在金融行业工作人员与客户交往过程中，与维护单位形象和对交往对象的尊重有关，因此金融界对于工作人员化妆问题，尤其是女性工作人员的化妆问题，往往会有一定的规范和许多具体的要求。一般在工作中都要求化妆上岗。而"淡妆上岗"是金融行业女性工作人员在化职业妆时必须遵循的基本规范和原则，以自身面部客观条件为基础，扬长避短，追求"妆而不露，化而不觉"的境界，达到自然大方、精致典雅的面部修饰效果。英国有这样一句谚语："当你与他人打交道时，他注意你的面部这很正常。可他要是过多打量你身体的其他部位，那就有些不正常了。"

对金融行业的工作人员来讲，在职业场合用特定的化妆用品进行仪容的修饰、装扮既是美化展示自己的职业形象和精神面貌，同时也表示对他人的尊重。具有简洁、明朗、用色单

一、线条清晰、妆型略带棱角特征的职业淡妆是现代女性职业形象的重要标志。因此金融行业从事服务工作的女性员工在为上岗服务而化职业淡妆时应遵循相关的职业化妆原则,了解和掌握基本的护肤化妆知识和技能,有助于提升自己在金融活动和社交生活中的个人形象。

化妆与化淡妆,其实是并不完全重合的两个概念。倘若对此不加深究,基本要求上班时只要化妆就行,其后果有时会让人大吃一惊。通常化妆有晨妆、晚妆、上班妆、社交妆、少女妆、主妇妆、结婚妆等多种形式,它们在浓淡的程度和化妆品的选择使用方面,都有一定的差异。要求金融行业工作人员在工作岗位上应当化淡妆,实际上就是限定在岗位上不仅要化妆,而且只宜根据自己的地位、职业特点、个性气质和特定场合来选择工作妆这一化妆的具体形式。现代金融业的职业女性,在工作岗位上为展示和维护自我的职业形象而进行化妆,此时的职业妆容主要是为了体现职业的特点,应与工作环境及职业着装相协调。

三、职业淡妆的化妆技巧与操作流程

作为从事金融行业的职业女性,在进行职业妆的化妆操作过程中,必须掌握一定的化妆技巧和方法,正确选择所需的化妆用品、用具,熟悉相应的操作步骤和化妆的要领,才有可能使自己的化妆达到预期的目的与效果。

(一)化妆的基本用具及用品

一套好的化妆工具对完美的妆容是至关重要的,因为它不仅不会伤害皮肤,而且能够让妆容自然、持久,对提高化妆技巧也有帮助。

1.基本化妆用具

修眉工具(眉钳、眉剪及修眉刀)。

一套实用的套刷(包括眼影刷、唇刷、眉刷、腮红刷、定妆刷等)。

棉花棒、海绵(搽粉底液或膏用)、粉扑、吸油纸。

假睫毛、胶水(浓妆、晚妆用)、睫毛夹、眉目贴。

2.基本化妆用品

粉底:形态有液体、膏状等,颜色应选择接近自己肤色的(根据不同的肤色、肤质及妆型要求加以选择,一般皮肤发黄的选用紫色,偏红的选用绿色,灰暗的选用蓝色)。

定妆粉(散粉):日妆及职业妆应选用透明亚光色。

眼影:(一般职业妆应选用棕色系),眼线笔(黑色),眉笔(棕色或灰色),睫毛膏(黑色)。

胭脂:即腮红,可选粉红色、橘红色及桃红色。

口红、唇彩、唇线笔:可选用唇红、棕红及玫红等接近自然唇色的颜色。

双色修容膏(饼):浅于基础粉底的高光色和深于基础粉底的阴影色粉膏(粉饼)。

(二)一般职业淡妆的化妆方法与操作流程

职业淡妆操作流程见图1-1。

第一环节 肤色的修饰打底

(1)洁肤:洁净的皮肤是化好妆的基础。在化妆前必须先清洁皮肤,在清洁皮肤的同时可适当加些按摩的指法和力度,然后拍上适量的化妆水,以保持妆型持久,再根据皮肤情况,均匀涂抹乳液或护肤霜,以便保湿和卸妆。具体方法:由外往内、由下往上抹,即先上双侧,再上中间。视具体情况决定是否使用隔离霜或防晒霜。

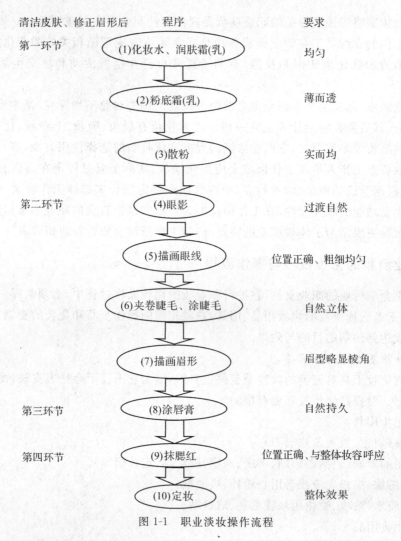

清洁皮肤、修正眉形后	程序	要求
第一环节	(1)化妆水、润肤霜(乳)	均匀
	(2)粉底霜(乳)	薄而透
	(3)散粉	实而均
第二环节	(4)眼影	过渡自然
	(5)描画眼线	位置正确、粗细均匀
	(6)夹卷睫毛、涂睫毛	自然立体
	(7)描画眉形	眉型略显棱角
第三环节	(8)涂唇膏	自然持久
第四环节	(9)抹腮红	位置正确、与整体妆容呼应
	(10)定妆	整体效果

图 1-1　职业淡妆操作流程

(2)打底：在生活日妆和职业淡妆的化妆中，肤色的修正占了整个妆容成功的50%以上。选择与自己肤色相近的液体粉底，并用粉底专用化妆海绵轻轻拍擦均匀，自然贴合且注意脸部与脖颈的衔接要自然，避免"泾渭分明"。

底妆轻薄而透气，眼睛周围尤其如此，否则不仅没有美化，反而会更突出眼部的缺陷。另外，浅绿色的粉底液是适合红脸膛人使用，浅紫色的粉底液则适合肤色较深和较暗的人使用，这两种粉底有调整、提亮肤色的作用。

(3)修整脸型：必要时可使用比基础粉底浅1~2号的高光色粉底涂抹在T字部位(即额头、鼻梁中间、眼睛下方及下巴处)，以起到提亮、增加脸部立体感的作用；同时在腮部等需弱化处涂抹上比基础粉底颜色深2~3号的阴影色粉底，起到收缩和矫正脸部轮廓的效果。应注意的是高光色、阴影色与基础粉底的自然过渡和融合。为了使妆面更为持久和均匀，上完液体粉底之后，静待片刻，用纯棉粉扑蘸取少许透明亚光散粉均匀地轻拍脸部进行定妆，应压实，以免脱妆，营造匀、薄、透的自然妆面效果。

粉饼在日常化妆中也可用，但因含有油脂，上妆的效果及妆面保持的时间均不及散粉。一般在补妆时使用其效果较佳。

第二环节　眼部的修饰化妆

眼睛是整个面部的核心（包括眉、眼影、眼线、睫毛的修饰）。

（1）眼影涂抹方法：金融行业工作人员在工作环境中避免使用色彩鲜艳和带有荧光效果的眼影，可以选择柔和的中性色，而且不能涂满整个眼部。反之，如果是眼睛深陷，则要用亮色的眼影来突出眼部，使眼睛看起来大些。淡妆可上单层也可上两层眼影，一般最多两层，颜色应与服装协调。职业淡妆一般建议用棕色系，而不适合用过浓的颜色去遮盖，有可能因前晚睡眠等原因造成的眼睛水肿（眼袋）或黑眼圈，这样做只会把缺憾暴露无遗有违扬长避短的原则。一般日妆的眼影从上眼睑部位接近眼睫毛的根部从下往上、由深到浅，逐渐过渡晕染；不能有明显的色彩过渡的痕迹，忌色彩叠加。在眉弓骨部位用白色眼影使眼部化妆更立体，营造深邃的目光，使眼睛更有神、更明亮。

（2）眼线的画法：眼线的描画分为上眼线和下眼线。上眼线的画法遵循由外到内、由粗到细的原则，接近毛发的颜色，职业淡妆一般选择黑色或深灰的眼线笔，并将笔削成扁平状，紧贴上睫毛描画。眼形较大的，可只画上眼线（也可不画全）；眼形较小的，上下眼线都要画，但下眼线只画由外至内的2/3。画上眼线时，视线向下；画下眼线时，视线向上，且贴紧眼部。下眼线应遵循由内向外、由粗到细的原则，上下眼线可在内眼角相交，绝不能在外眼角相交，且上眼线在外眼角处应稍起翘，以保持眼部的笑意。

（3）眉毛的修剪与补描：眉毛在整个脸部修饰中起平衡作用。在化妆前应先用眉镊或修眉刀除去杂乱无序的眉毛，用眉剪将过长的眉毛修剪整齐，从而修剪出适合自己的基本眉型，保持眉部的整洁。修眉可采用攉眉法和剃眉法。攉眉法是用眉镊将多余的眉毛连根拔掉的方法，操作时应绷紧皮肤，眉镊夹住要除去的眉毛，顺眉毛生长方向快速拔掉；剃眉法是用剃眉刀将多余的眉毛剃去的方法，操作时持剃刀的手要稳，另一只手绷紧皮肤贴根剃掉。然后是补画眉，可选用咖啡色或棕色的眉笔，描画出所需轮廓。

在画眉前要进行眉毛的定位，也即确定眉头、眉尾及眉峰。眉头在内眼角与鼻翼两点所确定直线的延长线与眉线的交点，而眉尾是鼻翼与外眼角两点所确定的直线的延长线与眉线的交点。确定了眉头和眉尾，再根据脸型、年龄与职业确定眉峰，一般在眉头到眉梢的2/3处，眉毛不宜画得太细、太工整，否则看上去会很假，太做作。画眉只要用眉笔画出轮廓，然后用眉刷轻轻晕染开就比较自然。眉头稀疏、眉尾细淡而虚化，眉峰是关键。画眉是整个化妆中的难点。

（4）夹卷睫毛、上睫毛膏：使用睫毛夹，分三次夹卷睫毛，使之卷起而不是立起。职业淡妆一般选择黑色或深棕色睫毛膏，由根部轻轻往外、往上涂睫毛膏，用量不要过多，涂好后要梳理整齐，避免出现粘结现象，不见其美，反显其脏。

第三环节　唇部的修饰方法

具体方法：用唇线笔画出唇的轮廓，再用唇刷或口红涂满。一般先用浅色的唇膏涂满后，用纸巾轻轻按一下（或扑点散粉），将油分吸掉，再在周边涂上深色（同色系）的口红或唇膏，就会产生中间浅亮、周边深的层次感。同时可防止唇膏脱落，保持的时间也比较久。

唇形要饱满，色彩要与眼影、服装相一致。一般年轻女性多选择粉红色、橙红色、玫红色的唇膏或唇彩，而中老年妇女则多选用橙红色、棕红色、山楂红色等的唇膏或唇彩。是否画唇线在生活日妆和职业淡妆中视情况而定，一般唇型较好，需要突出化妆效果的就需画唇线，且必须用唇膏将唇线盖住。反之唇型不够完美，希望弱化的，则无须画唇线，只用唇膏、唇彩上色即可。两唇中间最低处称唇谷,而双唇最高点则称唇峰,一般唇峰在 1/2 处为性感型,唇峰靠唇谷的为理智型。唇峰之间的距离随着年龄的增大而缩小,唇角下坠。上下唇的厚度,东方人一般是上唇厚下唇薄,而西方人则是上唇薄下唇厚。而职业妆的唇型较为中性,上下唇的厚度基本相等。注意选择的唇膏颜色要与眼影、服装等相协调。

 小资料

不同脸型腮红的涂抹位置和方法

腮红涂抹的位置是关键。腮红涂抹的标准位置:一般以鬓发为起点,沿颧骨与面颊交接的位置往嘴角及鼻翼方向涂抹,最高不超过外眼角的延长线,最低不低于嘴角的延长线,晕染自然柔和。

- 长脸型:腮红可以横向晕染。
- 方脸型:腮红可以斜向晕染。
- 圆脸型:腮红可以纵向晕染。
- "申"字脸型:腮红可以选择深一点,以颧骨最高点为起点,向鼻翼方向涂抹。
- "由"字脸型:涂腮红时,不能太靠近脸部,可斜向晕染。

腮红的用法:用胭脂刷蘸取少量的颜色,轻刷在脸部自然红晕处,涂抹方向以肌肉的走势为准,体现协调。

生活日妆和职业淡妆的腮红:一般选用粉红、桃红等颜色较多。但也要注意腮红、眼影、口红、服装的色彩协调,这是化妆最基本的原则。

第四环节　腮红的正确使用及检查修妆

生活日妆和职业淡妆中腮红是否需要涂抹可视肤色的红润程度而定。即使需涂抹腮红也一定要淡雅自然。整个妆面完成后,站在稍远处,检查妆面的整体效果。用大号定妆刷将脸上多余的散粉刷掉,令妆容更自然。观察妆型、妆色是否协调,左右是否对称,底色是否均匀,如有不足可做适当修补。

男士化妆

化妆不是女士的专利,男士化妆,一般包括美发、定型;清洁面部与手部,并使用护肤品进行保护;使用无色唇膏与无色指甲油,保护嘴唇与手指甲;使用香水;等等几项内容。男士化妆要注意不要过分阴柔;不要涂过多的发乳。另外胡须的修剪也要注意,不要过分"艺术化"。

(三)化妆时应遵循的礼仪规范

(1)化妆的浓淡应视时间、场合而定。参加宴会、舞会可以化浓妆,工作时间则应当化淡妆。工作妆要体现简约、清新、素雅,具有一定的立体感。它既要给人以深刻印象,又不容许显得脂粉气十足。

(2)应当避免当众化妆或补妆。当众进行化妆,往往有卖弄表演或吸引异性之嫌,在工作岗位上当众这样做,则显得很不庄重。尤其要注意不要在异性面前化妆或补妆。

(3)不要使化妆面部出现残缺。若出现残缺的妆面,应及时避人进行补妆;若听任不理,则会让人感觉低俗、随便。

(4)不要借用他人的化妆品当众化妆。借用他人化妆品既不卫生,也不礼貌,应避免。同时,每个人的肤质不一样,所选择的化妆品也不一样。

（5）不要评论他人的化妆。化妆系个人之事，对他人化妆不应自以为是地加以评论或非议。

四、金融业从业人员脸部和肢体的其他修饰要求

（一）脸部的其他修饰

1. 眼睛的保洁、眼病的防治及眼镜的佩戴

俗话说"眼睛是心灵的窗户"，也是被他人注意最多的地方。重视眼部的保洁，最重要的是及时除去自己眼角不断出现的分泌物；另一方面是要特别注意眼病的预防和治疗。因为眼部一旦生病，往往既会传染于人，而且看起来也有损自己的尊容。所以一旦患眼病，就应及时治疗、休息，绝不可与工作对象直接接触。如因视力原因需在工作时佩戴眼镜，应选择适合自己的镜架和镜片，在室内一般不应佩戴颜色过深的镜片，镜架也不宜太夸张。平时还应注意眼镜的清洁，尤其是镜片要保持明净。而太阳镜也即墨镜只适合在户外活动时佩戴，不宜在室内工作时佩戴。

2. 耳部的清洁及耳毛的修剪

耳部也与其他器官一样，进行着新陈代谢，因此金融行业工作人员每天应进行耳部的清洁除垢，清理耳屎。男性员工尤其要经常修剪耳孔周围的茸毛，不能让其长到外边来，而影响整体形象的美观。同样耳部的清洁及耳毛的修剪也是每个人的私事，应隐蔽进行，不应在工作时或有他人在场时进行。

3. 鼻部的清洁

人们对脸部最高点鼻部的关注度也是较高的，因此鼻部的清洁工作十分重要。由于鼻部周围的油脂分泌量较多，毛孔也较为粗大，有时甚至会有"黑头"或"白头"等皮肤问题产生，处理不当还会造成局部感染，因此平时应重视此处清洁的彻底性，问题出现时应正确应对，并请专业人士帮助解决。鼻毛也像耳毛一样，长到一定程度会冒出鼻孔，一旦发现应及时进行修剪，但绝对不能当众揪拔自己的鼻毛。

4. 注意口腔及周围的卫生

保持口腔的清洁，口气清新。在国外把牙齿健康当成是文明的象征，对牙齿的厚爱已经形成了一种文化。如果说"眼睛是心灵的窗户，牙齿则是生意场的敲门砖"。因此坚持每天刷牙做到"三个三"，即每天刷三次牙，每次刷牙宜在餐后三分钟进行，每次刷牙的时间不应少于三分钟。定期去专业口腔医疗机构清洗自己的牙齿，以达到维护牙齿的效果。一般成年人以半年左右洗一次为宜。除此之外，在上岗工作前不宜食用葱、蒜、韭菜、虾酱等气味刺鼻的食物，以防止因饮食引起的口腔异味。双唇的饱满滋润也是一个人精神面貌的体现，作为金融行业工作人员，平时应注意呵护自己的双唇，避免出现开裂、暴皮现象。

5. 剃须修面

剃须修面是展示职场男士形象的一大亮点，也是职业男士每天必做的个人清洁工作，切不可以等到理发时才刮脸，并注意清洁工具的正确选用。金融行业的男性员工一定要坚持每天上班前剃须，切忌胡子拉碴出现在工作和社交场合。个别女性员工若唇上汗毛过于浓重，也应作相应的处理，以保持面部的整洁。

（二）肢体的修饰

仪容礼仪的基本内容，除重点是指人的面容及发式以外，人体其他所有未被服饰遮掩的

肌肤也属个人仪容的基本内容,因此肢体的修饰也不可忽视。肢体也称为四肢,主要指人的手臂与腿脚。而在交往和公务活动中,人们的肢体动作最多,故经常备受关注。在不同岗位工作的金融工作人员,对肢体的修饰也有着相应的要求。

1.手臂的修饰

由于工作的特点,双手及手臂在金融行业通常被认为是金融行业员工的"第二张脸",平时要做好手臂及双手的保养工作,避免出现粗糙、开裂、红肿、生疮等皮肤问题和皮肤的外伤破损等影响外观的现象;同时还应时刻保持手部的清洁,平时务必做到"六洗",上岗之前、手脏之后、接触精密物品或入口食物前、规定洗手之时、上过卫生间之后和下班之前要洗手。有些特殊岗位规定必须戴专用手套的,切不可忘戴或有意不戴。手臂的妆饰,应遵循自然、简洁、庄重的原则。不留长指甲,养成"三天一修剪,每天一检查"的良好习惯;不要涂抹彩色指甲油和彩绘、文刺手臂,出于养护的目的,允许金融行业工作人员平时使用无色指甲油。一般情况,金融行业工作人员制服不会裸露肩部,但也应注意不要将腋毛外露,这是非常不雅的。有个别工作人员手臂上的汗毛较为浓密,在着短袖上岗时也应做适当处理,以保持整洁美观。呵护手部的问题,重点是要使之干净、光洁、细腻,既非粗糙不堪,又不过分艳丽。究其原因,则是要"敦促"人们去关注其应当注视之处——自己的面容,而不要为其他部位所分神。

2.腿脚部的修饰

从金融行业工作人员的工作性质出发,对腿脚部的修饰,首先是清洁,做到"勤于洗脚、勤换袜子、勤换鞋子";其次,着裙装工作服时应穿长筒袜,不要光腿、光脚,在特殊情况下光腿时应选择过膝的长裙或长裤,以示庄重,女性光腿会被认为是在向异性显示自己的性感和魅力;金融行业工作人员在工作岗位上不应穿着露脚趾和无后跟或脚后跟裸露在外的鞋子;最后,下肢的美化也与手臂美化所遵循的原则相同,注意腿部汗毛的处理、勤剪指甲;禁止脚部涂抹彩色指甲油和做脚腿部的彩绘等妆饰。

仪容礼仪,在金融行业工作人员的个人仪表形象中有着非常重要的作用,应遵循整洁、和谐、自然美、扬长避短的原则;仪容的修饰应把握因人(个人的年龄特征、职业特点的体现)、因地(场合)、因时(早晚、季节)而异的要领,使仪容礼仪在自己的仪表形象中真正起到矫正缺陷、突出优点、辅佐社交、有利事业,既美化个人形象也为金融服务行业、企业形象增色的作用。

➡ 知识实训

实 训 一

[实训背景]

王芳是某银行的客户经理,她的口头表达能力很不错,对公司的产品和服务也很了解,人既朴实又勤快。在众多的客户经理中,银行老总尤其对她寄予了很大的期望。可是,到年终盘点时,作为客户经理的王芳,其业绩却令老总很失望。问题出在哪里呢?原来,王芳是个不太讲究穿着打扮的人:额头的头发长得遮住了眼睛,脸色泛黄,皮肤显得有些干燥,整个给人以一种缺乏活力和自信的感觉。

[实训要求]

1.练习脸部修饰的第一课——自测肤质。

2.要求在职业形象设计室的化妆镜前进行现场操作。

3.懂得选择合适的护肤用品,并正确地保养自己的皮肤。

[实训提示]

1.用一张面巾纸覆盖整个脸部,轻轻拍打后取下观察。

2.检测标准:如果整张纸斑迹较多,则为油性皮肤;如果几乎没有变化,则为干性皮肤;如果只有 T 区有斑迹,则为混合性皮肤。

3.根据自己的肤质进行护肤、化妆用品的选购。

实 训 二

[实训背景]

为提高个人审美品位和增强自信,充分展现年轻人的青春活力,王芳报名参加了银行人力资源部举办的职业礼仪培训活动,本次主要是在老师的指导下进行职业淡妆的化妆练习。

[实训要求]

1.用准备好的化妆用品和用具进行职业淡妆的化妆练习。

2.要求在职业形象设计室的化妆镜前按流程进行现场操作。

[实训提示]

1.可以选择脸部的任何一个部位开始练习化妆,如唇、颊、睫毛和眼睑等。

2.可以依次按步骤化妆整个脸部。化妆时注意处理细节处,突出自己的优势,尽量掩盖缺陷,扬长避短。

项目3 金融行业工作人员的服饰礼仪

▷ 任务分解

任务1 掌握服饰礼仪和服装穿着、饰物搭配的原则和要求

任务2 掌握西服礼仪及金融行业工作人员制服穿着的礼仪规范

任务1 掌握服饰礼仪和服装穿着、饰物搭配的原则和要求

▷ 工作步骤

第一步:根据教材所提供的案例进行分析后思考,了解服饰对于个人形象塑造的意义和功能。

第二步:掌握着装的原则。

第三步:了解服装色彩的有关常识。

第四步:熟悉不同场合的着装礼仪。

▷ 案例导入

美国前总统尼克松竞选失利

尼克松,1952 至 1960 年担任美国副总统长达八年之久。1968 年当选美国第 46 届总

统,1972 年连任第 47 届总统。1974 年 8 月因"水门"事件被迫辞去总统职务。

其实,早在 1960 年,尼克松就参加过总统竞选,却败在肯尼迪的手下。除了有一些其他原因外,据说与他当时的礼仪和仪表也有很大的关系。

尼克松在当时被大多数美国人认为是仅次于总统艾森豪威尔的政治人物,他反应敏捷,善于表达,富有经验又具有坚强的毅力。在竞选前夕的民意测验中,尼克松以 56%:44% 的多数票领先于肯尼迪,但竞选结果却出人意料。竞选过程中,尼克松与肯尼迪要面对美国 7000 万电视观众展开辩论。尼克松恰恰在不久前因出车祸伤及膝盖,导致身体消瘦,所以,荧屏上的尼克松,服饰显得过于宽大松垮,灯影又使他看上去眼窝下陷,疲惫憔悴,萎靡不振。而此时的肯尼迪正好相反,他高大魁梧,健康结实,衣着得体,精神饱满,气宇轩昂,结果肯尼迪以历史上最微弱的总统竞选差额 49.9%:49.6% 击败了尼克松,取得了成功。

[案例启示]

1.形象问题是一张入场券。你若超出公众审美的许可范围,在交往当中别人就会对你的行为判断出现失误,就缺乏正常交流的基础。

2.公务场合的着装和仪表相当于一种身份标志,是一种告示。

⇨ 知识链接

一、服饰功能与作用

(一)服饰是人体的静止状态或姿势的延伸

俗话说:佛要金装,货要包装,人要衣装。

服饰是文化的产物,它能够反映出一个人的文化修养和审美情趣。在古代,服装的式样与质料曾是判断一个人的社会地位、职业身份甚至种族、家族的标志。今天这些标志已经过时了,但衣服仍属于人的"第二皮肤"。从服饰的式样和颜色可以透视出一个人的个性、性格和心理状态。

服饰是人体的外延,包括衣、帽、鞋、袜及手表、戒指、耳环等饰物。它是一种文化现象、是一种无声的语言。如何着装从一个侧面真实地传递出一个人的性格、气质、爱好与品位,显示着一个人的社会地位、文化品位、艺术修养及待人处世的态度。雅致、端庄的服装表示对他人的尊重,邋遢不洁的着装则是一种不礼貌的行为。

现今,服饰已不仅是生活必需品,也是装饰人们躯体的美化物。人们利用服饰来装饰、塑造自己,突出自己的"美点",掩饰自己的不足,以达到比自身原有更加完美的效果。事实表明,穿着得体不仅可以显示一个人良好的文化修养、高雅的审美情趣,还能给人留下良好的印象,赢得他人的信赖,在公务社交中获得成功。服饰在一个人的个人形象里居于重要地位。伟大的英国作家莎士比亚曾经说:"一个人的穿着打扮,就是他的教养、品位、地位的最真实的写照。"

(二)金融行业工作人员应遵循的服饰礼仪规范

作为金融行业工作人员,在工作岗位上的服饰穿着通常是不允许"穿衣戴帽,各凭所好"。这是因为国际上将金融界从业人士定位为保守型职场人士,其整体形象应表现出权威性、信任度和缜密感。其服饰的穿着要求属于强迫性着装管理的范畴。而服饰隶属于哲学体系中的符号学范畴,每位在社会中出现的保守型职场人士着装的得体度,都暗示着个人在社会人的心目中是否留下了一种被认同的符号。因此金融行业工作人员的服饰选择应从行业的角度出发,考虑尊重服务对象、适应工作需要、塑造金融机构的形象和提高个人素质等方面的因素,由此对金融行业工作人员的服饰有着统一的要求和限制。"相由心生、相随心生、境由心造",一个人外在服饰的整体表达,是个人内在文化素养的外化及延伸。每个人无论从事何种职业,扮演何种角色,在穿着上应遵循相应的原则。而服饰礼仪最起码的要求是整洁,其次是和谐,然后再与自身的特点、气质相结合,也就是说既突出个性,又顾及共性,得体而到位,才能使自己具有良好的个人形象。

二、着装应遵循的原则

(一)国际通行的 TPO 原则

TPO 原则,即着装应该与当时的时间、地点和所处的场合相协调。

1. Time(时间)原则

着装要应时,此原则要求在着装时要考虑早、晚、日间时令的变化(包括早晚温差),一年四季的不同以及注意时代的差异。与时间、季节相吻合,与所处时代相适应;符合时令,不同的时间段有不同的着装原则,如作为女性在社交场合礼服的特点是日间密实、夜间露肤,晚礼服多采用闪光面料及饰品。一年四季的着装应顺应气候温差的变化,冬厚暖、夏薄凉的原则。随着社会的发展,人们的着装要求和观念也会发生一定的变化,一个时期的流行趋势,从单一色彩到五彩斑斓都有可能,因此要顺应时代的潮流和节奏,不能过分复古和新奇,否则会令自己与公众和环境不协调;服饰的时代性原则是很强的,着装要考虑时代的特点,尽量避免穿着与时代流行趋势格格不入的服装。

2. Place(地点)原则

身处不同的地点要有不同的着装,着装要与所处的环境,与不同的国家、区域、民族的要求相协调,符合习俗。考虑所处的场所、自身的地位及职业等因素,不同环境条件下应有与之相适应的服饰打扮,如在鸡尾酒会上穿着的华丽衣裙,就不可能也合适在街边用餐时穿着,因此最好的办法就是"入乡随俗"。

3. Occasion(场合)原则

穿着要因地制宜,也即氛围原则,着装应考虑出现场合的目的、所需体现的主题、希望达到的目标及交往的对象等多方面的因素,与当地当时的气氛相融洽、相协调。比如参加重要会议就应穿正式庄重的服装,如果穿着与朋友约会的服装前去,就会显得不够稳重和严肃。总之,无论是庄重严肃还是轻松热烈都应符合场合气氛才算得体、到位,从而有利于树立良好的个人形象。

着装的 TPO 原则是世界通行的着装打扮最基本的原则,根据不同的时间、地点、场合力所能及地对自己所穿的、搭配和组合的衣服进行精心的选择,力求和谐,以和谐为美,兼顾年龄、形体、职业、身份和环境。

(二)和谐得体原则

古希腊哲学家说:"美在和谐。"

顾名思义,服饰可分作两大部分:服和饰。既要讲究服的协调,又要注重饰的和谐。

一般服装的礼仪表明,服装有三大功能:第一个功能,重在实用;第二个功能,体现地位和身份;第三个功能,表现审美。因此,可从以下四个方面来加以体现。

1. 着装应符合身份，有性别之差、年龄之别

整洁是服饰打扮最根本的要求和原则。人们往往通过衣着的整洁大方与否来判断此人的文明礼貌和知识涵养，保持服饰的干净得体、整齐有致，这并不意味着必须着高档或名牌的服饰。

穿着服装时还应注意性别和年龄的一些区别。虽然随着时代的发展，服装上的性别差异、年龄差异在缩小，但总的来讲，区别还是不小的，各自的服饰体现的特征也是有区别的，这在人们的心目中也已形成了一定的心理定式。年龄是成熟程度的标尺，也是选择服饰的重要"参照物"。不同年龄层次的人，只有穿着与其年龄相适应的服饰，才算得体。中山装穿在中老年人身上，显得成熟、稳重，体现的是中老年人的成熟美，而穿在青少年身上就显得老气横秋；超短裙、白长袜穿在少女身上显得天真活泼，体现的是年轻人的青春美，若穿在少妇身上就有轻佻之嫌。

各行各业的衣着，都有其自身的特殊标记和样式，因而不同的职业有着不同的着装要求，一定要注意符合身份。作为金融业从业人士，一般都以藏青色或灰蓝色单排扣的西服套装作为职业服装，内穿白色或其他素色的衬衣，系带有小花纹等较为朴素的领带，体现出谨慎的工作态度和所承受的工作压力，给人以稳重大方、精干利落的印象，增大专业度。

2. 着装应与形体、肤色相协调，扬长避短

树无同形，人各有异。人们的体型千差万别，往往很难尽善尽美，在着装时就要注意扬长避短。掌握一些关于服装造型的知识，通过适当的修饰充分展示自己的长处，同时也尽可能地掩饰自己的弱点，借助服装，来创造出美妙身材的感觉。所以服装的穿着都是遵循因人而异、扬长避短的原则。比如偏瘦和偏胖的人不宜穿过于紧身的衣服，以免欠美之处凸现。脖子比较短，就不穿高领衫，改穿 U 领或者 V 领的服装，使脖子到胸部有延长的感觉。又比如腿比较粗短，就尽量不穿超短裙，否则反而暴露了自己腿部的缺陷。

人的肌肤颜色是与生俱来而难以改变的。人们选择服饰时，就应使服饰的颜色与自己的肤色相般配，以产生良好的着装效果。《安娜·卡列尼娜》中曾写到安娜穿一件黑色天鹅绒长袍去参加舞会，把她洁白如玉的肌肤衬托得更为洁白。小说发表后，彼得堡的贵妇们竞相效仿，可见选择服饰颜色的重要。一般情况下，工作场合应穿蓝色或灰色的套装，那是经典的上班装。而在平时较为轻松的场合，可充分体现你的风格，但即使穿着休闲装也还是要注意扬长避短。

3. 服饰穿戴应注意场合

在穿着打扮方面，每个人都会遇到一个非常复杂的问题，那是因为一个人所面对的场合是多种多样的。比如在工作场合就要穿得正式一些，套装制服，表示郑重其事，统一划一，严肃严谨。但有时我们也会看到一些人在上班的场合穿得非常不正规，机关或公司等场所，穿得非常随便，比如穿拖鞋式凉鞋、露脚趾凉鞋、露脐装、超短裙等就显得有点不适时宜。但如倒过来的话，不该讲究的时候却又讲究了，如西服革履、套装套裙去旅游也就不合适了。着装一定要区分场合。从服饰礼仪的角度来讲，着装实际上存在下述三大场合，不同的场合各有其基本要求。

其一，庄重保守的公务场合。公务场合是指上班时的场合，作为金融行业的员工，银行的办公区域，包括银行大厅、柜台前及办公室都是你的办公区域，着装的基本要求是四个字：庄重保守。在办公场合随便穿是不行的，公务场合要求庄重保守，一般穿套装、套裙或制服。

所以金融业的员工一般一年四季都有相应的工作制服。假如没有套装、套裙或制服,则要穿长袖衬衫、长裤、长裙,这样才显得你郑重其事。因而在办公场合穿时装或休闲装是非常不合适的。

其二,时尚个性的社交场合。社交场合是指工作之余交往应酬的场合,就是下班之后跟朋友、熟人在一起交际应酬的场合,比如宴会、舞会、音乐会、聚会和串门等,都是典型的社交应酬。自己一个人吃饭那叫吃饭,和朋友在一块儿吃饭那才叫宴请,宴请实际上就是交往应酬。社交场合着装的基本要求也是四个字:时尚个性。如果说工作场合不能时髦不讲个性的话,社交场合就是要时髦讲个性,应该穿时装、礼服或具民族特色的服装。我国的传统礼服旗袍就是东方女性不错的选择。当然还要兼顾我们前面提到的扬长避短,一个银行职业女性穿着吊带衫和超短裙出现在社交场合与一个腰圆腿粗的妇女穿迷你裙招摇过市不可取。又如西方男人穿的礼服——燕尾服就不太适合东方男性这种身材,燕尾服它是倒梯形的造型,适合肩膀比较宽大的人,而中国人的身材一般是 H 形,不像西方人那样肩比较宽。因此在社交场合,可以选择我们自己的中式服装,如中山装、唐装,甚至穿对襟袄之类的,都比较合适。当然,随着改革开放的进一步深入,西服已成为男士社交礼服的首选,但西服也有多种款式,应选择适合自己身材、体型的,才能穿出美感。但要注意社交场合最不该穿的衣服就是制服。

其三,舒适自然的休闲场合。工作之余在家休息、健身运动、观光游览和逛街购物等休闲场合的穿着打扮的基本要求是舒适自然。家常服装、运动装、休闲装等,着装可以较为随便些,一般以宽松舒适为宜,可根据自己的特点和喜好选择,形式很多。有些休闲场合过于正式又会显得不自然而疏远与他人的距离,也影响沟通。通俗讲,只要不违反法律,不违背伦理道德,不影响安定团结,自己完全可以随便穿。这是最不用讲究穿着打扮的场合。可是,我们稍不注意也会出洋相,比如穿着睡衣在公众场合或逛街会影响形象。

综上所述,着装要区别场合!公务场合,讲究庄重保守;社交场合,讲究时尚个性;休闲场合,则讲究舒适自然。

三、服装色彩

在社交活动中,最引人注目的是服装的色彩。色彩是服装中最活跃、最积极的因素,对人的视觉刺激也是最敏感和领先的,会在不知不觉中映入你的眼帘,使你产生某种感觉和引起一定的联想。这是因为色彩能表达人们的审美情趣、心境和情感,从而引起丰富的联想。因此配色的和谐非常重要,服饰作为一种传情达意的媒介时,色彩的影响力和感召力已远远超过衣饰的造型和质料等其他因素,色彩是服装的灵魂。作为金融服务人员,学会如何进行服饰色彩的搭配,如何使自己服饰的色彩和搭配合乎服饰礼仪的标准和要求,了解一定的色彩知识以及它的象征意义,重视色彩在服饰整体美中的运用,是非常必要的。

(一)色彩的基本知识

太阳光是由赤、橙、黄、绿、青、蓝、紫七种波长不同的色光组成的,我们称这七种颜色为标准色。而红、黄、蓝三种颜色按一定的比例混合,可以产生自然界中的任何颜色,而它们本身却没有任何颜色能调出来,因此我们把这三种颜色又称为三基色。把三基色中的任何两种混合,红配黄是橙色,黄配蓝是绿色,红配蓝是紫色,于是我们又把橙、绿、紫称为三间色。一种基色与三基色中的其中两色形成的间色之间的关系,称为补色关系。

色彩的三要素,即色相、明度、纯度。色相是指不同颜色质的区别,也即色彩的相貌,以色彩的名称来命名和区别,如黄、蓝、红等;明度是指色彩的明暗程度或光的深浅程度,所以说光源越强明度越高,比如黄色的明度就比蓝色高得多。一般情况下,同一种颜色与白色混合则明度高,相反与黑色混合则明度就低,所以粉红色的明度就比红色高,而紫红色的明度就比红色低得多。纯度是指颜色的鲜艳度和饱和度,越鲜艳纯度就越高,颜色混合次数越多纯度就越低,所以我们前面提及的粉红色的纯度就远不及红色的纯度高。

黑色与白色我们称之为没有色彩的颜色,它们混合形成的灰色是中性色,而金银色则称之为独立色。

(二)色彩与心里感觉

人类的感觉、感情、态度及性格都强于心理学研究的范畴,色彩心理学的研究主要涉及色彩所引起的情感反应,色彩和行为的关联,由色彩刺激而引起的感觉和知觉的形象。有可能由于民族、文化、地域、年龄、性别的差异,在对某些色彩的反应上会有不同,但是色彩和心理的关联一直以来是人类共同的无声语言,由联想产生的色彩意向早已成为大家沟通交流的共识。在日常社会生活中,接触到不同的色彩会产生不同的联想,这就是色彩的心里感觉。

前面我们提到了色彩的三要素——色相、明度、纯度,这里我们谈谈色彩给人的感觉,如红、橙、黄等色相给人的视觉刺激强,使我们联想到太阳、火焰等,感到温暖,我们称之为暖色;而青、蓝、紫使人联想到天空、大海、阴天等,感到寒冷,称之为冷色。

不同的颜色还有着不同的象征意义。

暖色调中的红色,象征着热烈、活泼、兴奋,是一种富有激情和感情的色彩。在我国,红色是一种幸福和喜庆的象征。黄色,象征着明快、鼓舞、希望和富有朝气,是一种最明亮和引人注目的颜色,也是历代帝王服饰的专用色,具有至高无上权威的象征,而在日常生活中米黄等浅黄色使用较多。橙色,则象征开朗、欣喜、活泼,也是一种较为明亮的颜色,在餐厅常为了增强客户的食欲,餐巾、桌布及服务人员的服装就较多地采用橙色。

冷色调中的黑色,象征寂寞、沉稳、严肃,富有神秘感,因此黑色服装往往会给人以干练、庄重之感,较胖的人穿着黑色服装可使身材显得苗条,但要注意脸色,因此皮肤黄黑者不宜穿着。蓝色,象征深远、沉静、安详、清爽、自信而幽远,使人联想到大海、天空。蓝色也是黄种人选择较多的一种较为安全的颜色。青色,则象征高傲、神秘。

中间色中的黄绿色则象征着安详、活泼、幼嫩,让人联想到田野、草原和大自然的植物等。红紫色象征着明艳、年轻、夺目。紫色象征华丽、高贵、优雅而神秘,但作为服饰颜色也与黑色相似,对肤色的要求较高,肤色青黄者不宜。

过渡色中的粉色象征活泼、年轻、浪漫,因此有时也可衬托出肤色的柔软和质感。白色象征朴素、高雅、明亮、纯洁,西方人有选白色为初婚者礼服颜色的习惯,而在我国也有把白色视为丧色的习俗,象征着悲哀和忧伤。而淡绿色则被视为生命之色,象征生命、鲜嫩、愉快和青春,充满活力和朝气。

中性色灰色象征素静、朴实、稳重,穿着灰色的服装给人以可信、稳重之感,一般与其他色彩均较易搭配。

同一面积、同一背景的物体,由于色彩的不同,有时可造成大小不同的视觉效果。一般暖色调和高明度的色彩会给人以扩张感和前进感,如黄色和橙色;而冷色调和明度低的色彩,如蓝色、紫色则使物体显得小,有收缩感和后退感。因此在服装色彩的运用上,体型较瘦小的穿着暖色调和明度较高的服装就会显得较丰满些;而体型较为胖宽的选择冷色调和明度较低的服装则会显得苗条些。当然不同的色彩还能造成轻重感。高明度具有轻感,低明度具有重感,同样体积的黑色物体与白色物体给人的重量感会有所不同;色彩还能造成兴奋或沉静感,凡明度高、纯度高的色彩,又属偏红、橙的暖色等,均有兴奋感;凡明度低、纯度低,又是偏蓝、青的冷色系具有沉静感。在喜庆的日子里,可用鲜艳的颜色激发热烈、兴奋的情绪,而在平日,可用淡雅、清新色调的着装,来体现自己沉稳、恬静的心情。这些都是由色彩给人的心理感受而引起的联想所决定的,色彩的这些特性影响着我们的情绪,作用着我们的情感。因此金融行业的工作人员在不同的场合,在服装的色彩上应加以精心选择和注意把握,为自己的职业成功起到辅佐的作用。

小资料

常见的颜色在职场带给人的一般感受

- 红色:充满胆量,表示在工作上蓄势待发,渴望新鲜感和刺激。
- 黄色:求知欲旺盛,有信心、自大,给人一种张扬的感觉。
- 绿色:安全保护色,和谐。
- 蓝色:诚实稳健、言行倾向保守、思维严密、自信力十足。
- 咖啡色:脚踏实地,富有责任心,做事讲究。
- 紫色:强烈的权力欲望与虚荣心。

(三)服装色彩的搭配和运用

1.服装色彩搭配应注意的问题

没有不美的色彩,只有不美的搭配。大自然赋予我们丰富的色彩,服装色彩的选择范围也非常广,除了单一色彩的最原始的特性,在现实生活中更多的是色彩相互搭配所产生的效果,这种多元色彩所产生的象征意义和给人的感觉也要丰富得多。因此服装穿在某一个人身上必须适应人、时间、环境和心绪而形成最佳的色彩组合,而现实中的最佳搭配标准的关键就是和谐。

要做到和谐,应注意以下几个问题:

一是服装的色彩必须与着装者的发型和肤色相和谐。

二是服装的色彩要与人的性格、体型、年龄和职业相和谐。

三是服装的色彩要与人的性格、气质、精神面貌相和谐。

四是服装的色彩要与季节、环境和场合相和谐。

和谐不是一种表面形式,而是一种"神"和。它不仅是服装自身多种色彩的整体和谐,而且是服装与人的和谐,服装与环境的和谐,是一种深层次的完美和谐。

2.服装色彩搭配的技巧

在色彩搭配上,不同的颜色给人的第一印象是不同的。如深色系给人一种沉稳、干练的感觉;而浅色系让人有一种轻松活泼的活力。所以说服饰的搭配是一个比较复杂的美学问题,要讲究技巧,才能运用丰富的色彩形成完美的和谐统一,展现美好的形象。现代社会工作、生活的节奏加快,用色的主流是雅洁、自然、简练、朴实。用色要避免繁杂、零乱,做到少用色、巧用色。男性服装不宜有过多颜色变化,以不超过三色为好。女性也要避免色彩的堆砌。色彩过多,会显浮艳和俗气。在两种以上色彩相配时要有主色,并将此作为基础色,再配以一两种次要色,使整个服饰的色彩主次分明,相得益彰。

 小资料

常用的服饰配色方法

● 相同色搭配。用同一色相,但明度、纯度有所不同的色彩搭配,如深红与粉红、橙色与黄色等,给人以柔和、自然之感。

● 呼应的搭配,即服装的色彩上下呼应或内外呼应。如上穿黑底红花纹上衣,下着黑色裤子;红色内衣,配上黑色鞋子和皮包。这样的服装色彩给人以协调、统一、活泼的感觉。

● 补色对比。补色之间是相互对抗的,如红与绿、黄与紫搭配在一起会过于醒目、刺激。因此补色之间搭配,要注意点缀和过渡,如红衣绿裙之间增加一条白色的腰带,就可以使两种颜色取得协调,或在这两者中都加入白色,成为减红和减绿(浅红和浅绿),就不会那么刺眼了。补色之间搭配还要注意面积与分量的取舍,可在大面积的一种色彩上,点缀一点它的补色,这样既鲜明又不刺眼,形成强烈的对比美。

● 点缀配色法。大面积地使用一种色彩,另外选一种色调小面积点缀,如穿一身浅驼色的套装,露出红色的衬衣领,这一点红色使整个服装的色彩活了起来,起到画龙点睛的作用。又如深色的套装,在脖颈处使用亮色的丝巾做点缀,就使整套服装不会过于沉闷而显得明朗起来。

● 上下装同色,即套装,以饰物加以点缀。

● 同色系配色。利用同色系中深浅、明暗度不同的颜色搭配。整体效果都较易协调。利用对比色搭配(明亮度对比或相互排斥的颜色的对比),运用得当,会有相映生辉,令人耳目一新的亮丽效果。

着装配色另一条要遵守的重要原则,就是要根据个人的肤色、年龄和体型选择颜色。如肤色黑不宜着过深或过浅颜色的服装,应选用与肤色对比不明显的粉红色、蓝绿色,而色泽明亮的黄色、橙色或色调极暗的褐色、黑紫色等最为忌讳,因为色泽太明亮或太暗,反衬得脸色更为黑暗;皮肤发黄就不要选半黄、土黄、灰色等服装,否则会显得更为无精打采和萎靡不振;脸色苍白,不要穿绿色服装,否则会更显病态;而肤色红润、粉白,穿绿色服装效果会很好。白色是较为安全的颜色,配任何肤色效果都不错,白色的反光会使人显得神采奕奕。

体型瘦小者应穿色彩明亮度高的浅色,而相反体型肥胖者应选色彩明亮度低的深色。而大多数人的体型和肤色均属中间混合型,所以颜色的搭配没有绝对的原则,应自己在着装的实践中加以学习和掌握运用。

颜色的选择是一门重要学问,一个人的穿着品位与色彩观念可以折射出此人的工作态度。在商务场合通用的颜色选择的最高原则是素雅大方,而深浅搭配又具有平衡的效果。

我们在不同的社交活动中应选用相应的颜色为社交目的服务。如谋职、应聘与面试较为合适的颜色是蓝色;而开会、洽商,则少用红色,强调理性的选蓝色服装,而要表现诚恳的选灰色调和棕色调等中性色服装较为合适;约会、宴会及舞会等则要注意,既不能过于华丽也不能太灰暗了,粉红、淡紫是情人约会最能表达爱意的色调,不要用作其他约会,否则容易引起误会;逛街、郊游与访友时应用明朗的颜色和活泼的色调,又合时令的服装可尽显个人的风格,给人以清爽、亲切、时尚之感。

▷ 知识实训

[实训背景]

假如林美凤是一名金融机构的营销人员,今天需第一次去某公司拜访一位客户。合理得体地修饰仪容仪表是必须的,恰当运用金融行业工作人员的服饰礼仪,将有助于业务的开展和给客户留下良好的第一印象。

[实训要求]

1.要求对自己的仪容进行合理的修饰,包括发型。女性应化职业淡妆。

2.穿着服装应注意遵循"TPO"及协调搭配等原则,符合商务社交的需要。

3.注意整体形象的协调性。

[实训提示]

1.注意发型的选择和修饰,保持发部的整洁。

2.注重面部的修饰,扬长避短,庄重得体,妆容淡雅精致,自信而充满活力。

3.要注意拜访时服装的款式、颜色的选择,搭配的协调;注重饰物的佩戴及鞋袜、包袋的选择等细节,与主题相吻合,并为打造良好的第一印象加分。

任务2 掌握西服礼仪及金融行业工作人员制服穿着的礼仪规范

▷ 工作步骤

第一步:了解职业服装的穿着礼仪。

第二步:掌握金融业工作制服的穿着礼仪规范。

第三步:明确男士西服的穿着规范和禁忌,操作示范学会半温莎式领带结的打法。

第四步:懂得女士套裙的穿着礼仪规范。

第五步:掌握饰物选择与佩戴的礼仪。

▷ 知识链接

一、职业服装的穿着礼仪

(一)职业服装的礼仪要求

职业服装主要是工作场合的着装,受职场环境影响,既不同于礼仪服装那么考究和华贵,也不像休闲服装那样随意。男士以西服衬衫为主,女士以套装、套裙为主,有些企业还有严格规定。职业着装有三大特征:多样性、约束性、时代性。职业着装的多样性,是受职场环境因素的制约和个人气质风格、喜好、偏向及服装的款式、花样、质料、色彩的影响;职业着装的约束性则来自职业环境的约束,如专业差别,体现的是一种文化、礼仪和修养;由于不同的工作性质使得不同的行业有不同的要求,这也就约束了各行各业的着装,着装恰如其分,也就能为自己的专业形象加分。职业着装的时代性,则反映了某一职业着装发展的历史性和时代意义。

工作场合的着装须庄重、整齐,表明从业人员的工作责任感和可信程度,也表现了对他人的尊重,显示了行业、企业的风貌。

(二)职场着装的"四不准""六不露"原则

职场着装的"四不准",是指:①用色不准过分杂乱,需要遵守三色原则,即全身颜色不多于三种,也不能过分鲜艳,图案也要注意,重要场合套装制服尽量选择没有图案或者规则的几何图案;②不准过分暴露,也即正式场合的"六不露"原则,是指不暴露胸部、不暴露肩部、不暴露腰部、不暴露背部、不暴露脚趾、不暴露脚跟;③不准过分透视,重要场合注意,内衣是不能让别人透过外衣看到的;④着装也不准过分短小和过分紧身,因为身体暴露的部位过多,不光有失自己的身份,也失敬于他人,使他人多有不便。应根据不同的交往目的、交往对象选择服装,要符合着装人的身份。

二、金融业工作制服的穿着礼仪规范

金融行业工作人员在工作时间,一般以统一制服作为工作着装,最大限度地体现职业的规范职能,具有以下几个方面的作用:

(1)标识作用。这是制服的基本功能。独特的式样、色彩、图案以及配套的帽子、证章、徽记等使穿着制服的工作人员与其他行业和单位的工作人员区分开来,使制服成为具有本行业、本单位醒目特色的独一无二的标志。

(2)激励作用。金融行业工作人员穿着统一制服,进一步强化了金融行业的特点,工作人员的责任感、荣誉感和凝聚力进一步加强。尤其是金融行业要求员工身着制服,包括规范佩戴标明姓名、职位和部门的标牌,充分发挥了制服所独有的激励作用,促使员工约束自己,尊重他人,积极工作,热情服务。

(3)宣传作用。金融行业工作人员身穿本行业、本单位的制服为客户服务,客观上就起到了引人注目、强化公众视觉冲击的效果,是本行业、本单位的最佳形象广告。

(4)保护作用。今天金融行业工作人员所穿着的制服一方面可以保护身体,正确规范穿着制服具备身体防守的功能,可减少身体受伤害的机会,另一方面可以维护尊严,正确规范穿着制服使人增加权威感,有助于维护自尊和形象,也较易受人尊敬。

制服具有这些独特作用,但是金融行业工作人员在穿着制服时还应遵守礼仪的规范,才能最大限度地有效发挥其应有的作用。

三、男士西服的穿着礼仪

西服产生于欧洲,已有150年的历史。清末传入我国后,以其优美的造型,体现了男士的潇洒、女士的优雅和端庄,成为我国标准的礼仪服装,也是当今国际最标准通用的礼服,在各种场合广泛穿着。西服穿着,七分在礼,三分在穿,有相当统一严格的模式和要求,作为金融行业的工作人员,现代职场的一员,应懂得西服、套装的穿着礼仪。一般西服分为欧式(也称意大利式)西服、美式西服和英式西服几种款式类型,各种款式都有其相应的特征,适合不同体型的人选择和穿着。

• 欧式西服:垫肩夸张,不强调腰部,上衣偏长,没有开衩,双排扣居多,西裤不卷边。适合"倒三角体型"的男士穿着。

- 美式西服:肩型自然,较为宽松,领型略大,扣位较低,略有掐腰,后摆开衩。
- 英式西服:裁剪十分包身合体,肩部垫肩明显,领型比例适度简单,腰部收缩,身侧开衩,以高位三粒扣和低位三粒扣款式为多见。

（一）西服穿着礼仪

西服,较为通行的是两件套和三件套,同一的面料和色彩,是正式场合规范化的男装。穿着西服,对工作人员而言,体现着身份和所在企业的规范化程度。职场男士穿着西服时,必须了解衬衫、领带、鞋袜和公文包与之组合搭配的基本常识。西服穿着讲究"三个三",即三色原则、三一定律、三大禁忌。

- 三色原则:穿西服时,包括上衣、裤子、衬衫、领带、鞋子、袜子、皮带在内,全身颜色应该在三种之内。
- 三一定律:重要场合穿西服、套装外出的时候,鞋子、腰带、公文包三样男士主要的饰物应为同一颜色,而且首选黑色;这也体现了男人强调的是细节。
- 三大禁忌:是指在正式场合穿着西服、套装时不能出现的三个洋相。①袖口上的商标没拆。②在非常重要的场合,穿夹克、短袖衫打领带,不够正式。③男士在正式场合穿着西服套装时鞋子和袜子不搭配(重要场合,白袜子和尼龙丝袜都不能和西服搭配。鞋应穿制式皮鞋,男士是指系带的黑皮鞋)。这是非常重要的职场着装规则。

金融行业工作人员在工作服务时要着重注意这些,明确职业着装是视觉美学在商务礼仪中的具体运用。

（二）西服穿着必须合体

如果西服太大而你的身材瘦小,那么只能让你显得更加瘦小,没有男子汉的阳刚之气;如果你过于肥胖,而衣服紧裹,再高贵的衣服也会因身上的皱褶而黯然失色。双排扣的西服一定要全扣上,否则看起来像两扇大门;西服的领子应紧贴衬衣并低于衬衣领子1~1.5厘米,西服的袖子以达到手腕为宜,不能太长,应比衬衣袖子短1~1.5厘米。这样不仅便于清洁,也体现了着装的层次感,看起来更有成功人士的风范;衣长以垂下手时与虎口齐平为宜,胸围以穿一件羊毛衫松紧适宜为好。西服要平整洁净,裤子要烫出裤线。

（三）不同西服的穿着要求

西服有两件套、三件套和单件之分,正式场合应穿套装,内穿衬衣,系领带,衬衣下摆放入西裤内。衬衣以单色为宜,白色为最好。三件套的坎肩要贴身,室内可将西服上衣脱掉。单件西服一般较为厚实,选择花呢等面料,显得较随便些。一般天冷可在西服内套一件鸡心领的羊毛衫,但不能过于臃肿而破坏线条美。穿鸡心领的羊毛衫打领带时应将领带放入羊毛衫内。

西服有单排扣和双排扣之分,双排扣西服一般要将扣子全部扣上;单排扣西服,三粒扣的可只扣中间一粒,两粒扣的,只扣上面一粒或全部不扣也是可以的。在较为正式的场合一般要求全扣上,坐下时解开。

西服的衣兜功能也不可忽视。西服的外面衣兜最好不要装东西,上面的衣兜也不要插笔,否则会破坏整体形象。西服的内兜是可以用来放物品的,但也不要放体积过大的物品,最多也只能放些轻薄的东西。

（四）衬衣穿着要讲究

衬衣的领口一定要保持平整,每次洗后都要烫平,否则会破坏形象;衬衣的领子、领口不能太夸张,这样显得没有教养;商务场合,衬衣下摆一定要放在裤子里面,袖口必须扣上,不可卷起。系领带时衬衣的第一粒纽扣必须扣上；不系领带时，则第一粒扣应打开，否则别人会以为你是忘了打领带，这样是很失礼的。西服内穿衬衣系领带时，衬衫领部一定为闭合状态，大小应是合领后可插入一个手指为宜，否则会给人留下不正式的感觉。任何款式的内衣均不能替代衬衣穿在西服里；无论内衣多高级，永远不要将高领内衣露出衬衣领口。随时检查衬衣的扣子，不要穿着掉扣的衬衣。衬衣每天一洗一换，时刻保持整洁。正式场合忌讳穿着短袖衬衫打领带。

（五）与西服相配的鞋、袜及领带的要求

穿西服，一定要配皮鞋，黑色或深色的皮鞋使用较多，也较为普遍。款式以传统的系带式或盖鞋式为好，须保持清洁光亮。注意检查皮鞋是否变形，一双皮鞋最好穿一天然后休息2～3天，这样不易变形。浅色和太复杂或装饰过多的皮鞋不宜穿着。袜子的穿着也是不可小视的，男士穿着的袜子一定要有足够的长度，坐下提起裤管时，裤子与袜子中间不能露出腿；袜子的颜色尽量以深色为主，接近西裤的颜色为最方便的选择，如深灰蓝、暗炭灰、灰栗色、黑色等。不宜穿短袜、浅色的袜子配西服，质地应是棉、麻、毛类的薄型线袜，而尼龙丝袜和多图案、多颜色、宽条纹或夸张图案的花袜子以及白色的运动袜等都不宜配西服。

"领带是西服的灵魂"，是全套西服中最重要的组成部分，是引起人们注意的焦点。领带与领子一样，其重要性仅次于一个人的面部。领带结的打法是否正确？样式、长度和图案的选择是否与出席事由及自身感觉和谐？自己选择的领带留给别人的综合印象，能够像男人的签名一样揭示出他的性格和习惯，因此领带的风格也有称为"男人的第一张名片"的说法。因此在正式场合穿西服不打领带就会显得苍白无力，没有主题。长度至皮带扣中间是打领带的潜规则，系好后大箭头应以垂到腰带处为宜，不同男士要根据自己的具体身高条件打出比例和谐的位置。身材高大的可打得长些，领带尖在皮带扣的下方位置，而身材不够高大的则建议打在皮带扣的上方，以免看上去有不太均衡的感觉。但穿坎肩时领带不要露出坎肩下边。一般领带的长度在130～150厘米之间。在确定款式是否适合自己身体条件后，再来考虑质地和图案等。在正式场合采用色彩和样式上佳的领带。一般领带用真丝以及其他混纺的面料制作，图案有纯色、条纹、圆点、花饰和方格等。

领带结的打法一般有四合一结、半温莎结、温莎结、标准结几种打法，形状稍有区别。其半温莎结、温莎结、标准结适合在任何场合使用，而四合一结则一般适合在社交场合使用。从事法律、金融、保险等工作的人士应选择适当的领带结的打法，表现出严谨、缜密、有条理及可信任的感觉，也可帮助延长男士脸型和脖颈线条；打领带要注重在细节表现出男士的修养和经典风格。

（六）皮带、皮包、手表及饰物的选择与搭配

穿着西裤时一定要配西式皮带，颜色以黑色为主，与皮鞋及手包的质地和颜色一致；皮带扣以简洁、金属色的为首选。而浅色、帆布质地、复杂的皮带扣等样式的皮带配西服都是不合适的。手包要求简单、大方，不要有过多的装饰，运动包、纸袋、提包等都不能与西服相配，破坏西服的整体美。在经济条件允许的情况下，选择名牌手表中造型简单、没有过多装饰的适当佩戴，而首饰则要减到最少，婚戒是男士唯一可佩戴的首饰，其他一律不要出现在穿着西服时，而且戒指也应选择银白金属色和钻饰为佳。

男士的职业着装与礼仪服装虽样式不多，但值得注意的东西很多。万变不离其宗，只要我们掌握了穿着的规范，就一定不会遭遇贻笑大方的尴尬，从而塑造出稳重大方、整体协调、

简单明快的职场成功男士的形象。

四、女士套装的穿着礼仪

迄今为止,没有任何一种女装在塑造职业女性形象方面,能像套裙那样具有特殊的作用。在职业领域中,穿着风格独特、样式及色彩准确的职业套装并不是呆板、沉闷的代名词,而能最好地凸显智慧女性的内在文化涵养和职业风范,这样既保证了服装礼仪的正规性又不失女性的柔美典雅。因此作为金融行业的职业女性在自己的职业生涯中为自己准备几套适合不同季节、不同风格的套装实为明智和省心的选择。

套装分为裙装和裤装,裤装的隆重程度一般不如裙装。因此一般正式场合和较为重要的社交场合职业女性应该穿着裙装。

（一）套裙的穿着要求

套裙,是西装套裙的简称。其上身为一件女式西装,下身是一条半截式的裙子。在今天的商界,套裙几乎与商界的职业女性直接画了等号。

平时,商界女士所穿着的套裙,大致可分为两种基本类型:一种是用女式西装上衣同一条长及膝盖的裙子所进行的自由搭配与组合,叫"随意型"套裙;另一种是女式西装上衣与同时穿着的裙子为成套设计、制作而成的"成套型"或"标准型"套裙。

职业女性在选择套裙时需要兼顾以下七个基本问题:

一是面料。应选择纯天然、质地上乘的纯毛、毛麻等面料。

二是色彩。以冷色调为主,如中灰色、藏青色等给人以沉稳、干练的感觉。

三是图案。应朴素而简洁,一般以隐格、窄条纹为宜。

四是点缀。应少而精,不宜添加过多的装饰。

五是尺寸的长短与宽窄。在选择套裙时应特别注意,职业套装的裙子长度以在膝盖上下变化为宜,个高和中年女性的裙子可以加长一些,而个矮和年轻女性的裙长可稍短些,但上下长度偏差不要超过15厘米,而衣长最短的限度为在手臂高举时不能露出裙腰,否则就有不庄重之感。套装上衣和裙子的大小应以合体为宜。

六是版型。整体造型有 H、X、A、Y 几种形式,其中以 H 型为最正式。

七是套裙的款式变化。主要体现在领型、纽扣和裙型上,并无严格的规定,也没有男士西装那样多的规矩。但有一些细节还是必须注意和严格遵守的。

套裙穿着应注意:大小适度、穿着到位、场合适应、妆饰协调、举止兼顾。

内衣必须要穿且不宜外穿,不准外露、外透;鞋袜大小应相宜且完好无损,鞋袜不可当众脱下,袜子不可随意乱穿,袜口不可暴露于外;面料较薄、颜色较浅的套装,上衣和裙子都要加同色衬里,否则会有内衣外透、外露之嫌,有失稳重。

（二）套裙与鞋、袜的搭配

皮鞋和丝袜是套装的最佳搭配,套裙的穿着有相应的穿着规矩。重要场合穿套装、套裙时要穿制式皮鞋。女的制式皮鞋是指黑色的高跟或半高跟的船形皮鞋,与制服配套。一般皮鞋的颜色为黑色或咖啡色是职业套装的最佳搭配,亮而无污。商务场合鞋跟高不超过1.5英寸,跟不能太细,细高跟的皮鞋只适合在社交场合穿着。在正式场合也不能穿凉鞋或时髦的露趾鞋。如穿裙装应内穿肉色长筒袜或连裤袜,在正式场合穿短袜是不适宜的,有洞或补过的袜子不能外穿,可备一两双袜子以备用。在正式场合着裙装不穿袜子是不礼貌的,同时还要注意大小,不能在公众场合整理袜子。鞋袜的搭配遵循"鞋跟越高袜越薄"的原则。因此,社交商务场合与套裙搭配不宜穿着厚袜子和有图案花型的袜子。

职场女性的着装要遵循职业化、女性化,以职位标准选择服装的基本原则,讲究整洁平整,掌握色彩技巧、服装与饰品配套齐全,充分发挥穿衣这一"形象工程",塑造简约、素雅、端庄的职业女性形象,为有利于自身的发展而努力。

五、饰物选择与佩戴的礼仪

(一)饰物的作用和种类

饰物是服装以外与服装搭配,起装饰作用的物品。饰物的特点是体积小但效果明显,有着点缀、美化整体形象的功能,在整套服装穿着时起着增色、点缀、衬托以及画龙点睛的作用,使整体效果更加完美。所以,饰物的选择和搭配不仅体现了人们的审美水准、欣赏能力,也反映了人们的文化素养,同时也是个性的体现。

我们所用的装饰大致可分为以美化作用为主的耳环、手镯(手链)、戒指、项链、胸花等没有什么实用性质的装饰类和鞋袜、帽子、围巾、手套、腰带、皮包、眼镜等具有实用性质的实用类。

随着社会的发展,饰物的品种也在发生着变化,现在有人称职场男士的手表、钢笔、打火机为"男人三件宝",这些饰物具有明显的实用性质。在某种意义上,很多人的手机、手表,既有实用性质,也有装饰性质。在利用手机、手表的实用功能的同时,一定品牌、款式的手机、手表也是身份地位的象征和审美情趣的体现。

(二)饰物选择与佩戴的原则

饰物具有体积小、效果明显的特点和点缀、美化整体形象的功能,故选择与佩戴的主要原则是有利于表现整体形象。切忌为了显阔而将昂贵的饰物集于一身,只见物而不见人,本末倒置,掩盖了独具特色的自然美,破坏了整体形象的和谐感。注重协调性也是佩戴饰物很重要的一点,无论选择和佩戴哪一类饰物均须与服装主体风格一致,搭配得当,起到锦上添花的作用,反之,不仅没能美化整体效果还有画蛇添足之嫌。

(三)职场人士饰物佩戴使用时的基本礼仪

1.以少为佳

在工作生活中身上使用的饰物越少越好。一般场合,身上的饰物在三种之内是最好的。而每一种不多于两件,像耳环可以戴一对,手镯也可以戴一对,但是每种最多戴两件。多于三种有弄巧成拙之感。只有新娘是例外,因为新娘一辈子只有一次。平时饰物戴得太多失去了点缀增色的原意,也就谈不上美感了。

2.同质同色

也就是说,色彩和款式要协调,假如穿旗袍参加酒会,黑色旗袍,想戴一枚黄金的胸针,那么戒指或者项链也要首选黄金质地的,配起来更协调、更有品位。质地、色彩要相同。现在流行戴白金首饰,那戴白金戒指,项链也要首选白金,没有白金就戴白银,也比戴黄金项链协调多了。当然佩戴首饰选同质同色是最好的。

3.符合习俗

"入国而问境,入乡而随俗!"首饰的佩戴一般是有寓意和习俗的,因此我们要在了解这些常识的基础上才能正确佩戴。现在戴珠宝的人比较多,可能与珠宝辟邪的寓意有关。现在北方比较流行戴翡翠,且有讲究:男戴观音女戴佛。这就是一个习俗问题。还有十字架的挂件佩戴在国内无所谓,但要是到欧美信奉天主教的国家去,可千万要注意十字架的挂件不能随便戴,基督教、天主教中十字架是不吉利的标志。那上面钉死过基督耶稣的,因此戴十字架就有点不伦不类。再比如,我们祖先有个习惯,也是民俗,一般规定戒指戴在左手上,不戴右手,因为右手干活,容易碰撞、丢失、磨损,而左手一般不干活。目前,在国内外多数地方,左手无名指戴戒指的意思是结婚了。假如你看到一位手戴四枚戒指的年轻女性,你该如何称呼,这不是难为他人吗?

 小资料

常用首饰的寓意和习俗

● 戒指。按照中国的传统风尚,姑娘有了婆家之后可戴一枚戒指,但只能戴在左手上,婚后方可戴在右手上,凡是待字闺中的女子均不可戴戒指。戒指是首饰中最明确的爱情信物。到了近代,当一个女子接受了男方馈赠的戒指之后,就说明她有了归属。当今,戒指已经渐渐扩大了原来的含义,成为世界各国男女的一种装饰品。它之所以能为世人特别是为广大女性喜爱,是由于它象征着友谊、爱情和幸福。同时戒指的佩戴是一种无声的语言,暗示佩戴者的婚姻情况和择偶状况,例如把戒指戴在食指上表示无偶或求婚(另一说是守寡之意);戴在中指上表示已有意中人,正处在恋爱之中;戴在无名指上,表示已订婚或已结婚;戴在小指上则暗示自己是一位独身者。在西方,人们把结婚戒指戴在左手的无名指上,这是因为古罗马人相信人们左手无名指上有一条静脉血管直通心脏,把结婚戒指戴在这个手指上就可以获得真挚、永恒的爱情。所以欧美许多国家男女结婚举行婚礼时,新郎新娘互赠戒指几乎成为一项不可缺少的仪式。

● 耳环与项链。耳环、项链也是女性的主要饰品之一,是平安、富贵的象征。它的种类很多,大致可分为金属和珠宝两种佩戴时应与自己的年龄、体型及服装相协调和呼应,注重适当的款式和色彩。一般耳环与项链的款式和颜色的选择应遵循与脸型、颈型、肤色"反其道而行之"的原则,当然也要兼顾质地,应与年龄、身份相协调。如着职业套装就应选择造型简洁、做工精致的金属项链、耳环,这样才与庄重的职业套装相和谐。因此金融服务人员一定要遵循这与职业套装相协调的搭配。

● 手镯(手链)。佩戴手镯或手链也是有讲究的。一只手臂上,只能戴一件饰品。如果在左臂或左右两臂同时戴,表示已结婚;如果仅戴在右臂上,表示佩戴者是自由不羁的人。另外佩戴手镯或手链时不应同时戴手表。一般在穿着职业套装时不应佩戴手镯或手链。

佩戴首饰要以少为佳,同质同色,符合习俗。作为金融行业的女性有一条是要记住的,那就是在职场是不宜佩戴珠宝饰品的,最好是佩戴白金(含钻)饰品,其次是黄金饰品,而且款式和造型以简洁大方、小巧精致为宜。

(4)注意搭配。饰物要与服装协调,与其他首饰协调。比如戴一只高档的钻戒,配名牌服装最好,至少它会相得益彰。还有戴一上万的高档钻戒那就得坐轿车、坐出租车,而如骑一自行车,别人心里可能会想,是真货吗?道理很简单,就是协调和搭配问题。另外还有与其他饰物搭配的问题。如果你戴薄纱手套、穿无袖连衣裙,那戒指应戴在薄纱手套里面还是外面?如果你穿短裙、连裤袜,那脚链又应戴在袜子里面还是外面呢?其实这两者都是搭配问题。标准的做法是戴薄纱手套时戒指应戴在手套的里面。戒指者,戒其行止,有约束之嫌。一般人戒指没必要戴在手套外面(除新娘外,意为出嫁),因此戴在手套外面有招摇之嫌。而穿丝袜的时候标准做法则是脚链应戴在外面。戴脚链是为了使美腿增色,引起他人注意。而根据服装的礼仪规范,要求穿制服、套装、套裙时女士是不戴脚链的。体现的是上班时提供的是爱岗敬业的精神和训练有素的服务,而不是展示漂亮的造型和优美的大腿。但在社交场合就要突出自己的漂亮和美,戴个脚链在丝袜外面晃,等于告诉别人:瞧瞧,真漂亮。把它戴在丝袜里面看不见,就没了它应有的作用了!

(四)实用类饰物的正确使用

如鞋子、袜子、帽子、腰带、皮包、眼镜、手套、围巾等,本来是因为其实用性而使用的,但随着人们对衣着的审美品位的提高,这些物品的装饰作用越来越受到重视。

鞋子、袜子在与服装的搭配上具有非常重要的作用,尤其是与西服、套裙的搭配,其颜色、质地、厚薄等都有要求,是形成整体美的一个要素。

帽子、围巾对服装的整体美影响很大,其风格要与服装一致才能使整体更和谐,还要在颜色上起点缀作用,求得色彩上的平衡。其形状,尤其是帽子与脸型的关系很密切,应遵循"方套圆"或"圆套方"等原则,弱化原脸型的不足,使其更为协调。

腰带的选择与衣服、身材要相协调,要想使身材修长些,就应采用同色腰带,但个高腰细的应选与服装不同颜色和质地的宽腰带。在社交场合,男士的腰带则起到画龙点睛的作用,显示着品位和身份,是职场男士的重要饰物,金融服务人员应充分把握,使自己的形象更得体大方,显示出金融人士的专业气质。

手提(背)包是实用性很强的饰品,在充分考虑其实用性的同时,在选择时还应重视其装饰作用和协调性。选择包的大小与身材有关,如近年来流行大包,身材高大的人士可选择大型的包袋,但个子矮小的则不宜选用,否则不但会与整体形象不和谐,还会让人觉得你每天驮一大包在旅行;包的造型应与体型条件相协调,而包的质地则与社交的目的、工作的性质关系密切,而其颜色则应与季节和时间相吻合。如着正式套裙时,包袋不宜太休闲(质地应是皮质的,形状应是方形或长方形等有棱角的规则几何图形),色彩也不宜过于艳丽,应选择较为中性和沉稳的颜色并与包括鞋、袜在内的服饰搭配一致,给人感觉专业性强,外表形象得体。

戴手套也应注意与服装的颜色、类型以及年龄、气质相协调。同时与人握手、谈话、吃东西、饮茶、吸烟时应脱下手套,也不能把戒指、手镯、手表等戴在手套的外面,而穿短袖或无袖上衣参加舞会和宴会时一定不能戴短手套,女士可戴纱手套。

眼镜不仅实用,而且装饰功能很强,它不仅能矫正视力,同时也体现了佩戴者的风度、气质和身份,因此在选择时应两者兼顾。在选择时使佩戴者感到舒适和有用的同时,应考虑脸型、肤色、气质、年龄及职业的要求,遵循使脸部曲线柔和、对比不宜强烈的原则。如眼镜的镜架与脸型的关系,也遵循"方套圆"或"圆套方"的原则;与肤色的关系,肤色深的就不宜佩戴颜色过浅的镜架,宜使颜色过渡自然,以求起到与整体形象协调,完美形象,掩盖缺陷的效果。而墨镜,其实用功能是过滤紫外线,保护眼睛;同时也有装饰作用,起到修饰五官和提高整体形象效果的好处,但根据礼仪规范除特殊情况(有眼疾等原因,事先说明)外,在室内应摘下,否则是绝对失礼的。

佩戴首饰的搭配协调问题,与化妆协调的问题一样,这是体现一个人的教养与品位的问题,非常重要!一个人的服饰如果应用得到位,会为你穿着打扮美丽平添姿色。当然,如果一个人的穿着打扮不到位,则会弄巧成拙、贻笑大方。作为金融行业的工作人员,了解服饰礼仪的知识,运用于工作生活的实际,就能够用服饰恰到好处地美化自身,美化生活,美化社会。

知识实训

[实训背景]

方俊杰是某证券公司的客户经理,需经常拜访和接待客户,西服的规范穿着对他来说很重要,直接影响其与客户交往的效果。

[实训要求]

1. 为一位男性选择得体的西服、衬衫,佩戴合适的领带及领带夹,并做自我评议。

2. 请评析下列有关西服穿着的行为是否得体,并给以纠正。

(1)衬衫放在西裤外。

(2)花型卡通领带。

(3)西服的上衣袋内鼓鼓囊囊。

(4)三粒扣的西服,只扣最上面一粒。

(5)上着灰色西服套装,脚配白色皮鞋、肉色丝袜。

3. 要求在形体训练室的壁镜前进行现场分析,进一步巩固掌握西服的穿着规范。

[实训提示]

在穿着西服时,注意以下几个方面:

1. 西服上下颜色及款式的搭配。

2. 衬衣袖口与西服袖口的比例。

3. 不同款式的西服如何系扣。

思考与练习

1. 为什么说"人永远没有第二次机会给别人留下美好的第一印象"?

2. 你是否认同"穿着讲究、装扮得体的营销人员比那些外表不加修饰的营销人员业绩要高出 35％"这种说法?

3. 在学习服饰礼仪之前,你自身的服饰穿戴是否违反过礼仪要求?请从自身实际出发谈谈应如何协调搭配服饰。

4. 选择服装的 TPO 原则是什么?英国女王伊丽莎白二世访问中国时,走出机舱的第一亮相,穿正黄色西服套裙,戴正黄色帽子。其实,女王本人喜欢红色和天蓝色,很少穿黄色服装。这次为何如此穿着?

5. 西服穿着有何礼仪规定?

主要参考书目

[1] 王华.金融职业礼仪.北京:中国金融出版社,2006

[2] 黄玉萍.现代礼仪实务教程.北京:北京交通大学出版社,2008

[3] 王华.金融职业服务礼仪.北京:中国金融出版社,2009

[4] 徐晶.现代职场形象设计.北京:中信出版社,2007

[5] 林友华.社交礼仪.北京:高等教育出版社,2003

模块二

金融行业工作人员的仪态礼仪

案例导入

优雅的蹲姿

台湾当红模特林志玲在一次签约仪式上,出了点小意外,主办方为林志玲加冕的皇冠不慎掉地。由于礼服较短,又站在高出地面一米的舞台上,若弯腰或正对观众下蹲都太容易走光。专业模特出身的林志玲却应付自如,她把话筒移左手,不慌不忙侧对观众,双腿并拢轻轻蹲下,将皇冠捡起……她把捡东西变成了展示优雅仪态的秀。

[案例启示]

仪态是一种"无声的语言"。在日常交往中,人们能通过语言交流信息,但在说话的同时,你的面部表情、身体姿态、手势和动作也在传递着信息。对方在接受信息时,不仅"听其言",而且也在"观其行"。因此依照金融服务规范化要求,金融行业工作人员在自己的工作岗位上,与客户交往过程中都应注意自己的仪态,要高度重视体态语的正确运用,也即自身更为有效地运用体态语和更为准确地理解他人的体态语。

学习目标

[知识目标]

1.了解仪态礼仪的基本要求和规范。

2.明确仪态礼仪的重要性,增强正确运用的自觉性。

[能力目标]

1.掌握金融行业工作人员正确的站、走、坐、蹲及手势、表情等几种基本仪态的要领。

2.学会优雅得体地展现与运用仪态礼仪。

⌐> **工作项目**

项目 1　了解仪态的内涵

⌐> **工作任务**

学习仪态的内涵

⌐> **工作步骤**

第一步:通过对教材及提供的教学资料等相关知识的学习,了解仪态的基本内涵。

第二步:通过对银行实地及其相关资料、图片的观察,认识和理解金融行业工作人员的仪态礼仪要求。

⌐> **知识链接**

仪态是指人在行为中的姿势和风度。姿势是指身体所呈现的样子,风度则属于内在气质的外化。每个人总是以一定的仪态出现在别人面前,一个人的仪态包括他的所有行为举止:一举一动、一颦一笑、站立的姿势、走路的步态、说话的声调、对人的态度、面部的表情等。而这些外部的表现又是他内在品质、知识、能力等的真实流露。仪态在社交活动中有着特殊的作用。潇洒的风度、优雅的举止,常常令人赞叹不已,给人留下深刻的印象,受到人们的尊重。在与人交往中,我们可以通过一个人的仪态来判断他的品格、学识、能力以及其他方面的修养程度。仪态的美是一种综合的美、完善的美,也是仪态礼仪所要求的。这种美应是身体各部分器官相互协调的整体表现,同时也包括了一个人内在素质与仪表特点的和谐。容貌秀美、身材婀娜,是仪态美的基础条件,但有了这些条件并不等于就是仪态美。与容貌和身材的美相比,仪态美是一种深层次的美。容貌的美只属于那些幸运的人,而仪态美的人,往往是一些出色的人,因而仪态的美更富有永久的魅力。

仪态是一种"无声的语言"。在日常交往中,人们能通过语言交流信息,但在说话的同时,你的面部表情、身体的姿态、手势和动作也在传递着信息。对方在接受信息时,不仅"听其言",而且也在"观其行"。因此依照金融服务的规范化要求,金融行业工作人员在自己的工作岗位上与客户交往的过程中都应注意自己的仪态,务必要高度重视体态语的正确运用,也即自身更为有效地运用体态语和更为准确地理解他人的体态语。

要做到更为有效地运用自身的体态语,主要应注意三个问题:

(1)应当增强自己正确运用体态语的自觉性。金融行业工作人员应该善于观察各种形式的体态语及其综合状况,并在此基础上,对自己的各种体态语进行认真的自我体验。最后,还应当在实践中自然地运用各种体态语,并检验其实效性。

（2）应当提高本人体态语与角色以及所处情境的对应性。这样，才能使自己的体态语为他人所理解，从而也使本人为他人所接纳。

（3）应当使本人体态语的运用有益于表明自尊与敬人之意。为此就必须认真克服自己在仪态方面的不良之习，努力使之文明、礼貌、优雅而大方。

要更为准确地理解他人的体态语，同样也要求金融行业工作人员认真注意以下三个问题：

（1）要充分认识到，他人的体态语，往往与其性格和当时特定的情境有一定的联系。所以，理解他人的体态语，时常需要因人而异，孤立地仅从某一体态语去判断他人的本意，有时难免产生误会。

（2）要充分认识到，在一般情况下，一个人对各种体态语的使用，大多整体协调，相互呼应，而不太可能孤立地出现，因此确认他人每一个具体的体态语的本意，通常应从整体上考察其体态语着手。

（3）要充分认识到，只有在真正体验到他人内心情感的前提下，才有可能准确地理解其种种体态语。只有做到了这一点，金融行业工作人员才可谓善解人意。

一个人仪态的日常表现有多种，但常见于公共场合的不外乎站、坐、走、表情和手势等。不同的仪态传递着不同的信息，良好的仪态易对人与人之间的信息传递产生积极的作用。无论何种仪态，在人际交往和金融工作中，其表现都应尽可能给人以亲切、优雅之感，这是社会审美和金融工作的需要，也是仪态礼仪最基本的要求。

仪态语言是一种极其丰富和复杂的语言。据研究者估计，世界上至少有 70 万种可以用来表达思想意义的体态动作，这个数字远远超过当今世界上最完整的一部词典所收集的词汇数量。信息的传递与反馈，从表面上看，主要是嘴、耳、眼的运用，事实上，表情、姿态等所起的作用，却远远超过自然语言交流的本身。仪态是一种很广泛、实用的语言，比有声语言更富有魅力，往往具有"此处无声胜有声"的效果。

下面将根据对金融行业服务人员仪态礼仪的规范和仪态美的要求，主要从表情（包括目光和微笑）、基本的站、坐、走、蹲等姿态，以及肢体语言手势等个人仪态的不同呈现方面加以论述。

项目 2　注重金融行业工作人员的表情

▷ **任务分解**

任务 1　掌握目光与眼神的运用
任务 2　学会微笑

任务 1　掌握目光与眼神的运用

▷ **工作步骤**

第一步：学会正确运用目光语言。
第二步：学会"阅读"目光语言。

第三步:掌握表情礼仪的核心——眼神的礼仪规范。

⤷ 知识链接

人与人之间进行交流时,目光的交流总是处于最重要的地位。它是人体传递信息最有效的器官,而且能表达最细微、最精妙的差异,显示出人类最明显、最准确的交际信号。信息的交流要以目光的交流为起点。在交流过程中,双方要不断地应用目光表达自己的意愿、情感,还要适当观察对方的目光,探测"虚实"。交流结束时,也要用目光做一个圆满的结尾。在各种礼仪形式中,目光运用得当与否,直接影响礼仪的效果和质量。

一、正确运用目光语言

(1)大多场合中,不论是熟悉的还是初次见面的,不论是偶然见面的还是约定见面的,首先要眼睛大睁,以闪烁光芒的目光正视对方片刻,面带微笑,显示出喜悦、热情的心情。对初次见面的人,还应头部微微一点,行一注目礼,表示出尊敬和礼貌。

(2)在集体场合,开始发言讲话时,要用目光扫视全场,表示"我要开始讲了,请予注意"。

(3)在与人交谈时,应当不断地通过各种目光与对方交流,调整交谈的气氛。交谈中,应始终保持目光的接触,这是表示对话题很感兴趣。长时间回避对方目光而左顾右盼,是不感兴趣的表示。但应当注意,交流中的注视,绝不是把瞳孔的焦距收束,紧紧盯住对方的眼睛,这种逼视的目光是失礼的,也会使对方感到尴尬。交谈时正确的目光应当是自始至终地都在注视,但注视并非紧盯对方双眼,焦距要呈散射状态,用目光笼罩对方的面部,同时应当辅以真挚、热诚的面部表情。交谈中,随着话题、内容的变换,做出及时恰当的反应,或喜或惊,或微笑或沉思,用目光流露出会意的万千情意,使整个交谈融洽、和谐、生动、有趣。交谈和会见结束时,目光要抬起,表示谈话的结束。道别时,仍用目光注视着对方的眼睛,面部表现出惜别的深情。

(4)在谈判中,也要讲究目光的运用。如果让眼镜滑落到鼻尖上,眼睛从眼镜上面的缝隙中窥探,就是对对方鄙视和不敬的情感表露。双目生辉,熠熠有神,是心情愉快、充满信心的反映,在谈判中保持这种眼神有助于取得对方的信任和合作。相反,双眉紧锁,目光无神或不敢正视对方,都会被对方认为无能,可能导致对自己不利的结果。

二、"阅读"目光语言

在掌握并正确运用自己的目光语言的同时,还应当学会"阅读"对方的目光语言的方法,从对方的目光变化中,分析他的内心活动和意向。

(1)随着交谈内容的变化,目光和表情和谐统一,表示很感兴趣,思想专注,谈兴正浓。具体比如与朋友会面或被介绍认识时,可凝视对方稍久一些,这既表示自信,也表示对他的尊重。而双方交谈时应注视对方的眼鼻之间,表示重视对方及对其发言感兴趣。而当对方缄默不语时,就不要再看着对方,以免加剧因无话题本来就显得冷漠、不安的尴尬局面。当别人说错了话或显拘谨时,应马上转移视线,以免对方把自己的眼光误认为是对其嘲笑和讽刺。当然如果希望在争辩中获胜,那就千万不要移开目光,直到对方眼神转移为止。送客时,要等客人走出一段路,不再回头张望时,才转移目送客人的视线,以示尊重。对方的目光长时间地中止接触,或游移不定,表示对交谈不感兴趣,交谈应当尽快结束。交谈中,目光也斜,表示鄙夷;目光紧盯,表示疑虑;偷眼相觑,表示窘迫;瞪大眼睛,表示吃惊;等等。

(2)同样在谈判中,及时读懂对方的目光语言也非常重要。例如对方在不停地转眼珠,就要提防其在打什么新主意,自己应适时应对。

(3)目光(眼神)还可反映人们更深一层的情感,传递其他丰富的信息。如是被人注视就将视线移开的人,大多怀着相形见绌之感,有很强的自卑感;而无法将视线集中在对方身上或很快收回视线的人,则多半属于内向型性格。如仰视对方,则一般表示怀有尊敬、信任之意;而俯视对方往往表示有意保持自己的尊严;频繁而急速地转眼,是一种反常的举动,常被用作掩饰的一种手段,或内疚,或恐惧,或撒谎,就需引起注意,视情做出判断;视线活动多且有规则,表明其在用心思考。听别人讲话,一面点头,一面却不将视线集中在谈话人身上,表明其对此话题不感兴趣;说话时将视线集中在你身上的人,表明他渴望得到你的理解和支持;游离不定的目光传递出来的信息是心神不定或心不在焉。

目光语言是千变万化的,但都是内心情感的流露。学会"阅读"分析目光语言,对于正确处理社交活动的进行和发展有着重要意义。目光不仅在态势语言中处于首要地位,在营销活动中也具有非常重要的作用。因为在交往中,人们相互接触,大多数时间是处于对视状态的,这就给彼此提供了用眼神了解对方的机会。你可以通过目光了解客户的思想感情和真实意图,还可以用自身的目光传递你所要表达的信息。

目光(眼神)表达出异常丰富的信息,但微妙的眼神有时是只可意会而难以言传的,只能靠我们在社会实践中用心体会、积累经验、努力把握,方能在社交和公务活动中灵活运用。

三、表情礼仪的核心——眼神的礼仪规范

表情规范是指人们的表情在表达过程中所遵守的彼此能够接纳的规定。面部是人体表情最丰富的部分,它表达人们内心的思想感情,表现人的喜、怒、哀、乐,对人们所说的话起着解释、澄清、纠正或强调的作用。心理学家认为:最能准确表达人的感情和内心活动的是眼睛和眼神。通过眼睛和眼神完全可以来决定对他人的第一印象,眼神反映着他的性格和内心动向。

在交际场所,眼神是一种深情、含蓄的无声语言,往往可以表达有声语言难以表现的意义和情感。人的眼睛时刻在"说话",时刻能道出内心的秘密。如交谈时注视对方,则意味着对其重视;走路时双目直视、旁若无人,则表示高傲;频频左顾右盼则表示心中有事;对来访者只招呼而不看对方则表明工作忙而不愿接待;等等。交际时,目光接触是常见的沟通方式,但眼神却会表示不同的含义。如相互正视片刻表示坦诚;瞪眼相视表示敌意;斜着扫一眼表示鄙视;正视、逼视则表示命令;不住地上下打量表示挑衅;白眼表示反感;眼睛眨个不停表示疑问;双目大睁表示吃惊;眯着眼看既可表示高兴,也可表示轻视;左顾右盼、低眉偷觑表示困窘;行注目礼表示尊敬;等等。

眼神是面部表情的核心,是心灵的窗口,能够最明显、最自然、最准确地显示一个人的心理活动。在交际中,要注意注视对方的时间、位置和讲究眼神的礼仪规范。

1.注视的时间

注视对方的时间长短是十分有讲究的。与他人交谈时,不可长时间地凝视对方。一般情况下,眼睛保持有50%的时间注视对方,另外50%的时间注视对方脸部以外的5~10厘米处,对东方人也可只用1/3时间注视对方,自始至终地注视对方是不礼貌的。在社交场

合,无意中与别人的目光相遇时不要马上移开,应自然对视1～2秒,然后慢慢离开对方。与异性目光对视时,不可超过2秒,否则将引起对方无端的猜测。必须根据所观看的对象和场合把握好注视的时间。具体可分为以下几种情况:

• 表示友好。应不时地向着对方,注视对方。注视对方的时间约占全部相处时间的1/3。

• 表示重视。向对方表示关注,应常常把目光投向对方那里,注视对方的时间约占全部相处时间的2/3。

• 表示轻视。目光时常游离对方,注视对方的时间不到全部相处时间的1/3,就意味着轻视。

• 表示敌意。目光始终盯在对方身上,注视对方的时间在全部相处时间的2/3以上,被视为有敌意,或有寻衅滋事的嫌疑。

• 表示感兴趣。目光始终盯在对方身上,偶尔离开一下,注视对方的时间在全部相处时间的2/3以上,同样也可以表示对对方较感兴趣。

2.注视的角度

注视别人时,目光的角度,即目光从眼睛里发出的方向,表示与交往对象的亲疏远近。

• 平视。也叫正视,即视线呈水平状态。常用在普通场合与身份、地位平等的人进行交往。

• 侧视。是一种平视的特殊情况,即位于交往对象的一侧,面向并平视着对方。侧视的关键在于面向对方,若斜视对方,即为失礼之举。

• 仰视。即主动居于低处,抬眼向上注视他人,以表示尊重、敬畏对方。

• 俯视。即向下注视他人,可表示对晚辈宽容、怜爱,也可表示对他人轻慢、歧视。

3.注视的部位

用目光注视对方,应自然、稳重、柔和,而不能死盯住对方某部位,或不停地在对方身上上下打量,这是极失礼的表现。注视对方什么位置,要依据传达什么信息、造成什么气氛而异。要依据不同场合、不同对象而选择具体目光所及之处和注视的区间。人们在普通的社交场合采用的注视区间是社交注视区间,这一区间的范围是以两眼为上,以下颌为顶点所连接成的倒三角区域。由于注视这一区域最容易形成平等感,营造良好的社交氛围,人们常在一般社交场合运用。注视谈话者这一区域,能让谈话者轻松、自然,能比较自由地把他们的观点、见解发表出来。具有亲密关系的人在交谈时采用的注视区间为亲密注视区间,主要是对方的眼睛、嘴部和胸部,恋人之间、至爱亲朋之间,注视这些区域能激发感情,表达爱意。

(1)允许注视的常规部位。

• 双眼。注视对方双眼,表示自己重视对方,但时间不要太久。

• 额头。注视对方额头,表示严肃、认真,公事公办。

• 眼部—唇部。注视这一区域,表示礼貌,尊重对方。

• 眼部—胸部。注视这一区域,多用于关系密切的男女之间,表示亲近、友善。

• 眼部—裆部。适用于注视相距较远的熟人,也表示亲近、友善,但不适用于关系一般的异性。

• 任意部位。对他人身上的某一部位随意一瞥,多用于在公共场合注视陌生人,最好不用。

（2）不同民族、不同文化眼神运用的差异。

不同国家、不同民族、不同文化习俗对眼神的运用也有差异。如在美国，一般情况下，男士是不能盯着女士看的，两个男士之间也不能对视时间过长，除非是得到对方的默许；南美印第安人维图托部族和博罗罗部族的人，不论跟谁讲话，眼睛都是看着不同的方向；日本人对话时，目光要落在对方的颈部，四目相视是失礼的；阿拉伯民族认为，不论与谁说话，都应看着对方；居住在安哥拉维拉省的基姆崩状族人，每当宾客来临，便不断地眨巴左眼，表示欢迎，这时客人则猛眨右眼，以示谢意。大部分国家的人忌讳直视对方的眼睛，甚至认为这种目光带有挑衅和侮辱的性质。

（3）眼神应敢于合理正视对方。

在交谈中敢于礼貌地正视对方，是一种坦荡、自信的表现，也是对他人尊重的体现。谈话中眼睛往上、往下、眯眼、斜视、闭眼、游离不定、目光涣散、漫不经心等，都是在交际中忌讳的眼神。当别人难堪时，不要去看他；交谈休息时或停止谈话时，不要正视对方。在我国，对目光有礼节要求，一般忌讳用眼睛死死地盯视别人，认为大眼瞪小眼地看人是没有礼貌的表现。怎样做才不会失礼呢？礼貌的做法是：用自然、柔和的眼光看着对方双眼与嘴部之间的区域。目光停留的时间应占全部谈话时间的 30%～60%，也就是说，既不能死死地盯着对方，也不能眼珠滴溜溜地来回转动，看得人心慌意乱。

⇨ **知识实训**

[实训背景]

范欣是一名银行柜面工作人员，每天要接待众多的客户。作为银行的工作人员，面对客户时，他如何用亲切自然的眼神与客户进行沟通交流？

[实训要求]

1. 将学生分为两人一组，练习面带微笑问候对方，用目光与对方交流，试着揣摩对方的心理。

2. 在形体训练室的壁镜前进行训练，用眼神微笑，到自己和同学满意为止。

[实训提示]

1. 微笑一定要发自内心、亲切自然。

2. 目光要坦诚、和蔼。

3. 要敢于和善于同别人进行目光接触，这会使谈话在频频的目光交接中持续不断。

任务 2　学会微笑

⇨ **工作步骤**

第一步：认识微笑的内涵。

第二步：掌握微笑的礼仪规范。

第三步：掌握金融行业工作人员的微笑要求。

▷ **知识链接**

一、微笑的内涵

笑容,即人们在笑的时候的面部表情。利用笑容,可以消除彼此间的陌生感,打破交际障碍,为更好地沟通与交往创造有利的氛围。在商务交往中,合乎礼仪的笑容大致可以分作以下几种:

- 含笑。不出声、不露齿,只是面带笑意,表示接受对方,待人友善,适用范围较为广泛。
- 微笑。唇部向上移动,略呈弧形,但牙齿不外露,表示自信、诚实、友好,适用范围最广。
- 轻笑。嘴巴微微张开一些,上齿显露在外,不发出声响,表示欣喜、愉快,多用于会见客户、向熟人打招呼等情况。
- 浅笑。笑时抿嘴,下唇大多被含于牙齿之内,多见于年轻女性表示害羞之时,通常又称为抿嘴而笑。
- 大笑。表现太过张扬,一般不宜在商务场合中使用。

适用范围最广的微笑是人们对某种事物给予肯定以后的内在心路历程,是人们对美好事物表达愉悦情感的心灵外露和积极情绪的展现。微笑可以表现出温馨、亲切的表情,可以表现出对他人的理解、关心和爱,是礼貌与修养的外在表现和谦恭、友善、含蓄、自信的反映。微笑能有效地缩短沟通双方的距离,给对方留下美好的心理感受,从而形成融洽的交往氛围,因而微笑不仅是一种外化的形象,也是内心情感的写照。

微笑是人心理健康的标志。微笑是一种"情绪语言",它来自心理健康者,可以和有声语言及行动相配合,起"互补"作用,沟通人们的心灵,架起友谊的桥梁,给人以美好的享受。

人的感情是非常复杂的,表现在面部有喜、怒、哀、乐等多种形式,其中,"笑"在人际交往中,有着突出的重要作用,面对不同的场合、不同的情况,如果能用微笑来接纳对方,可以反映出本人高超的修养,待人的至诚,是处理好人际关系的一种重要手段。微笑具有一种磁性的魅力,它可以使强硬者变温柔,使困难变得容易,所以,微笑是人际交往中的润滑剂,是广交朋友,化解矛盾的有效手段。美国希尔顿董事长康纳·希尔顿在 50 多年里,不断地到他设在世界各国的希尔顿旅馆视察,视察中他经常问下级的一句话是:"你今天对客人微笑了没有?"

你有多久没有微笑了?我们的工作、生活中离不开微笑,社交中更需要微笑。请记得拾回这个人人本来具有的魅力。

在经济学家眼里,微笑是一笔巨大的财富;在心理学家眼里,微笑是最能说服人的心理武器;在服务行业,微笑是服务人员最正宗的脸谱……

微笑是世界通用的体态语,它超越了各种民族和文化的差异。真诚的微笑是世人公认的最美好的体态语,正因为如此,无论是个人还是组织,都要充分重视微笑及其作用。美国有一个城市被称为微笑之都,它就是爱达荷州的波卡特洛市。该市通过一项法令,该法令规定全体市民不得愁眉苦脸或拉长面孔,违者将被送到"欢容遣送站"去学习微笑,直到学会微笑为止。该市每年都举办一次"微笑节",可以想象,"微笑之都"的市民的微笑绝不比蒙娜丽莎逊色。微笑的力量是巨大的,也有人把微笑比作世界通用的"货币",因为它被全世界所有人所接受。

二、微笑的礼仪规范

微笑的美在于文雅、适度,亲切自然,符合礼貌规范。微笑要诚恳和发自内心,做到"诚于内而形于外",切不可故作笑颜,假意奉承,做出"职业性的笑",更不要狂笑、浪笑、奸笑、傻笑、冷笑。发自内心的笑像扑面春风,能温暖人心,化去冷漠,获得理解和支持。面部的表情如何绝不仅仅取决于天生的因素,后天的气质、风度也必然会反映在脸上,关键是内心的真诚,它与行为主体的道德修养、学识水平有着密切的关系。

著名画家达·芬奇的杰作《蒙娜丽莎》是文艺复兴时期最出色的肖像作品之一,画中女士的微笑给人以美的享受,使人们充满对真善美的渴望,至今让人回味无穷。

微笑的功能是巨大的,但要笑得恰到好处,也是不容易的,所以微笑是一门学问,又是一门艺术。

(一)微笑的基本方法

微笑发自内心、自然大方,显示出亲切,要由眼神、眉毛、嘴巴、表情等方面的协调动作来完成。要防止生硬、虚伪、笑不由衷。要笑得好并非易事,可以通过训练,有意识地改变自己。

(1)放松面部肌肉,然后嘴角微微向上翘起,嘴唇略呈弧形。最后,在不牵动鼻子、不发出笑声、不露出牙齿,尤其是不露出牙龈的前提下,轻轻一笑。

(2)闭上眼睛,调动感情,并发挥想象力,回忆美好的过去或展望美好的未来,使微笑源自内心,有感而发。

(3)对着镜子练习,使眉、眼、面部肌肉、口形在笑时和谐统一。

(4)当众练习,使微笑规范、自然、大方,克服羞涩和胆怯的心理。也可以请观众评议后再对不足进行纠正。

(二)微笑遵循的原则

笑的共性是面露喜悦之色,表情轻松愉快。但是,如果发笑的方法不对,要么笑得比哭还难看,要么会显得非常假,甚至显得很虚伪。因此还应做到以下几方面:

(1)发自内心。口眼结合,笑的时候要口到、眼到、神色到,自然大方,显出亲切,笑眼传神,微笑才能扣人心弦。

(2)声情并茂。笑的时候,要与语言相结合。语言和微笑都是传播信息的重要符号,只有注意将微笑与美好语言相结合,声情并茂,相得益彰,表里如一,使笑容与自己的举止、谈吐有很好的呼应,微笑方能发挥出它应有的特殊功能。

(3)气质优雅。笑的时候,应与神情、气质相结合,讲究笑得适时、尽兴,笑出自己的神情、神色、神态,要笑得有情有神,做到精神饱满、神采奕奕,笑出感情,笑得亲切、甜美,反映美好的心灵,体现出谦逊、稳重、大方、得体、典雅的气质。

(4)表现和谐。从直观上看,笑是人们的眉、眼、鼻、口、齿以及面部肌肉和声音所进行的协调行动,笑与仪表、举止相协调,以笑助姿、以笑促姿,形成完整、统一、和谐的美。

(三)笑的禁忌

在商务、社交场合笑的时候,严禁下述几种笑出现:

(1)假笑。即笑得虚假,皮笑肉不笑。

(2)冷笑。即含有怒意、讽刺、不满、无可奈何、不屑一顾、不以为然等容易使人产生敌意的笑。

三、金融行业工作人员的微笑要求

金融工作中,微笑是有效沟通的法宝,是人际关系的磁石。没有亲和力的微笑,无疑是巨大的遗憾,甚至会给工作带来不便。金融行业工作人员在工作岗位上,一般都应当面带笑容,主要意在为服务对象创造出一种令人备感轻松的氛围,使其在享受服务的整个过程中,感到愉快、欢乐和喜悦,同时也表现出金融行业工作人员对客户的重视与尊重。

（一）保持微笑

对金融行业工作人员而言,在其工作岗位上满面笑容地面对服务对象,而且在金融活动中保持微笑,可以获得众多的好处:

（1）可以调节情绪。情绪,是人们对于自己周围的事物的一种内心感受的体验。它能改变一个人的处世态度,并且具有相当的感染力。微笑,是积极、乐观的一种情绪。在工作岗位以微笑面对人,既可以创造出一种和谐融洽的现场气氛,又可以感染客户,使其备感愉快和温暖,并在一定程度上驱散其烦恼或忧郁。

（2）可以消除隔阂。人际交往难免产生隔阂,金融工作自然也是如此,微笑乃是友谊之桥。在一般情况下,当人与人之间产生纠葛时,一方若能以微笑面对另一方,往往便不会进一步激化矛盾。有时,这样做还可以化解双方的矛盾或误会。

（3）可以获取回报。微笑是人际交往中的一种润滑剂。服务人员在工作中若能始终面含微笑,以微笑开始,以微笑结束,必然会赢得客户的赏识,获得良好的服务效果。

（4）有益身心健康。对于金融行业工作人员个人而言,微笑不仅可以悦人,而且益己。微笑对于自己最大的好处,是可在为自己营造良好人际关系的同时,促进个人的身心健康。笑口常开的人,往往会给自己一种心理暗示,并产生积极的反馈,使自己活得开心快乐。

（二）善于微笑

微笑对于金融行业工作人员而言,不仅最易给人以吸引力,而且最具实用价值。

（1）金融行业员工在服务工作中,要注意正确地运用好微笑。

首先,必须掌握微笑的要领。在日常生活中,人的笑容多种多样。前面提到的假笑、冷笑等,金融行业员工在工作中都是不可取的。只有微笑,才是适当之选。因此,微笑完全可以被称为金融行业工作人员在工作岗位上和其他场合中与服务对象和客户交往时的一种常规表情或标准表情。

其次,金融行业工作人员微笑的主要特征是:面含笑意,但笑容不甚显著。在一般情况下,人在微笑时,是不闻其笑声,不见其牙齿的。

此外,作为金融行业工作人员,在掌握表情的两大构成要素——目光（眼神）与微笑的同时,了解面部表情的要求也是十分必要的,既有助于使自己的表情礼仪表现得更为得体,也有助于通过分析服务对象的面部表情的变化来体会其不同的心情,读懂和理解对方体态语的确切含义,从而给人以善解人意的形象,提供相应的优质服务。

（2）金融行业工作人员微笑的基本方法:①放松自己的面部肌肉,然后使自己的嘴角微微向上翘起,让嘴唇略呈弧形。然后,在不牵动鼻子、不发出笑声、不露出牙齿,尤其是不露出牙龈的前提下,轻轻一笑。②注意整体配合。微笑是人面部器官和肌肉的综合运动,忽视了整体的协调配合,微笑也就不成其为微笑了。一个人在微笑时,应当目光柔和发亮,双眼略微眯大;眉头自然舒展,眉毛微微向上扬起。这就是人们通常所说的"眉开眼笑",即眼神要笑。除此之外,还应避免耸动自己的鼻子与耳朵,并且宜将下巴向内自然地稍许含起。③必须力求表里如一。真正的微笑,理当具有丰富而有力度的内涵,还应当体现一个人内心深处的真、善、美。表现着自己心灵之美的微笑,才会有助于服务双方的彼此沟通与心理距离的缩短。同时,微笑应该是一种内心活动的自然流露。也就是说,它应当首先是一种心笑,应当来自人的内心深处,而且绝无任何外来的包装或矫饰。④必须兼顾服务对象。微笑服务只是对金融行业服务人员的一种总体要求,在对其具体运用时,还必须同时根据不同服务对象的具体情况而定。

(3)金融行业工作人员练习微笑的方法。尽管微笑有其独特的魅力和作用,但若不是发自内心的真诚的微笑,那将是对微笑的亵渎。有礼貌的微笑应是自然的、坦诚的,内心真实情感的表露,否则强颜欢笑,那是故意奉承,那样的"微笑"则可能演变为"皮笑肉不笑""苦笑"。比如,拉起嘴角一端微笑,使人感到虚伪;吸着鼻子冷笑,使人感到阴沉;捂着嘴笑,给人以不自然之感。这些都是失礼之举。作为金融行业工作人员,平时应加强微笑的练习和把握。咬筷子微笑是训练表情礼仪的一种方法,金融行业工作人员也不妨可借此方法来使自己的微笑更自然。

 小资料

面部表情体现微笑的方法

面部表情是指人们面部所显示出的综合表情。它对眼睛和笑容发挥辅助作用,同时,也可以自成一体,表现自己的独特含义。一般情况,通过面容所显示的表情,既有面部各部位的局部显示,也有它们彼此合作的综合显示。

(一)局部的显示

人的眉毛、鼻子、嘴巴、下巴、耳朵都可以独立地显示各自的表情。

(1)眉毛的显示。以眉毛的形状变化所显示的表情,一般叫做眉语。除配合眼神外,眉语也可独自表意。

● 皱眉型:双眉紧皱,多表示困窘,不赞成、不愉快。

● 耸眉型:眉峰上耸,多表示恐惧、惊讶或欣喜。

● 竖眉型:眉角下拉,多表示气恼、愤怒。

● 挑眉型:单眉上挑,多表示询问。

● 动眉型:眉毛上下快动,一般用来表示愉快、同意或亲切。

(2)嘴巴的显示。嘴巴的不同显示往往可以表示不同的心理状态。

● 张嘴:嘴巴大开,表示惊讶。

● 抿嘴:含住嘴唇,表示努力或坚持。

● 撅嘴:撅起嘴巴,表示生气或不满。

● 撇嘴:嘴角一撇,表示鄙夷或轻视。

● 拉嘴:拉着嘴角,上拉表示倾听,下拉表示不满。

(3)鼻子的显示。

● 挺鼻:表示倔强或自大。

● 缩鼻:表示拒绝或放弃。

- 放鼻：表示好奇或吃惊。
- 摸鼻：表示亲切或重视。

（二）综合的显示

- 表示快乐：眼睛大，嘴巴张开，眉毛常向上扬。
- 表示兴奋：眼睛大，眉毛上扬，嘴角微微上翘。
- 表示严肃：嘴角抿紧下拉，眉毛拉平，注视额头。
- 表示敌意：嘴角拉平或向下，皱眉皱鼻，稍一瞥。
- 表示发怒：嘴角向两侧拉，眉毛倒竖，眼睛大睁。
- 表示观察：微笑，眉毛拉平，平视或视角向下。
- 表示无所谓：平视，眉毛展平，整体面容平和。

现在在很多服务行业都在强调微笑服务，相对做得较为突出的是民航业。我们搭乘飞机时总会感受到空姐的亲切笑容，她们的笑容为我们消减了旅途的疲劳，让我们的心情增添了一份愉悦。可是你知道吗？这貌似简单的笑容，却是经过专业训练得来的。为了让每一位空姐、空少在面对乘客时都能保持亲切大方的微笑，民航部门专门开设了笑容课，告诉每一位学员哪一刻的笑容是最美的。同时在挑选未来空姐、空少的时候，笑容甜美也是其重点考核的标准，对参加面试的众多靓女俊男来说，会不会笑且笑得是否亲切自然成了一道不折不扣的难关。有的人虽长得漂亮，但面试过程中始终难有笑容，这样的"冷美人"显然与强调微笑服务的空乘行业无缘。而一些长相不那么惊艳但笑容甜美的"邻家女孩"则可以脱颖而出。由此可见，笑容，不仅仅是咧开嘴笑那么简单，而对服务业的作用却是不可忽视的。

知识实训

[实训背景]

方莉是某商业银行的一位临柜工作人员，每天要面对各种各样的客户和回答各种咨询、办理多种业务，学会如何微笑面对客户，将是其为客户提供优质服务的基础和保障。

[实训要求]

1. 要求面对镜子练习微笑。
2. 在形体训练室的壁镜前练习，与两人一组互相面对面地进行操练相结合。

[实训提示]

1. 表情要真诚、自然。
2. 微笑要得体。
3. 练习方法：深呼吸，然后慢慢地吐气，并将嘴角两侧对称往耳根部拉，发出"一"或"七"的声音。

项目3　掌握基本站姿与站姿变化

工作任务

学会基本站姿与几种变化站姿

⇨ **工作步骤**

第一步:金融行业工作人员应掌握的标准站姿的具体要求。
第二步:了解可选择的几种不同变化站姿。
第三步:学会不同场合站姿的正确选择。
第四步:金融行业工作人员应避免的不良站姿。
第五步:矫正不良站姿的途径与方法。

⇨ **知识链接**

一个人的礼仪修养如何,别人可以从他的举止中察觉出来。最容易表现姿势特征的是人处于站立时的姿势。在中华民族的礼仪要求中,"站有站相""站如松",是对一个人礼仪修养的基本要求,其意思是站要像松树一样挺拔,同时还须注意站姿的优美和典雅。由于性别的不同,男女站姿的美感是不同的:女性应是亭亭玉立,文静优雅;男性应是刚劲挺拔,气宇轩昂。

 小资料

不同的站姿所反应的不同心理特征

心理学测定得出:双腿并拢站立者,给人的印象是可靠、意识健全、脚踏实地而且忠厚老实,但表面上有时显得有点冷漠;两腿分开尺余,脚尖略朝外的站姿,表现出站立者果断、任性,富有进取心,不装腔作势;双腿并拢站,一脚稍后,两脚平置地面,则体现出站立者有雄心,性格暴躁,是个积极进取、极富有冒险精神的人;站立时一脚直立,另一脚则弯置其后,以脚尖触地,则说明站立者情绪非常不稳定,变化多端,喜欢不断的刺激与挑战。

站立姿势还有正面与侧面之分。正面姿态是人们通过学习和对自身经验的总结积累而形成的;侧面姿态,一般被认为是仍然保留着出生时的原始的姿态倾向和特征,表现出原始的感情和幼年、少年时期的心理活动以及与生活有关的心理倾向。如那种挺胸直背、身体后倾、膝盖绷直的侧面姿态,就是一种充满力量和紧张的姿态,暗示着站立者积极努力地适应现实的倾向。

一、标准站姿

标准站姿应是端正、庄重,具有稳定性。站立时,从正面看,应以鼻为点向地面做垂直线,人体在垂直线两侧对称,表情自然明朗。

具体要求:全身笔直,精神饱满,两眼平视前方(而不是斜视),面带微笑,两肩平齐,两臂自然下垂,两脚跟并拢,两脚尖张开 45°~60°,成"V"字形,身体重心落于两腿正中;从侧面看,两眼平视,下颌微收,挺胸收腹,腰背挺直,两手中指贴裤缝,整个身体庄重挺拔。

站姿的要领:一要平,即头平正、双肩平、两眼平视;二要直,即腰直、腿直,后脑勺、背、臀、脚后跟成一条直线;三要挺拔,即重心上拔,给人以力度感,看起来显得挺拔。

二、几种变化站姿

工作场合可以根据自身条件选择以下站姿。

1.外交官式站姿

这是金融行业工作人员在接待客户等情况下使用的站姿。双腿微微分开,挺胸抬头,收腹立腰,双臂自然下垂,下颌微收,双目平视。

2.服务式站姿

金融行业工作人员为服务对象服务时使用的站姿。挺胸直立,平视前方,双腿适度并拢,双手在腹前交叉,男性左手握住右手腕部,女性右手握住左手的手指部分,双腿均匀用力。

3.双手后背式

这种站姿是男性员工的另一种服务员式站姿。挺胸收腹,两手在身后交叉,右手搭在左手腕部,手心内收。

4.体前单屈臂式

这种站姿是较为自然的一种日常站立姿势。挺胸收腹,左手臂自然下垂,右臂肘关节屈,右前臂至中腹部,右手心向里,手指自然弯曲。

作为金融行业的工作人员,由于男女性别的差异,站姿的美也有一定的差异性,主要表现在其手位与脚位有时会存在一些不同。

男性员工在工作中站立时,要注意表现出男性刚健、潇洒、英武、强壮的风采,力求给人以一种"壮"的优美感。具体来讲,在工作中站立时,男性员工较多采用后背式站姿,其要领是双脚稍分开,两脚平行,双脚间距离比肩宽稍窄些,双手轻握放于后背腰处。女性员工在工作中站立时,则要注意表现出女性轻盈、妩媚、娴静、典雅的韵味,要努力给人以一种"静"的优美感。因此,女性员工在工作中站立时一般将双手相握,或右手在前、左手在后,两手相叠放于腹前,双脚可呈"小八"字或"丁"字。

站姿也可以随着时间、地点、身份的不同而变化,但须遵循自然大方、端庄得体的原则,并适合自身的特点。站立太累时,可变换姿势,将身体重心移到左脚或右脚上。

但无论采用哪种姿势,切忌双手抱胸或叉腰,也不可手插衣裤的内袋,更不要将身体东倒西歪靠在物体上,因为这些动作都是傲慢和懒散的表现。在正式场合,要避免因紧张等原因而无意识地做一些如摆弄打火机、香烟盒,玩弄衣带、发辫,咬指甲等不雅的小动作,给人留下拘谨、缺乏自信、没有经验的感觉,有失仪表的庄重。

三、不同场合的站姿选择及运用

金融行业工作人员因工作的需要,在不同的场合需选择相应的站姿,才能展现良好的职业形象。

下面是各种具体场景中可选择的正确站姿:

(1)在升国旗、奏国歌、接受奖品、接受接见、致悼词等庄严的仪式场合,应采取严格的规范站姿,而且神情要严肃。

(2)在发表演说、新闻发言、报告宣传时,为了减少身体对腿的压力,减轻由于较长时间站立时双腿的疲倦,可以用双手支撑在讲台上,两腿轮流放松,但身体仍要保持挺直。

(3)主持文艺活动、联欢会时,应将双腿并拢,女士也可站成"丁"字步,上体前倾,腰背挺直,臀微翘,双腿叠合,亭亭玉立,富有女性魅力,体现女性姿势的优美。

(4)门迎人员往往站的时间很长,男士双腿可以稍平分站立,但双腿分开不宜超过肩,女性应保持"丁"字步站立,在保持身体直立的基础上,以更换左右丁字的方式,身体重心在双腿间交换,以使一条腿暂作休息;而手位动作根据性别不同,女性双手交叉或相叠垂放于腹前,男士一般背后交叉,右手放到左手的掌心上,挺胸收腹。

(5)礼仪活动中的站立,应比门迎更趋于艺术性和优雅,一般可采取立正的姿势或"丁"字步。如双手端执物品时,上手臂应靠近身体两侧,但不必夹紧,下颌微含,面带微笑,给人以优美亲切之感。

(6)交通工具上的站立,头部以正为佳,最好目视前方,身子要挺直,双腿应尽量伸直,膝部不宜弯曲,双脚之间可以适宜为原则张开一定的距离,重心要放在自己的脚后跟与脚趾中间,不到万不得已,叉开的双脚不宜宽于肩部,双手可以轻轻地相握胸前,或者以一只手扶着扶手、拉着吊环。采用此种站姿在交通工具上站立时,应尽可能地与他人保持一定的身体距离,保持自身的稳定性,免得误踩、误撞到人。

(7)在非正式场合男士可用"随意式"或"潇洒式"的站姿。如遇亲朋好友或在一些娱乐场所应潇洒、活泼,才能融洽地进行沟通和交流,过于严肃和一本正经,会让人觉得很难接近,有拒人千里之嫌。但采用"随意式"或"潇洒式"站姿时仍要保持身体的直立,抬头、挺胸、收腹。女士站立的时间较长时,可通过身体重心在左脚或右脚上的变换,来进行调节,使腿部得到休息,保持良好的站姿状态,但上身须始终保持正直。

或刚劲挺拔、气宇轩昂,或亭亭玉立、文静优雅,站姿是一个人情趣、品格、性格和工作状态、职业形象的直观反映,金融行业的工作人员尤需加以重视。

四、金融行业工作人员应避免的不良站姿

不良的站姿,是指金融行业服务人员在工作岗位上不应出现的站立姿势。不雅的姿态让人觉得缺乏敬意,从而影响本人形象和组织形象,使交流沟通受阻、工作服务质量下降,应加以克服。应避免的不良站姿主要有以下八种。

1.身躯歪斜

金融行业工作人员在站立时,若是身躯出现明显的歪斜,如头偏、肩斜、身歪、腿曲或是膝部不直,不但会看上去东倒西歪,直接破坏人体的线条美,而且会令人觉得颓废消沉、萎靡不振、自由放纵。

2.弯腰驼背

这是一个人身躯歪斜时的一种特殊表现。主要表现为腰部弯曲、背部弓起、颈部弯缩、胸部凹陷、腹部挺出、臀部撅起等不良体态,显得缺乏锻炼、健康不佳、无精打采,对个人形象损害很大。

3.趴伏倚靠

金融业从业人员在工作岗位上,要"站有站相",切不能在站立时随随便便地趴在一个地方或伏在某处左顾右盼,倚着墙壁、货架而立,靠在桌柜边上,或者前趴而后靠,显得自由散漫、随便偷懒。

4.双腿大开

无论是采取规范站姿,还是变化站姿,金融行业工作人员均应掌握自己双腿在站立时分开的幅度。一般情况下应尽可能双腿并拢,尤其是女性员工在着裙装服务时更需注意,否则有不雅之感。而男士即使是将双腿分开,也要注意其分开距离不要宽于本人的肩宽,切勿过度"分裂"。同时这也是收敛自己行为的举止,体现了对他人的尊重。

5.脚位不当

金融行业工作人员在工作岗位上站立时,通常双脚呈现出"V"字式、"丁"字式、平行式等脚位,但不允许出现"人"字式、蹬踏式等脚位。所谓"人"字式脚位,指的是站立时两脚脚尖靠在一处,而脚后跟之间却大幅度地分开来,有时这一脚位又叫"内八字";所谓蹬踏式,则是指站立时为图舒服而在一只脚放在地上的同时,将另外一只脚踩在鞋帮上、踏在椅面上、蹬在窗台上或跨在桌面上。

6.手位不当

在站立时,与脚位不当一样,金融行业工作人员的手位如果不当,同样也会破坏站姿的整体效果,应引起重视。不当的手位在站立时主要有:①将手放在衣服的口袋内;②将双手抱在胸前;③将两手抱在脑后;④将双肘支于某处;⑤将两手托住下巴;⑥手持私人物品。

7.半坐半立

在工作岗位上,工作人员必须严守自己的岗位规范,该站就站,该坐就坐,绝对不允许为贪图安逸,而擅自采取半坐半立的不雅之姿。

8.浑身乱动

金融行业工作人员在站立时,允许略作体位的合理变动。但站立是一种相对静止的体态,不宜在站立时频繁地变动体位,禁止浑身上下乱动不止或手臂挥来挥去,身躯扭来扭去,腿脚抖来抖去,从而有失稳重之感。

五、矫正不良站姿的途径与方法

仪态都是人们在成长过程和生活环境中长期形成的,具有习惯性,而且一旦形成就很难改变,重视和培养良好的仪态非常重要。而仪态的基础是站姿,良好的站姿可以使自己的仪态举止更为优雅。

通过科学、积极和循序渐进的方式,加强良好仪态的有效训练,可采用靠墙站立和两人一组的练习方式,进行站立动作的持久性和稳定性练习。

• 靠墙站立练习的具体操作要求和练习方法:脚跟、小腿、臀部、双肩和后脑勺都紧贴墙面,每次坚持15~20分钟,练习站立动作的稳定性和持久性。

• 两人一组站立的具体操作要求和练习方法:背靠背,以双方的臀部、肩背和后脑勺为接触点,每次坚持15~20分钟,练习站立动作的稳定性和持久性。

面对训练镜的练习是站姿的综合性训练,要求在正确站姿的基础上,结合脸部表情练习(重点是微笑),通过训练镜完善整体站姿的形象。在练习过程中,要注意肌肉张弛的协调性,强调动作的挺胸立腰,呼吸自然均衡,面带微笑。同时注意站立时要以标准站姿的形体感觉为基础,进行整体规范的动作训练。金融行业工作人员应注意将正确的站姿体现在每个人的生活、工作中,融入自身的日常行为举止中,养成良好的习惯。只有将正确的动作与自然的体态结合,才能将站姿运用自如、分寸得当,使人感到既有教养又不造作的良好风度。

在不良站姿的矫正过程中,应注意站立时身体要挺拔,首先是身体肌肉要做到既紧张又放松,如头顶上悬、肩下沉、腹肌、臀肌形成夹力、髋上提、脚趾着地等协调配合;其次金融行业工作人员要不断地提高自身的修养,加强内在素质的培养,在性格、意志上磨炼自己,使自己的形态能给人一种挺拔向上、舒展健美、庄重大方、亲切有礼、精力充沛的感觉。

▷ 知识实训

[实训背景]

汪明是某金融机构行政部的一名工作人员。刚来公司上班时,因为外在形象好,有一定的口头表达能力,汪明对自己信心十足。工作第一天,在和其他新来的职员站在一起集队时,他尽量保持一种优越的姿态,一只手插在裤袋里,双脚叉开,一只脚随意乱动,眼睛四处扫视。结果,工作的第一天汪明就在大庭广众之下受到部门经理的严厉批评。

[实训要求]

1. 请指出汪明受到批评的原因,并要求在形体训练室的壁镜前进行现场分析,提出纠正意见。

2. 六人一组,按照站姿的礼仪规范在形体训练室进行靠墙站立和两人一组的站立练习。

3. 六人一组,按几种常见的站姿要求,在形体训练室的壁镜前进行综合训练,同时以小组为单位,依次在形体训练室的中央进行展示。

[实训提示]

1. 站立时注意上身姿势、手脚姿势和整个身体的动作规范。注意性别的不同。

2. 按照站姿的要领反复练习,形成习惯。

3. 注意站立时的表情。

4. 通过揣摩不同场合的各种站姿,充分体会得体站姿对塑造自身形象的作用。

项目4 掌握基本坐姿与坐姿变化

▷ 工作任务

标准坐姿与变化坐姿的掌握与运用

▷ 工作步骤

第一步:了解坐姿的基本要领,学会标准的坐姿。

第二步:掌握常见的几种变化坐姿的要领。

第三步:根据工作场合和自身情况选择相应的坐姿。

第四步:金融行业工作人员的坐姿要求。

▷ 知识链接

坐姿是人际交往中最重要的姿势和举止,它反映的信息也非常丰富。端庄优美的坐姿会给人以文雅、稳重、自然大方的美感。坐姿是指人在就座后身体所保持的一种姿势,讲究"坐有坐相"。坐姿文雅优美,并非一项简易的技能。对坐姿要做到"坐如钟",即坐时要像钟那样端正。正确的坐姿是仪态的主要内容之一,因为无论在工作、学习还是生活中都离不开坐。坐作为一种举止,也是一种静态造型,同样有美与丑、优雅与粗俗之分,而良好的坐姿给人以庄重安详的印象。

小资料

不同的坐姿所反映的不同心理特征

心理卫生专家认为，坐时跷起一条腿的人显示出他相当自信，但个性懒散，不好幻想，任何私人问题或烦恼都不能困扰他，信心形之于外；坐时双腿并拢，双脚平放地上的人则表现出坦率、开放和诚实的特征，具有洁癖和守时的习惯，喜欢有规律的生活，按照时间表行事会觉得比较自在；坐时双腿前伸，在踝部叉起，则反映出坐者希望成为中心人物，比较保守，凡是喜欢求稳；坐时一脚盘在另一脚下，则显示个性独特，凡事漠不关心，无责任感，喜欢受人注目，有创新力，作风不拘于传统；坐时两膝并拢，两脚分开大约半尺，则说明坐者对周围事物非常敏感，观察细致，深谙人情世故，能体贴别人，也容易原谅别人，多愁善感；坐时双脚在膝部交叉，一脚勾在另一脚后，则显示出坐者逗人喜爱，非常有人缘，个性好静，容易与别人相处，不善夸耀或虚饰。还有坐下后摸下巴的人，往往情绪不安，猜疑心较重；坐下后摸膝者往往以为将有好事临身，自负之心颇高；坐下来就不断抓头发的人，性子较急，喜欢速战速决，情意不一，容易见异思迁；坐下后喜欢由下往上摸额的人，能言善辩，说服力强，这种人往往比较狡诈。

金融行业工作人员了解无声语言——"坐姿"所传递出的不同信息，有助于控制自己的不良举止和了解服务对象的心理状态。

一、标准坐姿

坐姿包括入座、起座等过程。

1. 入座

入座时，要轻要稳，从座位的左边入左边出（一般只坐椅子的 2/3，不要坐满或只坐一点边儿）。

女性入座时，若着裙装，应用手将裙子稍拢一下，坐定后，身体重心垂直向下，上身保持自然平直，两眼平视，目光柔和，可将右手搭在左手上，轻放于腿面，双膝自然并拢，双腿正放或侧放，双脚并拢或交叠。男士入座后可双手掌心向下，自然地放在膝上，亦可放在椅子或沙发扶手上，双脚可略微分开，但不要超过肩宽。在同左右客人谈话时，应有所侧重，即上体与腿同时转向一侧。

2. 起座

起座、起身时，右脚向后收半步，向后站立。同样，女性起座时，若着裙装，应用手将裙子稍拢一下，以保持平整。

坐姿是可以变化的，只要坚持端正稳重，腰直立，头、上体与四肢协调配合的原则，那么各种坐姿都是优美自然的。男女因性别的不同，坐姿也有所区别，在正式场合男士的坐姿应是"坐如钟"的姿势，给人一种四平八稳的感觉；而女士的坐姿应体现"阴柔之美"，就座时要缓而轻，如清风徐来，给人以优美之感。

二、常见的几种变化坐姿及要领

1. 正襟危坐式

这是最传统意义上的坐姿,适用于大部分的场合,尤其是正规场合。

要领:上身与大腿、大腿与小腿、小腿与地面之间,都应当成直角,双膝、双脚适度并拢。

2. 大腿叠放式

这是常用的一种坐姿,但需注意的是女性着短裙时不宜采用这种姿势。

要领:两条腿在大腿部分叠放在一起,位于下方的一条腿垂直于地面,脚掌着地,位于上方的另一条腿的小腿适当向内收,同时脚尖向下。

3. 双脚交叉式

这也是常用的一种坐姿。

要领:双脚在踝部交叉。交叉后的双脚可以内收,也可以斜放,但不宜向前方远远直伸出去。

4. 前伸后屈式

这也是男女均可采用的一种坐姿。

要领:双腿适度收拢,左腿向前伸出,右腿向后收,两脚脚掌着地。

5. 双腿斜放式

此坐姿适合于女性。

要领:双腿完全并拢,然后双脚向左或向右斜放,斜放后的腿部与地面约呈 45°。

6. 双腿叠放式

此坐姿也一般适合于女性。女士着裙装时采用这种坐姿较为优雅。

要领:双腿一上一下交叠在一起,两腿之间没有间隙,双腿斜放于左侧或右侧,腿部与地面约呈 45°,叠放在上的脚尖垂向地面。

 小资料

得体坐姿的基本要求

上身挺直,两肘自然弯曲或靠在椅背上,双脚接触地面(跷脚时单脚接触地面),双腿适度并紧。所谓"坐如钟"是指坐姿要像钟一样端庄沉稳、镇定安详。根据不同的场合和不同的座位,坐的位置可前可后,但上身一定要保持直立。

女性坐姿的基本要求:大腿并拢,小腿交叉,但不宜向前伸直。如女性着裙装,应养成习惯,在就座前从后面抚顺一下再坐下。

男性坐姿的基本要求:双腿之间可适度留有间隙。双腿自然弯曲,两脚平落地面,不宜前伸。在日常交往场合,男性可以跷腿,但不可跷得过高或抖动。

三、工作场合根据自身情况选择相应的坐姿

入座可选择不同的姿态,根据不同的工作场合以及自身情况选择相应的坐姿,正确的坐姿与体位协调配合,都会显得优美、自然、得体。

谈判、会谈的场合一般比较严肃,适合正襟危坐,但不要过于僵硬。要求上体正直,端坐

于椅子中部,注意不要使全身的重量只落于臀部,双手放在桌上、腿上均可,双脚为标准坐姿的摆放。

倾听他人教导、传授、指点时,或对方是长者、尊者、贵客时,坐姿除了要端正外,还应坐在座椅或沙发的前半部或边缘,身体稍向前倾,表现出一种谦虚、迎合、重视对方的态度。

在比较轻松、随便的非正式场合,可以坐得轻松、自然一些。全身肌肉可适当放松,可不时变换坐姿,以作休息。

男士在非正式场合交叠"大二郎腿"或"小二郎腿"。"小二郎腿"是把一条腿放到另一条腿上,当年龄较大的男士在同比较年轻的人说话时,可以选择这种坐姿。如果你仍一味地正襟危坐,双手放平,会给人以很呆板的感觉。而"大二郎腿"则是把脚的踝部放在另一条腿上,在庄重的正式场合,绝不要使用这一姿势。

女士在轻松的场合,可右脚(或左脚)在前,将右脚跟(或左脚跟)靠于左脚(或右脚)内侧,双手虎口处交叉,右手在上,轻放在一侧的大腿上,给人一种文静、雅致、可亲、可敬的感觉。当较长时间端坐很累时,也可适当交换为侧坐或正叠腿,但脚尖应朝地面,两小腿贴紧,切忌脚尖朝天抖动。这样既轻松舒适,又能表现出自己的姿态万千。

四、金融行业工作人员的坐姿要求及应注意的问题

坐姿是金融行业工作人员经常采用的姿势之一。允许自己采用坐姿时,才可以坐下;在坐下之后,要自觉地采用正确的坐姿,这是金融行业工作人员在学习与训练坐姿时必须首先明确的两点。同时,金融行业工作人员在采用坐姿时还应注意以下几个方面的问题:

1.金融行业工作人员的入座要求

入座,又叫就座或落座。它指的是人们坐到座位上去的行动。金融行业工作人员在入座时的基本要求是:

(1)在他人之后入座。出于礼貌,对方是自己的客户时,一定要先请对方入座,切勿抢先入座。

(2)在适当之处就座。在大庭广众之处就座时,一定要坐在椅、凳等常规的位置。要是坐在桌子、窗台或地板上,往往是失礼的。

(3)在合"礼"之处就座。与他人同时就座时,应当注意座位的尊卑,并且主动将上座相让于人。

(4)从座位左侧就座。条件允许,在就座时最好从座椅的左侧接近它。这样既易于就座,也是一种礼貌。

(5)向周围之人致意。在就座时,若附近坐着熟人,应主动跟对方打招呼。若身边的人不认识,亦应向其点点头。在公共场合,要想坐在别人身旁,则还须先征得对方首肯。

(6)悄无声息地就座。就座时,要减慢速度,放松动作,尽量不要坐得座椅乱响,噪音扰人。

(7)以背部接近座椅。在他人面前就座,最好背对着自己的座椅,这样就不至于背对着对方。得体的做法是:先侧身走近座椅,背对它,右腿后退一点,以小腿确认一下座椅的位置,然后随势坐下。必要时,可以一只手扶座椅的把手。

(8)坐下后调整体位。为使自己坐得舒适,可在坐下之后调整一下体位或整理一下衣服。要注意这一动作不可与就座同时进行。

2.金融行业工作人员的离座要求

(1)先有表示。离开座椅时,身旁如有人在座,须以语言或动作向其先示意,随后方可站起身来。如果一蹦而起,会令人受到惊扰。

(2)注意先后。与他人同时离座,须注意起身的先后次序。地位低于对方时,应稍后离座;地位高于对方时,则可首先离座;双方身份相似时,才允许同时起身离座。

(3)起身缓慢。起身离座时,最好动作轻缓,无声无息,尤其要避免"拖泥带水",弄响座椅,或将椅垫、椅罩弄得掉在地上。

(4)站好再走。离开座椅后,先要采用基本的站姿,站定之后,方可离去。要是起身便跑,或是离座与走开同时进行,则会显得自己过于匆忙。

(5)从左离开。有可能时,站起身后,宜从左侧离去。与"左入"一样,"左出"也是一种礼节。

3.金融行业工人员就座时下肢的体位要求

坐好之后下肢的体位主要由双腿与双脚所处的不同位置所决定。

(1)采用正襟危坐式时,上身与大腿、大腿与小腿间,都应当形成直角,小腿垂直于地面,双膝、双脚包括两脚的跟部,都要完全并拢。

(2)采用垂腿开膝式时,上身与大腿、大腿与小腿皆为直角,小腿垂直于地面。双膝允许分开,但不得超过肩宽。

(3)采用双腿叠放式时,将双腿完全地一上一下交叠在一起,交叠后的两腿之间没有任何缝隙,犹如一条直线;双脚斜放于左或右一侧,斜放后的腿部与地面呈45°,叠放在上的脚的脚尖垂向地面。

(4)采用双腿斜放式时,双腿首先并拢,然后双脚向左或向右侧斜放,力求使斜放后的腿部与地面呈45°。

(5)采用双脚交叉式时,双膝先要并拢,然后双脚在踝部交叉。需要注意的是,交叉后的双脚可以内收,也可以斜放,但不宜向前方远远地直伸出去。

(6)采用双脚内收式时,两条大腿首先并拢,双膝可以略微打开,两条小腿可在稍许分开后向内侧屈回,双脚脚掌着地。

(7)采用前伸后屈式时,大腿并紧之后,向前伸出一条腿,并将另一条腿屈后,两脚脚掌着地,双脚前后要保持在一条直线上。

(8)采用大腿叠放式时,两条腿在大腿部分叠放在一起。叠放之后位于下方的一条腿的小腿垂直于地面,脚掌着地;位于上方的另一条腿的小腿则向内收,同时宜脚尖向下。

4.金融行业工作人员就座时上身的体位要求

就坐姿而论,除了下肢的体位之外,上身的体位,即坐好之后,头部、躯干与上肢的具体位置,也极其重要。入座时应该注意以下几点:

(1)注意头部位置的端正。在客户面前就座时不要出现仰头、低头、歪头、扭头等情况。坐定之后的标准姿势应当是头部抬直,双目平视,下颌内收。整个头部看上去,应当如同一条直线一样,与地面相垂直。出于实际需要,在办公时允许低头俯看桌上的文件、物品,但在回答他人问题时,则务必要抬起头来,不然就带有爱答不理的意思。在与人交谈时,可以面向正前方,或者面部侧向对方,但不准将后脑勺对着对方。

(2)注意躯干位置的直立。坐好之后,身体的躯干部位也要注意端端正正。需要注意的地方有:①椅背的倚靠。倚靠主要用以休息,所以因工作需要而就座时,通常不应当将上身完全倚靠着座椅的背部,可能的话,最好一点也别靠着倚背。②椅面的占用。既然不宜经常倚靠椅背,那么就同时存在着椅面的占用问题。在尊长面前,一般不宜坐满椅面,从礼仪的角度要求是只坐 3/4 左右最为适当。③身子的朝向。与他人交谈时,为表示对其重视,不仅应面向对方,同时应将整个上身朝向对方。不过一定要注意,侧身而坐时,躯干不要歪扭倾斜。④基本的轮廓。在大庭广众下就座时,躯干的基本轮廓要力求美观宜人。最重要的是,躯干要挺直,胸部要挺起,腹部要内收,腰部与背部一定要直立。

(3)注意手臂位置的摆放。根据实际需要,金融行业工作人员在坐好后手臂摆放的正确位置主要有如下五种:①放在两条大腿上。具体办法有三:其一是双手各自扶在一条大腿上,其二是双手叠放后放在两条大腿上,其三是双手相握后放在两条大腿上。要强调的是,将手放在小腿上,是不可以的。②放在一条大腿上。侧身与人交谈时,通常宜将双手放自己所侧一方的那条大腿上。具体方法有二:其一是双手叠放;其二则是双手相握。③放在皮包、文件上。当穿短裙的女士面对男士而坐,而身前没有屏障时,为避免"走光",一般可将自己随身携带的皮包或文件放在并拢的大腿上;随后,即可将双手扶、叠或握后置于其上。④放在身前桌子上。将双手平扶在桌子边沿,或是双手相握置于桌上,都是可行的。有时,亦可将双手叠放在桌上。⑤放在身旁扶手上。坐定后,将手摆放于座椅的扶手之上。正确的方法是:正身而坐时,宜将双手分扶在两侧扶手上。侧身而坐时,则应当将双手叠放或相握后,置于侧身一侧的扶手上。

5.金融行业工作人员应避免的不良坐姿

落座时,金融行业工作人员一定要遵守律己敬人的基本规定,应避免以下几种不良坐姿:

(1)双腿叉开过大。面对客户时,双腿如果叉开过大,不论是大腿叉开还是小腿叉开,都极其不雅。

(2)架腿方式欠妥。坐后将双腿架在一起,不是说绝对不可以,但正确的方式,应当主要是两条大腿相架,并且一定要使两者并拢。如果将一条小腿架在另一条大腿上,两者之间还留出大大的空隙,成为所谓的"架二郎腿",就显得过于放肆了。

(3)双腿直伸出去。坐下后,不宜将双腿直挺挺地伸向前方,那样做不仅有可能会有碍于人,而且也有碍观瞻。身前若有桌子,双腿尽量不要伸到外面来。

(4)将腿放上桌椅。有人坐定后为图舒服,喜欢将双腿或单腿置于高处,有时甚至还会将其抬到身前的桌子或椅子上。金融行业工作人员在工作岗位上要是这样做了,会给人留下极为不佳的印象。把一条腿或双腿盘上本人所坐的座椅上,亦为不当。

(5)腿部抖动摇晃。坐在别人面前,反反复复地抖动或摇晃自己的腿部,不仅会令他人心烦意乱,而且也会给人以极不安稳的印象。

(6)脚尖指向他人。不管具体采用哪一种坐姿,都不宜以本人的脚尖指向别人,因为这一做法是非常失礼的。

(7)仅脚跟接触地面。坐下后如以脚部触地,通常不允许仅以脚跟接触地面,而将脚尖翘起。双脚都这么做时,则更算是一种严重的失礼。

(8)以脚蹬踏他物。坐下来之后,脚部一般都要放在地上,要是用脚在别处乱蹬乱踩,甚至将其蹬踩于高处,通常是不合适的。

（9）以脚自脱鞋袜。脱鞋脱袜,属于个人隐私和"卧房动作",绝对不宜当众表演。在别人面前就座时以脚自脱鞋袜,显然也是不文明的。

（10）以手触摸脚部。在就座以后用手抚摸小腿或脚部,都是极不卫生的。有此不良之习者,务必要自觉克服。

（11）手部置于桌下。就座后,双手应放在身前,有桌时置于其上,单手或双手放于其下,都是不允许的。

（12）手部支于桌上。用双肘支在面前的桌子上,对于同座之人是不够礼貌的做法。

（13）双手抱在腿上。双手抱腿,本是一种惬意、放松的休息姿势,故而在工作之中不可取。

（14）将手夹在腿间。个别人坐下来之后往往将双手夹在两腿之间,这一动作会令其显得胆怯或害羞。

（15）上身向前趴伏。坐下后上身趴伏在桌椅上或本人大腿上,都仅能用于休息,而不宜在工作场所中出现。

（16）头部靠于椅背。以头靠在椅背,自然是为了稍事休息,但在工作岗位上,是不可以这么做的。

 小资料

背对训练镜,练习入座前的动作

入座时,走到座位前面再转身,转身后右脚向后退半步,然后轻稳地落座。动作要求轻盈舒缓,从容自如。

1.面对训练镜,练习入座前的动作

以站在座位的左侧为例,先左脚向前迈出一步,右脚跟上并向右侧一步到座位前,左腿并右腿,接着右脚向后退半步,轻稳落座;入座后右腿并左腿成端坐,双手虎口处交叉,右手在上,轻放在一侧的大腿上。

2.练习入座后的端坐姿势

动作要求在正确坐姿的基础上,配合面部表情,练习坐姿的直立感、稳定性等综合表现。（男女各按要求练习）

3.坐姿腿部的造型训练

在上身姿势正确的基础上,练习腿部的造型,强调女性双膝不能分开,可以用一张小纸片夹在双膝间,做到起坐时不掉下。男士练习两腿开合动作;女士练习平行步、丁字步、小叠步的动作。要求动作变换要轻、快、稳,给人以端庄大方、舒适自然的感觉。

4.离座动作训练

离座起立时,右腿先向后退半步,然后上体直立站起,收右腿,从左侧还原到入座前的位置。

知识实训

[实训背景]

程玲是一名理财专业的高职生,早就意识到就业形势的严峻,毕业前就做好了厚厚的简历,但一直没有机会投出去。后来好不容易盼来一家证券公司来学校招聘工作人员,程玲满怀希望去面试了。可是,面试时不知出了什么问题,程玲很快被告知没有复试的机会。自己明明感觉不错,可是没有通过,程玲不明就里,探问情况后才知道这里面有很多学问。原来,程玲虽有良好的求职硬件,却忽略了一些基本的礼仪规范。比如,如何跟主考官打招呼,如何保持良好的坐姿等。

[实训要求]

1.说出面试时应克服哪些不良的坐姿,要求在形体训练室的壁镜前进行现场分析并加以纠正。

2.将学生分为五人一组,根据入座、就座、离座的要领,分组在形体训练室现场展示入座、就座、离座姿态,并在由学生进行分析的同时,教师加以点评。

3.在形体训练室操练不同情况下的坐姿。

[实训提示]

1.注意细节:头部及面部;上身挺拔;手位脚位的动作规范。

2.入座的姿态、方式:就座时注意腰部、双膝、臀部的规范;离座的姿态、方式。

项目5　掌握走姿与蹲姿

任务分解

任务1　掌握几种标准的走姿及变化的走姿

任务2　掌握正确蹲姿

任务1　掌握几种标准的走姿及变化的走姿

工作步骤

第一步:学会标准的走姿。

第二步:对不同场合变化走姿的了解与掌握。

第三步:金融行业工作人员走姿的注意事项。

第四步:矫正不良走姿的训练方法。

知识链接

行走是人们生活中的主要动作之一。在生活中,有的人精心打扮、穿着入时,但如果行走姿态不美,也会逊色三分;而有的人尽管服装样式简单,优美的行走姿态却使他气度不凡。

走姿也叫步态,是指一个人在行走过程中的姿势,它以人的站姿为基础,始终处于运动中。走姿体现的是一种动态的美。我们对走姿的要求是"行如风",即走起路来要像风一样轻盈,行走动作连贯,从容稳健。生活中如何正确地使用标准走姿,是给人留下美好印象的关键之一。因此学习规范的走姿是很有必要的。

小资料

不同走姿所反映的不同心理特征

心理学家史诺嘉丝发现,走路大步,步子有弹性及摆动手臂,显示一个人自信、快乐、友善及富有雄心;走路时拖着步子,步伐小或速度时快时慢则相反。喜欢支配别人的人,走路时倾向于脚向后踢高;性格冲动的人,就像鸭子一样低头急走。而拖着脚走路的人,通常不快乐或内心苦闷。女性走路时手臂摆得高,则显示出她精力充沛和快乐。

一、标准走姿

上身基本保持站立的标准姿势:挺胸收腹、腰背笔直、面带微笑,双臂以肩关节为轴,前后自然摆动,前摆约35°,后摆约15°,肘关节略弯曲,手掌朝向体内,手指自然弯曲,起步时身子稍向前倾,重心落前脚掌,膝盖伸直,脚尖向正前方伸出。女士行走时的线迹要成为"一条线",而男士行走时的线迹要成为"两条平行线"。此外,还要注意步幅、步高和步速。

(1)步幅一般是前脚的脚跟与后脚的脚尖相距为一个脚长。性别不同和身高不同会有一定差异,男士穿西服时,走路的步幅可略大些,以体现出挺拔、优雅的风度;女士着套裙、旗袍和中高跟鞋时,步幅宜小些,以免显得不雅。

(2)步高(指行走时脚抬起的高度)不宜过高,也不宜过低。

(3)步速也即行走速度,男士一般为60~110步/分钟,女士为60~120步/分钟,如遇急事,可加快步速,但不能奔跑。

行走中的姿态,男士应显出阳刚之美,在工作场合给人以充满自信感及镇定自如的气度;而女士要显示出阴柔之美,步态轻盈的同时,注意体现稳健、自然、大方,要体现力度与弹性。

二、不同场合走姿

作为金融行业工作人员,在掌握标准走姿的基础上,还须掌握陪同引导、上下楼梯、进出电梯、出入房门、变向行走等不同场合的变化走姿。

1. 陪同引导

陪同,指的是陪伴着别人一同行进;引导,则是指在行进之中带领别人,有时又叫作引领、引路或带路。当金融行业工作人员在自己的工作岗位上陪同引导客户时,应注意以下四点:

(1)本人所处的方位。若双方并排行进,金融行业工作人员应居于左侧;若双方前后行进,金融行业工作人员应居于对方左前方约一米的位置。当客户不熟悉行进方向时,一般不应请其先行,同时也不应让其走在外侧。

(2)协调行进速度。在陪同引导客人时,本人行进的速度须与对方相协调,切勿我行我素,走得太快或太慢。

(3)及时关照提醒。陪同引导客人时,一定要处处以对方为中心。每当经过拐角、楼梯或道路坎坷、照明欠佳之处时,须关照提醒对方留意,切不可以不吭一声,而让对方茫然无知或不知所措而不便。

（4）采用正确的体位。陪同引导客人时，有必要采取一些特殊的体位。请对方开始行进时，应面向对方，稍许欠身；在行进中与对方交谈或答复其提问时，应以头部、上身转向对方。

2.上下楼梯

上下楼梯时，金融行业员工应当遵守有关规定，特别注意以下三点：

（1）要减少在楼梯上的停留。楼梯是人来人往之处，所以不要停在楼梯上休息，站在楼梯上与人交谈或是在楼梯上慢慢悠悠地行进。

（2）要坚持"右上右下"原则。上下楼梯时，均不宜并排行走，而应当自右侧而上，自右侧而下。这样一来，有急事的人，便可快速通过。

（3）要注意礼让客户。上下楼梯时，千万不要同服务对象抢行，出于礼貌，可请对方先行。

（4）当自己陪同引导客人时，则在上下楼梯时应先行。

3.进出电梯

金融行业员工需要使用电梯时，应注意以下四个问题：

（1）要使用专用的电梯。如本单位有此规定，则一定要自觉地加以遵守。金融行业工作人员应尽可能地不要与服务对象混用同一部电梯。

（2）要牢记"先出后进"的原则。乘电梯时，一般的规矩是：里面的人出来之后，外面的人方可进去。如不守此规，出入电梯时人一旦过多了，就会出现混乱的场面。

（3）要照顾好客户。金融行业工作人员在乘电梯时遇见并不相识的客户，也要以礼相待，请对方先进先出。若是负责陪同引导对方，则乘电梯时还有特殊的要求，即乘坐无人管理的电梯时，员工须自己先进后出，以便控制电梯。乘坐有人操作的电梯时，则员工应当后进后出。

（4）要尊重周围的乘客。进出电梯时，大多要侧身而行，免得碰撞、踩踏别人。进入电梯后，应尽量站在里边。人多的话，最好面向内侧，或与他人侧身相向。出电梯前要做好准备，提前换到电梯门口。

4.出入房门

进入或离开房间时，应注意如下细节：要先通报。在出入房门时，尤其是在进入房门前，一定要采取叩门、按铃的方式，向房内之人进行通报。还需注意以下几点：

（1）以手开关。出入房门时，务必用手来开门或关门。作为金融行业工作人员，在开关房门时，不宜用肘部顶、膝盖拱、臀部撞、脚尖踢、脚跟蹬等不良做法。

（2）面向他人。出入房门，特别是在出入一个较小的房间，而房内又有熟人时，最好是反手关门，并且始终注意面向对方，而不是把背部朝向对方。

（3）后入后出。与他人一起先后出入房间时，为了表示礼貌，金融行业工作人员一般应当自己后进门、后出门，而请对方先进门、先出门。

（4）为人拉门。有时，在陪同引导他人时，金融行业工作人员还有义务在出入房门时替对方拉门。

5.变向行走

在行进之中，人们经常有必要变换自己的行进方向。所谓变向行走，指的是在行进之中变换自己的方向。金融行业工作人员所采用的变向行走，主要包括除常规前行之外的后退、侧行、前行转身、后退转身等。

（1）后退。扭头就走是失礼的，可采用先面向交往对象后退几步，方才转体离去的做法。具体做法通常是面向他人后退至少两三步，后退时步幅宜小，脚宜轻擦地面，转体时，应身先转头后转，若先转头或头与身同时转向，均为不妥。

（2）侧行。在行进时，有两种情况需要侧身而行：一是与同行者交谈或引导来宾之时。具体做法是，上身宜转向交谈对象，距对方较远一侧的肩部朝前，距对方较近一侧的肩部稍后，身体与对方身体之间保持一定距离。二是与他人狭路相逢时。此刻宜两肩一前一后，胸部转向对方，而不应背向对方，以示礼貌。

（3）前行转身。即在向前行进之中转身而行。它又分为两种：一是前行右转。在前行中向右转身，应以左脚掌为轴心，左脚落地时，向右转体90°，同时迈出右脚。二是前行左转。与前行右转相反，在前行中向左转身，应以右脚掌为轴心，在右脚落地时，向左转体90°，同时迈出左脚。

（4）后退转身。后退转身，即在后退之中转身而行。它分为三种：一是后退右转。先退行几步后，以左脚掌为轴心，向右转体90°，同时向右迈出右脚。二是后退左转。先退几步后，以右脚掌为轴心，向左转体90°，同时向左迈出左脚。三是后退后转。先退几步，以左脚为轴心，向右转体180°，然后迈出右脚，或是以右脚为轴心，向左转体180°，然后迈出左脚。

 小资料

其他走姿

- 参加喜庆活动，步态应轻盈、欢快，有跳跃感，以反映喜悦的心情。
- 参观吊丧活动，步态要缓慢、沉重，有忧伤感，以反映悲哀的情绪。
- 参观展览、探望病人时，周围环境安静，不宜出声响，脚步应轻柔。
- 进入办公场所，登门拜访时，在室内脚步应轻而稳。
- 走入会场、走向话筒、迎向宾客时，步伐要稳健、大方，充满热情。
- 举行婚礼、迎接外宾等重大正式场合，脚步要稳健，节奏稍缓。
- 办事联络，往来于各部门之间，步伐要快捷又稳重，以体现办事者的效率、干练。
- 陪同来宾参观，要照顾来宾行走速度，并善于引路。

三、金融行业工作人员走姿的注意事项

金融行业工作人员在工作场所行进时，应当特别重视以下几个环节。

1. 方向明确

在行走时，必须保持明确的行进方向，尽可能地使自己在一条直线之上行走。若做到此点，往往会给人以稳重感。具体的方法是，行走时应以脚尖正对着前方，形成一条虚拟的直线。每行进一步，脚跟都应当落在这一条直线上。

2. 步幅适度

步幅，又叫步度。它所指的是人们每走一步时，两脚之间的正常距离。金融行业工作人员在行进之时，最佳的步幅应为本人的一脚之长。即行进时所走的一步，应当与本人一只脚的长度相近。即男子每步间隔约40厘米，女子每步约35厘米。与此同时，步子的大小，还应当大体保持一致。

3.速度均匀

人们行进时的具体速度,通常叫作步速。对金融行业工作人员而言,步速固然可以有所变化,但在某一特定的场合,一般应当使其保持相对稳定,较为均匀,而不宜使之过快或过慢,或者忽快忽慢,一时间变化过大。一般认为,在正常情况下,每分钟走 60～100 步都是比较正常的。

4.重心放准

在行进时,能否放准身体的重心极其重要。正确的做法应当是:起步时,身体须向前微倾,身体的重量要落在前脚掌上。在行进的整个过程中,应注意使自己身体的重心随着脚步的移动不断地向前过渡,而切勿让身体的重心停留在自己的后脚上。

5.身体协调

人们在行进时,身体的各个部分之间必须进行完美的配合。在行进时要保持身体的和谐,就需要注意:走动时脚跟要首先着地,膝盖在脚部落地时应当伸直,腰部要成为重心移动的轴线,双臂要在身体两侧一前一后地自然摆动。

6.造型优美

行进时,保持自己整体造型的优美,是金融行业工作人员不容忽视的一大问题。要使自己在行进中保持优美的身体造型,就一定要做到昂首挺胸,步伐轻松而矫健。其中最为重要的是,行走时应面对前方,两眼平视,挺胸收腹,直起腰、背,伸直腿部,使自己的全身从侧面看上去犹如一条直线。

四、矫正不良走姿的训练方法

协调稳健、轻盈自然的走姿,体现了金融行业工作人员的精神风貌。学会和掌握正确的行走方法,矫正不良的走姿的训练方法是循序渐进的,必须逐步提高和完善。

1.行走稳定性练习

在保持正确站姿的基础上,两臂侧平举,两手各持一碗水或头顶一本书,先慢后快地练习行走的稳定性,并及时矫正不良的走姿。

2.动作表情的协调性练习

加强和巩固练习者上下肢动作的协调配合,同时结合面部表情进行对镜练习。

3.各种走姿练习

根据动作规范要求进行前行步、后退步、侧行步、前行左右转身步、后退左右转身步的动作练习。

在走姿练习过程中,不论是朝哪个方向行走都应注意形体的变化,应做到先转身后转头,再配合相应的"体态语"及礼貌用语,以达到整体动作的完美协调。

4.矫正不良走姿

走路最忌内八字步和外八字步;其次忌弯腰驼背、歪肩晃膀。走路时不可大甩手,扭腰摆臀,大摇大摆,左顾右盼;双腿不要过于弯曲或走曲线;步子大小适宜,不要过大或过小;不要脚蹭地面、后脚跟拖在地面上或双手插在裤兜行走。而男士在行走时应体现稳健性,既不要像小脚女人走路一样,一步一挪,也不要像闲人一样迈开八字步,给人以萎靡不振的感觉。不正确的走姿,将直接影响整个人的仪态举止,进而影响形象和风度,应及时加以矫正。

📥 知识实训

[实训背景]

程玲终于盼来了又一次的招聘活动。这次，程玲可是有备而来。她沉着、自信，面带微笑地走过长长的一段距离，来到主考官面前，被示意坐下来，进行短暂的交流，然后离开。主考官从程玲进门时的走路姿态、神情以及面试时的坐姿、举止进行考查，最后决定录用她。

[实训要求]

1. 六人一组，要求分组在形体训练室的壁镜前进行优雅步态的练习。

2. 在分析此次程玲成功面试的基础上，以小组为单位逐个从形体训练室的门口进入，一直走到训练室正中央位置，然后现场进行相互分析点评后，重复练习。

3. 从一个面试者的角度来展示站姿、坐姿和走姿。

4. 在形体训练室正中间布置一个面试场景，一边放五张桌椅，分别安排五人就座，充当面试主考官；另一边放一张椅子，供面试者使用。

[实训提示]

1. 走路时的要领：轻而稳，胸要挺，头要抬，肩放松，两眼平视，面带微笑，自然摆臂。充满自信的表情，展现朝气蓬勃、积极向上的精神风貌。

2. 注意面部表情、上身姿态、步幅、步态和步韵。

3. 始终保持自信、积极的精神风貌及优美的走路、入座、离座的姿态。

任务2　掌握正确的蹲姿要领

📥 工作步骤

第一步：明确正确的蹲姿要求。

第二步：了解可采用的两种优雅蹲姿。

第三步：掌握优雅蹲姿的基本要领。

📥 知识链接

一、正确蹲姿的要求

当要下蹲取物时，上体应尽量保持正直，两腿合力支撑身体，靠紧向下蹲。女士无论采取哪种蹲姿，都要将腿靠紧，臀部向下。举止应自然、得体、大方、不造作，才能体现出蹲姿的优美。

捡拾地上东西或低处取物品是人们在日常生活中常遇到的。如果姿势不雅，不仅仅是美丑的问题，有时不小心会"闪到腰"。有的人低头捡东西的时候，弯腰弓背，低头撅臀，或者双膝分开，这是不雅的。尤其是穿裙子的女性，蹲下的时候膝盖分开，在国外被视为"卫生间姿势"，一不小心还会春光乍泄，这种姿势既不雅观，又不礼貌。如采取恰当的蹲姿，将会给人留下美好的印象。因此当你蹲下捡东西、取物或者系鞋带时一定要注意自己的姿态，尽量迅速、美观、大方，应保持大方、端庄的蹲姿。

也有一些欧美国家的人认为"蹲"这个动作本身就是不雅观的,所以只有在非常必要的时候才蹲下来做某件事情。

二、一般可采取的两种优雅蹲姿

1.交叉式蹲姿

下蹲时右脚在前,左脚在后,右小腿垂直于地面,全脚着地;左腿在后,与右腿交叉重叠,左膝由后面伸向右侧,左脚跟抬起,脚掌着地,两腿前后靠紧,合力支撑身体;臀部向下,上身稍向前倾。

2.高低式蹲姿

下蹲时左脚在前,右脚稍后(不重叠),两腿靠紧向下蹲;左脚全脚着地,小腿基本垂直于地面,右脚脚跟提起,脚掌着地;右膝低于左膝,左膝内侧靠于左小腿内侧,形成左膝高右膝低的姿势,臀部向下,基本上以右腿支撑身体。男士选用这种蹲姿时,两腿之间可有适当距离。

三、优雅蹲姿的基本要领

(1)站在所取物品的旁边,蹲下屈膝去拿,而不要低头,也不要弓背。两腿合力支撑身体,掌握好身体的重心,臀部向下。

(2)一脚在前,一脚在后,两腿向下蹲,前脚全着地,小腿基本垂直于地面,后脚跟提起,脚掌着地,臀部向下。男士两腿间可留有适当的缝隙,女士则要两腿并紧,穿旗袍或短裙时需更加留意,以免尴尬。

(3)具体做法:若用右手捡东西,可以先走到东西的左边,右脚向后退半步后再蹲下来。脊背保持挺直,臀部一定要蹲下来,避免弯腰翘臀的姿势。特别是穿裙子时,如不注意,背后的上衣自然上提,露出内衣很不雅观。即使穿着长裤,两腿展开平衡下蹲,撅起臀部的姿态也不美观。

四、纠正不良蹲姿的方法

下蹲时应注意不要有弯腰、臀部向后撅起的动作;不要两腿叉开平行下蹲;下蹲时不能露出内裤。当要拾起落在地上的东西或拿取低处物品的时候,应先走到要捡或拿的东西旁边,再使用正确的蹲姿,将东西拿起。

职业形象的体现是一个整体的协调,而仪态是风度气质的外化,因此我们在日常生活中除了站、坐、走、蹲之外,处于其他各种活动状态的动作优美也是不可忽视的,应加以时刻注意。

⤷ **知识实训**

[实训背景]

银行大厅内,李丽和客户在谈话过程中,有客户的资料掉在地上,李丽需要帮他捡起。

[实训要求]

1.告诉客户资料掉在地上,表明自己会帮忙去捡。

2.身体微侧下蹲。

3.注意下蹲时有意识地压低职业装的裙摆。

4.微笑着将地上捡起的资料交给客户。

5.分组相互观摩和练习。

[**实训提示**]

1.站在所取物品的旁边,蹲下屈膝去拿,而不要低头,也不要弓背,要慢慢地把腰部低下;两腿合力支撑身体,掌握好身体的重心,臀部向下。

2.一脚在前,一脚在后,两腿向下蹲,前脚全着地,小腿基本垂直于地面,后脚跟提起,脚掌着地,臀部向下。

项目6 了解多种手势语言

⇨ **任务分解**

任务1 掌握规范手势的标准及要求

任务2 对多种手势的了解

任务1 掌握规范手势的标准及要求

⇨ **工作步骤**

第一步:学会规范的手势动作。

第二步:掌握正确使用手势的要求。

⇨ **知识链接**

手是人体上最富灵性的器官。如果说眼睛是心灵的窗户,那么手就是心灵的触角,是人的第二双眼睛。

手势是指表示某种意思时用手所做的动作,也是人们在交往时不可缺少的动作,是一种表现力较强的"体态语言",在传递信息、表达意图和情感方面发挥着重要作用。恰当地运用手势可以增强表情达意的效果,并给人以感染力,加深印象。手势在服务工作中也起着重要作用。

得体适度的手势,可增强感情的表达,起到锦上添花的作用。作为金融行业工作人员,手势的运用要给人一种庄重含蓄、彬彬有礼、优雅自如的感觉。

一、规范的手势动作标准

手势的规范标准:五指伸直并拢,掌心斜向上方,腕关节伸直,手与前臂形成直线,以肘关节为轴,弯曲140°左右为宜,手掌与地面基本形成45°。

手势美是一种动态美。其基本要求是:自然优雅,规范适度。适度是指手势不宜过多,幅度不宜过大。

二、正确使用手势的要求

手势使用的总体要求是准确、规范、适度。

1. 手势的使用必须准确

在现实生活中，为避免手势使用不当引发交际双方沟通障碍甚至误解，必须注意手势运用的准确。用不同的手势，表达不同的意思，并使手势与语言表达的意思一致。如，鼓掌也是一种手势，在欢迎客人到来、他人发言结束或观看体育比赛、文艺演出时，应用右手手掌拍左手掌心，但不要过分用力或时间过长，才是准确的，否则使用不当有起哄、捣乱之嫌，让人尴尬。

2. 手势的使用要规范

在一定的社会背景下，每一个手势都有其约定俗成的动作和要求，不能乱加使用，以免产生误解，引起麻烦。如介绍某人或为宾客引路指示方向时，应掌心向上，四指并拢，大拇指张开，以肘关节为轴，前臂自然上抬伸直。指示方向时，上体稍向前倾，面带微笑，自己的眼睛看着目标方向，并兼顾宾客是否意会到目标。切忌用手指来指去，因为这样含有教训别人的味道，是不礼貌的。又如在谈到自己时，可用右手掌轻按自己的左胸，那样会显得端庄、大方、可信。为他人"介绍"的手势、"递名片"的手势、"请"的手势等也是如此。

3. 手势的使用要适度

与人交谈时，可随谈话的内容做一定的手势，这样有助于双方的沟通，但手势的动作幅度不宜过大，一般手势高不过耳际，低不及腰部，横向宽度不超过 80 厘米，更不要手舞足蹈，以免适得其反，显得粗俗无修养。同时，手势的使用也不宜过多，应有所节制，并非多多益善，如果滥用手势，会让人产生反感。尤其是手势与语言、面部表情以及身体其他部位动作不协调时，会给人一种装腔作势的感觉。

手势的运用要准确、规范、适度，才能给人一种优雅大方、彬彬有礼的感觉，才能真正体现出对他人的尊重和礼貌。

 小资料

手 势 语

手势可以表达丰富的内涵，与站、坐、走等仪态一样，不同的手势所反映的心理特征也是有所不同的，它往往是人们真实心理活动在肢体动作中的体现。手势语是通过手和手指的活动来表达信息的一种特殊语言，一般可归纳为以下几种：

● 情绪性手势：即用手势表达思想感情。如拍手、捶胸等是说话人内在情感和态度的自然流露，往往和表露出来的情绪紧密结合，生动具体，令人印象深刻。

● 表意性手势：用手势表达具体内容，是一种自觉的动作，如摆手、挥手、竖大拇指、伸小拇指；特定情况下有哑语、交通指挥、体育裁判等特定的含义。

● 象形性手势：使其表达的内容形象、生动，如双手合成一个大圆，表示很大的意思。

● 象征性手势：用手势表达某一抽象事物或概念，如手掌向前劈去，表示"我们一定要取得胜利"张开双手，徐徐向前，表示"迎接更加美好的明天"；双手握拳，用力向上挥动，表示"我一定成功"；用手下砍，表示"不能再次发生"。

任务2 对多种手势的了解

▷ **工作步骤**

第一步:了解几种常见的手势含义。
第二步:明确日常避免使用的手势。

▷ **知识链接**

在日常生活中,我们要善于从他人的动作来猜测和判断其心理。如搓手,常表示对某一事物的焦急等待,跃跃欲试;背手,常显示一种权威,若伴以俯视踱步则表示深思;摊开双手,表示出一种真诚和坦率,或流露出某种无奈;握拳,显示出决心或表示愤怒、不满;不自觉地用手摸脸、擦眼、搔头,是在掩饰心中的不安;用虎口托下巴,说明老练或沉着;用食指指点对方,是在指责、数落对方;用拇指指向对方,表示轻视、嘲弄,以及污辱对方;竖起大拇指表示称赞;翘起小拇指则是瞧不起;十指交叉放在胸前,或垂于胸前,常表示紧张、敌对或沮丧;双手指尖相抵,形成塔尖形,置于颌下的动作,是向对方传达自己充满自信的信号,若再伴以身体后仰则显得高傲;如果把尖塔倒过来移到腰部以下,叫"倒尖塔行为",意思就完全不同了,这个动作往往产生于心情比较平静,愿意虚心听取别人的意见或谈话内容的时候。

一、几种常见的手势

不同的手势,表达的含义是不同的。有时同样一种手势,在不同国家、不同地区、不同民族,由于文化习俗的不同,其含义也有很多差别。因此在手势的使用上一定要注意区域性差异,千万不能乱用。手势的运用只有合乎规范,才不至于产生歧义。

1.介绍来宾、引导客人时常用的手势

(1)横摆式。迎客人时,表示"请"的意思。

(2)斜臂式。请客人就座、看商品等时用。

(3)直臂式。给客人指方向时用。

(4)曲臂式。在横摆式的基础上,用另一只手表示请或指方向。

(5)双臂横摆式。在举行重大庆典活动时,向众多来宾表示"请"或"指方向"时用。

这些手势的使用要有个摆动过程,动作的规律是:欲扬先抑、欲左先右、欲上先下。同时注意与面部表情和身体其他部位动作的配合。

2.招手动作手势

掌心向下的招手这个动作在中国使用很普遍,主要是表示招呼别人过来的意思,而在美国却只在叫狗过来时使用。

3."OK"的手势

拇指和食指合成一个圆圈,其余三指自然伸张。这种手势在西方某些国家比较常见,但应注意在不同国家,其含义有所不同。如:在美国表示"赞扬""允许""了不起""顺利""好";在法国表示"零"或"无";在印度表示"正确";在中国表示"0"或"3"两个数字;在日本、缅甸、韩国则表示"金钱";在巴西则是"引诱女人"或"侮辱男人"之意;在地中海的一些国家则是"孔"或"洞"的意思,常用此来暗示、影射同性恋。

4. 伸大拇指手势

大拇指向上,在说英语的国家多表示"OK"之意或是搭车之意,若用力挺直,则含有骂人之意;大拇指向下,多表示坏、下等人之意。在我国,伸出大拇指这一动作基本上是向上伸表示赞同、好等,向下伸表示蔑视、不好等。

5. "V"字形手势

伸出食指和中指,掌心向外,其语义主要表示"胜利"(Victory 第一个字母);掌心向内,在西欧表示侮辱、下贱之意。这种手势还时常表示"2"这个数字。

6. 伸出食指手势

在我国以及亚洲一些国家表示"一""一个""一次"等;在法国、缅甸等国家则表示"请求""拜托"之意。在使用这一手势时,一定要注意不要用手指指人,更不能在面对面时,用手指着对方的面部和鼻子,这是一种不礼貌的动作,且容易激怒对方。

7. 双手抱脑后手势

在各种场合我们经常可看到单手或双手抱在脑后的手势。这一体态的本意是放松。很多人也都喜欢用单手或双手抱在脑后,但在别人面前,特别是给人服务的时候做出这种手势的话,就会给人一种目中无人的感觉。

8. 手插口袋手势

常常有人习惯于在行走、站立、交谈时单手或双手插在口袋里。而在工作中,通常是不允许把一只手或双手插在口袋里的。这种表现,会让人觉得你在工作上不尽力,在忙里偷闲。

9. 捻指作响手势

它是指用手的拇指和食指弹出声响,其语义表示高兴或赞同,或是无聊之举,有轻浮之感。应尽量少用或不用这一手势,因为其声响有时会令他人反感或显得没有教养,尤其是不能对异性运用此手势,这是挑衅、轻浮之举。

二、日常中应避免出现的手势

日常生活中某些手势会令人极其反感,严重影响社交形象。金融行业工作人员应严格要求自己,加以避免和禁止,以塑造良好的金融职业形象。如,切忌当众搔头皮、掏耳朵、抠鼻孔、剔牙、咬指甲、挖眼屎、修指甲、揉衣角、搓泥垢、用手指在桌上乱画等。在为人指路时,切忌伸直一根指头;在社交场合,不能用手指指点点;与人说话不要打响指;在任何情况下,不要用拇指指着自己的鼻尖和用手指点他人;等等。

▷ **知识实训**

[实训背景]

谢丹是负责外汇业务的客户经理,有一次在和美国客户相处过程中产生了小误会。那位美国客户本来想邀请谢丹晚上去吃西餐,谢丹因为正忙于工作,于是向这位美国客户向下伸了一下大拇指,以示同意。没想到下班后谢丹在办公室等了近一个小时,也没等到那位美国朋友。

[实训要求]

1. 通过美国客户失约的事例来分析不同文化背景下手势的不同含义。

2.在模拟形体训练室的壁镜前进行分析并演练。

[实训提示]

1.掌心向下的招手动作。

2.“OK”手势和“V”形手势。

3.夸奖的手势和鼓掌。

思考与练习

1.怎样理解“学会用眼睛说话”？

2.为什么说“微笑是世界通行的货币”？微笑礼仪规范有哪些？

3.金融行业工作人员应具有怎样的仪态美？在商务活动中,优雅的步态会产生怎样的影响？

4.金融行业工作人员在运用手势礼仪时应注意哪些问题？

主要参考书目

[1] 王华.金融职业礼仪.杭州:浙江大学出版社,2006

[2] 林友华.社交礼仪.北京:高等教育出版社,2003

[3] 瞿晓君,邱岳宜.国际商务礼仪模拟实训教程.北京:中国商务出版社,2007

[4] 陆永庆,等.旅游交际礼仪.大连:东北财经大学出版社,2001

[5] 李永.空乘礼仪教程.北京:中国民航出版社,2003

模块三

金融行业工作人员的语言礼仪

案例导入

实习生的服务用语

张莉是某银行的实习生,她信心满满、劲头十足地上岗工作了。她发现隔壁窗口排队的人很多,于是她冲着一列长长的队伍大声说:"喂,你们过来吧!这里可以办理业务了!"等到一位老大爷过来后,她热情地问:"你要办什么呀?"一上午结束后,她的师傅把张莉叫到一边谈话了。

问题:张莉的服务语言哪里不得体呢?

[案例分析]

语言是服务人员与客户沟通与交流时最重要的手段,准确优美、生动形象、亲切感人的语言会给人以愉悦的感受,创造出融洽和谐的气氛。掌握语言沟通礼仪规范和技巧是做好服务的一项必备的基本功,也是员工个人综合素质的体现。

[案例启示]

金融行业工作人员的语言礼仪,是指金融行业工作人员在语言的选择和使用中,表现出良好的文化修养和职业素质。能准确地运用文明有礼、准确清晰的语言是金融服务礼仪的重要组成部分。金融行业工作人员掌握规范的语言礼仪是提高服务水平和服务质量的必由之路。

学习目标

[知识目标]

1. 了解礼貌用语、文明用语的规范。
2. 了解金融行业用语的规范。

　　3.了解金融行业工作人员的电话用语。

[能力目标]

　　1.掌握礼貌用语、文明用语的使用规范。

　　2.熟悉金融行业的岗位工作流程,并在不同情景中得体地使用语言。

　　3.掌握金融行业工作人员在使用工作电话时的语言使用要点。

▷ 工作项目

　　项目1　学习金融行业工作人员的礼貌用语和文明用语

　　项目2　学习金融行业工作人员的行业用语

　　项目3　学习金融行业工作人员的电话用语

项目1　学习金融行业工作人员的礼貌用语和文明用语

▷ 任务分解

　　任务1　了解金融行业工作人员的礼貌用语和文明用语

　　任务2　掌握金融行业工作人员的文明礼貌用语的技巧

任务1　了解金融行业工作人员的礼貌用语和文明用语

▷ 工作步骤

　　第一步:通过案例分析,学习金融行业工作人员的礼貌用语的种类及使用规范。

　　第二步:学生分组模拟训练,学习金融行业工作人员的文明用语的使用规范。

▷ 知识链接

一、礼貌用语

　　金融行业礼貌用语主要是指在服务过程中,金融行业工作人员表示自谦、恭敬之意的一些约定俗成的语言及其特定的语言表达。能准确恰当地使用礼貌用语,是金融行业对从业人员的基本要求。

　　(一)礼貌用语的种类

　　1.问候语

　　用于见面时的问候,根据时间、地点、对象、场合的不同使用不同的问候。在服务岗位上,使用问候语的主要时机有:一是主动服务于他人时,二是他人有求于自己时,三是他人进入本人服务区时,四是他人与自己相距较近或者有目光接触时,五是自己主动与他人联络时。具体的有"您好""各位好""早上好""下午好""晚上好"等。

　　2.迎送语

　　一般用于在服务岗位上迎来送往服务对象时,通常使用的有"欢迎光临""再见""欢迎再来""请慢走",同时还可以施以注目、点头、微笑、鞠躬等。

3.请托语

常用在请求他人帮忙或是托付他人代劳时,中心语是一个"请"字,如"请问""请稍候""请输入密码"等。

4.致谢语

应用范围较广,既可以用于表示感谢,也可以用于表示感谢的应答。如"谢谢""多谢""不客气""这是我应该做的"等。

5.征询语

在服务过程中,金融行业工作人员往往需要以礼貌语言向服务对象进行征询,此时采用的用语为征询语。

在主动向服务对象提供帮助时,通常使用"您需要帮助吗?""我可以为您做点什么?""您需要什么?"等,有时金融行业工作人员也可以用封闭式或选择式的语言进行征询,如"这一款理财产品是最新推出的,您需要了解一下吗?"或者"您存半年期还是一年期?"。

6.应答语

金融行业工作人员在岗位上用于回应服务对象的召唤或是答复询问时使用的语言,用语是否规范,直接反映了服务态度、技巧和质量。通常有肯定式应答:"好的"、"是";谦恭式应答:"请不必客气""这是我们应该做的""过奖了";谅解式应答:"不要紧""没有关系"。

7.道歉语

在工作中因为主客观原因导致差错、延误或者考虑不周时,应诚恳致歉。致歉应实事求是,也应适度,让服务对象明白你内疚的心情和愿意把工作继续做好的愿望即可。通常有"对不起""抱歉""对此表示歉意"等。

(二)礼貌十字语

在交谈中多使用礼貌用语,是博得他人好感与体谅的最为简单易行的做法。例如,初次见面,要说"久仰";许久不见,要说"久违";探望别人,要说"拜访";起身作别,要说"告辞";中途先走,要说"失陪";请人别送,要说"留步";请人批评,要说"指教";请人指点,要说"赐教";请人帮助,要说"劳驾";托人办事,要说"拜托";麻烦别人,要说"打扰";求人谅解,要说"包涵";等等。在社交中,尤其要善用下述五句十字礼貌用语。

1.您好

"您好",是一句表示问候的礼貌语。遇到相识者或不相识者,不论是深入交谈,还是打个招呼,都应主动向对方先说一声"您好"。若对方先问候了自己,也要以此来回应。在有些地方,人们惯以"你吃饭没有""最近在忙什么""身体怎么样""一向可好"等来打招呼,问候他人,但都没有"您好"简洁通行。

2.请

"请",是一句请托礼貌语。在要求他人做某件事情时,居高临下、颐指气使不合适,低声下气、百般乞求也没有必要。在此情况下,多用上一个"请"字,就可以逢山开路、遇水架桥,赢得主动,得到对方的照应。

3.谢谢

"谢谢",是一句致谢的礼貌语。每逢获得理解、得到帮助、承蒙关照、接受服务、受到礼遇之时,都应当立即向对方道一声"谢谢"。这样做,既是真诚地感激对方,又是对对方的一种积极肯定。

4.对不起

"对不起",是一句道歉的礼貌语。当打扰、妨碍、影响了别人,或是在人际交往中给他人造成不便,甚至给对方造成某种程度的损失、伤害时,务必要及时向对方说一声"对不起"。这将有助于大事化小、小事化了,并且有助于修复双方关系。

5.再见

"再见",是一句道别的礼貌语。在交谈结束与人作别之际,道上一句"再见",可以表达惜别之意与恭敬之心。

 小资料

接待客户的技巧

(1)迎接客户时:

微笑并起立鞠躬问候:"您好,欢迎光临。"

对熟悉的客户应提供姓氏/职务头衔的称呼和问候:"您好,××先生/女士"或"您好,××经理。"

(2)引导客户办理业务时:

该业务为本柜台办理时——"请稍候,马上为您办理"。"该业务非本柜台办理时请您到××柜台办理"。

该业务为非本营业厅办理时——"对不起,本营业厅暂时没有开通此项业务,请您到××营业厅办理"。

该业务为本地尚未开办时——"对不起,此项业务尚未开办,您可以……"(主动介绍可替代业务)

(3)引导客户填写单据时:

需要客户填写单据——"请您先填好××表格,我们再为您办理"。

需要客户签名——"请您在客户签名处签名"。

需要客户提供电话号码——"方便留下您的联系方式吗?"

需要客户提供证件——"麻烦您出示一下证件,谢谢您的合作!"

(4)与客户进行现金、单据、重要文件交接时,应唱收唱付:

需要向客户收取费用——"您办理××业务,需付费××元"。

交接现金——"收您××元,找您××元,请点一下"。

交接单据、重要文件——"这是您的××,请收好"。

客户提供的资料不齐时——"很抱歉,根据规定您还需补齐××,我们才能帮您办理"。(必须一次性说清楚此项业务所需要的所有证件,不能让客户多次往返)

(5)因故暂时不能办理业务,应在柜台摆放"暂停业务"的标牌予以表示,并视不同情况给予解释。

机器设备发生故障——"很抱歉,我们正在排除故障,请您稍等"。

业务繁忙或线路繁忙——"很抱歉,让您久等了"。

交接班——"对不起,请您稍等"。

下班——"对不起,请您到××柜台办理"。

（6）当客户有疑问时：

应给予耐心的解释——"请您不要着急,是这样的……"；解释时不得使用"好像""可能""大概"等含糊的词语。

不对疑难问题不懂装懂,不推诿,落实首问负责制。

客户希望获取详细的业务信息——"您要是想更深入地了解这项业务,可以到我们的资料柜台索取相关的资料"。

客户使用操作不当（自助业务）——"先生/小姐,您可以这样……"

（7）送客户时,微笑并起立鞠躬道别："谢谢""请您慢走"或"欢迎再次光临"。

二、文明用语

文明用语是指在语言的选择、使用中,能表现出使用者良好的文明素养、认真的做事态度的一类语言。文明当先,是金融行业工作人员在工作岗位上使用语言时应当遵守的基本礼仪规范之一。

文明用语主要包括称呼恰当、口齿清晰和用词文雅等几个方面。

（一）称呼恰当

称呼是人与人交往时使用的称谓和呼语。对金融行业工作人员而言,称呼主要是指在接待服务过程当中,对于服务对象所采用的称谓语。称呼恰当与否,直接影响交际效果。使用恰当的称谓语,要从以下四个方面来具体入手。

1. 区分对象

金融行业工作人员所接触的服务对象包括各界人士,由于彼此的关系、年龄、性别、身份、地位、民族等存在差异,因此在具体称呼服务对象时,金融行业工作人员最好有所区别。

一般来讲,在工作中会用到的称呼有：职务性称呼、职称性称呼、行业性称呼、性别性称呼、姓名性称呼。

在工作岗位上称呼姓名,一般限于同事或熟人之间。有三种情况：直呼其名；只呼其姓,要在姓前加上"老""大""小"等前缀；只称其名,不呼其姓,通常限于同性之间,尤其是上司称呼下级、长辈称呼晚辈,在亲友、同学、邻里之间,也可使用这种称呼。

2. 照顾习惯

在实际生活中称呼他人的时候,必须对交往对象的语言习惯、文化层次、地方风俗等各种因素加以考虑,并分别给予不同的对待。例如在国际交往中,"先生""小姐""夫人"一类的称呼最为适用,也可用于称呼海外华人或内地白领。在称呼熟人或者老年人的时候,金融行业工作人员可以采用一些非正式的称呼,如"大哥""大姐""大爷""大娘"等,这样会使对方感到亲切,但是若以此称呼白领或者知识分子,可能有所不妥。

3. 分清主次

需要称呼多位服务对象时,一般要由主至次依次进行。在需要区分主次进行称呼时,可以遵循两条原则,一是由尊而卑,如通常是先长后幼、先女后男、先上后下、先疏后亲；二是由近到远原则,先对离自己近的进行称呼,然后依次向远的称呼他人。

假如几位被称呼者一起前来,可以进行统一称呼,例如"各位来宾""先生们"等。

4. 禁用忌语

在需要称呼他人的时候,金融行业工作人员需要了解一些禁忌,以防出现不愉快。主要的情况有：

（1）不使用任何称呼。有的服务人员不使用任何称呼，而是使用"喂""嘿""下一个""那个谁"等，是非常失礼的表现。

（2）使用不雅的称呼。一些不雅的称呼，特别是含有人身侮辱和歧视之意的称呼，是绝对禁用的。

（二）口齿清晰

在工作岗位上，金融行业工作人员经常需要与服务对象直接进行口头交谈。服务人员在使用口语时，不管遇到何种交往对象，均应做到口齿清晰、文明待人。口齿清晰主要有两个方面要求，一是符合口语特点，二是合乎语言规范。

1. 符合口语特点

要想发挥口语的功效，应该掌握口语通俗活泼、机动灵活和简明扼要这三个方面的特点。

（1）通俗活泼。浅显易懂、生动形象是口语最重要的特点。一般来讲，口语中不该出现术语、典故等，忌讳故弄玄虚。金融行业工作人员在讲口语的时候只要运用生活之中的平常话语，表明个人见解即可，必要时可辅助以表情动作。

（2）机动灵活。人们在运用口语与他人进行交际时，既要适当表达个人的本意，又要注意随机应变，在交谈过程中随时对自己所运用的口语的具体内容与形式进行适度的调整。

（3）简明扼要。简单明快、突出重点，应当被视为成功运用口语的一项主要条件。口语交际时，大多使用短句，不太用很多的修饰语，在逻辑上也没有那么严密，但求辞能达意即可。应当强调的是，金融行业工作人员在工作岗位上使用口语时，不仅要了解口语的上述基本特点，更重要的是，要努力使自己在与人交际的过程中，真正做到口齿清晰，只有做到这一点，才能被交往对象听清楚、弄明白，实现双向沟通。

2. 合乎语言规范

金融行业工作人员要做到口齿清晰，主要有待于在语言标准、语调柔和和语气正确等三个方面合乎服务礼仪的基本规范。

（1）语言标准。语言标准是语言交际的基本前提。主要应做到两个方面，一是要讲普通话，二是要发音正确。做好了这两个方面才算得上是语言标准。我国地域辽阔，有七大方言区，除了北方方言区之外，其他六大方言区的方言分布情况都较为复杂，而且在语音、词汇等方面有很大差异，金融行业工作人员一定要会讲标准普通话，最好对当地的方言也有所了解和有一定的听说能力，这样才能进行更好地沟通和服务。

（2）语调柔和。语调柔和也是口齿清晰的基本要求之一。语调一般是指人们说话时的具体腔调，通常一个人的语调主要体现于他在讲话时的语音高低、轻重、快慢，金融行业工作人员要多加注意这些方面。

（3）语气正确。语气是人们说话时的表现态度、倾向的口气、声气，基本表现为陈述、疑问、祈使、感叹、否定等不同语气。在人际交往中，语气往往会流露出交谈者的情感倾向，而被认为具有言外之意的功能。因此金融行业工作人员在工作岗位上与服务对象进行交谈时，一定要在语气上表现出热情、亲切、和蔼和耐心，注意不要让自己的语气显得急躁、生硬和轻慢。

（三）用词文雅

对于金融行业工作人员来说，文明用语中的用词文雅，包括两个方面，首先要做到尽量避免使用不雅词语,尽量使用文雅的词语。前者是指金融行业工作人员在交谈时,不应当采用不文雅的词语,其中粗话、脏话、黑话、怪话和废话,则更是在任何情况下都不可以出现在服务人员之口,而应力求谦恭、敬人、高雅。但是服务人员在文雅之余仍要注意,毕竟是口语交谈,还是要避免咬文嚼字和矫揉造作。

除此之外,金融行业工作人员还应当注意,文明用语包括语言内容文明、语言形式文明和语言行为文明,只有三者并重,才是真正的文明用语。

知识实训

[实训背景]

银行柜面工作人员接待客户时,得体地招呼客户。

[实训要求]

1.了解文明用语和礼貌用语。

2.五人一组,由四人扮演不同类型的客户,一人扮演银行柜面工作人员,使用文明用语和礼貌用语得体地招呼客户。

3.在练习的基础上,讨论并总结经验,加深理解。

[实训提示]

请思考在不同的工作环境中,得体地招呼客户的方法。

任务2 掌握金融行业工作人员的文明礼貌用语的技巧

工作步骤

第一步:讨论文明用语的禁忌。

第二步:学习礼貌十字语。

第三步:总结文明礼貌用语的要求。

知识链接

在文明礼貌用语使用上,训练有素的金融行业工作人员,应熟练掌握以下技巧。

1.称呼客户就高不就低

金融行业工作人员在接待客户或者拜访客户时,若获悉客户的职务或职称,那么应该以对方最高、最受人尊敬的称谓称呼对方,并要牢记客户的相关信息,可以熟练地说出对方的姓名和头衔,以表示对客户的尊重。

2.使用文明礼貌用语时应有真情实感

礼仪讲究"心到""意到"。工作人员在接待客户时既不要过分热情,也不要显得冷淡。说话时应始终面带微笑、注视对方的眼睛,表情应与所处情境相符,要从内心表现出对客户的真诚与关心。

3.多用敬语

敬语的使用会让客户有被尊敬和重视之感。金融行业工作人员要习惯于使用敬语。比如,请比较"麻烦您,请把证件让我看一下"与"把你的证件给我看一下"这两句话给客户带来的感受。当客户在大厅排队等候时,其服务代码是 19 号。轮到其办理业务时,金融服务人员可称:19 号、19 号客户、19 号贵宾。自然,客户更愿意接受"19 号贵宾"的称呼,因为他感觉受到了尊重。

4.文明礼貌用语的使用要符合当地人的语言习惯

各地用语形式多样,语言丰富,工作人员不要使用带有褒贬等感情色彩的词语,同时也要注意用语的恰当与规范,以免引起歧义与误会。

5.发音要准确

在交谈中,要求发音标准,其含义有三:一是发音要标准,不能读错音、念错字,让人见笑或误会;二是发音要清晰,要让人听得一清二楚,而不是口齿不清,含含糊糊;三是音量要适中,过大令人震耳欲聋,过小则让人听来费劲。

6.语速要适度

语速,即讲话的速度。在讲话时,应对其加以控制,使之保持匀速、快慢适中。在交谈中,语速过快、过慢或忽快忽慢,都会影响效果。

7.口气要谦和

在交谈中,讲话的口气一定要平等待人、亲切谦和。端架子、摆派头、以上压下、以大欺小、官气十足、倚老卖老、盛气凌人、随便教训、指责别人都是不应该的。

8.内容要简明

在交谈时,应力求言简意赅,简单明白,少讲废话。言不繁,是交谈中不应忘记的重要一点。

9.方言要少用

交谈对象若非家人、乡亲,则最好在交谈之中别使用对方有可能听不懂的方言。硬要那么做,就是对对方不尊重。在多方交谈中,即便只有一个人听不懂,也不要采用方言,以免使其产生被排挤、冷落之感。

10.外语要慎用

在普通性质的交谈中,应当讲中文,讲普通话,若无外宾在场,最好慎用外语。与国人交谈时使用外语,不能证明自己水平高,反而有卖弄之嫌。

项目2　学习金融行业工作人员的行业用语

▷ 任务分解

任务1　学习金融行业工作人员行业用语的原则和注意要点
任务2　了解金融行业用语的禁忌

任务1　学习金融行业工作人员行业用语的原则和注意要点

▷ 工作步骤

第一步:学习行业用语的概念和作用。
第二步:学习如何正确有效地使用行业用语。

⬡ **知识链接**

一、行业用语的概念和作用

行业用语，又叫行业语、行话。它一般是指某一行业所使用的专门性用语，主要用以说明某些专业性、技术性的问题。金融行业工作人员在服务过程中使用一些专用的行业用语是工作需要，但只有恰到好处地使用行业用语才能更好地展现本人业务能力和职业素养，从而赢得服务对象的理解与信任。

二、使用金融行业用语的原则

1.准确原则

随着我国社会经济的发展，金融在支持产业、行业发展的过程中扮演着越来越重要的角色。这就要求金融行业从业人员不断更新自身知识储备，注意选词和用词的恰当性，高效向客户介绍各类金融产品、金融服务的相关信息，阐明"是什么"、"为什么"、"有哪些收益"、"有什么风险"等方面问题。

2.高效原则

在生活节奏日益加快的今天，在最短的时间内为客户提供他所"需要"的信息和服务是金融行业工作人员发展新客户、维系老客户的一项必备行业技能。这就要求金融行业员工能迅速判断客户对金融行业专业用语的接受能力和层次，从而结合自身的专业知识为对方提供服务。

3.实事求是原则

金融行业服务人员在与客户沟通时，不可不懂装懂，随口乱诌，随意编造，以假充真，向客户传达不真实、不准确的信息，以免造成客户理解错误，发生纠纷。

4.适度原则

金融行业从业人员要具备扎实的专业知识，才能赢得客户，但对行业用语的使用要掌握分寸、适宜适当，要切实考虑到客户的具体情况、客户的感受、客户的需求等，不可过多使用专业术语，以服务对象能听懂为度。

⬡ **知识实训**

[实训背景]

田力是某银行职员，他是金融系刚毕业的高材生，目前主要提供理财咨询服务。刚刚一位客户来咨询，田力非常卖力地介绍起各项理财产品，只见他眉飞色舞、口舌翻飞，说了一大堆"定投""复利""补仓"等专业名词，结果该客户两眼茫然地听了一会，悻悻地走开了，田力觉得很奇怪："我可是科班出身的专业人士，他怎么不信任我呢？"

[实训要求]

1.根据案例讨论田力失败的原因。

2.分析使用行业用语时应注意的问题。

[实训提示]

在服务中用不用行业用语，用多少，怎么用，是个需要把握的问题。盲目使用行业用语，有时恰恰是"不专业"的表现。

任务2 了解金融行业用语的禁忌

工作步骤

第一步:了解行业用语有哪些禁忌。
第二步:总结归纳银行服务中不同岗位的用语和禁语。

知识链接

一、使用行业用语的禁忌

服务忌语通常是指在服务过程中忌讳使用的语言,它往往会伤害服务对象,从而也对金融行业工作人员自身的形象造成伤害。就具体内容而言,金融行业工作人员在岗位上要注意以下四个方面。

1.禁说不尊重之语

在服务过程中,任何对服务对象缺乏尊重的语言,均不得为金融行业工作人员所使用。在通常情况下,不尊重之语是触犯了服务对象的个人忌讳的语言,尤其是触及其身体条件、健康条件方面的忌讳。

2.禁说不友好之语

在任何情况下,都绝对不允许金融行业工作人员对服务对象采用不够友善,带有情绪性的语言。例如,鄙视的语言、粗暴的语言或者是对抗的语言等都是不友好的语言。带有情绪性的语言无益于事情的解决,只会进一步扩大事端。

3.禁说不耐烦之语

金融行业工作人员在岗位上要做好本职工作,提高自己的服务质量,即要在接待客户时表现出应有的热情和足够的耐心,努力做到:有问必答、答必尽心,百问不烦、百问不厌,不分对象、始终如一。假如使用了不耐烦之语,不论自己的初衷是什么,都是属于违反服务精神的。例如当客户询问某个金融产品的时候,不允许回答"我也不知道";当客户询问具体事项时,不可以说"单子上不是写着吗";当客户要求提供帮助时,不能告诉对方"那不归我管"或者"烦死人了";当下班时间临近时,不可以训斥客户"快点,你还让不让人吃饭了";等等。

4.禁说不客气之语

金融行业工作人员在工作中,要坚持使用文明礼貌语言,坚决不能说不客气的话。比如在劝阻客户不要动手乱碰时,不可以说"乱动什么""老实点""坏了你赔得起吗"之类的不客气语言。金融行业工作人员只有牢牢记住服务禁语的危害之处,坚持使用文明礼貌用语,才能提高自己的服务质量。

小资料

常用行业用语

(一)受理业务用语

当受理客户交办的事项时,一般可以使用如下的礼貌用语,这些话语是你与客户沟通的桥梁,请务必掌握。

"麻烦把您的证件给我看一下,谢谢!"

"对不起!请您稍候。"

"麻烦您在这里签字。"

"很抱歉!因为您的证件不齐,所以我无法帮您办理,请您下次带齐证件再来一趟,很抱歉,耽误您的时间!"

"先生,您的存折办好了,请慢走!"

(二)询问客户用语

1.遇到客户姓名中有不认识的字时

作为服务性的行业,银行的服务人员每天要接触众多的客户。中国字那么多,每个人的名字又不相同,所以,在服务中遇到不认识的字可谓再正常不过了。当然可以通过平时的学习和积累尽量避免出现这种情况,但这并不能保证万无一失。所以,当遇到不认识的字时,请一定要虚心求助于客户。你可以说:"先生,请问您姓名中间的那个字怎么读?"相信客户一定会清楚地告诉你。这样的提问非但不会受到别人的嘲笑,反而会让客户觉得你是一个实事求是的人。

2.遇到外宾时

随着经济全球化的发展,银行接待的客户不只包括国人,还有许多外国人。要克服语言障碍,银行的服务人员必须具备一定的外语能力,走上工作岗位前,首先要学习一些比较常用的银行用语,比如你可能经常会听到外宾问你:"我如果要开户,需要具备什么资格?""我要向账户里存多少钱?""我存入美金可不可以?"等,对于这些问题,你不仅要能听懂,而且要能够应对自如。比较常用的用语有:"请问您要汇多少钱?""请问您要换多少外币?请您到××柜台办理,谢谢!"

(三)客户抱怨指责时用语

1.虚心道歉

遇到客户的抱怨在所难免,对任何人来说,抱怨都是人人害怕的烫手山芋。作为银行的服务人员,遇到抱怨时不能总想着如何躲开,而是要迎头而上,设法消除客户的抱怨。任何抱怨都是可以化解的,只要你用心去解决。遇到抱怨的时候,应马上采取的行动是虚心道歉,不论责任在谁,你都要先向客户道歉,可以说:"对不起,很抱歉,本人谨代表银行向您致以深深的歉意。"

2.找出原因

向客户道歉之后,接下来要设法让客户说出不满的原因。你可以这样询问客户:"您为什么生气?是什么事情让您这么不开心?您慢慢说出来,或许我可以帮您解决,如果我不能解决,没有关系,我很快会上报我们主管,让他来向您道歉。"相信通过这样的对话,客户一定能感觉到诚意,他心中的怒火也会慢慢熄灭,而你也就可以找出引发抱怨的原因了。

3.寻求解决之道

了解引发抱怨的原因之后,我们就应马上寻求解决方案。如果是自己能够解决的问题,就应该立刻果断处理;如果是以自己的能力所不能解决的问题,或者已经超出你的权限范围,你应该选择"搬救兵"的方式。当你的上级主管处理这些问题的时候,你应在旁边认真学习,这样会提高你自己处理问题的能力。

4.吸取经验

每一次问题处理完毕,都要做个有心人,不断积累经验。因为问题虽多,但类型却是有限的,你要善于将每天遇到的问题进行归类,然后记下这类问题应该怎样处理,那类问题又该如何解决。这样,当以后再出现同类问题时,就可以很轻松地进行处理了。

二、银行服务中不同岗位的用语和禁语

(一)银行会计人员服务用语

(1)"请问,您办理什么业务?"

(2)"请您将凭证内容填好。"

(3)"请到××号柜台办理。"

(4)"请出示您的证件和单位账号。"

(5)"请您审查汇票内容。"

(6)"请您将印鉴盖清晰。"

(7)"请收好您的印章(凭证、回单、对账单、支票、密码清单等)。"

(8)"请您签收退票。"

(9)"请您单位及时与银行对账。"

(10)"请您妥善保管营业执照和开户申请书。"

(11)"请您到中国人民银行办理账户审批手续。"

(12)"您单位的汇款未到,请留下地址和电话号码。"

(13)"请您及时到银行取回托收或委托承付通知。"

(14)"请您出示拒付的有关证明及资料,谢谢合作。"

(15)"你单位出具的拒付理由不恰当,银行无法受理,请谅解。"

(16)"对不起,现在机器线路发生故障,请稍等。"

(17)"您填写的凭证××项内容有误,请重新填写。"

(18)"请您多提意见。"

(二)银行会计人员服务禁语

(1)客户询问结算事宜,禁止说:"我不知道!不归我管。""怎么还问?不是和你说了吗,有完没完!"

(2)客户持证查询账户余额时,禁止说:"不行,机器忙着呢。""天天查,真烦人。"

(3)客户办理业务走错柜台时,禁止说:"没看见牌子吗?那边去!"

(4)客户填错凭证时,禁止说:"怎么搞的,错了。""怎么写的,重填。""不会填写,你不会问吗?"

(5)业务忙时,禁止说:"急什么,等着吧。没看见我正忙着呢。"

（6）机器有故障时，禁止说："明天再来吧。"

（7）客户购买凭证时，禁止说："没有了，不能买。"

（8）客户缺少回单、对账单查询时，禁止说："不是我的事，找专柜去。""我也没有办法，自己找，等着吧。"

（9）临近下班时，禁止说："谁叫你来那么晚，结账了，不办了，明天再办。"

（10）客户提出批评意见时，禁止说："就你事多，我就是这样。你能把我怎么样。有意见，找领导上告去，不怕你。"

（三）银行出纳人员服务用语

（1）"请稍等，我马上帮您查询。"

（2）"请您到××号柜台查询。"

（3）"请您按要求逐项填写凭证。"

（4）"请您注意填写大小写和票面张数。"

（5）"您的款项有误，请重新点一下好吗？"

（6）"您的现金中有假币，按中国人民银行规定应当没收，谢谢合作！"

（7）"请问兑换辅币面额分别是多少？请您填好兑换单，我马上给您办理。"

（8）"您兑换的残币不够全额标准，只能换×元。"

（9）"请稍等，我马上将传票送会计科。"

（10）"请问提款金额是多少？请您把款项点清收好。"

（11）"请您报提现金计划。"

（12）"我马上联系，尽量满足您的需要。"

（13）"对不起，现在机器有故障，请稍等。"

（四）银行出纳人员服务禁语

（1）客户询问交款事宜时，禁止说："我不清楚，我不知道。"

（2）客户来交款时，禁止说："你怎么连规矩都不懂。"

（3）客户填错交款单时，禁止说："你怎么搞的，填错了，重填！"

（4）客户办理交款业务时，禁止说："你的钱太乱了，整理好再交。"

（5）客户走错柜台时，禁止说："你没有看见牌子吗，到那边去。"

（6）客户兑换残币时，禁止说："不能换。"

（7）办理付款业务时，禁止说："哎，喊你没有听见吗？钱不够了，没钱了。"

（8）机器出现故障或停电时，禁止说："你急什么，明天再来吧。"

（9）临近下班时，禁止说："不收了，明天再来吧。"

（10）发现假币时，禁止说："我一眼就看出来了，我还能坑你吗？"

（11）客户提出批评时，禁止说："就你事多，我就是这样。你能把我怎么样？有意见找领导上告去，不怕你。"

（五）银行储蓄人员服务用语

（1）"请您到×号柜台办理。"

（2）"请您用钢笔填写凭条。"

（3）"您的凭条×项填写有误，请重填一张。"

（4）"您的现金有误，请重新清点一下好吗？"

(5)"请您慢慢回想密码,不要着急。"

(6)"请出示您的身份证、户口簿,谢谢合作。"

(7)"请收好您的现金和存折。"

(8)"请稍等,我马上重新给您计算一下利息。"

(9)"对不起,现在机器有故障,请您稍等。"

(六)银行储蓄人员服务禁语

(1)储户询问利息时,禁止说:"墙上贴着呢,你不会看吗?""不是告诉你了吗,有完没完?"

(2)办理储蓄业务时,禁止说:"存不存,要存就快点。"

(3)客户刚办理好存、取款业务,又要存钱时,禁止说:"你怎么回事? 以后想好了再存。净找麻烦。"

(4)客户办理提前支取时,存单与身份证姓名不一致时,禁止说:"你自己写错了怨谁。"

(5)储户对利息提出疑问时,禁止说:"利息是电脑计算出来的,还会错? 银行还会坑你吗? 不信,找人去算。"

(6)业务忙时,禁止说:"急什么,没看见我正忙着呢。"

(7)临近下班时,禁止说:"结账了,不办了。怎么不早来?"

(8)机器出现故障时,禁止说:"我有什么办法,又不是我让它坏的。我也不知道具体什么时间能修好。到别的储蓄所去取钱吧。明天再来吧。"

(9)客户提出批评时,禁止说:"就你事多,我就是这样。你能把我怎么样。上告去,不怕你。"

(七)银行信贷人员服务用语

(1)"请问,您办理何种贷款?"

(2)"请问,有担保单位同意为你们担保吗?"

(3)"请问,担保单位同意为你们担保吗?"

(4)"此项贷款待调查论证后再答复您。"

(5)"请稍等,待请示后答复您。"

(6)"此项贷款上级有规定不能办理,请谅解。"

(7)"请问,您单位近期经营效益如何?"

(8)"请您提供有关报表或数据。"

(9)"请您单位保证专款专用。"

(10)"请您单位按期归还贷款,偿还利息。"

(11)"谢谢合作。"

(八)银行信贷人员服务禁语

(1)客户询问信贷业务时,禁止说:"不知道,不清楚。"

(2)客户联系贷款时,禁止说:"我说了不算,找上级去。你们单位效益那么差,还想贷款。"

(3)客户办理贷款手续时,禁止说:"办了几次了,怎么还不明白?"

(4)客户询问贷款利息时,禁止说:"不知道。"

(5)到企业调查了解情况时,禁止说:"派车来接。让你们领导×点等着我。"

(6)临近下班时,禁止说:"下班了,明天再来。"

⟴ 知识实训

[实训背景]

林海在工作岗位上忙了半天,临近中午,来了一位客户着急要办理业务,林海一边办一边嘟哝:"你急什么? 人家也要吃午饭吧。"下午快下班时又来了几位客户,由于系统将要关闭,且下班后林海还有重要约会,林海大声地说:"下班了,明天再来。"

[实训要求]

1.了解金融工作岗位用语的禁忌。

2.请分析林海语言使用不恰当之处。

[实训提示]

行业用语的不当使用会给客户带来消极的情绪体验。

项目3 学习金融行业工作人员的电话用语

⟴ 工作任务

掌握金融行业工作人员的电话用语

⟴ 工作步骤

第一步:学习接听电话。

第二步:学习拨打电话。

第三步:学习转接电话。

第四步:学习处理电话留言。

第五步:掌握手机礼仪。

⟴ 知识链接

金融行业工作人员在工作岗位上,经常会利用通信设备与客户进行交谈,通常有电话、手机等,它们作为现代通信工具,打破了空间的限制,具有传递迅速、使用方便和效率高的优点,已成为不可缺少的办公用具。在利用通信设备进行服务或者工作时,影响沟通效果的往往是服务人员的声音、态度和措辞。如果缺乏这方面的素养和常识,不懂得使用通信设备的礼仪规范和要求,往往会影响工作任务的完成,甚至会使本单位的良好形象受到损害。因此,金融行业工作人员必须高度重视电话用语规范和礼仪,在使用电话时,应符合服务礼仪的规范要求,做到彬彬有礼、用语得体,声音自然亲切,既可以创造友好氛围,又可给公众留下良好的印象。

一、接听电话的用语

1.自报家门

内线电话:"您好,××部门。"

外线电话:"您好!"或"您好,××银行××支行。"

2.确认身份与事项

"您好!这里是×××,请问您找谁?""我就是,请问您是哪一位?……请讲。""请问您有什么事?(有什么能帮您?)"

接到打给同事的电话时,应讲"请稍候/等",然后再转给同事。对方要找的人不在时应告知对方,并询问对方是否需要留言或者给对方留联系方式:"×××先生(女士)不在,我可以替您转告吗?(请您稍后再来电话好吗?)""对不起,×××先生(女士)不是这个电话号码,他(她)的电话号码是……"如需留言,应表示将尽快转告。

3.礼貌结束电话

"请问还有什么可以帮您?"

4.未及时接听要致歉

来电须在第三声铃响之前尽快接听。如果一时未来得及接电话,让电话响了许久,拿起电话时就应该应先向对方致歉:"抱歉,让您久等了。"

5.电话接通后常用语

"您好,××银行信贷部,我是王××。"

"您好,××寿险为您服务。"

6.挂电话的顺序

谁先挂断电话:地位高者先挂。若双方平等,则打电话者先挂断。

二、拨打电话的用语

打电话的行为看似非常简单,但部分职场新人却会产生些许恐惧感。"恐惧"来源于害怕被拒绝、担心不能自如地应对突发情景等。因而,要学会打电话,就必须做好充分的准备。

1.打电话前先仔细地处理下列信息

(1)核对客户所在单位的名称和电话号码。

(2)核对客户的姓名、职务、职称。

(3)当你打电话的时候,要考虑这个时间对对方来说是否方便。打电话时间要尽量避开周一上午,因为有很多单位会选择在周一上午开会。如果拨打非本地客户的电话,还要考虑时差问题。

2.拨电话前要梳理思路

说什么、怎么说、如何回应都要心中有数。若要沟通的内容较多,则应把相关事件罗列在纸上,避免遗漏重要事件。

3.调整自我的情绪状态

要对自己充满信心,相信自己不比别人差。别人能做好的,你同样可以做好,并且能够取得成功。

4.熟悉开场白

熟练的开场白会让对方感受到你的自信和较强的业务能力。最初,你可以对着镜子或同事进行练习。

5.带着微笑说话

脸上的微笑会带来亲切的态度。虽然对方无法看到你的表情但可以感受到你的微笑给语音、语调带来的影响,所以,即使在电话中,也要抱着"对方看着我"的心态去应对。

6.表达要准确、条理要清晰

工作电话力求简洁有效、目标明确。因而拨打电话时要口齿清晰、简明扼要,让客户在短时间内理解你所要表达的意思。

7.经常性地用一些提示语言向对方表示你正在听

例如:"是的""我明白"或"对"之类的。

8.准备好纸和笔

随时记录与客户的谈话重点与关键信息。

三、转接电话的用语

(1)如果对方要求转接电话,要重复一遍,以确认要转接给部门里的哪一位。如,"×××对吗? 这就为您转接,请稍等。"

(2)如果要转接的对象正在打电话,不要让对方一直等,而要说:"真不巧,他正在接别的电话,我能为您做些什么呢?"

(3)如果要转接的对象暂时离开,这个时候可以不挂电话,但最多只能让对方等一分钟左右。因为即使自己感觉才一分钟,等候方却会感到很漫长。如果估计要等的时间较长,就要说"对不起,可能还需要一些时间,我会转告他待会儿打给您",然后确认对方的电话号码和姓名后挂断电话。

四、处理电话留言的用语

(1)如果要接电话的人不在,应从积极的方面解释你的同事不在的原因。任何情况都只需要告知什么时候回来,而不需要说明为什么不在,去了哪里,等等。

(2)在询问打电话的人的姓名之前,先告诉他要找的人不在。

(3)应主动为客户留言:客户的姓名、部门、公司名/电话号码/解释客户打电话的原因/客户打来的时间及日期/客户要联络的那个人的姓名。写完后可以问:"您好,我刚才记录了一下,你看是不是这几个要点?"

五、手机礼仪

手机是商业活动中最便捷的通信工具,它和座机一样,在使用中也有一些事项应该特别注意。

1.使用的场所和时间

随着手机的日益普及,无论是在社交场所还是工作场合,手机都在被大量使用,已经成为当代公共礼仪方面出现的最突出的现象。然而最为便携的手机在一定的场合和时间里,它的使用是需要被限制的。如在进行重要会晤或者其他重要场合,不应携带手机,或者需要关机。在重要的公共场合聚会时,如重大仪式、重要聚会、音乐会、电影院等,需要关机或者至少把手机设定为振动。在一些容易引起危险的特殊场合,如飞机场或飞机上、加油站等,手机必须关机。在工作环境中,金融行业工作人员可以先拨打客户的固定电话,不通时再拨打手机,通话中应注意说话简洁明了。

2.铃声的设定和使用

手机的个性化铃声正在迅速流行,为生活增添了色彩,但是作为职业人士仍应注意选择铃声,不应在工作场合造成不够严谨的不良影响。这主要体现在铃声内容要健康、铃声风格和身份岗位相匹配、铃声音量要适中。

3.接听时的声音

手机使用者的声音过大是普遍存在的一个问题,无论是在公共场所还是在工作场合,手机使用者都应控制自己的音量,以免影响他人,特别是金融行业工作人员在工作中使用手机时音量过大的话,有泄露公务或者客户机密的可能。

4.常见的通信失礼行为

(1)迟迟不接电话。

(2)不分场合接移动电话。

(3)边打电话边准备通话前未准备好自己通话时所需的资料,边打电话边找资料。

(4)没话找话。

(5)占用对方过多的时间。

(6)一心多用,边打电话边与旁人交谈。

(7)声音太响,震耳欲聋。

(8)边打电话边吃东西。

(9)未经同意使用免提键。

 小资料

电话中的自报家门

在通话之初,双方首先要问候对方,通常是"你/您好",不能一张口就"喂",然后就开门见山直奔主题,就算是由总机代转电话时,也应问候对方,如果通话对方率先向自己问好,则应立即以同礼对待。在问候完毕应立即以适当的方式自报家门,进行简单的自我介绍。通常分为以下几种形式:第一种,是报单位全称,例如"你好,中国工商银行××分行",这一般适用于总机或者是对外服务的热线电话。第二种,是报出单位全称和具体部门,如"中国工商银行××分行信贷部",主要适用于办公电话的使用。第三种,是仅报出具体部门,如"计财科",这适用于单位内部电话联络。第四种,是报出通话人全名,如"我是范××",这适用于专人负责值守的电话,或者是专人使用的电话。第五种,是报出具体部门和通话人的全名,如"储蓄科王强",适用于内线电话或者由总机接转的电话。第六种,是报出单位全称、具体部门以及通话人姓名,例如"市农业银行行长办公室李琼"等,大多适用于较为正式的对外电话联络。

有的时候,通话一方未做自我介绍,那么有经验的金融行业工作人员就有必要进行确认,如作为拨打方,可以这样说"请问是××集团销售部吗?";如果是接电话的一方,那么就可以询问对方:"您要找那个部门?""您找谁?""请问您是哪一位?"等。

表示愿意协助解决问题:"我是××部××,您别急,我们一定会尽力协助您解决问题。"倾听并表示回应:"是,是!如果我遇到和您一样的情况,说不定比您更生气。"记录对方的资料时:"请问您……请您再说一遍,我会记下来以便帮您处理。"告知处理方法时:"您这件事情可能以……方式处理比较恰当。"

自己无法处理需要请示上级时:"这件事我可能没有办法马上答复您,但我会尽快向我的主管请示,好吗?"

知识实训

[实训背景]

董刚是某银行信用卡部的员工,他每天都要接听客户打来的咨询电话,由于他对业务非常熟悉,总能耐心、礼貌地解答客户的疑问。有一天他接到一个电话,居然是专门为表扬他的"专业精神",他非常高兴。

[实训要求]

1. 了解接听电话和打电话的用语规范。

2. 两人一组,以客户和员工的身份进行电话沟通,注意用语规范和禁忌。

[实训提示]

通讯过程中虽然双方见不到面,但是金融行业员工的业务水平和职业素养却能给客户留下非常深刻的印象,因此应该特别留意通讯过程中的礼仪规范,这将会是一张很有效的"名片"。

思考与练习

1. 什么是语言礼仪?在岗位上服务时哪些禁忌语要避免使用?

2. 文明用语主要体现在哪些方面?

3. 学会填写电话记录单。

4. 得体有效地使用行业用语时应该注意什么问题?

主要参考书目

[1] 王华. 现代金融礼仪. 杭州:浙江大学出版社,2004

[2] 金正昆. 服务礼仪教程. 北京:中国人民大学出版社,2005

[3] 金正昆. 职场礼仪. 北京:中国人民大学出版社,2008 年

[4] 金正昆. 礼仪金说——服务礼仪. 西安:陕西师范大学出版社,2008

[5] 邹翙燕,丁永玲,等. 现代服务礼仪. 武昌:武汉大学出版社,2007

[6] 李佳珊. 国际金融礼仪教程. 北京:中国人民大学出版社,2007

[8] 杨莊,王刚. 礼仪师培训教材. 北京:人民交通出版社,2007

模块四

金融行业日常交际礼仪

📖 **案例导入**

背后的鞠躬

日本人讲礼貌,行鞠躬礼是司空见惯的。可是某留学生在日本期间看到的一次日本人行鞠躬礼却在其脑海中留下了深深的印象!

一天,这位留学生来到了日航大阪饭店的前厅。那时,正是日本国内旅游旺季,大厅里宾客进进出出,络绎不绝。一位手提皮箱的客人走进大厅,行李员立即微笑地迎上前去,鞠躬问候,并跟在客人身后问客人是否要帮助提皮箱。这位客人也许有急事吧,嘴里说了声:"不用,谢谢。"头也没回径直朝电梯走去,那位行李员朝着他匆匆离去的背影深深地鞠了一躬,嘴里还不断说:"欢迎,欢迎!"

你是否也与这位留学生一样看到这情景困惑不解?当面给客人鞠躬是为了礼貌服务,可那位行李员朝客人的后背深鞠躬又是为什么呢?

经理的回答:"这样做既是为了这位客人,也是为了其他客人。如果此时那位客人突然回头,他会对我们的热情欢迎留下印象。同时,这也是给大堂里的其他客人看的,他们会想,当我转过身去,饭店的员工肯定对我一样礼貌。"

[案例分析]

这个例子使我们对日本人的鞠躬礼的作用有了进一步的了解,当面鞠躬热情问候为了礼貌服务;背后鞠躬虔诚备至是为了树立良好的形象。这也说明了一个人举止行为的影响力与学习日常交往礼仪的重要性和必要性。

[案例启示]

日常交往礼仪对于成功的金融工作者来说,其意义是极其深远的,它会使人拥有健康、开朗、豁达、自信的心理,营造和谐而丰富的人际关系,使人的才能被社会承认,更容易得到发挥,从而使人拥有更多成功的机会。当然,也有利于帮助塑造良好的金融机构形象,实现金融企业的工作目标。古人云:"诚于中而形于外。"好礼如春风,一个会心的微笑,一串温馨的问候,始终是人际交往中怡情悦性的需要。作为一名金融工作者,应该了解和掌握人际交往和金融工作中的一些日常交往基本礼仪,这既是加强人际沟通与社会交往,提高员工素质和促进社会文明的需要,也是提高金融行业工作效率和深化金融改革的需要。

学习目标

[知识目标]

1. 正确认识日常交往中见面礼仪的重要性,自觉遵循日常交往礼仪的原则,了解举止的禁忌。
2. 了解称呼、握手、鞠躬以及相互介绍和互递名片的规范及其运用的要领。
3. 了解公共场所礼仪的具体要求和规范。

[能力目标]

1. 掌握日常交往礼仪的基本要求。
2. 日常交往中,能正确地称呼、相互介绍、递接名片等。
3. 能够综合运用握手、鞠躬、致意等日常交往礼仪。
4. 熟练掌握公共场所礼仪规范。

工作项目

项目1　称谓和介绍礼仪
项目2　会面礼仪
项目3　公共场所礼仪

项目1　称谓和介绍礼仪

任务分解

任务1　学习正确的称呼
任务2　掌握介绍礼仪

任务1　学习正确的称呼

工作步骤

第一步:收集、观看相关资料,通过案例分析,加深对称呼在形成良好第一印象中重要性的认识,增强学习的兴趣。

第二步:教师讲解与播放视频教学资料相结合,学生观摩、穿插思考案例等。

第三步:学生分组模拟训练日常交往场景中的称呼,并及时纠错、点评。

第四步:能够熟练掌握对不同对象的正确称呼。

⤷ **知识链接**

称谓,是人们日常交往和金融工作中的第一个礼节。一般来讲,它具有三种功能:一是呼唤功能,其目的是引起对方的注意,如"小郑,请来一下";二是显示呼唤人与被呼唤人之间的关系,如"刘行长,您来了",表示上下级关系;三是表明呼唤人对被呼唤人的态度与情感,如"小孙""孙玉""孙玉同志""小玉""玉儿""玉"等不同称呼就反映了甲对乙的不同态度和不同情感。在日常活动中,更看重第三种功能。在日常社交和金融工作场合,对人的称呼很有讲究。

一、称谓要恰当

在金融工作和社交场合,人们对别人如何称呼自己是十分敏感的,对一个人的称呼既表示了对他人的尊重,同时也显示了自己的礼貌修养。称呼得当,能够使双方感到融洽、愉悦,交际会进行得顺利。因此,我们在称呼对方时,要考虑到对方的性别、年龄、身份、职业、职务、职称等。

(一)职务性称呼

在工作中,以对方的职务相称,以示身份有别,这是一种最常见的称呼方法。具体说来分为三种情况:①仅称职务。例如:"部长""经理"。②在职务之前加上姓氏。如"周总理"。③在职务前面加上姓名,用于很正式的场合。如"习近平主席"。

(二)职称性称呼

对于具有技术职称者,尤其是具有高级、中级职称者,可以直接以其职称称呼。具体包括下列三种情况:①仅称职称。如"教授""工程师"。②职称前加上姓氏。如"孙研究员"。③职称前加上姓名,用于很正式的场合。如"黄栋教授"。

(三)学位性称呼

在工作中,以学位作为称呼,可增加被称呼者的权威性。具体有四种称呼方法:①仅称学位。如"博士"。②在学位前加姓氏。如"张博士"。③在学位前加姓名。如"张为华博士"。④将学位具体化,说明其所属学科,并在其后加上姓名。如"法学博士张为华",此种称呼最为正式。

(四)行业性称呼

在日常交往中也可以按行业进行称呼。即直接以被称呼者的行业或职业作为称呼。一般情况下,可在此类称呼前,加上姓氏或姓名。如"医生""张医生""张华医生"。

(五)姓名性称呼

即直呼其名,一般限于同事、熟人之间,具体有三种情况:①直呼全名,如"张强"。②只呼其姓,不称其名。一般在前面加上"老""大""小",如"小张"。③只呼其名,不呼其姓。通常用于非常熟悉的人之间,也用于上司称呼下级,长辈称呼晚辈等情况。

小资料

一个人的名字，对他来说是任何语言中最甜蜜、最重要的声音

在人际交往中，一般人很容易忽视名字的重要性。大家很习惯接过对方的名片，看了对方的职务，看了对方的公司，就是没有注意对方的名字是什么。其实在人际交往中，记住一个人的名字是对他人最根本的尊重。

有时候要记住一个人的名字很难，尤其当它不太好念时。一般人都不愿意去记它，心想：算了！就叫他的小名好了，而且容易记。彼得·李维曾拜访了一个名字非常难念的客户。他叫尼古得玛斯·帕帕都拉斯，别人都只叫他"尼古"。李维告诉我们说："在我拜访他之前，我特别用心地念了几遍他的名字。当我用全名称呼他'早安，尼古得玛斯·帕帕都拉斯先生'时，他呆住了。过了几分钟，他都没有答话。最后，眼泪滚下他的双颊，他说：'李维先生，我在这个国家十五年了，从没有人会试着用我真正的名字来称呼我。'"

安祖·卡耐基十岁的时候，他发现人们将自己的姓名看得惊人的重要。他利用这项发现，去赢得和别人的合作。在苏格兰的时候，有一次他抓到一只兔子，是一只母兔。他很快发现了一整窝的小兔子，但没有东西喂它们。可是他有一个很妙的想法，他对附近那些孩子们说，如果他们找到足够的首蓿和蒲公英，喂饱那些兔子，他就以他们的名字来替那些兔子命名。这个办法太灵验了，卡耐基一直忘不了。

（六）亲属性称呼

在日常交往中，对亲属的称呼业已约定俗成，人所共知。称辈分或年龄高于自己的亲属，可以在其称呼前加"家"字，如称"家父"或"父亲"等，在一些重要场所还可以称呼"这是我的父亲张民先生"；称自己的子女，则可在其称呼前加"小"，如"小儿""小女""小婿"；对他人的亲属，对其平辈或长辈，宜在称呼之前加"尊"字，如"尊母""尊兄"；对其平辈或晚辈，宜在称呼之前加"贤"字，如"贤妹""贤侄"。若在称呼前加"令"字，一般可不分辈分与长幼，如"令堂""令爱""令郎"。

（七）性别性称呼

对女性，未婚者（不论年轻年长），一般称"小姐"，并冠以她的姓名，如"章珊珊小姐""章小姐"，如今在特殊场合，若不加姓氏时，"小姐"却被有些人用来专指"三陪女"；已婚者，可以称"夫人"，并冠以丈夫的姓名，如宋庆龄被尊为"孙夫人""孙中山夫人"；婚否不论，对女性的通称是"女士"，一般冠以她自己的姓名，如"宋庆龄女士""陈女士"。当不清楚对方的婚姻情况时，一般称"女士"或"小姐"，千万不要贸然称她夫人，以免引起不快。对男性，最普遍的称呼是"先生"，并冠以姓名或职称、衔称等，如"闻一多先生""王先生""行长先生""董事长先生""史密斯先生"。

（八）敬称和谦称

称呼别人要用敬词，如"您""您好""请您"，这是使用频率最高，应用范围最广的敬词。其他常用的还有"贵""贵公司""贵行""贵姓""贵庚""令""令尊""令堂""令公子""老""您老""郭老""阁下""总统阁下""将军阁下"。

称呼自己一般用谦称。同辈之间自称则冠以"愚"字,如"愚兄""愚弟";在前辈面前自称"晚辈""在下",或者在自己的姓氏前加"小"字,如张姓年轻人可自称为"小张"。

 小资料

一个得体的称呼,让人如沐春风

著名传记作家叶永烈在着手写《陈伯达传记》时,必须采访陈伯达,采访时究竟怎样称呼陈伯达,叶永烈颇费了一番心思。采访的前天晚上,叶永烈辗转反侧:明天见到了陈伯达到底该叫他什么呢? 叫他"陈伯达同志",不合适,因为陈伯达是在监狱服刑的犯人,叫他老陈,也不行,因为陈伯达已经是 84 岁的老人,而自己才 48 岁,究竟应怎样称呼他呢? 突然叶永烈灵机一动,称呼他陈老,这是再恰当不过的称呼了。果然,第二天采访时,叶永烈一声"陈老"的亲切得体的称呼,令陈伯达听了感动万分,眼里充满了泪花。由此可见,一个得体的称呼真可谓交际的"敲门砖"啊!

二、避免不适当的称谓语

在不同的场合、不同的国家和不同的时代,称谓会发生变化,而不同的称谓所传递的信息是不同的。在外交关系中,称谓有时甚至可以代表一个国家对另一个国家的不同态度。例如,请体会以下国际信函交往中,不同称呼的内涵:"总统先生""×××总统阁下""尊敬的×××总统阁下"。这里,第一种不带姓氏的称呼是不礼貌的,含有一种挑衅的意味;第二种是一般性的称呼;第三种是敬称。

由于各国文化背景不同,称谓语会有一些特殊的要求。例如,各国人的姓名的组合和排列很不一样,有的名在前、姓在后,有的姓在前、名在后,有的中间还夹有父名和祖父名,有的带有冠词、称号等,必须弄清楚,以免称呼错了,冒犯人家。又如,"先生"一般称呼男性,但在日本,对有身份的女性也称"先生"。"老"字,在我国是一种尊称,但在西方一些国家,人们忌讳说"老",因此在称呼西方国家的老年人时,不要称"老先生""老太太""老夫人",以免引起不快。对神职人员,尽管你不信教,也要尊重他的宗教信仰,称呼他们的宗教职位,如"牧师先生"。另外,我们汉语中的称谓,习惯把男性放在女性前面,如"男女宾客""士女云集";而按西方的习惯,是女性在前,男性在后,除了主宾,要先称呼女性,如"尊敬的×××总统、×××夫人""女士们、先生们",如果先称呼"先生们",将被视为失礼。还有称呼自己的配偶时,一般不要互称"爱人",特别是给外国人介绍的时候,更不能称"爱人"。因为在外国"爱人"就是"情人"的意思。

另外,不同的时代也影响着人们之间的称谓。例如,"同志",应是一个组织内部成员之间的称呼,而在我国的 20 世纪五六十年代,却成为一种泛称,见者称"同志"。又如,"师傅",本指工、商、戏剧等行业中向徒弟传授技艺的人,或是对手艺人的尊称,然而,在我国的七八十年代,由于种种原因,也演变成一种泛称。总之,采用什么称呼来称谓别人和自己,蕴含着礼仪问题,反映了说话人和听话人之间的关系,也体现了说话人对听话人的喜爱、恭敬、讨厌或鄙视的感情,运用得当,无疑会给日常交际和金融工作带来很好的作用。

三、称谓的技巧

（一）初次见面更要注意称呼

初次与人见面或谈业务时，要称呼"姓＋职务"，要一字一句说得特别清楚，比如："王总经理，你说得真对……"如果对方是个副总经理，可删去那个"副"字；但若对方是总经理，不要为了方便把"总"字去掉，而变为经理。

（二）称呼对方时不要一带而过

在交谈过程中，称呼对方时，要加重语气，称呼完了停顿一会儿，然后再谈要说的事。这样能引起对方的注意，他会认真地听下去。如果你称呼得很轻又很快，有种一带而过的感觉，对方听着会不太顺耳，有时也听不清楚，就引不起听话的兴趣。相比之下，如果太不注意对方的姓名，而过分强调了要谈的事情，那就会适得其反，对方不会对你的事情感兴趣了。所以，一定要把对对方完整的称呼，很认真、很清楚、很缓慢地讲出来，以显示对对方的尊重。

（三）关系越熟越要注意称呼

与对方十分熟悉之后，千万不要因此而忽略了对对方的称呼，一定要坚持称呼对方的姓加职务（职称），尤其是有其他人在场的情况下。人人都需要被人尊重，越是朋友，越是要彼此尊重，如果熟了就变得随随便便，"老王""老李"甚至用一声"唉""喂"来称呼了，这样极不礼貌，是令对方难以接受的。

▷ **知识实训**

[实训背景]

加州洛可派洛魏迪斯的凯伦·柯希，是环球航空公司的一位空服人员，她经常练习着记住机舱里旅客的名字，并在为他们服务时结合对他们职业、职务等的了解称呼他们。这使得她备受赞许，有的是直接告诉她的，也有的是跟公司说的。有位旅客曾写信给航空公司说："我好久没有搭乘环球航空的飞机了，但从现在起，一定要环球航空的飞机我才搭乘。你们让我觉得你们的航空公司好像是专属化了，而且这对我有很重要的意义。"

[实训要求]

1. 收集观看相关资料，熟悉称谓的方法和技巧。
2. 探讨如何记住他人的姓名。
3. 通过学生分组模仿练习与综合情景运用相结合，加深认识。
4. 通过学生互相点评纠正与教师总结点评相结合，达到熟练应用。

[实训提示]

1. 合适的称呼不仅仅可以拉近两个交往者的距离，而且可以体现一个人的教养和学识，也反映了金融企业的管理水平，因此不能疏忽大意。
2. 一个最单纯、最明显、最重要的得到好感的方法，就是记住别人的姓名，使别人觉得其受到重视。记住他人的姓名可采用：在交谈中反复记忆；联想法，如"韩旭"联想成"含蓄"；让对方写出自己的名字；形象联想法，与对方的长相相联系等方法。

任务2　掌握介绍礼仪

⇨ 工作步骤

第一步:通过案例分析,了解介绍在人际交往中的重要性。

第二步:播放视频教学资料,教师点评,穿插思考案例等。

第三步:学生分组模拟训练日常交往场景中的自我介绍和为他人做介绍,并及时纠错。

⇨ 知识链接

介绍,是人际交往和日常金融工作中与他人进行沟通、增进了解、建立联系的一种最基本的社交形式。在金融工作和社交场合,免不了要经常结识新的朋友和客户,这便可以通过介绍来实现。通过介绍认识、熟悉和了解人,同时也让人认识、熟悉和了解自己。介绍是进入社交大门的一把钥匙,正确地利用介绍,不仅可以缩短人们之间的距离,扩大自己的交际圈,广交朋友,而且有助于自我展示,自我宣传,在交往中消除误会,减少麻烦,促进工作的顺利展开。

根据场合和人员的不同,介绍可以分为自我介绍和他人介绍两种。但无论哪种方式,都有一定的礼仪规范。正式介绍之前,最好先说诸如"请允许我向您介绍……""让我来介绍一下""请允许我自我介绍一下"之类的礼语。

一、自我介绍礼仪

自我介绍,是指在社交活动和金融工作中欲结识对方而又无人引见时,自报家门,将自己介绍给对方。自我介绍前,应先向对方点头致意,得到回应后再向对方进行自我介绍。

进行自我介绍时要注意两个方面的问题。

(一)选择自我介绍的内容

自我介绍的内容很多,一般来说有姓名、籍贯、年龄、职业、工作单位、毕业学校、工作经历、特长爱好等,必要时还要介绍家庭情况、工作能力、成就与贡献等。总之,要根据需要做或简或繁的介绍。比如到外单位联系工作、参加聚会等的自我介绍应简明扼要,只需介绍单位、姓名或者再加上职务和来意即可。但是,如你要求职、应聘等,那么你就得做详细的自我介绍,使对方对你有个比较全面的了解。

(二)自我介绍的方式

根据不同的目的和场合,具体的介绍方式主要有:

(1)应酬式。适用于一般性的社交场合,内容简洁、明了。可根据不同的场合而有所侧重,如参加校友会:

"你好,我叫凯明,是94级财会专业的。"

"你好,我叫秦月,是95级金融专业毕业的。"

又如参加工作性的洽谈会:

"您好,我叫凯明,是××银行杭州分行的业务经理。"

"您好,我叫秦月,是××保险公司杭州分公司总经理秘书。"

(2)交流式。用于希望与对方进一步交流与沟通时,介绍内容包括自己的姓名、工作职务、兴趣爱好甚至籍贯、熟人等。如：

"你好,我叫凯明,在××银行杭州分行上班,我是台州人,同李银平是老乡。"

"你好,我叫贾可,是秦月的同事,也在××保险公司杭州分公司,跟你一样,是做业务的。"

(3)礼仪式。用于正规而隆重的场合,如庆典活动、参观访问、演出仪式等。除基本要素外,内容中还可以加进一些适当的谦词、敬词。如：

"尊敬的各位来宾,大家好!欢迎来本公司参加业务洽谈。我叫秦月,是××保险公司杭州分公司总经理秘书。请允许我代表本公司热忱欢迎大家的到来。在业务洽谈活动中,大家有什么问题,尽管找我,我愿竭诚为您服务。"

此外,有时自我介绍还可以通过直接使用介绍信和名片进行。

(三)自我介绍的要求

自我介绍有四点基本要求：

(1)抓住时机。在进行自我介绍时,要注意对方是否有空闲,情绪如何,有无交谈的兴趣,这样才不至于打扰对方;还要注意,如果有介绍人在场,那自我介绍将被视为是不礼貌的。

(2)言词简洁明了。自我介绍的语言要简洁,语义要明了,时间一般控制在一分钟以内,内容较多时,可利用简历、名片、介绍信等做辅助说明。

(3)态度诚恳。自我介绍的态度要自然、友善、亲切、随和,给人的感觉是落落大方、彬彬有礼、不卑不亢。

(4)内容真实。自我介绍的内容要实事求是,真实可信,千万不要自吹自擂,夸大其词。

二、他人介绍礼仪

他人介绍,是经第三者为双方引见、介绍的一种交际方式。介绍是社交活动中最常见,也是最重要的礼节之一,介绍在人与人之间起桥梁与沟通作用,几句话就可以缩短人与人之间的距离,为进一步交往开个好头。

(一)他人介绍的基本规则

为他人做介绍时必须遵守"尊者优先了解情况"的规则,在为他人做介绍前,先要确定双方地位的尊卑,然后先介绍位卑者,后介绍尊者。具体说明如下：

1. 先将男士介绍给女士

例如,介绍王先生与李小姐认识,介绍人应当引导王先生到李小姐面前,然后说:"李小姐,我来给你介绍一下,这位是王先生。"注意在介绍的过程中,被介绍者的名字总是后提。

2. 先将年轻者介绍给年长者

把年轻者引见给年长者,以示对前辈、长者的尊敬。比如:"张教授,让我来介绍一下,这位是我的同学刘拓。""张阿姨,这是我的表妹王丽。""王伯伯,我请您认识一下我的表弟李强。"在介绍中,应注意有时虽然男士年龄较大,但仍然是将男士介绍给女士。

3. 先将未婚女子介绍给已婚女子

比如:"张太太,让我来介绍一下,这位是李小姐。"注意当无法辨别被介绍者是已婚还是未婚时,则不存在先介绍谁的问题,可随意介绍,如:"张女士,我可以把我的女朋友李小姐介绍给你吗?"

4.先将职位低的介绍给职位高的

在实业界或公司中,在商务场合要先将职位低的介绍给职位高的。比如:"王总,这位是××公司的总经理助理刘女士。"注意,这里我们先提到的是王总经理,这是因为我们把王总经理的职位看作高于刘女士,尽管王总经理是一位男士,仍不先介绍他。

5.先将家庭成员介绍给对方

在向别人介绍自己的家庭成员时,应谦虚地说出对方的名字。这不仅是出于礼貌,而且对介绍自己的家庭成员也比较方便。比如:"张先生,我想请你认识一下我的女儿晓芳。""张先生,请允许我介绍一下我的妻子。"

6.集体介绍时的顺序

在被介绍者双方地位、身份大致相似,或者难以确定时,应当使人数较少的一方礼让人数较多的一方,一个人礼让多数人,先介绍人数较少的一方或个人,后介绍人数较多的一方或多数人。

若被介绍者在地位、身份之间存在明显差异,特别是当这些差异表现为年龄、性别、婚否、师生以及职务有别时,则地位、身份为尊的一方即使人数较少,甚至仅为一人,仍然应被置于尊贵的位置,最后加以介绍,而先介绍另一方人员。

若需要介绍的一方人数不止一人,可采取笼统的方法进行介绍,例如,可以说:"这是我的家人","他们都是我的同事",等等。但最好还是要对其一一进行介绍。进行此种介绍时,可按位次尊卑顺序进行介绍。

若会议主持介绍来宾,按位次尊卑顺序进行介绍。

若被介绍双方皆不止一人,则可依照礼仪,先介绍位卑的一方,后介绍位尊的一方。在介绍各方人员时,均需由尊到卑依次进行。

 小资料

误　会

《钢铁是怎样炼成的》一书中有一个小故事:保尔深深地爱着安娜,两人关系非常亲密。但保尔有一天发现安娜房里来了一位陌生的男子,两人非常亲昵,于是误会产生,保尔断绝了与安娜的来往,爱情由此夭折。其实这位男子是安娜的哥哥,如果安娜有一个简单的介绍,误会也就不会产生了。介绍可以消除不必要的误会,使人际交往进行下去。

(二)他人介绍的形式

在为他人做介绍时,可以根据不同需要来确定介绍的内容,通常有以下六种形式:

1.标准式

适用于正式商务场合,内容以双方的单位、姓名、职务为主。例如:"我来给两位介绍一下。这位是江阳公司的营销总监单进先生,这位是星海集团总经理陈达先生。"

2.简介式

适用于一般场合,往往只介绍双方姓名。例如:"我来介绍一下,这位是张林,这位是李剑。"

3.强调式

适用于各种场合,除介绍双方的姓名外,往往还会特意强调一下其中一方。例如:"这是东方企业的业务经理黄赢先生,这位是刘宁,是我老同学了,还请黄经理多多关照。"

4.引见式

适用于普通的商务场合,介绍者所要做的,就是将被介绍的双方引导在一起,而不需要介绍实质性的内容。例如:"两位认识一下吧,其实大家都是校友,只不过相互不认识,不如自报家门吧。"

5.推荐式

适用于比较正规的场合,介绍者通常是有备而来的,有意将一方举荐给另一方。例如:"这位是周丰先生,这位是我们公司的李华经理。周先生是管理方面的专业人士,具有多年的管理经验。李总,上次您说想多认识一些这方面的人士,您可以和周先生好好交流一下。"

6.礼仪式

适用于正式的商务活动,是一种最为正式的介绍方式。内容近似于标准式,但语气、表达、称呼上都更为恭敬。例如:"周小姐,您好!请允许我介绍一下,这位是大顺集团的总经理张林先生。张先生,这位是华沿公司市场部经理周华小姐。"

(三)他人介绍的注意事项

介绍时,介绍人和被介绍人都应起立,以示尊重和礼貌。介绍完毕,被介绍双方应微笑点头,并由尊者主动握手。介绍如在会议桌、宴会桌旁进行,可不必起立,被介绍双方点头微笑或举右手致意即可。介绍时,切忌涉及个人隐私。

被介绍者要设法记住对方的姓名(至少记住对方的姓),以便交谈时称呼,并表示"您好,很高兴认识您!""以后请多指教""请多多关照"。

知识实训

[实训背景]

王乐是某银行办公室的员工,他每天都要接待来宾,一天王乐陪同几个重要客户去信贷部门,碰巧在走廊上遇见行长,而这位行长只认识王乐,王乐该如何介绍?

[实训要求]

1.熟悉为他人做介绍的基本规则、形式。

2.学生分组模拟情景进行练习以加深印象。

3.同学之间开展讨论、进行互评,提高实际应用能力。

[实训提示]

1.介绍是社交活动最常见,也是最重要的礼节之一,一个擅长于此的人往往可以借由被介绍、自我介绍或介绍他人的动作中,展现出随和、可靠、精干、博学的特征。

2.恰当地做好介绍并不复杂,最重要的是要去做,去身体力行,在实践中提高。作为金融行业工作人员应注意的是,当为他人介绍时,要先了解双方是否有结识的愿望,不要贸然行事。

项目2　会面礼仪

▷ 任务分解

任务1　懂得遵守时间,掌握握手礼仪、鞠躬礼仪、致意礼仪、亲吻礼仪、拥抱礼仪和名片礼仪

任务2　学习交谈礼仪

任务1　懂得遵守时间,掌握握手礼仪、鞠躬礼仪、致意礼仪、亲吻礼仪、拥抱礼仪和名片礼仪

▷ 工作步骤

第一步:通过案例分析,了解见面礼在人际交往中的重要性。

第二步:播放视频教学资料,加强感性认识。

第三步:观摩教师示范,掌握要领,穿插思考案例,使学生动脑与动手相结合,强化记忆、加深理解和提高运用的技能。

第四步:学生分组练习日常交往场景中的见面礼。

第五步:熟练掌握见面礼。

▷ 知识链接

会面礼仪,是指在日常交往和金融工作中经常使用的,适用范围较广的日常礼仪。作为一名金融工作者,准确地、合乎规范地施行这些礼仪,可以进一步表达对对方的尊敬、祝贺、关爱,有助于社交活动和金融工作的顺利开展。

常见的会面礼仪主要有遵守时间、握手礼、鞠躬礼、致意礼、亲吻礼、拥抱礼、名片礼等。

一、遵守时间

遵守时间是日常活动中极为重要的礼仪。每一位金融工作者,在日常交往中都应该首先明确活动的准确时间,按预先通知或约定的时间到达指定地点。按照我国习惯,一般提前两三分钟到达,而外国人则习惯准时到达。这可根据参加活动的性质和内容而定,如果是中方主持的活动,则按中国人的习惯比较妥当;如果是外方主持的活动,则应按外国人的习惯为好。过早到达,可能会使主人因未准备好而难堪;迟迟不到,也会让主人和客人等候过久而失礼;因故迟到,应向主人或宾客表示歉意;确因某种原因不能如时赴约的,应事先通知对方。记住,失约是失礼的行为。

二、握手礼仪

握手,是在人际交往活动中使用频率最高,适应范围最广泛的一种礼仪。无论认识与否,年长或年轻,见面或道别,感谢或祝贺,鼓励或慰问,都可以施行握手礼,它是人们会面时互相致意的最普通、最常用的方式。

传说,握手礼起源于古代,人们见面时伸出右手,表明自己没有握着武器,是一种友善的表示。如今,握手在许多国家已成为一种习以为常的基本礼节,成为交际的一个部分。然

而,握手的力量、姿势与时间的不同往往能表达出不同的礼遇与态度,给人留下不同的印象。即在轻轻一握之中,可以传达出热情的问候、真诚的祝愿、殷切的期盼、由衷的感谢,也可以传达出虚情假意、敷衍应付、冷漠与轻视。所以,我们绝不能漠然视之。

（一）握手的次序

根据礼仪规范,握手时双方伸手的先后次序,一般应当遵守"尊者先伸手"的原则,应由尊者首先伸出手来,位卑者只能在此后予以响应,而绝不可贸然抢先伸手,不然就是违反礼仪的举动。其基本规则如下。

1. 男女之间握手

男女之间握手,男士要等女士先伸出手后才握手。如果女士不伸手或无握手之意,男士向对方点头致意或微微鞠躬致意。男女初次见面,女方可以不和男士握手,只是点头致意即可。

2. 宾客之间握手

宾客之间握手,主人有向客人先伸出手的义务。在宴会或宾馆、机场接待宾客,当客人抵达时,不论对方是男士还是女士,女主人都应该主动先伸出手。男士因是主人,尽管对方是女宾,也可先伸出手,以表示对客人的热情欢迎。而在客人告辞时,则应由客人首先伸出手来与主人相握,在此表示的是"再见"之意。

3. 长幼之间握手

长幼之间握手,年幼的一般要等年长的先伸手。和长辈及年长的人握手,不论男女,都要起立趋前握手,并要脱下手套,以示尊敬。

4. 上下级之间握手

上下级之间握手,下级要等上级先伸出手。但涉及主宾关系时,可不考虑上下级关系,主人应先伸手。

5. 一个人与多人握手

若是一个人需要与多人握手,则握手时亦应讲究先后次序,由尊而卑,即先年长者后年幼者,先长辈后晚辈,先老师后学生,先女士后男士,先已婚者后未婚者,先上级后下级,先职位、身份高者后职位、身份低者。

值得注意的是:在商务、公务场合,握手时伸手的先后次序主要取决于职位、身份。而在社交、休闲场合,它则主要取决于年纪、性别、婚否。

（二）握手的方式

握手的标准方式,是行礼时行至距握手对象约 1 米处,双腿立正,上身略向前倾,伸出右手,四指并拢,拇指张开与对方相握。握手时应用力适度,上下稍许晃动三四次,随后松开手来,恢复原状。单手相握是最普通的握手方式,有时也可用双手,表示一种特别的热情或尊敬。但双手握一般只适用于年轻者对年长者,身份低者对身份高者;而男士对女士一般不用这种礼节。具体应注意如下几点。

1. 神态

与人握手时神态应专注、热情、友好、自然。在通常情况下,与人握手时,应面含微笑,目视对方双眼,并且口头问候。在握手时切勿显得三心二意,敷衍了事,漫不经心,傲慢冷淡。如果在此时迟迟不握他人早已伸出的手,或是一边握手,一边东张西望,目中无人,甚至忙于跟其他人打招呼,都是极不应该的。

2.力度

握手时用力应适度,不轻不重,恰到好处。如果手指轻轻一碰,刚刚触及就离开,或是懒懒地、慢慢地相握,缺少应有的力度,会给人勉强应付、不得已而为之之感。一般来说,手握得紧是表示热情,男士之间可以握得较紧,甚至另一只手也可加上,握着对方的手大幅度上下摆动,或者在右手相握时,左手又握住对方胳膊肘、小臂甚至肩膀,以表示热烈。但是注意既不能握得太使劲,使人感到疼痛,也不能显得过于柔弱,不像个男子汉。对女性或陌生人,轻握是很不礼貌的,尤其是男性与女性握手应热情、大方,用力适度。

3.时间

通常是握紧后打过招呼即松开。但如亲密朋友意外相遇,敬慕已久而初次见面,至爱亲朋依依惜别,衷心感谢难以表达等场合,握手时间就可以长一点,甚至紧握不放,话语不休。在公共场合,如列队迎接外宾,握手的时间一般较短。握手的时间应根据与对方的亲密程度而定。

(三)握手的禁忌

在人际交往中,握手虽然司空见惯,看似寻常,但是由于它可被用来传递多种信息,因此在行握手礼时应努力做到合乎规范,并且避免违反下述失礼的禁忌。

首先,在任何情况下拒绝对方伸出的手都是无礼的举动,因为这样会使对方感到难堪。如果手上不干净或有水,可谢绝握手,但必须解释并致歉。其次,握手时,双目应注视对方,微笑致意或问好,切忌一边握手,一边左顾右盼,漫不经心,或者对方早已把手伸过来,而你却迟迟不伸手相握,这都是冷淡、傲慢和极不礼貌的表现,将被视为不敬和失礼;多人同时握手时,应按顺序进行,切忌交叉握手(交叉时形成"十"字,被视为不祥)。再次,在重大场合,握手的人比较多时,与每位握手的时间大致相等,不要"厚此薄彼";握手的时间一般为三四秒钟,除了关系特别亲近的人可以长时间地把手握在一起,一般情况,说完表示欢迎或告辞致意的话以后即应放下。此外,握手时还应注意力度,握得太轻,或只触到对方的手指尖,不握住整只手,对方会觉得你傲慢或缺乏诚意;握得太紧,对方则会感受到你热情过火,或觉得你粗鲁、轻佻而不庄重。另外,还要注意不要戴手套与人握手,这也是失礼的举动;不要用左手与他人握手,尤其是在与阿拉伯人、印度人打交道时要牢记这点,因为在他们看来左手是不洁的;不要在与人握手之后,立即揩拭自己的手掌,好像与对方握一下手就会使自己受到感染似的。

(四)握手与性格

美国著名盲聋女作家海伦·凯勒曾说:"我接触的手,虽然无言,却极有表现力。有的人握手能拒人千里之外……我握着冷冰冰的手指,就像和凛冽的寒风相握手一样。而有些人的手充满阳光,他们伸出来与你相握时,你会感到很温暖。"由此可见,握手传递的情感方面的信息是何等丰富,刹那间,对方的性格也暴露无遗。握手方式与性格特点大致可分为七种类型。

1.控制式

用掌心向下或向左下的姿势握住对方的手。这种人想表达自己的优势,处于主动、傲慢或支配地位,一般具有说话干净利落、办事果断、高度自信的特点。凡事一经自己决定,就很难改变观点,作风不大民主。

2. 谦恭式

用掌心向上或向左上的手势与对方握手。这种人往往性格软弱,处于被动、劣势地位,处世比较谦和、平易近人,不固执,对对方比较尊重、敬仰,甚至有几分畏惧。

3. 对等式

握手时两人伸出的手心都不约而同地向着左方握在一起。这种人比较友好,也可能是很遵守游戏规则的平等的竞争对手。

4. 双握式

在右手相握的同时,再用左手加握对方的手背、前臂、上臂或肩部。加握部位越高,其热情友好的程度也显得越高。这种人热情真挚、诚实可靠、信赖别人。

5. 捏手指式

只捏住对方的几个手指或手指尖部。女性与男性握手时,为了表示自己的矜持与稳重,常采取这种方式。如果是同性别的人之间这样握手,就显得有几分冷淡和生疏。若换成显贵人物,则其意在显示自己的"尊贵"。

6. 拉臂式

将对方的手拉到自己的身边相握。这种人往往过分谦恭,在他人面前唯唯诺诺、轻视自我,缺乏主见与敢作敢为的精神。

7. 死鱼式

握手时伸出一只无任何力度、质感,不显示任何积极信息的手。这种人的性格不是生性懦弱,就是对人冷漠无情,待人接物消极傲慢。

(五)握手的技巧

在商务场合,握手应注意掌握如下技巧。

1. 主动与每个人握手

在社交场合,如会谈开始之前,双方都要互相介绍认识一下。这时候,你最好表现得积极、主动一些,表示你很高兴与对方认识。为了表达你的这种善意,你可以主动地与每一个人握手。因为你主动,就说明你对对方尊重,只有在你尊重别人时,才会受到别人的尊重。

2. 有话想让对方出来讲,握手后不要马上松开

有时你想找对方谈一些事,不巧的是里边还有其他人在,你想与对方单独谈,耐心等了很久以后仍没有机会,那你只好想办法让对方出来说了。但你不能明白告诉对方"我有点事,咱们到外边说",这显然是不礼貌的。你得想办法让对方起身相送,在你起身告辞时,对方站起来,你就边与对方交谈,边向外走。如果对方无意起身,你就走近他,很礼貌地与他握手。出于礼貌,对方会站起身离开自己的座位,然后你边说边往外走,千万不能断了话。因为当你还有话要说时,对方是很不好意思不送你的。说话时,眼睛也要看着对方,不要只顾走。走到门口对方要与你告辞时,你主动伸手与他握手,握手之后不要马上松开,要多握一会儿,并告诉对方:"你看我还有件事……"你说得缓慢些,对方也就意识到了,他也就主动走出来了。

3. 握手时赞扬对方

握手时的寒暄话是非常重要的,在你握手的时候,可以对对方表示一下关心和问候,或赞扬对方两句。握手时双方的距离很近,对方的衣着服饰可以尽收眼底,如果你用心观察,肯定会有某一方面值得你赞扬。而每个人又都有自己特别注重修饰的地方,有人特别爱惜

自己的发式,每天整理头发,使自己神采奕奕;有人特别注意领带,不惜高价买一条,或用一枚精制的领带夹子点缀一下,使自己容光焕发;有的穿了一件新西装,质地优良、做工讲究;有的穿一件色彩和谐明快的衬衣,使人显得年轻漂亮。见面握手时不能对这些熟视无睹,要加以赞美。双方会因此而显得亲近,你则显得格外大方、热情、细心,因而会给人留下一个好印象。

三、鞠躬礼仪

鞠躬礼本源于中国。在先秦时代,两人相见,以弯曲身体待之,表示一个人的谦逊恭谨的姿态,但还没有形成一种礼仪。在今天,鞠躬已成为一种交际的礼仪,在下级对上级,或同级之间、初见的朋友之间,对特殊公众,表示对对方的尊敬都可行之。

行鞠躬礼时,双手应下垂放膝前,男性双手要放在裤线前的地方,女士则将双手在腹前下端轻轻搭在一起。与受礼者两三步之远,面对受礼者,身体上部向前倾约 $15°\sim90°$,尔后恢复起立姿势。行礼时必须注目,不得斜视,受礼者也同样。而且行礼时不可戴帽。需脱帽时,脱帽所用的手应与行礼方向相反,比如向左边的人行礼,则用右手脱帽;向右边的人行礼,则用左手脱帽。

上级或长者还礼时,可以欠身点头或同时伸出右手致意以答之,不鞠躬亦可。

行鞠躬礼,鞠躬的深度视对受礼人或被问候人的尊敬程度而定。

四、致意礼

致意礼,也是人们日常交往中常用的一种交往礼仪。社交礼仪规定:

(1)男士应先向女士致意,年轻者应先向年长者致意,下级应先向上级致意,年轻的女性应先向年长自己许多的男性致意。但致意的顺序不像介绍和握手规定的那么严格,有时也可破例。

(2)致意的方式一般为举起右手打招呼并点头;男性如戴有帽子,应施脱帽礼,或将帽子掀一下,如果是无檐软帽,则可欠一下身。

(3)致意的距离一般在三四步远,若距离较远,也不可大声呼叫。

(4)对于在同一场合已多次见面的相识者,可简化为点头和微笑致意。

(5)行致意礼时,切不可口叼香烟或嚼口香糖,也不能把手插在衣裤兜里。

在国际交往中,由于各国、各民族的文化背景不同,致意的礼仪也不相同,要注意"入乡随俗"。如东南亚佛教国家用双手合十行合掌礼表示致意,日本人喜欢用鞠躬来表示敬意,藏族、蒙古族用献哈达来表示敬意,等等。

五、亲吻礼仪、拥抱礼仪

亲吻礼和拥抱礼是西方国家社交中流行的见面礼,适用于官方或民间的迎送宾客或祝贺、致谢等社交场合,用以表示欢迎、庆贺或感谢。由于对外开放,我们与外宾的交往日益频繁,了解和掌握这些礼仪很有必要。

(一)亲吻礼仪

依据双方关系的亲疏程度,相互亲吻的部位不尽相同。父母及长辈与子女、晚辈之间一般互吻额头;朋友、同事之间一般吻左右面颊;只有情侣或夫妻间才亲吻对方的嘴唇,以示爱慕倾心。在公共场合,男女间礼节性亲吻应迅速地互贴面颊,同性间拥抱并互吻面颊。

在不同的国家,亲吻礼的形式也有所不同。如欧洲和一些拉美国家,还延续着男性亲吻女性手背的礼仪,行这种礼的时候,女性可以不摘下手套,伸出她的右手,男性微微俯身,用右手握住对方的手指部位,拿起来用嘴唇轻轻接触即可。这种礼节现在已不太流行,只有在比较隆重的场合,或对一些身份特别尊贵的妇女才行吻手礼。

(二)拥抱礼仪

正确的拥抱姿势是:两人相对而立,上身微微前倾,各自右臂偏上,左臂偏下,右手环拥对方左后肩,左手环拥对方右后腰,两人头部及上身都向左相互拥抱,然后再换位向右拥抱,同时可用手掌轻拍对方背部。拥抱时间的长短,视关系亲疏程度而定。礼节性的拥抱一般时间很短,拥抱时双方身体也并不贴得很紧,更不能用嘴去亲对方的脸颊。

在许多国家的迎宾场合,宾主往往以握手、拥抱、左右互贴面颊的连续动作,表示最真诚的敬意和热烈的欢迎。但女青年一般不宜和男外宾,尤其是年轻的男外宾行亲吻礼和拥抱礼,一般可主动伸出右手,和对方施握手礼。

六、名片礼仪

初次相识,或是自我介绍,往往要互呈名片。名片是现代社交和金融工作中广泛使用的交际工具之一,它具有证明和介绍的功能,起着沟通和联络的作用;此外还可以用名片代替礼节性的拜访或表达某种感情,如祝贺、感谢、赠礼等。

 小资料

名片的由来

原始社会没有名片,那时人烟稀少,环境险恶,人们生存艰难,交往很少。文字还没有正式形成,早期的结绳记事也只存在于同一部落内部,部落之间没有往来。

到了奴隶社会,尽管出现了简单的文字,也没有出现名片。奴隶社会经济还不发达,绝大部分人都固着在土地上,奴隶没有受教育的权利;少量世袭奴隶主,形成小的统治群体,由于统治小圈子长期变化不大,再加上识字不太普遍,也没有形成名片的条件。

名片最早出现始于封建社会。战国时代中国开始形成中央集权统治的国家,随着铁器等先进生产工具的使用,经济也得到发展,从而带动文化发展,以孔子为代表的儒家与其他流派形成百家争鸣景象。各国都致力于扩大疆土,扶持并传播本国文化,战争中出现大量新兴贵族。特别是秦始皇统一中国,开始了伟大的改革。统一全国文字,分封了诸侯王。咸阳成了中国的中心,各路诸侯王每隔一定时间就要进京述职,诸侯王为了拉近与朝廷当权者的关系,经常的联络感情也在所难免,于是开始出现了名片的早期形态——"谒"。所谓"谒"就是拜访者把名字和其他介绍文字写在竹片或木片上(当时纸张还没有发明),作为给被拜访者的见面介绍文书,也就是现在的名片。

到了汉代,中央集权制国家进一步发展。随着汉疆域扩大,"谒"的使用越来越普遍。进入东汉末期,"谒"又被改称为"刺",由于东汉蔡伦发明的纸张开始普遍采用,于是"刺"由竹木片改成了更便于携带的纸张。

唐宋时期,中国封建社会进入了全盛期,带动了社会经济与文化大发展。唐初科举制度开始实行,让一些有才能的庶民也能靠自己努力进入统治阶级中来。为了与世袭贵族争夺权力,他们在官场上相互提携,拉帮结派的门阀也开始形成。每次科举考试后,新科及第考生都要四处拜访前科及第、位高权重者,并拜为师,以便将来被提携。要拜访老师,必须先递"门状",这时"刺"的名称也就被"门状"代替了。

到了明代,统治者沿袭了唐宋的科举制度,并使之平民化,读书便成了一般人改善生活的唯一出路,识字的人随之大量增加。人们交往的机会增加了,学生见老师,小官见大官都要先递上介绍自己的"名帖",即唐宋时的"门状"。"名帖"这时才与"名"字有了瓜葛。明代的"名帖"为长方形,一般长七寸、宽三寸,递帖人的名字要写满整个帖面。如递帖给长者或上司,"名帖"上所写名字要大,名字大表示谦恭,名字小会被视为狂傲。

清朝才正式有"名片"的称呼。清朝是中国封建社会的终结,由于西方的不断入侵,与外界交往增加了,和国外的通商也加快了名片的普及。清朝的名片,开始向小型化发展,特别是在官场,官小使用较大的名片以示谦恭,官大使用较小的名片以示地位。

早期名片与近现代名片的主要区别是用手写而不是印刷。

(一)怎样赠送名片

首先,名片要放在易于拿到的地方,如上衣口袋或公文包内。递送时,将名片的正面向上,名字向着对方,郑重地用双手呈上,并面带微笑,目视对方,并可以说"请多关照"、"请多联系"、"请多指教"。其次,要掌握好递送名片的时机。初见面时递送,表示介绍、认识;谈得较为融洽时递送,显得有诚意;道别时出示名片,表示希望与对方再次见面。不同的时间,目的、效果会不一样。递交名片要慎重,不可滥发。

 小资料

注意名片递送的对象

按照西方的社交礼仪,递送名片时要注意:一个男子去访问一个家庭,若想送名片,应分别给男、女主人各一张,再给这个家庭中超过18岁的女士一张,但决不在一个地方留下三张以上的名片。一个女子去别人家做客,若想送名片,应给这个家庭中超过18岁的女士每人一张,但一般不应给男子名片。

(二)交换名片的顺序

一般是"先客后主,先低后高"的原则,遵循尊者有优先了解对方的权利。次序与介绍相同,人较多的场合应遵循由近到远、由低到高的顺序进行,切忌跳跃式的。

(三)怎样接受名片

从对方手里接过名片时,态度要恭敬,用双手接过,道声"谢谢",并注意地看一遍,轻轻地念一下,以示尊重,然后放入口袋或名片夹内,第一次见面后,可在名片背面简略地记一下可能有用的资料,如第一次见面的时间、地点,对方的爱好、籍贯、主要经历等,以便为日后见面提供线索和话题。切忌看都不看,随手一扔,或拿在手中随意玩弄,忌在名片上乱涂乱写,也不要丢在办公桌上,这些都是失礼之举。如果你有意结识对方,还可以立即回赠名片。

（四）怎样索要名片

有时，对方没有主动给你名片，而你又想得到，这时，最好不要直截了当地用命令的口气说："给我一张名片！"而应该用祈请的口气："如果可以，请给我一张名片，以便今后联系。"或者说："如果没有什么不便的话，能否请您留张名片给我？"也可含蓄地请问对方"贵姓"，暗示对方递送名片。这样，他如果有名片，一定会给你，如果确实已没有，一般也会婉言说明。

名片除此之外，还有很多作用。如寄送礼物时，可将名片附在其中；赠送鲜花或花篮时，可将名片附在其上；在非正式的邀请中可用名片代替请柬；拜访好友或相识的人而未相遇时，可用名片作留帖；也可用于当朋友送来礼品或书信时，作为收条；当朋友举办重要的庆典活动时，可寄一张名片附上祝贺话语作为对朋友的祝贺等。

七、人与人交往中的空间距离

从生物学的角度看，每一个生命都有自己的领空，人们叫它"安全圈"。一旦异物侵入这个范围，就会使其感到不安并处于防备状态。美国心理学家罗伯特·索默经过观察与实验认为，人人都具有一个把自己圈住的心理上的个体空间，它像生物的"安全圈"一样，是属于个人的空间。一般情况下，每个人都不想侵犯他人空间，但也不愿意他人侵犯自己的空间。双方关系越亲密，人际距离就越短。金融行业工作人员在与服务对象进行日常交往过程中，交往的空间距离是由与服务对象的人际距离所决定的，同时也可让服务对象从空间距离感觉到服务的到位与否。因此金融行业工作人员了解和掌握适当的距离有助于融洽相互之间的关系和提高金融服务的质量，提升金融企业的形象。

根据美国人类学家和心理学家霍尔的观点，人类的交往空间划分为四种区域，这就是所谓社交中的人际距离与空间距离。

第一，亲密距离（0～45厘米），又称亲密空间。由于文化与风俗习惯的不同，对亲密距离的把握东西方略有差异。例如，东方女子对男子无礼地侵入其亲密距离的反应要比西方女子强烈得多。而当在一些公共场所，如火车、公共汽车上，素不相识的人挤在一起，人们被迫进入或处于亲密距离时，东方人完全能够容忍这种"亲密"的拥挤，而西方人则认为不可忍受，有侵犯个人隐私之感，所以一般人不可贸然进入此区域。

第二，个人距离（46～120厘米），其语义为"亲切、友好"。其语言特点是语气和语调亲切、温和，谈话内容常为无拘束的、坦诚的，是亲友和熟人之间的交往距离。比如个人私事，在社交场合往往适合于简要会晤、促膝谈心或握手。这是个人在远距离接触所保持的距离，不能直接进行身体接触。个人距离的接近状态为46～75厘米，可与亲友亲切握手，友好交谈；个人距离的疏远状态为76～120厘米，在交际场所任何朋友、熟人都可自由进入这一区域。

第三，社交空间（121～360厘米），其语义为"严肃、庄重"。这个距离已超出了亲友和熟人的范围，是一种礼节性的社交关系距离。社交距离的接近状态为121～210厘米，其语言特点为声音高低一般、措辞温和，它适合于社交活动和办公环境中处理业务等；社交距离的疏远状态为211～360厘米，其语言特点为声音较高、措辞客气，它适用于比较正式、庄重、严肃的社交活动，如谈判、会见客人等。

第四，公共距离（360厘米以上），这是人们在较大的公共场所保持的距离，其语义为"自由、开放"。它适用于大型报告会、演讲会、迎接旅客等场合。其语言特点为声音洪亮、措辞规范、讲究风格。

在交往活动中，要尊重交往对象的个人空间，不能擅自闯入他人的个人空间。要区别交往对象生熟的差异，"疏则远、亲则近"；要注意交往对象的性别差异，男子与男子的交谈距离不宜太近，否则就有不和谐之感，而女子与女子交谈距离则不宜太远，远则会有不投机之嫌。

同时还要注意文化背景的差异。由于文化背景的不同，往往对所期望的空间范围有不同的习惯。如阿拉伯人与英国人谈话，阿拉伯人按照自己的民族习惯认为，两个人交谈时站得近一些表示亲切友好，而英国人则按照自己的民族习惯认为，交谈时保持一定的距离才合适，因此，两人交谈在不自觉的进退中进行，前者往前挪动，后者往后退步，当短暂的交谈结束后，两人离他们原来站的地方也已相距甚远。

在人际交往中，空间距离显示了交往关系的亲疏，其表现形式是多种多样的。例如，从座位的安排上就体现得淋漓尽致，具体有四种表现形式：

一是桌角座次：

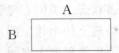

两人围着桌角而坐，表示气氛亲切，容易达成协议。老练的推销员在推销物品时，往往巧妙地坐在客户的斜对面或旁边，也即形成桌角座次，因为这样可以增加和睦洽谈的气氛。因此金融行业的业务人员与客户进行金融产品介绍和洽谈业务时可采用这种桌角座次。

二是合作座次：

两个人坐在桌子的同一侧，表示两人地位相等，享受一体感，也表示两人已经相互了解，甚至两情相悦。世界著名谈判大师尼尔伦伯格曾代表一企业的资方与工会谈判，他出人意料地坐在工会成员的一边。工会成员起初不适应，想到自己的谈判对手与自己坐在一起觉得很奇怪，但很快他们就适应了，于是迅速达成了协议。尼尔伦伯格便是利用了合作座次的心理状态，轻而易举地达到了他的谈判目的。

三是竞争座次：

两人分别坐在桌子两边，即相对而坐，表示警惕、防御、探究，指关系尚未达到亲密状态，但处于想了解对方和使对方了解自己的状态，一般用在谈判等商务活动中。

四是独立状态：

两人距离较远，表明互不干扰或有矛盾。一般来说，在社交场合选择独立座次、靠角落而坐的人，表明持退让态度，喜欢独处、性格内向。

知识实训

[实训背景]

某银行新员工小李,受领导指派到某企业参加新产品说明会。小李到达时已有不少来宾,在接待人员的引导下,小李在指定位子入座,并主动与坐其两边的来宾进行交流。小李什么时候递上名片最合适?

[实训要求]

1.掌握递接名片的要领,熟悉交换名片的顺序。

2.学生通过分组模拟情景的练习,提高实际运用能力。

3.同学之间开展讨论和互评,以加深印象。

[实训提示]

递接名片时有许多讲究和礼仪规范。每个人都有精彩的一刹那,我们的精彩是从容不迫,交换名片后,得体的一握,你个人品位中的精彩尽显其中!

任务2 学习交谈礼仪

工作步骤

第一步:通过案例分析,了解交谈礼仪在人际交往中的重要性。

第二步:播放视频教学资料,加强感性认识。

第三步:通过思考案例,强化记忆、加深理解和提高运用的技能。

第四步:学生分组练习日常交往场景中的交谈礼仪。

第五步:熟练掌握交谈礼仪。

知识链接

交谈是日常金融活动中传播信息的重要手段。它以语言为媒介,使金融行业工作人员与客户得以沟通,通过沟通实施金融活动。因此,交谈中是否注意礼节,语言运用是否得当,直接关系到信息沟通的效果。在日常交往中要求以语言的"礼"吸引人,以语言的美说服人。

一、问候和寒暄

交谈的第一道程序便是问候和寒暄,就是人们通常讲的"开场白",比如,"你好""早安""晚安""打搅了""好久不见,你近来好吗?""最近如何?""好长时间未能见着你,真想你啊。""能够认识你,真是太高兴了!""你来到这里好几天了吧! 还过得惯吗?""这里的气候还习惯吧!"等。

尽管这些问候和寒暄用语的本身并不表示特定的含义,但它却是交往中不可缺少的,往往能够引起交谈双方的兴趣,使见面时单调的气氛活跃起来,从而使双方都能从中感到一种亲切感。但问候和寒暄的用语并不是随人可用、随处可说的,必须考虑对象特点、交往环境,即"到什么寺庙念什么经",否则会闹出笑话或使双方处于一种尴尬的局面。中国人见面时喜欢问的"饭吃过了吗?"本是一句很普通的问候语,并不是有准备请吃饭的意思,但对不懂得这一习惯的外国人来说,就完全可能理解为你欲与他一同进餐。又比如,中国人见面时喜欢用"你气色真好,又白又胖""你发福多了""多谢"等语句表示谢意,但在西方却会起到相反的效果。他们怕被人"赞赏"白、胖,因为往往身体皮肤黝黑健壮表明此人有钱,有时间、有机会参加旅游和锻炼,是一种体格健美的标志;而身体白胖则表明人穷体弱,是不具备上述条件而白白胖胖,称人胖实际上含有一种贬低人的意思。同样,外国人见面时常说的"见到你十分荣幸""你今天打扮得是那样迷人""你真是太漂亮了"之类的客套话,中国人也并不习惯。这说明问候语应因人而异。

另外,一些问候和寒暄用语还要与当时的场景结合起来。当你步入一间宽敞明净、格调高雅的办公室时,说上一句"你真是太漂亮了,假使我也有这样一间办公室就太棒了",可以在双方之间增加一种亲切的气氛;而相反,当你步入一间拥挤不堪、杂乱无章的办公室时也说一句"我要是也有这样一间办公室就好了"之类的客套话,便会给对方一种反感,似乎觉得你在挖苦、嘲讽,甚至是一种挑战,效果就不言自明了。

二、交谈转入正题后

交谈转入正题后,更要讲究用语规范与礼仪。

要尊重对方,创造和谐、愉悦的谈话气氛,谦虚谨慎,用幽默来演礼。

1.尊重对方

首先,交谈中,目光注视对方是一种超码的礼仪,以表示对谈话的兴趣。美国 NBC 的著名节目主持人芭芭拉·华特曾说:"对全神贯注和我谈话的人,我认为是可亲近的人。""没有其他的事比这更重要的。"假如你是个有心人,也一定会发现,交谈一方有时偶尔把目光随意转向一旁,会引起另一方的注意,他可能会因此认为你对谈话不感兴趣而关闭谈话的天门。当然,注视并不等于凝视,直勾勾地盯住对方,或目光在对方身上左右或上下乱扫,甚至会跑到对方身后去,这会使对方透不过气来或惶惑不安,有话也说不出来。如两个人在室内面对面地交谈,目光距离最好在一两米之间。这时,目光注视对方的哪个部分较为适宜呢? 有一个办法,在距对方两肩外侧 10 厘米的地方分别画一条竖线,头顶上方 5 厘米处画条横线,再在胸部画条横线,组成一个方框,面积正好同电视机的屏幕大小相仿。目光在这个方框内移动往往效果比较好。当然,不可能每次交谈时都准确地去测量,只有依靠平时的多训练方能熟能生巧。有时还会出现交谈双方目光对视的情况,这时你不必躲闪,泰然自若地缓慢移开就可以了。同时和几人交谈时,目光在每个人身上停留的时间应是相等的。

其次,还需要指出的是,仅仅注视对方远远不够,还要注意能够让对方感受到你对谈话的态度。一般讲,在交谈时,对对方的谈话有所呼应,点头微笑,以表示赞同对方的观点是最好的办法,"我十分同意你的观点"等词句也不赖;当对方说到笑话或表现幽默时,你的笑声、"太逗了"等词句更会增添他的兴致;当对方说得紧张时,你屏住呼吸,或说"真的"之类的话语也会强化紧张的气氛。这样会让对方产生"酒逢知己千杯少"的感觉,由此话题就可能谈得更广、更深,相互间的感染也就越多,甚至在心理上达到某种程序的默契。

最后,为表示对交谈一方的尊重,不要轻易打断对方的谈话,要有耐心。尤其是对方正说得兴致高的时候,突然打断对方的谈话,可能使对方的思路"短路",从而可能使对方被突如其来的"短路"弄得不知所措,下不了台。如确实有必要这样做,你可以以缓慢而婉转的口气对对方说:"你的谈话确实有趣,不过请允许我插一句……"之类的话。这时,双方谈话的转换便会显得比较自然。

2.要创造愉悦和谐的谈话气氛

要使交谈双方都感到这次谈话是令人愉快的,以免导致某一方落入尴尬、窘迫之境,也不是件容易的事。我们在交谈中经常会遇到不同意对方某一个观点,或某一种说法是明显错误的情况,这种情况下怎么办?在正式社交场合,应该做到:

第一,一般可以用表示疑问或商讨的语气来满足对方的自尊心。比如你不赞成对方的某个观点,可以说:"你刚才的某个观点好像很新,能否再详细地解释一下。"或者说:"这个问题倒值得我好好想一想。"或者说:"我对这个问题倒也十分感兴趣,只不过好像我不这么认为……"虽然语言非常婉转,但这足以使对方明白你的意思。这样就往往在和睦的气氛中避免了不必要争辩,免得使双方都感觉到"话不投机半句多"。这是创造愉悦和谐的谈话气氛的第一个要素。

第二,交谈的话题和方式应尽量合乎交谈双方的特点。例如性格、心理、年龄、身份、知识面、习惯等。有一个故事:在一艘游船上,来自各国的一些实业家边观光边开会。突然,船出事了,慢慢下沉。船长命令大副:"赶快通知那些先生,穿上救生衣,马上从甲板上跳海。"几分钟后大副回来报告:"真急人,谁都不敢往下跳。"于是,船长亲自出马。说来也怪,没多久,这些实业家们都顺从地跳下海去了。"您是怎样说服他们的呀?"大副请教船长。船长说:"我告诉英国人,跳海也是一项运动;对法国人,我就说跳海是一项别出心裁的游戏。我同时警告德国人:跳海可不是闹着玩的!在俄国人面前,我认真地表示:跳海是革命的壮举。""你又怎样说服那个美国人呢?""那还不容易,"船长得意地说,"我只说已经帮他办了巨额保险。"这纯粹是笑话,然而笑话里包含了一个浅显的道理:说话的内容和方式应尽可能地合乎对方的心理需要,这样才会取得令人愉快的效果。我们对年逾古稀的老农谈论当今的交谊舞、流行歌曲和时装展销,这犹如"对牛弹琴"。而对学者,谈论化妆品,对孩童谈论新闻或资历、阅历,对方会觉得你不知所云,而使交谈无法继续下去。同样,交谈的方式也影响着交谈的气氛。对一般市民用抽象而深刻的分析,枯燥而又严密的逻辑推理方式与之交谈,会使对方听得喘不过气来,并感到莫名其妙;而对知识层次较高的人用语无伦次、"海阔天空"的聊天方式与之交谈,会使对方听而生厌,无所适从。凡此种种,都说明正确选择话题和谈话的方式也是重要的,为了使谈话更富有创新和吸引公众,可以在已经拥有的话题中,挖掘、发现新的感兴趣的谈话,使交谈双方始终在一种享受乐趣的气氛下继续他们的谈话。

此外,还要明确交谈双方在这次交谈过程中构成的关系,离开了"关系"这个交谈背景,同样会使交谈无法深化。我们举个很简单的例子,在超市排队付款,两个人偶然相遇,开始是对排队,对超市的商品品种、质量、数量等发表议论,引起共鸣。接着谈到买什么商品,买多少,家离超市多远,上班是否受排队影响,生活消费与工资收入的比差等,正是消费者关系使他们找到了共同的话题,并由此萌发了交往欲,谈的内容也因此可能越来越广泛,越来越深入。

3.要谦虚和谨慎

谦虚也是一种礼的内在表现。初次见面,难免要做一番自我介绍,但要适度。有些人唯恐别人不识眼前的"君子",一开始就炫耀自己的身份门第和博学多才,或吟诵一首古诗,或发表一番宏论,显得锋芒毕露,让人觉得他夸夸其谈,华而不实;也有些人却喜欢做一番自我贬低式的介绍,以示谦虚和恭敬,比如"小人才疏学浅"之类的话,其实也大可不必,因为那样对方会以为你是客套话，言不由衷，或以为你是故意摆噱头，"后发制人"，而西方人则会信以为真，认为你不屑一谈。只有实事求是，恰如其分地介绍自己，才会给人以诚恳坦率、可以依赖的印象。金融行业工作人员在与客户谈话中，不仅要谦虚，更需要谨慎。主要是指：

第一，谈话的目的要明确，表达要明，语言要简，俗语说"吹笛要按在眼儿上，谈话要说在点儿上"。有的人习惯于滔滔不绝地高谈阔论，而又词不达意、思维混乱，让对方听而生厌，也有的人喜欢夸大其词，夸夸其谈，说话不留余地，没有分寸。不想想哪些话能说，哪些话不能说，也不顾对方的反应，在想什么，欲说什么，似乎谈话空间独他一人，使对方产生一种压抑感而心理不能平衡。说话应该平稳轻柔，速度适中，层次清晰，言简意赅，适应不同对象的理解程度。这样才能让对方听得懂，听得清。

第二，要三思而后言。古人说的"病从口入，祸从口出"，俄国作家屠格涅夫说的"在开口之前，先把舌头在嘴里转十个圈"，都是强调了说话前的"思"字。说话前应该周密考虑话题涉及的内容和背景，对方的特点，以及时间、场合等因素。谈话的内容一般不要涉及疾病、死亡等不愉快的事情，不说荒诞离奇、耸人听闻、黄色淫秽的事情，不询问妇女的年龄、婚姻状况，不径直询问对方履历、工资收入、家庭财产、衣饰价格等私人生活方面的问题。确实需要了解的，也不应单刀直入，而要委婉地提出。如果对方确实不愿回答你的问题，则不要追问，更不要究根问底。一旦不慎提及令对方反感的问题应表示歉意，并马上将话题转移。特别要提醒的是，交谈中不能出言不逊，恶语伤人，一般不要斥责、讥讽对方，因为"利刃割体痕易合，恶语伤人恨难消"。也不要满口并非所有人都听得明白的"土语""习惯语""暗语"和"行话"，如"你的话没说了""你的比喻真挺括""盖了帽了"这类的词句，容易使对方因听不懂而"丈二和尚摸不着脑袋"，甚至会联想到别的意思去了，造成不必要的麻烦。在交谈中，遇有需要赞美对方时，应措辞得当，不要过"火"。

第三，对交谈一方一时的"无礼"要宽容克制。当你发觉对方心不在焉，或显示出焦急、烦躁的神情时，可暂时中断自己的谈话，有礼貌地说："啊，看来我的讲话并不引人入胜，是否耽误你的时间了？假如你认为有必要，我可以尽快结束我的讲话，你以为如何？"这席话实际是将了对方一军，将窘态的包袱扔给了对方，而你又显得那样彬彬有礼、宽容大度。

第四，交谈中，要控制自己的情绪和举止，为配合谈话效果，可以有适度的手势，但要得体，动作不宜过多、过大，不能手舞足蹈，更不可用手指指人。谈话现场超过三个人时，最好能寻求近乎一致的话题，与在场的所有人都攀谈上几句，切不可只与某个人交谈，而冷落旁人，更不可与某个人低头耳语。这样会显得鬼鬼祟祟，又会产生一种神秘感导致疏远他人。谈话之中遇有急事需要离开时，应向对方打招呼，道"对不起"，表示歉意并说明原因。男士一般不参与妇女圈的议论，也不可与妇女无休止地攀谈，否则会引起对方的反感和旁人侧目。

4. 学会赞美他人

赞美可以使人奋发向上，促使人积极进取。几句适度的赞美，可使对方产生亲和心理，消融彼此间的戒备心理，为交际沟通创造良好的氛围。喜欢听赞美，是人的天性，在交谈中，真诚的赞美和鼓励，能满足人的荣誉感，使人终生难忘。说句简单的赞美的话，不是一件难事，生活中处处有值得赞美的地方，任何人都有他的优点和长处。不十分漂亮的人，可能有着"优雅的气质""善良的心灵"；做工不甚讲究的衣服，或许质地优良；事业不很顺心的人，可能有着完美的值得称羡的家庭……总之，只要你愿意，并且以真诚之心去发现，一个人总是有值得你赞美之处的。

赞美是一门需要修炼的艺术,但只要你窥破了它的"秘诀",你不但能赞美别人,而且能如意地得到别人的赞美。以下是赞美的礼仪:

(1)出自真诚,源自真心。有的人很难看出别人的可赞美之处,那是因为关注自己太多,即使赞美,也不是出自真心。古语说:"精诚所至,金石为开。"只有真诚的赞美,才能使人感到你是真的发现了他的优点,而不是以一种功利性手段去分享他的利益,从而达到赞美的最终目的。中央电视台体育评论家宋世雄一次"打的"到中央电视台转播一场比赛。"面的"司机将他送到电视台后说:"宋老师,转播完球赛都深夜一点了,您这么辛苦,我夜里一点再回来接您吧!"多年以后,宋世雄还回忆说:"人生当中,还有什么比这种真挚的关心和赞美更珍贵呢?这位终日在大街小巷中奔忙的司机并不懂公关技巧、公关心理,但他有一颗关爱别人的善良之心。"这位司机一句源自真心的话语,将自己对宋世雄的赞美之情寓于生活之中,感人肺腑。因此赞美有时没有必要刻意修饰、遣词造句,只要源于生活,发自内心,真情流露,就会收到赞美的效果。

真诚地赞美与阿谀奉承有着本质的区别。菲力普说:"很多人都知道怎样奉承,很少有人知道怎样赞美。"赞美具有诚意,阿谀没有诚意;赞美是从心底发出,阿谀只是口头说说而已;赞美是无私的,阿谀完全是为自己打算。因而人们喜欢赞美而厌弃阿谀奉承。

(2)知己知彼,"投其所好"。赞美别人之前,必须掌握对方的基本情况,如对方的优点和长处、缺点和弱点,还要熟悉对方的爱好、兴趣、人品等,这样才能避免泛泛而谈或者无话可说。知己知彼,方能百战不殆。要赞美他引以为荣的事情。在一个人的人生道路上,有无数让他引以为自豪的事情。真诚地赞美这些事情,可以使你更好地与人相处,可以使他人容易接受你的建议,可以使他人感到幸福。对于一位老师,最希望别人称赞他的教育成绩和他的学生;对于一位母亲,你可以称赞他的孩子很有出息;对于一位老人,你可以赞颂他一生事业的光辉亮点。

世上没有十全十美的人,每个人总有其缺点、弱项,要了解一个人的弱点,才能利用对方的弱点,用其弱点的反向去赞美他,实现他心理上的满足。性格善良既是优点,但有时难免优柔寡断,常言说:"马善被人骑,人善被人欺。"对于一位性格善良又常被人利用的经理,可以这么说:"经理,你待人宽容大度,菩萨心肠,所以有人用卑鄙的手段对待你,实在对不住天地良心。"

几乎每个人都有自己的爱好,要做赞美的高手,必须了解别人的爱好并赞美别人的爱好,这样才能"投其所好",获得他人的好感。例如有人爱好足球,你不论是夸他足球知识渊博,还是赞扬他喜爱的球队和球星,他都有志趣相投的感觉。

(3)从小事着眼,无"微"不至。古话说:"勿以善小而不为,勿以恶小而为之。"赞美别人时,要"勿以善小而不赞"。因为普通人不可能有许多大事值得赞美,千万不要吝啬,一定要慷慨地从小事上称赞别人。善于从小事上赞美别人,不仅可以给人惊喜,而且可以树立你明察秋毫、体贴入微的形象。一位服装店的员工发现新上架的衣服有做工问题,及时把它移走。值班经理赞扬他为公司着想,决定给他加奖金。这位职员受宠若惊,到处称赞这位经理眼快心细,自己的工作很有价值。记住:别人的闪光之处,哪怕微乎其微,经过你无"微"不至的赞美,小事就不小,其意义自然而然显现出来,对方就会有愉快的感觉。

前面已经说过,赞美是一门需要修炼的艺术,赞美要赞得得法,不能瞎赞,有一些忌讳需要注意。

(1)忌太夸张。赞美需要修饰,但是过分地、太夸张地赞美就会变成阿谀奉承,让人感觉不到真诚,只留下虚浮和矫揉造作。著名漫画家丁聪有一次被别人冠以"画家、著名漫画家、抗战时期重庆的三神童之一……"他听后就极不舒服,批评说话者给他戴了这么多高帽。

(2)忌陈词滥调。一些人的赞美言辞中,充满了陈词滥调,如久仰大名、百闻不如一见、生意兴隆、财源茂盛等。别人已听惯了这些赞誉之词,听后多反应不太。还有一些人在社交场合赞美别人时,只会鹦鹉学舌,说别人说过的话,这样,自然收不到赞美的效应。

(3)忌冲撞别人。忌讳,无论个人、国家还是民族都会有。忌讳仿佛是永不结疤的伤痕,每个人都不允许别人侵犯它。

赞美别人千万不可触及对方的忌讳,否则,极易引起他人的反感,造成交际的失败。不要夸奖秃顶的领导:"你真是聪明绝顶。"也不要当着残疾人的面赞美别人:"我佩服得五体投地。"有位大学生喜欢用歇后语赞扬人,一次球赛中,他笑骂着称赞本班的篮球中锋:"你小子真是秃子头上不长毛——没治了。"说完之后才意识到这位同学因病头发几乎脱光了,正为此烦恼,那位大学生为此后悔不已。

5.用幽默演礼

幽默是机智和聪慧的产物,是建立在镇定、自信和自尊基础上的一种内在自白,它以奇巧的方式表感受,以诚挚寓深思于嬉笑。正像恩格斯所说,幽默"是具有智慧、教养和道德的优越感的表现"。有一次,英国著名剧作家萧伯纳在街上突然被一个骑车人撞倒。骑车人慌忙下车,扶起萧伯纳,连连道歉且十分紧张。萧伯纳微笑地说:"不,先生,您比我更不幸,要是你再加点劲儿,那就会作为撞死萧伯纳的好汉而名垂青史啦!"正是幽默给了萧伯纳以惊人的自制力,使双方都摆脱了困境。在人们的交谈过程中,也会因为"走嘴",或突发原因而置对方于窘迫境地,此时幽默则可以起到稳定情绪,缓和紧张气氛,从"对抗"走向"对话"的润滑剂作用,使场面又还原在"礼"的意境之下。还比如,有一次在一个宴会上,某人向他邻座的一位女士说起一位公司经理的事情,他对于这位经理很不满意,很厉害地攻击了一通。后来这位女士问他说:"你认识我吗?""不认识。"他回答。"我就是他的妻子。"这个人窘住了,但马上就转口问道:"你认识我吗?""不。""噢,那真是太棒了。"正是最后的一句妙话,既显示了他的幽默,又因为他的机智而使可能出现的尴尬由此消失了。可见幽默的神奇功效。但是,幽默并不是毫无意义的插科打诨,它有很强的分寸感,不能油腔滑调地耍贫嘴,庸俗拙劣地出洋相,故弄玄虚地"卖关子"。它既是一种素质,一种修养;又是一种艺术,一门学问。它靠奇巧引人发笑,奇就是出其不意,巧就是入情入理,使人在笑声中有所启迪,有所妙悟,有所震惊。而这并不容易。

🖙 知识实训

[实训背景]

某银行信贷部来了一位企业的负责人,希望了解贷款的事。信贷部主管热情让座,并与之交谈。在交谈过程中,信贷部主管应该注意哪些礼仪规范?

[实训要求]

1.熟悉交谈礼仪。

2.同学之间分组,按照规范进行模拟情景练习,注意有礼有节。

3.开展小组讨论,同学之间互相点评纠正,真正把握交谈礼仪的要点。

[实训提示]

交谈是日常金融活动中传播信息的重要手段。交谈中是否注意礼节,直接关系到沟通的效果。在日常交往中要重视交谈礼仪,要求以语言的礼吸引人,以语言的美说服人。

项目3 公共场所礼仪

▷ **工作任务**

掌握公共场所礼仪

▷ **工作步骤**

第一步:学习教师提供的资料,通过案例分析,加深对遵守公共场所礼仪重要性的认识。

第二步:教师讲解与学生观摩视频教学资料相结合,并穿插思考案例等,让学生全面了解公共场所礼仪规范。

第三步:学生分组模拟训练不同公共场所的礼仪规范,在纠错、点评中提高认识和水平。

第四步:能够熟练掌握不同公共场所的礼仪规范,并转化为自觉的行动。

▷ **知识链接**

公共场所是判断一个人的文化素养和文明水平高低的好地方,因为在公共场所,人们之间的关系是临时的、随机性的,心理上受到的约束力较弱,言行往往显示其本来面目。人们常常会以一个人在公共场所的礼仪水平,来判断他是否有教养。因此,无论是作为一个现代人还是一个金融工作者,了解和遵守公共场所的礼仪都是十分必要的。

不同的公共场合,对礼仪有不同的要求,现将对一些主要公共场所应遵循的基本礼仪做介绍。

一、行路与乘车礼仪

(一)行路礼仪

(1)人行道的右侧即内侧是既安全又尊贵的位置,应将其让给女士或长者,男士或年轻者行于外侧。若男士与女士同行,男士应主动地走在外侧;若两位男士与一女士同行,则女士应走在中间。若夫妇两人陪长辈外出,其行走的位置应是:丈夫走在外侧,长辈居中,妻子走在内侧;主人陪客人外出,应让其走在内侧这一尊贵的位置。

(2)如果一个人独自在街道上行走,行进的路线要固定,不要东倒西歪。若非寻觅遗失之物,切莫在行进中左顾右盼,东张西望。

(3)如果街道狭窄或者人较多,则行进中最好不要挽手而行。迎面有人走来应向外侧躲避,大家互相避让即可以过去。

(4)路遇在街道另一边行进的朋友,可以同他打招呼。不过点头致意就行了,切忌高呼狂叫。

(5)碰到朋友、熟人需要说话时,则应站于路旁,不要妨碍他人通行。也可慢慢行进,边走边谈。

（6）若提着东西行走，要留神不要让自己的东西阻挡或碰撞了他人。我们都靠右行，所以提东西一般用右手，不会妨碍他人的行走，最好不要左右开弓，双手都拿东西。如果一群人并行宜走在外侧。

（7）在人多的街道上行走，最好保持一定的速度，至少不要挡住后边人的去路。在路上行走还要注意环境卫生，不能随地吐痰、乱扔脏物。不要在行进中大吃大喝。这样既不卫生，又不雅观。吃东西的地方最好是在室内，或在销售摊点吃完再走。

（8）遇人问路应尽力帮助，为其指示方向，不要由于自己很忙而置之不理，不知则予以说明。

（9）如路遇车祸或其他变故，不要驻足围观起哄；遇到身穿奇装异服者不要频频回头看或者指指点点。

（10）在马路上，要遵守交通规则，注意安全。

（11）问路应该有礼貌，恰当地称呼对方，用请教的口吻说话，别人帮你指路后应道谢，扬长而去是失礼的。

（二）乘交通工具的礼仪

1.乘公共汽车的礼仪

乘公共汽车，首先要做到排队上车。有素质的人不仅自己排队上车，而且会帮助或礼让妇女、老人和儿童、残疾人上车。

上车后应主动购票。有座位的年轻人应主动让座给车上的孕妇、病人、老人和抱孩子的妇女。碰到他人给自己让座，要立即表示感谢，而不能表现出心安理得的样子，假如自己不打算去坐，则应礼貌地向对方说明原因，如"谢谢，我在本站就要下车"。

乘车时要以礼待人。乘公交时比较拥挤不小心踩了别人，应马上道歉，被踩的一方也要有宽容的态度，不要张口骂人。

座位是给乘客休息的，不要把提包或行李放到身边的座椅上，而将腿长长地伸到通道上虽然舒服，样子十分难看，也影响乘车人的来回走动。

在车上要保持安静，不要高声谈笑，即便你自以为讲的事情十分有趣，也会影响别人，让人厌烦。

打喷嚏会使唾液四溅，无论在哪里，想打的时候一定要以手帕（或纸币）掩挡。公交上人多空气流通不好，更要注意。公交上为了安全不许吸烟，果皮纸屑等废弃物不要随地乱扔。

恋人要明白车上是公共场所，不可亲热过度，如两人都有座，可请女士靠窗而坐。

如与长辈和朋友一道乘车，则下车时应由男士或年轻者先下，然后帮助女士或年长者下车。

2.乘轿车的礼仪

在外事活动中，人们乘坐轿车是很讲究礼仪的。

首先，主人陪客人同乘一辆轿车时，主人应帮助客人先上车，而不可以自己先上车。先为客人打开轿车的右侧后门，并以手挡住车门上框，提醒客人注意别碰头。等客人坐好后，才可小心关门，注意不要夹了客人的手或者是衣摆，然后主人应从左侧后门上车。

抵达目的地时，主人应先下车，并绕过去为客人打开车门，以手挡住车门上框，协助其下车。客人不要自行下车。当亲友一同乘车时，男士和晚辈也应如此照顾女士和长辈。若与亲友一同乘车，应请女士与长辈先上车，并为之开关车门。如果女士裙子太短或太紧不宜先上车,应请男士先上,此时男士不必相让。

女士上车时最得体的方法是:先轻轻坐在座位上,再把双腿并拢,然后一同收进车内;下车时,要双脚同时抬起同时着地,不可一先一后。

其次,轿车上的座次也分尊贵,以后排与司机成对角线的位置为最尊贵,即后排右座。其余尊卑次序为:后排左座、后排中座、前排右座。

如果宾主不同车,则主人的坐车应行驶在客人的坐车之前,为其开道;如果宾主同车而行,宜请客人坐在主人右侧,如果有翻译人员可以坐在前排右座。

若一人乘车,可坐后排;若三人乘车,且为同性,可前排坐一位,后排坐两位;若三人中男女皆有,那么可全部坐在后排,一男一女,女士可坐在一侧,男士坐另一侧;二男一女,宜请女士居中。

若主人充任司机,只有一个客人可坐前排,有 2~3 个客人,则可请较熟的人或者身份相近的坐前排。

3.乘火车的礼仪

乘火车时,若同行者中有男士或年轻者,他们应首先上车,找好座位,放好行李之后,再回头帮女士或长者上车。下车时也应由男士或年轻者开道。

登上火车后,对号入座,不能见座就坐。去餐车就餐时,不宜抢座。遇上两个并排的座位已经坐着一个人时,那么坐前应有礼貌地征得对方的同意。

进入车厢后,不要很热情地向在座的人做自我介绍,只要客客气气地向邻近的乘客点头致意就行了。临别时可与周围的乘客说再见。

在车上与其他乘客交谈时,应注意以不妨碍他人为宜。不要夸夸其谈,也不要打听他人的隐私。可以谈高雅的或者无足轻重的,话题不要说家长里短的。

假若身旁的乘客正在阅读书刊或闭目养神,就更不要大声谈笑或自言自语,以免干扰别人。不要随意取阅人家的书刊,也不要悄悄凑过去与别人看同一份报纸,要先征得同意。

在火车上吃的东西,最好不要带刺鼻的气味,果皮纸屑不要随手乱扔,投到窗外更不可以。在车上最好不要吸烟,要管教孩子不准用脏手乱抓、乱拿他人的物品。

晚间进入客车包厢休息,如遇人正在宽衣就寝,应当在走廊稍候做回避。自己脱衣就寝时应背对其他人,日间换衣要去洗手间。再热也不可赤膊,不要穿背心、短裤和拖鞋上车。在车上不要把腿随便放到对面的座椅上,更不能放到窗上。

4.乘飞机的礼仪

安检和上下飞机时,要有秩序。排队要对女士、老人谦让。对空中小姐的问候要点头致意,或向其回应问候。

上机后不要抢占别人的座位,要对号入座。若在机舱内感到闷热,可以请空中小姐打开座位上方的通风阀;也可以解开外衣或将其脱下,但不可脱得只剩内衣,更不宜赤膊。更衣要去洗手间。

在飞机上要注意坐卧姿势,不要妨碍到他人为好。在飞机上不小心碰到了其他乘客,应当致歉。如别的乘客主动向自己打招呼,应友好地回应。要是自己打算休息则应向对方致歉并说明理由。在机舱内谈话声音不要太高,尤其当别人休息时。在交谈中许多话题都可以涉及,唯独要避开那些可能吓着别人的话题,有关劫机、坠机等空难事件等是忌讳谈论的。

对飞机上的物品都应当爱惜,不能随意取拿。登机后要收好空中小姐给的清洁卫生袋,不要等到急需时再找。在飞机上绝对不可以随地吐痰,不要吸烟,享用免费餐时要量力而行,不要觉得是不花钱的东西,就吃得过量了。

认真听从空中小姐的各项建议并对她的服务表示感谢。没有特别需要,不要乱按座位旁边的按钮呼叫空中小姐,机上其他设备也不要乱碰。

遇到班机误点或临时改降、迫降,不要惊慌失措,而须镇定合作。

下飞机后万一找不到行李,应请机场管理人员协助;若丢失,航空公司将会照章赔偿。

5.乘客轮的礼仪

有秩序地排队上船是上客轮首先要遵守的,男士或年轻者应留意照顾同行的女士或年老者。

在船上标明"旅客止步"之处,多为船员工作或休息的场所,不要因为好奇心而妨碍他人的工作。船上各种各样的电路、蒸汽开关很多,禁止随意触动,小心发生意外。

乘客要特别注意自己小孩的安全,不要让他随便跑来跑去,也不要让他随地大小便。在客房里吸烟是不安全的,也是不礼貌的,乘客最好到甲板上去吸烟。若晕船应该到洗手间去解决,不要吐到船内或甲板上。

在航行中应遵守有关的规则,不要因无知而制造麻烦。白天舞动花衣服或手帕会被其他船只认为是在打旗语;晚上拿手电乱晃,也可能被当成灯光信号。雾天不宜大声喧哗,也不能在甲板上听收音机、录音机。

与同客房的人谈话、散步不要强逼人家,他人同意才能同行。不要乱翻别人的东西。不要盯视人家的睡相。

去别的客房串门,最好事先约定,不要不约而到,进门时要敲门。

去餐厅、阅览室、娱乐室等地方不要吵闹,不要不拘小节,要有礼貌地向在座的人问好.并经过允许后入座。在娱乐室、歌舞厅里不要纠缠异性或恶语伤人。

出入舱口或在甲板上散步时,要为女士或他人让路。不要在甲板上大声说笑、四处追逐,以免影响别人。对船员也要友好。

船至码头要有秩序地下船,男士或年轻者可走在前面,以帮同行的女士或年长者下船。

二、购物与住宿的礼仪

(一)购物礼仪

到商店购物,应用客气的言词,礼貌地招呼售货员,"服务员,请给我拿一件×××";挑选商品时应事先有一定的考虑,不要信手乱指,茫无目的地让售货员反复拿给你。要爱护商品,特别是对易碎、易损、易污品更要谨慎。对售货员周到的服务应表示感谢,对服务不周或态度恶劣的售货员也不要当众与其争吵,以免自取其辱,恰当的方法是找其上司反映情况,妥善处理问题。

在超市购物,可以随意挑选自己满意的商品,但挑选时,不要随意拆启商品的外包装,或试用、试尝;没选中的,要整齐地放回原处,不要随手乱放。选好的商品要放在超市提供的容器中,不要放入自己带去的购物袋里,以免引起不必要的误会。在出口处付款时,若人较多,应排队依次等候。

(二)住宿礼仪

出门在外,要光顾宾馆饭店。进入旅社首先要办理住宿手续,对总台服务员的询问,要礼貌地一一作答，不要以"上帝"自居，粗声大气失礼于人。对安排的住宿不满意时，可有礼貌地提出，用协商的口气说话。入住后，不要过分喧闹，以免影响他人。对已见过面的人再次相遇应互致问候或点头致意。要爱护宾馆内的设施和用品，不知如何使用时，应请服务员帮忙。对不文明的行为，诸如用枕巾、被单擦鞋，将污物倒在洗脸池或浴缸中，便后不冲水等，既是不道德的恶劣行为，也有损人格，应坚决杜绝。

三、图书馆、阅览室和博物馆、美术馆的礼仪

图书馆、阅览室的礼仪首先体现在一个"静"字上。借书或查找资料都要遵守规则，保持室内肃静，入座起座要轻，走路要轻，说话、翻书也要轻，以免影响和干扰他人。在这里，任何旁若无人的谈笑、较高声音的说话都是失礼的。

其次，借阅图书，要按馆内的规则办理借阅手续，如读者较多，要耐心等待，不可连声催促或不耐烦地走来走去，更不可言行失当，否则会遭到别人的鄙视和侧目。特别要强调的是，要爱护图书，不能随意乱涂、乱画、乱折图书，更不能把自己需要的资料撕下，这样做，不仅不文明，而且严重违规，一旦被发现，管理人员将作严肃处理。

另外，如果要在馆内学习一整天，自备了午餐，也不可在阅览室里用餐，应该到休息室或室外用餐。一般不宜盛餐，而应以便餐为宜，在这种场合大吃一通，不仅十分可笑，也是失礼的行为。早到之人不应为别人占座位，也不能为自己划地盘，因为公共设施有空位人皆可坐；但欲坐在别人旁边的座位时应有礼貌地请问是否有人，得到回应后再入座。阅览室内空座位较多时也不能躺在座椅上睡觉，这种举动很不雅观，有失风度。在阅览室内说话应以学习内容为限，不可说与学习无关的闲话，在安静的学习环境中喋喋不休地说话，尽管声音不大也特别惹人讨厌，因此，即便是交换意见也要注意声音要小，时间要短，较长时间的讨论应到室外，讲话太多即为失礼。

博物馆和美术馆是高雅的场所，要求人们共同保持安静的环境和严肃的学术氛围，参观者应互相照顾，不要干扰别人。如有讲解员讲解，就要专心倾听，遇到不明白的地方或问题可以向他请教，但不宜不停地发问，以免影响其他参观者。

参观时要注意不可在别人面前走动，妨碍别人观赏展品；如果必须那样做，一定别忘了说声"对不起"。你如果很欣赏某一件展品，当然可以在它的面前多停留一会儿，但不能长时间地"独占"，应适时地向前移动，使别人也有观看的机会。如果别人正在观赏一件展品，你应当礼貌地等待，不要往前挤，或是妄加评论，或是对别人表示出很不耐烦的样子。

一般博物馆和美术馆为了保护展品以及维护自己的权益，禁止参观者摄影，有的虽然允许照相，也禁止使用闪光灯，这一点要特别加以注意并遵守。对展品要爱护，不能用手抚摸，也不要损坏馆内的其他设施。要注意场地的整洁，在地板或地毯上走动，脚步要轻，不要随地乱扔纸屑。

如果带孩子一起参观，应照管好孩子，不要让孩子乱跑或大声叫喊，不要一边参观一边吃零食、喝饮料；吃东西可以到小卖部或休息室。吸烟是绝对禁止的。

四、音乐厅、影剧院和体育场的礼仪

在许多国家，文化体育生活是很受重视的，不论是观看芭蕾舞或歌剧，倾听交响乐或演唱，人们不仅把它看作是娱乐消遣，而且当作是一种艺术欣赏，大家在这种场合都彬彬有礼，

特别注意仪态和举止,共同维护一种典雅、和谐的氛围。

出入音乐厅、影剧院应注意自己的仪表和修饰打扮,服饰整洁、文明、端庄,夏天穿着不能过少,不能袒胸光脊、穿拖鞋,或服饰怪异,招摇过市。入场时间最好能提前几分钟,不要等开演了再来回走动找座位,以免干扰他人。观看时,坐姿要平稳,不要左右晃动;戴帽者应脱帽观看,以免挡住别人的视线。恋人之间不要过分亲昵,行为不雅,而遭人非议。演出时要保持安静,不能大声说笑,也不要窃窃私语,喋喋不休地向同伴介绍剧情和结局,这会被人视为自我夸耀、自我卖弄,显得很浅薄,令人不能容忍。剧场内,禁止吸烟,禁止吃零食,这是公共卫生规则,必须遵守。

观众要尊重演员的劳动,一幕结束或全局终了应报以掌声;演员谢幕时,不要匆忙离去,应报以热情的掌声。演出中如遇到特殊情况或故障应予以谅解,不要喝倒彩、鼓倒掌、吹口哨,这样不仅失礼,也是缺乏教养的表现。

演出中途不宜随便退场,确须退场者,应在幕间休息或一个节目结束时进行,尽量不要打扰别人,经过别人的座位,要轻声致歉。

体育场和剧院相似,既是文化娱乐场所又是人际交往场所,但也有不同之处。这主要表现为体育比赛带有竞技性,而观众则带有明显的倾向性,尤其当有本国、本地区的运动员参赛时,观众的感情倾向一边倒,成为一方的啦啦队。这时,特别要注意文明礼貌,不能向另一方喝倒彩、吹口哨、发出怪声,甚至出言不逊。

对运动员在比赛中的表演要持鼓励、欢迎和友好态度,对竞技发挥出色的运动员,可用掌声表示鼓励和赞扬;对运动员竞技发挥反常、失误的要给以谅解,用友好的方式激励运动员调整情绪,发挥出水平,而不可发出嘘声或投以哄笑;对极个别赛风粗野的运动员可向有关部门反映情况,提出意见,而不应谩骂、攻击场上的运动员,向场内投掷杂物。运动场上气氛紧张热烈,情况瞬息万变。看台观众限于一隅,不要凭主观的观察贸然认为裁判错判或不公,周围的观众如果与你观点不一致,会认为你轻浮无知;如果迎合了观众的看法,则容易引起场内轰动,造成不安定的局面。

观看比赛时,要注意场内卫生,不吸烟,不随地吐痰,不乱丢果皮、瓜子壳等。散场时应按秩序退场,不要争先恐后,推挤碰撞,乱踩座位,翻越栏杆,潮涌而去。出场时不要逗留,不要围堵体育明星和运动员。

 小资料

可怕的日本民族

当亚运会在日本广岛结束时,六万人的会场上竟没有一张废纸,全世界的报纸都惊叹:"可怕的日本民族!"就因为没有一张废纸,就令世界为之震惊,这是为什么?这说明日本人的公民素质高,有着强烈的社会责任感。

五、旅游时的礼仪

旅游是现代时尚的休闲方式,我们都有可能成为不同范围内的旅游观光者。注意旅游中的礼仪,不仅有利于培养自己良好的风度、高尚的情操,而且可以使你的旅途生活顺利愉快。旅游和观光活动中的礼仪主要表现在尊重当地风俗,对名胜古迹及风光景物的爱护和待人接物方面。

在旅游中要当文明游客,对旅游胜地的名胜古迹、花木风景、公共设施要珍惜爱护,以保护自然环境的优美;不要乱涂乱画,信手涂鸦;不要攀摘林木花草;不能乱丢杂物,随地吐痰、便溺,如厕要冲洗;不要高声喧哗,追逐打闹;不要衣着无状,热了就赤身露体;不要做粗俗的动作,放黄色音乐;不要胡言乱语寻求刺激,搞恶作剧寻开心。总之,不做一切有违文明礼貌,有碍观瞻,污浊视听的事。

旅游中人员众多,与人相处要讲究礼仪,要与人为善,时时考虑到别人,如:登山时切忌踩下山石土块,以免砸伤他人;通过曲径、小桥、山洞、窄路时要看前顾后,主动礼让;休息处的座椅不要躺在上面,见老弱者要主动让座,别人给你让座,应道谢致意;众多游客在同一地方选景留影时,应互相礼让,留心不影响别人取景;请人帮忙要礼节当先,别人有事相求要乐于帮助;情侣之间行为要检点,不要不顾民族风俗习惯,有伤风化,有失礼节,招人侧目。

六、在洗手间的礼仪

欲去洗手间的时候,要注意只需通过低声打招呼或者暗示的方式向身旁的人或同行的人表示自己去那里即可。

出入洗手间,无论开门还是关门时,都不可太过用力。

另外在洗手间里一般不宜与人交谈,不要长时间阅读,不可吸烟和向别人让烟。遇到熟人,只需点头致意或悄声打个招呼即可。

一些无礼的行为,如在洗手间高谈阔论、传播小道消息、独自放歌或信手涂鸦,都是不文明和极易引起别人反感的。在洗手间要文明使用卫生设备,不要损坏,人多时要排队等候。洗手间里备用的手纸不要乱拉乱用或拿走,不要乱吐、乱扔其他东西,使用洗手间之后,不要什么也不管便扬长而去,要自觉冲洗干净。

洗完手后要自觉关好水龙头。如有擦手纸,一次只用一张,用后放到纸筐内;如有吹风烘干机,将洗干净的手放在吹风门不断地翻转移动,手会自动被烘干。盥洗后,应对镜理装,头发不要做太大的变动,拢一拢就行了,女性可稍微化妆或补妆,但时间不要过久。出洗手间前应仔细把衣饰整理好,不要以一边系裤扣或一边整衣裙或擦着手向外走的方式出现,这些都是不文明的。在洗手间等候的时候,不宜站在门对面或站得太近,最好站得稍微远一点,这样于人于己都方便。

七、在舞会的礼仪

舞会是一种既有娱乐性又有很强社交性的外来文化。舞会主办者所请的宾客,往往是一些和主人事务相关联的人物。尤其公司企业所主办的舞会,大多是为了开辟一个纯粹的社交场合,为解决与工作相关事项而提供的一个有效的平台,便于业务工作的顺利开展。而参加这种舞会有很多事项需要注意。

了解受邀者的背景材料,清楚举办一次舞会的目的是至关重要的。在舞会上遇到熟人要点头示意或者握手,但注意声音不要过大,以免影响他人。

男士在音乐响起后,要去主动邀请女伴。走到女士面前,微微鞠躬,请她跳舞。舞毕表示谢意之后,应把女伴送回座位。若有女士陪同你前往,先把她介绍给女主人,并请她跳第一支和最后一支曲子。如果有人把一位女伴介绍给你,你就必须请她与你跳一次舞在有正式节目单的舞会上,你也可以事先与某人约好共跳某支曲子。舞会上,女士一般不要轻易拒绝男士的邀请,礼貌而有气质地邀请男士跳舞也是可以的。

参加舞会应讲究个人卫生,头发、口腔、手等各个部位都应当保持清洁,如果身体有汗味儿,会引起舞伴的反感。跳舞过程中,最好不要戴帽子、吸烟、吃东西、哼歌曲。共舞双方应保持适当距离,既不要太贴近,也不要过分疏远。要将目光越过对方肩部射向斜前方,表现出平和的心境,盯视对方是不礼貌的。跳舞过程中要从容不迫,切勿突出自我。

⇨ 知识实训

[实训背景]

某银行为庆祝建行十周年,精心策划了一台文艺晚会,邀请了众多的企业负责人参加,在观看演出过程中,企业负责人应该注意哪些礼仪规范?

[实训要求]

1.熟悉不同公共场所的礼仪规范。

2.在模拟情景中练习不同公共场所的礼仪规范。

3.到音乐厅进行模拟练习,把握观看演出时的礼仪要点。

4.通过讨论和同学之间互相点评纠正,提高实际运用能力。

[实训提示]

公共场所是判断一个人的文化素养和文明水平高低的好地方,人们常常会以一个人在公共场所的礼仪水平来判断他是否有教养。因此,了解和遵守行路与乘交通工具、购物与住宿,以及在音乐厅、影剧院和体育场、旅游、舞会等公共场所的礼仪都是十分必要的。

⇨ 思考与练习

1.在日常交际和金融工作中为什么要遵循礼仪?

2.称谓,在礼仪中有什么作用?怎样称呼别人才能达到理想的交际目的?

3.怎样进行自我介绍?怎样介绍他人?

4.赠送名片时应注意什么?

5.简述握手有哪些要求。

6.在社交场合如何根据不同的情况选择见面礼?

7.简述在图书馆、阅览室应遵循的礼仪。

8.怎样当个文明观众?

9.从礼仪角度,简述旅游时应注意的事项。

10.在日常交际和金融工作中,交谈转入正题以后要把握的礼仪有哪些?

⇨ 主要参考书目

[1]王华.金融职业礼仪.北京:中国金融出版社,2006

[2]李道魁.现代礼仪教程.成都:西南财经大学出版社,2002

[3]胡锐.现代礼仪教程.杭州:浙江大学出版社,2004

[4]王华.金融职业服务礼仪.北京:中国金融出版社,2009

案例导入

出国拜访礼仪

张女士是某银行员工,由于业务成绩出色,随团到中东地区某国家考察。抵达目的地后,他们受到东道主热情接待,并设宴招待。席间,为表示敬意,主人向每位客人一一递上一杯当地特产饮料。轮到张女士接饮料时,"左撇子"的她不假思索,便伸出左手去接,主人见此情景脸色骤变,不但没有将饮料递到张女士的手中,而且非常生气地将饮料重重地放在餐桌上,并不再理睬她了。

[案例分析]

公务活动有不同的礼仪规范,只有遵守一定的规范,才能进行成功的公务交往。张女士在考察之前应当了解拜访对象的风俗习惯。中东地区视左手为不洁之手,若在交际中使用了左手,则是对对方的不敬和蔑视。张女士就是因为不了解这一点,才造成了尴尬。

[案例启示]

为了确保各项公务活动的良好效果,金融行业工作人员需要按照公务礼仪的要求调整自我的行为规范。

教学目标

[知识目标]

1. 了解办公礼仪的基本内容。
2. 了解常见会议种类和流程。
3. 了解宴请礼仪的基本内容。
4. 掌握接待、拜访礼仪的基本内容。

[能力目标]

1. 了解办公室的布局和布置的要点,掌握工作礼仪的各项要求和规范。
2. 熟悉常见会议礼仪的规范,掌握会议工作的基本内容。
3. 熟悉宴请的各种形式,掌握宴请活动的礼仪要求和规范。
4. 了解接待、拜访工作的礼仪规范,练习相关技巧。

⇨ 工作任务

项目1　学习并掌握金融行业工作人员的办公室礼仪
项目2　熟练掌握金融行业的会议礼仪
项目3　熟悉金融行业的宴请礼仪
项目4　熟练掌握金融行业的接待拜访礼仪

项目1　学习并掌握金融行业工作人员的办公室礼仪

⇨ 任务分解

任务1　学习办公室的格局和布置
任务2　掌握在办公室汇报工作的礼仪
任务3　学会处理办公室中的人际关系

任务1　学习办公室的格局和布置

⇨ 工作步骤

第一步:学会对办公室进行整体布局。
第二步:学会进行办公室的室内布置。
第三步:提升办公室中的个人礼仪。

⇨ 知识链接

　　办公室是金融行业工作人员处理日常公务、洽谈业务、接待来宾的重要场所。办公室礼仪是工作人员在办公室这一特定的工作场所应遵守的礼仪规范。它主要包括办公室的布置、办公室工作人员的个人礼仪、处理人际关系的礼仪、汇报和听取汇报的礼仪等。工作人员在办公室里所表现出来的礼仪水平,很大程度上反映了该金融单位的管理状况,体现了企业的团队精神和文化氛围。

　　办公室的布置应遵守整洁美观、规范有序的原则,做到既能满足金融行业的工作需要,又能美化工作环境,体现金融单位的企业文化,能给来访者创造一个舒适亲切的氛围。

一、办公室的整体布局

　　办公室的布局应根据工作需要和职能布局进行设计,以提高工作效率。根据这一原则,办公室的整体布局应注意以下几点。

（1）主管的工作区域应位于工作区域的后方，以便于控制和监督，同时不会因主管的接洽工作而分散工作人员的视线和精力。在主管的办公室应保留适当的访问空间，以便于工作上的交流与沟通。

（2）业务处应安置在工作区域中央，位置次序面对同一方向直线式组合，便于交接文件和沟通联系。

（3）与客户接触频繁的岗位应设置于入口处，或者通向走廊，以减少穿过工作区的次数。

（4）保障公共空间和私人空间的独立，减少因走动而对其他工作人员的影响。

二、办公室的布置

办公室的布置主要是办公桌椅和设备的摆放以及办公环境的装饰。总体要求办公环境井然有序、美观整洁，让人一走进办公室就感觉到有条不紊、管理完善的工作氛围，进而留下值得信赖的第一印象。这对金融行业来讲尤为重要，因为这直接影响客户对金融企业的选择。

（一）办公桌椅及设备的摆放

办公桌的摆放：若是独立办公，应选择采光较好且正对门口的地方，与窗户保持约1.5～2米的距离；如是多人办公可根据人员、采光及场地等因素，采用相同规格的隔板，把各个办公人员的办公区域分隔开来，以保持各自工作区域的相对独立，减少相互干扰，提高工作效率。办公桌面应保持干净整齐、井井有条，这既是门面，也是良好心境和工作效率的源泉。

文件柜的摆放，应以有利于工作为原则，通常情况下靠墙角放置，不宜占较大的办公空间。柜内文件要及时整理归档，并建立目录，便于查找。有保险柜的办公室应将重要文件、清单、保险单、账目、现金、支票等放入保险柜，以防被盗。公务文件和票据，工作人员均不能私自带出办公室。

电话机的摆放，应以便于接听为原则。一般应放在办公桌或写字台的右前缘。如有两部或多部电话机，则可放在办公桌的左、右前缘，便于分辨和接听。

电脑、打印机和传真机等的摆放，既要方便他人工作，又不妨碍自己工作。与设备有关的资料，应妥善保管，便于维护和修理。

（二）办公室装饰

办公室的装饰，应根据金融单位的工作性质、经营宗旨、办公室的空间大小来进行装饰。由于金融工作具有一定的严肃性，因此办公室不宜采用过于花哨的装饰品，应以优雅、和谐、轻松、宁静的风格为主，可选择一些油画、水墨画、字画、绿色植物等美化环境。特别是绿色植物不仅能点缀美化环境，而且可以调节周围的小气候，有助于工作效率的提高。

 小资料

办公细节要注意

办公用品定位管理，办公台面清洁与整齐，做到"四净、三无、二不"。

● 四净：地面净、桌面净、墙面净、门窗净。
● 三无：无灰尘、无纸屑、无杂物。
● 二不：不摆放杂物，不悬挂、张贴与工作无关的物品。

办公室内拖把、簸箕、水桶等清洁用具应摆放整齐。

离开座位时,须挂好工作状态牌,并将机密文件、票据、现金和贵重物品存放好。

三、办公室个人礼仪

(一)主动问候,互相尊重

在工作单位应面带微笑,主动问候。在工作过程中,应谦恭有礼,与他人交流时要保持微笑,主动问候。

(二)谈吐优雅

要注意保持办公室的安静与整洁,不要大声讲话,要控制好讲话及打电话的音量,在通道和走廊不要一边走,一边大声讲话,以免惊动四邻。交谈时还应注意谈话内容,不要谈论与工作无关的话题,切忌海阔天空、高谈阔论,也不要说些粗野、庸俗的话。此外,还应控制好自己的情绪,不要把喜、怒、哀、乐都写在脸上,让人感到你不够成熟,自控力不强。

(三)举止文明

金融行业工作人员的行为举止应庄重、自然、大方,有风度,给人留下积极自信的好印象,坐姿、步态要文雅,举手投足应符合金融行业工作人员的职业身份。清闲时,不要串岗聊天、高声谈笑或围在一起打牌、下棋等,给人留下管理混乱的不良印象。办公场所既是工作的地方,也是社交场所,应当保持文明整洁。不能随地吐痰,乱丢烟蒂、纸屑。不要将杂志、报纸、餐具、小包等放在桌面上。在办公室不要抽烟。喝茶时也不要发出声音。养成良好的卫生习惯,感冒打喷嚏应捂住口鼻。如因事离开座位,应轻轻起身,不要拖拉椅子,以免发出噪音,影响他人工作。下班时应整理好桌面材料,并将文件分类归档。

➭ 知识实训

[实训背景]

王丽娟是个很有生活情趣的人,她在办公桌上摆放了很多有意思的小玩意,如个人艺术照、小盆栽、小鱼缸、卡通玩偶。部门经理来找她要一份文件,看到她桌上琳琅满目的东西立刻就皱起了眉头……

[实训要求]

1.了解办公室布置的总体要求。

2.学习对办公桌进行布置。

[实训提示]

个人办公桌的布置和摆放折射了个人的职业素养,金融行业应给人专业、理性和可信的感觉,因此,金融行业员工应结合职业形象需求来布置办公桌。

任务2 掌握在办公室汇报工作的礼仪

➭ 工作步骤

第一步:掌握汇报工作的礼仪。

第二步:掌握听取汇报的礼仪。

一、汇报工作的礼仪

下级向上级汇报工作时的礼仪要求：

(1)遵守时间,不可失约。应树立极强的时间观念,不要过早抵达,使上级准备未毕而尴尬,也不要迟到,让上级等候过久。

(2)轻轻敲门,经允许后才能进门。不可大大咧咧,破门穿堂,即使门开着,也要用适当的方式告诉上级有人来了,以便上级及时调整体态、心理。汇报时,要注意仪表与姿态,尽量表现得文雅大方、彬彬有礼。

(3)汇报内容要实事求是,汇报要吐字清晰,语调、声音大小恰当。

(4)汇报结束后,如果上级谈兴犹在,不可有不耐烦的体态语产生,应等到由上级表示结束时才可以告辞。告辞时,要整理好自己的材料、衣着与茶具、座椅,当领导送别时要主动说"谢谢"或"请留步"。

二、听取汇报的礼仪

上级在听取下级工作汇报时的礼仪要求：

(1)应守时,如果已约定时间,应准时等候,如有可能宜稍微提前一点时间,并做好记录要点的准备以及其他准备。

(2)应及时招呼汇报者进门入座,并泡茶招待或敬烟,不可居高临下、盛气凌人,大摆上司架子。

(3)要善于听。当下级汇报时,可与之目光交流,配之以点头等表示自己认真倾听的体态动作。对汇报中不甚清楚的问题可及时提出来,要求汇报者重复、解释,也可以适当提问,但要注意所提出的问题不至于打消对方汇报的兴致。

(4)不要随意批评、拍板,要先思而后言。听取汇报时不要有频繁看表或打呵欠、做其他事情等不礼貌的行为出现。

(5)要求下级结束汇报时可以通过体态语或委婉的语气告诉对方,不能粗暴地打断。如果已到了吃饭时间,可挽留下级吃便饭。当下级告辞时,应站起来相送。如果联系不多的下级来汇报时,还应送至门口,并亲切道别。

任务3 学会处理办公室中的人际关系

知识链接 工作步骤

第一步:了解上级对下级的礼仪要求。

第二步:学习下级对上级的礼仪规范。

第三步:熟悉同事之间的行为礼仪。

知识链接

在办公过程中,各项工作的完成往往需要大家的合作与配合,因而上级与下级或同事间不可避免地会产生各种交互活动。协调各种关系,创造良好的工作氛围,使人心情舒畅,提高工作效率,是办公礼仪中的一项重要内容。

一、上级对下级的礼仪

(一)知人善任,任人唯贤

上级对下级最重要的礼遇就是知人善任、任人唯贤,使其德、才、能、长得以充分发挥和施展,而不是求全责备。"德重主流,才重一技",只要无关大局,对个人性格、习惯上的弱点可不要过分苛求。

(二)用人不妒,用人不疑

上级应鼓励下级"青出于蓝而胜于蓝",力负重任而越过自己,切不可心生疑惧,心生嫉妒。否则,玩弄权术不仅挫伤下级的积极性,而且是极大的失礼、失德。上级在下级面前不要以领导、权威自居,"尺有所短,寸有所长",对下级表现出谦恭好学的态度,这才是有礼的行为。

(三)宽宏大量,容事容人

下级在工作中提出不同意见,或说了刺耳、过头的话,甚至做出了不符合实际的个人攻击,只要对工作任务无关紧要,就要宽宏大量,容事容人,切不可打击报复。最好的办法是让对方在以后的实践中进行自我教育。

(四)充分信任,明确授权

领导与下属之间虽然存在一定的行政距离和心理距离,但通过对下属的充分信任和授权,就可以大大缩小这种距离。一般说来,领导者对下属越信任,就越愿意授权下属,而下属往往就越自信、工作积极性越高,越尊重和感激领导者,上下级关系就越融洽。相反,如果不放心下属,任何事情都要过问插手,这样不但自己很辛苦,而且会引起下属的误解,认为领导不信任自己,不利于下属工作积极性的发挥。

(五)淡化角色,平易近人

上级对下级最为普通的礼仪是平易近人、没有架子、态度和蔼。上下级都同在一个职业群体中工作,享有共同的活动空间,日常交往每天都会发生。在以职业活动为媒介的社会交往中,上下级双方都以一定的角色身份出现,并按角色规范办事。在工作交往中,这种角色差异是非常明显的。根据人际吸引原理,交往双方的角色差异会加大彼此的心理距离,形成交往的心理障碍。因此,在日常的交往中,如文化、娱乐、消闲、串门聊天等,通过自己的言行,有意识地淡化与交往对象的角色差异,不用命令与支配的口吻讲话,而以朋友的语气与下级交谈,有利于缩小彼此间的心理距离。

(六)讲究批评时的礼仪

批评最容易导致人际关系的紧张,但作为领导者对下属的错误又不能视而不见、听而不闻,要使批评既能达到纠正下属错误的目的,又使下属心服口服,不造成关系紧张,这就需要把握批评的方式方法。批评也要以礼待人,具体应注意以下几方面:

(1)慎用公开的批评。公开批评有时可以起到批评一个教育大家的作用,但往往对被批评者的自尊心伤害较大,因此,对犯错误的人可不公开批评的就尽量不公开批评。

(2)批评时应佐以褒奖。在批评人时回顾和肯定其以往的成绩,承认其工作能力和水平,佐以恰如其分的赞赏与鼓励。

（3）批评时不伤人自尊心。人人都有自尊心，犯错误的人自尊心更强烈，更需要别人尊重。所以，批评时切忌说伤害感情的话，更不能借题发挥。要尊重对方的人格，对事不对人，不有意揭人短，不轻易否定未来。

二、下级对上级的礼仪

处理好与上级关系，这对自身的发展将会产生很大的影响。大凡成功人士都有较强的处理与上级关系的能力和水平，能遵守上下级之间的交往礼仪，赢得上级领导的信任和支持。

（一）出色完成工作任务

作为下级，首先要服从上级安排，千方百计地圆满完成上级交给的工作任务。在不违背上级精神的前提下，结合本部门的工作实际，制订切实可行的工作计划，富有创造性地完成上级交给的工作任务，这既是工作顺利开展、提高工作质量的保证，也是作为下级基本的礼貌礼节。否则，只做表面的礼仪文章，而把上级布置的工作当儿戏，这对领导是最大的失礼。

（二）以大局为重，维护上级的威信

维护上级威信，是顾全大局的一种表现。作为下属，应当注意时时、处处、事事维护领导的威信。不要因与自己有关的问题一时得不到解决，或者工作中确系上级安排、决策发生了失误，而吹毛求疵、百般挑剔、借题发挥或当众大吵大闹，让上级下不了台等，这是很不礼貌的。在这种情况下，只要上级的决策大体正确，下级就应积极贯彻执行，即使有问题，也应抱着与人为善的态度，尊重、体谅上级，通过正当的途径，诚恳地帮助上级纠正。如：找上级个别交谈，诚恳地交流思想，提出自己的看法和解决问题的意见和建议。这才是有修养、有礼貌的行为。

此外，与领导说话要注意场合和分寸。一般来说，与上级相处，在正规场合宜庄重，私下场合可随便些，但不管是什么场合，办事说话都要注意分寸。

（三）尊重而不庸俗，服从而不盲从

作为上级总有某些特长，或才干过人，或经验丰富，或声望服人，作为下级应该尊敬上级，而不应傲视，也不要卑躬屈膝，唯命是从。下级服从上级是一条组织纪律，是一个组织得以存在和发展的必要条件。但服从绝不是盲从，因为人不是机器，而是有主动性和创造性的，协调上下级关系应该是目标的统一，彼此互负责任共同达到预期目标。否则，唯唯诺诺，揣度上级的心思，看领导的眼色行事，甚至谄媚奉承等，都是不礼貌的行为。至于那种别有用心、居心叵测的做法，不仅是失礼，而且是失德的行为。

（四）做好领导的参谋和助手

作为下级，在处理与上级关系过程中，有责任、有义务充当上级的参谋和助手。具体地说，要在职权和工作范围内，积极地给上级领导提供信息、反映情况、出主意、想办法，以便上级了解实情、拓宽视野、掌握动态，使决策更加准确，实施更加有效，组织更加得力，指挥更加有力。

（五）定位准确，不"越位"

"越位"是下级在处理与上级关系过程中常发生的一种错误。要真正做到出力而不"越位"，必须正确认识自己的角色地位，这是作为下级处理好与上级关系的一项重要原则。

上下级之间由于所处的地位不同，因此工作职责和要求都不同。作为上级，依据法律或章程赋予的特定职责和权限进行工作。作为下级,则围绕上级制定的工作目标和要求开展工作。准确地认知自己的角色,摆正位置,既不能要求上级领导去干下级人员的事,也不要"越位",即越权或擅权去做领导的事,如超越身份胡乱表态,擅自决策,这都是不负责的表现。

(六)不随意打扰领导的公务

在与上级交往的过程中,不要随意打扰领导的公务。逢领导开会或处理其他工作时,除非紧急情况,一般都要有礼貌地等候或另择时间,不要轻易打断领导的正常工作。向领导汇报工作,不要絮叨不休、绕圈子,而应简洁明快。在领导办公室,不可随便翻阅公文、信件,不要大大咧咧、言行无状。

三、处理同事关系的礼仪

同事之间的交往与一般社交场合的人际交往有所不同。一般社会交往场合,交往的时间往往是短暂的,交往对象之间通常以仪表、仪容、仪态、语言和举止等第一印象去评价对方。而作为长期共事的同事间交往,情况就不一样。因为同事间相处有工作性质的相似性、时间的长期性、人际结构的相对固定性,这就使彼此都有较为全面而深刻的了解。因此朝夕相处的同事之间就应特别注意不能以"礼"行虚,做表面文章。如果一个人给同事留下"虚礼"的印象,那么他的"礼"就不会赢得同事们的信任了。为此,同事之间相处,应注意以下礼仪。

(一)真诚、信任

真诚是同事间相互共事的基础,信任是连接同事间友谊的纽带。无论是上级、下级或同级,在工作和生活中,待人以诚、互信不疑是同事间相处最重要的一条礼仪准则。真诚、信任就要做到"言必信,行必果"。话一出口,就应考虑到责任感,没有把握或做不到的事,不信口允诺,一旦允诺,则要千方百计地做好。万一由于种种客观因素未能办成,也应诚恳地加以解释,致以歉意。以诚相待,与人为善,以自己的"诚心"和"善意"去换取他人的"实意"和"友善"。古人云:"精诚所至,金石为开。""诚之所感,触处皆通。"意思是说,只要真心实意,以诚相待,就会使人感化,无论在什么地方、什么情况下,都能把事情办好,得到别人的信任与支持。

(二)宽容待人,学会自制

在处理同事关系时,你的宽容,对处理好同事关系是很有利的。如一个人心胸狭窄,处处不容人,是不可能有良好的同事关系的。宽容别人偶尔的过失,是一个人必备的良好素质。作为金融系统的工作人员,必须具有宽广的胸怀和气量,对于别人的缺点和短处应该持包容和宽谅的态度,并想办法用自己的长处去弥补。当然,容忍和宽谅并非无原则的迁就,在相互交往中要互相宽容。

(三)既"合作"又"竞争"

"合作"和"竞争",是同事关系中不可分割的两个方面,合作中包含着竞争,竞争中又包含着合作;合作,推动竞争,竞争,又有助于更好地合作。因此,一味"合作"而不讲"竞争",不利于自身能力和水平的提高,最终将减弱自己与人"合作"的能力。因此,同事间既要热诚合作,又要敢于"竞争"。要正确处理好"合作"与"竞争"的辩证关系,自觉树立"竞争意识",通过"竞争"不断地激励自己、完善自己、提高自己与人合作的能力和水平。但这种"竞争意识",应该是积极的、健康的。在"竞争"中,领先时不自满,落后时不气馁,一如既往,积极进取。

(四)掌握分寸,分清职责

在工作过程中,同事之间应当分清职责,掌握分寸,不争权力,不推责任。属于别人职权之内的事,绝不干预,属于自己的责任,也绝不推卸。努力做好自己的本职工作。当别人需要帮忙时,应挺身而出,不要推辞。当有好事时绝不争抢。那种凡好事就争,凡难事就推的行为,是破坏同事间相互协作的腐蚀剂,必须坚决防止和克服。

(五)经常联系,沟通情况

在工作上,同事之间虽有明确的分工,但事实上有些事是很难分清的,肯定会有交叉和联系。因此,在工作中同事间应经常通气,及时沟通情况,主动向同事提供有用的资料、信息、情况和建议,只有这样,才能彼此了解,互相信任,有效地合作,消除不必要的误会和摩擦,提高工作绩效。

(六)互相"补台",积极配合

工作中,同事之间常常会遇到一些工作上的交叉,也会有一些需要共同处理的事务。因此,同事之间应当积极主动地配合,齐心协力地工作,以求得最佳的整体效应。既要有合作精神,又要有"补台"意识。这是处理同事关系的又一重要方面。当同事有困难时,应当热情地帮一把;当同事有问题时,应当尽力地挽救一下;当同事出了差错时,应当主动地弥补一下。而不要视而不见、见而不帮、帮而不力,更不能抱着看"笑话"的态度来"欣赏"同事的困难、问题和差错,这是很不仁义的。

(七)己所不欲,勿施于人

"己所不欲,勿施于人"是同事间相处的又一方面。因为作为同事,都在相同的工作环境和条件下,相互非常熟悉,所谓喜、怒、哀、乐以及心理活动都有较大的相似性,自己喜欢或厌恶的事物,别人也会有同感。所以,在相互交往中,要注意换位思考,在自己的言行付诸行动之前,想一想别人这样对待自己时会怎么样?如果自己都无法接受,那就不应该施之于人。遇事善于站在对方的立场上想问题,严于律己,宽以待人,与人为善,就能够为建立良好的同事友谊奠定深厚的基础。

(八)要君子之交,勿做小人

俗话说,君子之交淡如水。朝夕相处的同事之间靠以诚相见,以精神上的相互交流、相互支持为主,而不靠物质上的交流、"小恩小惠"和庸俗的拉拉扯扯。当然,同事之间也要礼尚往来,甚至慷慨解囊相助。在日常交往中,不要在众多的同事中仅与一个或几个人交往过密,甚至越过一般同事关系,否则,"有亲必有疏"。因为对某个人的过分亲密必然会反衬对其他同事的疏远,从而使得同事之间的关系"多角化""复杂化"。

(九)见贤思齐,强者为师

处理同事关系,不仅要有"容人之短"的肚量,而且要有"容人之长"的胸怀。所谓见贤思齐,强者为师,就是主动地向贤者看齐,虚心地拜强者为师。由于同事处在同一起跑线上,潜存着"竞争"的因素。毋庸讳言,同事之间,由于资历、阅历和受教育程度等方面的不同,其无论是在能力、水平还是气质、修养方面,都存在着一定的差异。所以,每一个人对自己和对他人都应该有一个客观的评价。对那些水平高、能力强的人,要虚心好学,拜强者为师,但也不要表现出缺乏自尊与自信;对于那些不如自己的同事,更不要盛气凌人,好为人师,"居高临下"。与同事相处要不骄不躁、不卑不亢;说话不绝对,不过头;不扫他人兴,不要以质问的口气对他人讲话;更不能嫉贤妒能,采取不正当的方式和手段"挤"别人,来个"我不行你也别行""我不强你也别强"的做法。这样既不利于自己的提高,又有损于同事之间的关系,甚至还会成为受人唾骂的"小人",不利于同事关系的协调。

(十)少闲谈,不无事生非

同事之间在工作中一般不应该闲谈,更不允许利用自己的闲暇到他人岗位上去闲聊或办私事,以免影响他人工作或无事生非。但实际上同事之间相处天长日久,在工作场所、办公室,或班前班后,难免要闲谈几句。但闲谈务必注意一些基本礼节:一是谈话必须有节制、有分寸,不能因谈话而影响工作;二是谈话内容不应涉及第三者,不要背后议论、评价人,须知隔墙有耳,也不谈论荒诞无稽和低级趣味的内容;三是不要窥探别人的隐私、传播耸人听闻的小道消息或挑拨离间、人为地制造许多矛盾;四是不开过头玩笑,不涉及敏感话题和伤人自尊心。

▷ **知识实训**

[实训背景]

韩雪向主任汇报工作,她先和主任约好了时间,然后提前几分钟来到主任办公室前,看到主任正在打电话,便退到一边等了一会。等主任打完电话,她轻轻敲门,得到允许后,进入办公室坐下,并关闭了手机。韩雪把汇报的书面材料交给主任,并清晰而有条理地开始了汇报。途中她不时稍微停顿片刻等待主任浏览材料,并对主任提出的疑问及时做了补充和解释。汇报结束后,主任对她的工作表示非常满意。韩雪随后对几个细节问题进行了请示并告辞,临走前她轻轻地带上了办公室的门。

[实训要求]

1.了解向上级汇报工作的礼仪要求。

2.两人一组,扮演上下级之间的汇报工作。

3.在练习的基础上,讨论并总结经验。

[实训提示]

要学习与各类人打好交道,协调各种关系,创造良好的工作氛围,使人心情舒畅,提高工作效率,这是办公室处理好人际关系的宗旨。

项目2 熟练掌握金融行业的会议礼仪

▷ **任务分解**

任务1 学习大型会议的礼仪工作及规范

任务2 学习常见会议的礼仪工作及规范

任务1 学习大型会议的礼仪工作及规范

工作步骤

第一步:学习会议的筹备礼仪要求。

第二步:了解参会的礼仪要求。

知识链接

会议是一项经常性的公务活动,它是为实现一定目的,由主办方或主持单位将有关单位和人员组织起来,研究、讨论有关问题的一种公务活动方式。会议的类型很多,就规模来讲,有小型会议、中型会议和大型会议;就内容来讲,有业务会议、座谈会、报告会、总结会、表彰会和学术研讨会等;就涉及的范围来讲,有例会、单位工作会议、联席会议和行业系统会议等。不同类型的会议对礼仪的要求不同。礼仪的繁简与会议的规模、内容、规格、级别密切相关。一般而言,规模越大,内容越重要,级别越高,对会议礼仪的要求就越高。例会和单位内部的各种会议的范围小,礼仪比较简单;大中型会议一般都是较为重要的会议,范围比较广,礼仪也就比较繁琐,如按县、地区、省市或行业系统召开的各级金融工作会议。

一、会议筹备礼仪

(一)成立会务组

大中型会议,一般是指与会者众多、规模较大、会期较长、内容较多的会议。会议能否顺利进行,取得圆满成功,会前对会议的筹划十分重要。规模较大且较重要的会议,会前应成立会务组(或筹备组),负责对会议进行周密策划和具体部署,以保证会议的高效进行,圆满完成。

(二)拟定会议主题

会议的主题,即会议的指导思想。它体现召开会议的目的、宗旨,会议将要研究和讨论的主要内容。会议的主题要集中明确,即使安排多项内容,也应有主有次,并始终围绕会议。

(三)拟发会议通知

会议通知是由会议主办单位下发给与会单位的告知性文书,其内容应准确、具体、完备。一要明确会议的事由和名称;二要明确会议的议题;三要明确会议的起止时间;四要明确报到的时间、地点、交通路线;五要明确与会人员;六要明确会议要求,如所需材料、会议费用及其他有关事宜。会议通知要提前下发,以便与会者做好充分的准备。

(四)拟好会议文件

会议所用的各种文件材料,是会议内容的重要组成部分,均应于会前准备好,如开幕词、讲话稿、发言稿或主题报告;会议接近尾声时,还要提前准备好闭幕词。

(五)布置好会场

会议场所的大小要根据会议的类型和与会人员的多少而定,开会场地大小要适中。会场的布置要与会议的性质和内容相称。如重要的工作会议应庄重严肃些,学术会议应轻松活跃些,表彰会应欢快喜庆些。对会议使用的音响、照明、摄像、多媒体等设备,要事先调试好。

（六）安排好座次

大中型会议座次的安排一般都是授课型布局，会场内分设主席台与群众席。主席台上的座次应根据地位、职务的高低来排列。依我国的惯例，座次的安排是前排高于后排，中央高于两侧，左座高于右座。为使座次安排井然有序，应事先在就座者位置前摆放写有其姓名的座签。群众席的座次排列，应以会议的情况而定。或按单位、部门、行业系统划定区域入座，也可按入场先后次序自由就座。

（七）安排好接待和服务

会议中的接待和服务工作十分重要，诸如迎送、签到、交通、膳宿、引导、保卫、医务和其他活动的安排等，应精心准备，一一落实。

（八）安排好会议时间

对于会议的起止时间、休息时间、发言时间和讨论时间，应有明确规定，避免拖沓随意，影响会议效率。

（九）做好会议记录

凡较重要的会议，无论是全体大会，还是分组讨论，都应有专人负责做好会议记录，为编发简报做好材料的基础工作。

（十）编写会议简报

较重要的会议，都应及时编发会议简报，以便会上沟通交流和会后传达贯彻。

二、参会人员礼仪

（一）主持人礼仪

（1）会议的主持人是会议的重要角色，应由具有一定职位和主持能力的人担任。

（2）主持人应仪表堂堂，大方庄重，精神饱满，思维敏捷，口齿清楚，善于表达。

（3）主持人走上主席台时步伐应稳健有力，步幅与行走速度要适中。

（4）主持人站立主持时应双腿并拢，腰背挺直。单手持稿时，左手五指并拢自然下垂；双手持稿时，应与胸齐高。

（5）主持人应维护会场秩序，遵守会议规则，并按会议性质调控会议气氛。

（二）发言人礼仪

会议发言是会议的主要内容。包括致开幕词、领导讲话或做报告、代表发言、致闭幕词等。发言人礼仪要注意以下几个方面：

（1）准备好发言的文稿。要明确"我该讲什么、我准备怎么讲、我讲多长时间"，切忌临场发挥，漫无中心，不知所云。这种讲话，不但影响会议的严肃性和会议的效果，而且会引起听众的反感。

（2）控制好发言的时间。开幕词、闭幕词要短小精悍，切中会旨。讲话和报告要突出重点，要言不烦，时间不能太长。马拉松式的发言，即便再精彩也是不受欢迎的。

（3）表达要有魅力。发言应用普通话，语言要生动形象，情绪要饱满高涨，声音要抑扬顿挫，使发言具有感染力和号召力。书面发言时，要时常抬头扫视会场，切忌埋头读稿，旁若无人。发言结束时，要向听众表示谢意。

（三）与会人员礼仪

（1）着装得体。与会者着装要正规、整洁、庄重、得体。

（2）严守时间。与会者要按时到会,不迟到,不早退。

（3）遵守秩序。与会者要依次入场,进出有序,并按要求落座;在会场内要始终保持安静,不窃窃私语,不随便走动,不使用手机。

（4）专心听讲。与会者要精力集中,认真听讲,做好记录,并适时报以掌声。

（5）积极讨论。与会者在分组讨论时,要积极发言,不要坐而旁观。

▷ 知识实训

［实训背景］

李勤负责行内的一次大会,事先做了周密的部署和安排,并进行了分工,最后这次大会圆满落幕,得到了大家的好评。

［实训要求］

制订会议筹备方案时应该注意哪几个方面?

［实训提示］

周密的准备是成功的一半,筹备过程中应该考虑到所有可能的因素,才能最大限度地保证会议的进行。

任务2　学习常见会议的礼仪工作及规范

▷ 工作步骤

第一步:了解例会的礼仪。

第二步:学习座谈会的礼仪。

第三步:掌握报告会的礼仪。

第四步:了解新闻发布会的礼仪。

▷ 知识链接

一、例会的礼仪

例会是指固定时间、固定地点和固定与会人员的制度性会议,也称为办公会议。会议的内容以传递信息、交流情况、安排工作为主。例会是内部会议,而且范围小、时间短,所以礼仪比较简单。一般应注意以下几个方面:

（1）例会是制度性会议,非遇特殊情况,不能取消或改期。

（2）例会不需下发通知,如临时取消,要及时告知。

（3）与会人员不能出席时,应当提前请假,必要时派他人代替。

（4）例会要重点突出,短小精悍,不能现场解决的问题,可另行安排。

（5）与会人员要做好会议记录,以便汇报或传达。

二、座谈会的礼仪

座谈会是邀请有关人士,围绕某一议题进行讨论,或为沟通情况、征求意见、增进情感而举办的小型会议。座谈会的礼仪有以下几方面：

(1)内部座谈会可用通知的形式告知与会者,通知要写明座谈会的时间、地点、内容和具体要求。如有外部嘉宾应提前下发邀请函。

(2)会场的选择与安排要紧凑,一般采取 O 形或 U 形排列,营造的气氛要平等、轻松、友好。

(3)如有外部嘉宾,主持人要一一介绍,并表示欢迎。

(4)主持人要活跃气氛,引导发言,使与会者畅所欲言。

(5)发言的形式顺序可灵活不拘,且允许争论,发表不同意见。

(6)座谈会结束时,主持人应做简要归纳,并对嘉宾表示感谢。

三、报告会的礼仪

报告会是请专家学者、先进人物或其他人士进行专门报告的会议。常见的有形势报告会、学术报告会、先进单位或先进人物报告会。报告会的礼仪主要有:

(1)接送报告人,并安排相应的陪同人员。

(2)会场应选择教室型,并设有主席台;会场的气氛应热烈,并挂有欢迎的横幅。

(3)报告会开始时,应由主持人对报告人予以介绍并表示欢迎。

(4)报告会的时间安排不能太长,听众数量宜多不宜少,最好是座无虚席。

(5)报告会如要录音,应征询报告人的同意。

(6)听众如有提问,可采取递条的形式;如报告人留有对话的时间,可口头提问。

(7)听众应始终保持安静,注目倾听,不可读书看报或搞其他小动作。

(8)报告会结束时,主持人应再次表示感谢,全体应报以热烈的掌声。

四、新闻发布会的礼仪

新闻发布会,是社会组织为了实现某一目的,围绕某一特定主题,邀请新闻界记者参加的一种特殊会议。它是一种主动向外部公众传播组织的有关信息,谋求新闻界对社会组织的重要信息、某一活动或事件进行客观而公正的报道的有效沟通方式。新闻发布会礼仪比较繁琐,会前应进行周密的准备,以保证发布会的效果。

发布会礼仪的程序至少应当包括以下几个方面:

1.确定好主题

常见的新闻发布会的主题有两种:一种是为了发布组织的某一重要信息,如经营方针的变化、新产品的推出等;一种是对发生的事件予以解释和澄清,如公众投诉、负面报道、重大事故等,以化解危机,维护形象。

2.确定邀请记者的范围

新闻发布会的主宾是记者,所以向记者发出邀请是一项十分重要的工作。邀请的范围要考虑媒体的权威性和覆盖面。如果是为了扩大组织的影响,提高组织的知名度,邀请的范围就要大一些;如果只是在一定范围内进行宣传、解释,邀请的范围则可小一些。邀请对象确定后,应提前一周将请柬或邀请函送达新闻单位或记者本人,并及时电话联系,落实出席情况。

3.选定时间和地点

发布会时间和地点选得是否合适,对发布会的效果有很大影响。时间的选择一要避开节假日,二要避免和重大社会活动相冲突。地点的选择应有利于记者的采访,可安排在组织所在地、事件发生地,也可在隶属行业系统的宾馆会议厅进行。地点的选择还要考虑交通是否方便,采访的条件是否优越,扩音、录音、录像设备是否完好等。

4.选好主持人和发言人

新闻发布会具有庄重严肃的特点,举办是否成功,直接关系到组织的知名度和美誉度,关系到组织的形象。因此,主持人和发言人的选择至关重要。发布会的主持人,应具有思维敏捷、反应灵活、口齿伶俐、擅长交际、经验丰富和通晓礼节的特点,一般由公关部长或办公室主任担任;发言人应由了解组织整体情况、能代表组织说话或回答提问的高层领导担任。

5.准备好各种材料

如发言提纲、问答提纲、宣传提纲及图表、照片、实物、模型、录音、录像、影片、幻灯和光碟等辅助材料。

6.布置会场

发布会的会场布置尤其要注重组织精神的体现,金融系统的新闻发布会应用行徽做会标。会场环境及设施要优雅、大气,台上和台下要形成一种融洽的气氛。

7.现场主持人礼仪

主持人要根据会议主题调节好会议气氛。当记者的提问偏离主题时,应巧妙将话题引向主题;当出现紧张气氛时,应及时调节缓和,并把握好会议的进程和时间。

8.现场发言人礼仪

发言人要表现出较高的风度和涵养。发言的内容要真实准确,篇幅要短小精悍,态度要热情诚恳,方式要灵活善变。如遇不友好的提问要冷静处理,婉转应对,切忌生硬无礼。

9.发布会结束时的礼仪

发布会结束时,主持人应简评会议,并对与会记者一一表示感谢。

知识实训

[实训背景]

中国建设银行某分行新员工培训结束了,现在分行领导请办公室的孙强组织一个新员工学习体会座谈会。

[实训要求]

请拟订座谈会策划方案。

[实训背景]

结合常见会议的礼仪工作规范来完成实训练习。

项目3 熟悉金融行业的宴请礼仪

工作任务

熟悉金融行业的宴请礼仪

工作步骤

第一步：了解宴请的形式。

第二步：了解宴请的组织。

第三步：掌握宴请的礼仪。

第四步：学习西餐的礼仪。

知识链接

宴请是金融交往活动中最常见的形式之一。它是增进了解和信任、联络感情的有效方法。在宴请过程中，人们思想放松，更容易相互理解和沟通。

一、宴请的形式

宴请形式多种多样，国际上通用的宴请形式主要有宴会、招待会、茶会及工作餐等。采用哪种形式应根据宴请目的、性质、内容，以及邀请对象的身份、人数及经费开支而定。

（一）宴会

宴会为正餐，常见的有以下几种。

1. 国宴

国宴是规格最高的宴会，是国家元首或政府首脑为国家的庆典或为外国元首、政府首脑来访而举行的正式宴会。国宴需要排座次，宴会厅内挂国旗，安排军乐队奏国歌及席间乐、席间致辞或祝酒。国宴讲究排场，对宴会厅的陈设、菜肴的道数以及服务员的个人礼仪都有严格的要求。

2. 正式宴会

正式宴会的规格仅次于国宴，除了不挂国旗、不奏国歌以及出席人员规格不同外，大体与国宴相同，有时也安排乐队演奏席间音乐，宾主均按身份排位就座。许多国家正式宴会十分讲究排场，甚至在请帖上注明对客人服饰的要求。

3. 便宴

便宴即非正式宴会，特点是较随便、亲切，适用于日常友好交往。常见的便宴有午宴和晚宴，有时也有早上举行的早宴。这类宴会形式简便，可以不排座次，不做正式讲话，菜肴道数亦可酌减。

4. 家宴

家宴即在家中设的便宴，往往由主妇亲自下厨，家人共同招待。家宴的气氛轻松友好，在西方比较流行。

（二）招待会

招待会是指各种不备正餐的较为灵活的宴请形式，备有食品、酒水饮料，一般不排座位，可自由活动。常见的有以下几种。

1. 冷餐会

冷餐会又称自助餐会，特点是不排席位，轻松自由。菜肴以冷菜为主，也可冷热兼备。菜肴与餐具一起陈设在桌上，供客人自取，取食时应适量，可多次取食。酒水可放在桌上，也可由招待员端送。冷餐会一般不排座位，但我国举行的大型冷餐招待会，主宾席通常排座位,其余各席不固定座位。地点可设在室内,也可设在室外花园里。举办时间一般在中午 12 时至下午 2 时、下午 5 时至 7 时左右。这种形式常用于官方正式活动,宴请众多的宾客。自助餐开始时,主客都可以讲几句祝贺、致意之类的话,中间也可以放几段音乐或表演一些小型节目,以达到活跃气氛、鼓励情绪和增进友谊的目的。

2.酒会

酒会又称鸡尾酒会,特点是时间灵活、形式活泼,便于广泛交流。酒会不设座椅,仅置小桌,以便客人随意走动。酒会以酒水为主,但不一定都是鸡尾酒,佐以各种小吃、果汁,不用或少用烈性酒。酒会中午、下午、晚上均可举行,请柬上一般注明酒会起讫时间,客人可在其间任何时候入席和退席,来去自由,不受约束。参加者衣着方面不用过于讲究,尽量整洁即可。由于这种方式更显活泼、自由、轻松方便,在国内外都得到广泛运用。

(三)茶会

茶会是一种简便的招待形式,请客人品茶交谈,一般在下午 4 时左右(亦可上午 10 时)举行。茶会通常在客厅、会议室等场所举行,厅内设茶几、座椅,不排席位;如为贵宾举办,则应将贵宾与主人的座位安排在一起,其他人员可随意就座。茶会的茶叶、茶具一般都较讲究,要有特色,茶具只能用陶、瓷茶具。外国人一般用红茶,也可用咖啡。此外,茶会上还可略备点心和地方小吃。

(四)工作餐

工作餐是现代交往中常用的一种非正式宴请形式,规格较低,有时还是参加者各自付费,双方利用进餐的时间边吃边谈。这种形式通常在特别繁忙或日程安排不开时采用。招待合作者,洽谈工作,小批客人来访时,多采用这种形式。

二、宴请的组织

(一)确定宴请的目的、名义与宴请对象

成功的宴请,首先要明确宴请的目的,确定宴请的对象。一般情况下,宴请都是为了某一特定事件和目的。如:对重要人物来访的宴请是为了增进了解和友谊;合作成功后的宴请,以表示对合作者的答谢;重大节日的宴请,对各方人士表示良好的祝愿。

宴请的对象应该充分考虑邀请与特定事件有关的代表人物参加,既不要有所遗漏,也不要随便拉人凑数。参加宴请的人彼此身份应该相当。

(二)确定宴请的形式与规格

宴请形式与规格在很大程度上取决于当地的习惯,根据宴请的目的、参加人员的身份、宴请的性质及内容来确定。规格过低显得失礼,规格过高亦无必要,反而造成浪费。一般来说正式、规格高、人数少的重大庆典或以礼节性为主题的宴请,采用宴会形式比较合适;庆祝性、纪念性的宴请采用冷餐会和酒会更显气氛;以谈论某项工作为主题的宴请,则应选择工作餐;女士间的聚会,采用茶会更合适。当然,这没有绝对的限制与界定,应该因人因事而异。

(三)确定宴请的时间与地点

宴请的时间原则上应以主宾双方都合适为宜,注意避开对方的重大节假日、重要活动并注意相关禁忌事项,如宴请信奉基督教的人士不要选 13 日、星期五;伊斯兰教在斋月内白天禁食,宴请宜放在日落后举行。

宴会一般分为午宴和晚宴。午宴一般在正午 12 点,晚宴一般在下午后 5 点到 6 点。在国外,午宴不如晚宴隆重,菜肴也没有晚宴多。但在国内,确定午宴还是晚宴主要是根据双方的实际情况而定。

宴请地点的选择,体现了主人对宴请的重视程度,可根据宴请的规格、主宾的身份以及费用而定,一般宴请的地点应考虑环境比较安静、空气比较清新、口味具有特色的地方。比较隆重的宴会最好选择知名度高、环境幽雅、设施先进的酒店举行。

（四）发出邀请

凡是宴请,须发请柬,这既是礼貌,也可以对客人起提醒备忘之用。如果是便宴、工作餐,可通过口头或电话的方式邀请,一般不发请柬,如果是邀请最高领导者作为主宾,还需单独发邀请函,其他宾客发请柬。请柬一般应提前一周左右发出,以便客人及早安排。请柬发出后,应再用电话与客人进一步联系,询问客人出席情况,以便确定参加宴会的具体人数。

（五）宴请的菜肴

确定宴请的菜单,也是准备工作中比较重要的一环,因为客人往往会从主人准备的美味佳肴中,体会到主人热忱待客的心意,留下长久而难忘的记忆。所以,对于宴会菜单的拟定需要重视。宴请的酒菜应根据活动形式和规格,在规定的预算标准内安排。选定酒菜应考虑来宾的口味、禁忌、年龄、生活习惯、健康状况等,拟定菜单既要符合来宾的口味,又要具有地方特色、搭配合理、精致美观,让人看了赏心悦目,做到色香味俱全。如果是在地方,宴请还可以用有地方特色的食品、本地产的名酒,甚至是野菜等来招待。菜单开列后应请领导审批同意。较为隆重的宴会,可印制菜单,每桌一份,讲究的也可每人一份。

（六）现场布置

现场布置取决于宴请活动的性质和形式。正式宴会的布置应该庄重、大方,可用适量的鲜花、绿色植物等点缀。而庆祝、接风、欢送、乔迁开张、商务宴请等则应突出喜庆、活泼、欢乐的氛围,使环境、气氛均能体现宴请活动的目的、性质,表达主人的愿望。宴请可以用圆桌也可用长桌或方桌,各桌之间距离要适当。如有席间音乐,乐声宜轻。休息厅内通常放小茶几或小圆桌,与酒会布置类同。茶几上可以放上些花瓶、烟灰缸、干果、小吃等。

（七）席位安排

宴会席位的安排是一项复杂而重要的准备工作,稍一疏忽便会失礼,具体包括桌次安排和席位安排两方面。

1. 桌次安排

宴会的桌次安排有严格的礼仪规范。中餐宴会一般采用圆桌,西餐宴会一般采用长桌。按国际惯例,桌次的高低以离主桌远近而定,近高远低,平行桌则右高左低。桌数较多时,应摆放桌次牌,以便辨认。

2. 席位安排

席位的安排按国际惯例,同一桌上,席位高低以离主人座位远近和左右而定。近高远低、右高左低。两桌以上的宴会,其他各桌第一主人的位置与主桌主人位置同向或面对。外国人座位习惯男女穿插安排,以女主人为准,主宾在女主人右上方。主宾夫人在男主人右上方。我国则习惯按各人本身职务排列,以便交谈。如夫人出席,通常把女方排在一起,即主宾坐男主人右上方,主宾夫人坐女主人右上方。如遇特殊情况,可灵活处理。比如,遇到主宾身份高于主人,为表示对他的尊重,也可以把主宾摆在主人的位置上,而主人坐在主宾位置,第二主人坐在主宾左侧。席位排妥后应写座位卡,并在请柬上注明客人的席位号,使来宾心中有数。现场还应有人引导,桌次座位均应标清,以免混乱。此外,在安排客人座位时,还应考虑宾客相互间的身份、职务、关系,是否认识,有无共同语言等,一般应将职务相当、专业相同、熟悉的人尽量安排在一起以利于交流。

 小资料

落座有规矩

正对门的位置是买单的位置,右手是贵宾,对面最好坐自己的助手(副主陪),催个菜跑个腿什么的方便。如果双方来的人数差不多,最好互相间隔着坐,有利于私下交流。不要自己人坐一边,对方坐一边,跟谈判似的。

三、宴请过程中的礼仪

(一)主人应注意的礼仪

1.迎宾、引客入座

作为宴会的主人,在宴会之前应到门口等候,迎接客人,必要时还可安排几个主要人员陪同迎接。主动和每位来宾打招呼、问候表示欢迎。如果是正式宴会,当宾主握手寒暄后,可交由工作人员陪同至休息厅休息。如无休息厅,则可直接引入宴会厅,但暂不入座,等待主宾。休息厅内应有相应身份的人员陪同,并安排服务人员上茶水、饮料。休息厅内应事先备有各种报纸、杂志、画册或播放电视节目等,使客人有宾至如归之感。主宾到达后,由主人陪同进入休息厅与其他客人见面,然后进入宴会厅入座,接待人员随即引导其他宾客相继入厅就座,宴会即可开始。如果休息厅较小,或宴会规模太大,也可以请主桌以外的客人先入座,贵宾席最后入座。

 小资料

得体的坐姿

最得体的入座方式是从左侧入座。当椅子被拉开后,身体在几乎要碰到桌子的距离站直,领位者会把椅子推进来,腿弯碰到后面的椅子时,就可以坐下来了。用餐时,上臂和背部要靠到椅背,腹部和桌子保持约一个拳头的距离。

2.致词、祝酒

正式宴会,一般均有致词,但安排的时间不尽一致。有的放在开始,也有的放在上热菜之后,上甜食之前。先由主人致词,接着由客人致答词。致词时,服务人员要停止一切活动,参加宴会的人员应暂停饮食,专心聆听,以示尊重。致词毕则祝酒。故在致词即将结束时,服务人员要迅速替所有人斟满酒,供主人和主宾祝酒用。

3.上菜、介绍菜肴

上菜应按顺序进行。中餐一般是先上冷盘,再上热菜,最后上甜食、水果。西餐上菜顺序一般为面包、汤、菜肴、布丁、咖啡或红茶等。

上菜的方式大致有三种：一是把大盘的菜端到桌上，由客人自取；二是由服务员托上菜盘逐一往客人的食盘中分让；三是单吃，即用小碗或小碟盛装，在每位客人的面前放一份。

上菜时服务人员应报菜名，介绍菜的特色。进餐过程中，为调节气氛，增进客人的食欲，对于特色菜，主人应进一步加以介绍，介绍菜的色、香、味及制作特点等，不但可以活跃气氛，还能使客人对宴会留下深刻的印象。

4. 侍应和斟酒顺序

按国际惯例，侍应顺序应从男主人右侧的女宾或男主宾开始，接着男主人，由此自右向左按顺时针方向进行。如果宴会规格较高，须由两人担任侍应，则其中一个按上述顺序开始，另一个从女主人（第二主人）右侧的宾客开始，依次向左按顺时针方向进行。

上菜、派菜、分汤、斟酒，均按上述顺序进行。上菜在左，食品应从每个客人左侧端上，空盘等则通常从右侧撤下。新上的菜，要放在主宾面前，余菜则做相应的移动。如果上"孔雀""凤凰"等花色冷盘或全鱼、全鸡等大菜时，一般需将头部对准主宾和主人，以求尊重。但也有些地方风俗认为此举有"斗嘴"之意，对此应灵活处理。

与上菜不同，斟酒在右，主要是为宾客方便起见，除啤酒外，酒瓶瓶口不应接触杯沿，酒杯也不应提起。斟入的酒的多少应根据酒的种类酌定，一般斟入 2/3 即可。中式宴会，从开始上冷盘即开始斟酒。而西式宴会，是一开始就用酒，还是在上主菜时用，应按照主人的安排而定。在逐一斟酒时，服务人员应将托盘内的酒水饮料，征求客人意见后再按需斟之。

5. 话题选择

宴请，吃并不是目的，借此相互认识、了解交流、增进友情、加强协作才是目的。因此，席间一味地埋头吃是不礼貌的。主宾双方应就彼此都感兴趣的话题，亲切交谈。话题的选择可以广一些，如风俗人情、琴棋书画、天文地理、电视电影、社会信息、市场信息、市场供应、文艺体育、烹饪技术、社会时尚等。宴会中不宜深入谈判具体的、实质性的问题，要"多叙友情，少谈工作"，切不可把餐桌变成谈判桌，以免陷入僵局，使双方不快。同时还应注意在交谈时不要光顾自己谈，忽略其他人，应尽可能地使每个人都能谈上几句，对那些言语较少的客人，可以"明知故问"几个问题，让他们有机会开口。此外，交谈时还应避免谈及忌讳、敏感、容易引起争执的话题。总之，交谈一切从增进友谊、活跃宴会气氛的角度出发。

6. 适时敬酒、调节气氛

敬酒可以使宴会气氛更加热烈，主人应该察言观色，时刻注意客人的情况，以便在适当的时机敬酒。敬酒应以年长、尊贵的来宾为主要对象。宴会中发现一些酒量好的客人，可以鼓励他们对饮，但有些客人酒量很小，甚至不会饮酒，则让到是礼，不要强其所难，应以水代酒或自便即可。在让酒、劝酒当中，主人要尊重宾客的意愿，切忌把让、劝酒的礼节变成一种强迫，以免破坏宴会的友好气氛。

在宴请过程中，主人一般要依次向所有宾客敬酒，或按桌敬酒。敬酒时，上身要挺直，双腿站稳，以双手举起酒杯，并向对方微微点头示礼，等对方饮酒时再跟着饮。敬酒的态度要稳重、热情、大方。需要一一敬酒时，主人应按礼宾顺序先向主宾，再依次向其他宾客敬酒。

在宾客较多的场合，主人可依次到各桌敬酒，并提议大家一起干杯，这时主人只要举杯示意即可，不必一一碰杯。

7.掌握时间、礼貌送客

一般宴会应掌握在 90 分钟左右,最多不超过 2 小时为宜。过早结束,会使客人感到不尽兴,甚至对主人的诚意表示怀疑;时间过长,则宾主双方都感到疲劳,反而冲淡宴会的气氛。因此,当宴请程序基本完成时,主人要掌握时机,适时结束宴会。一般以服务人员端上水果吃完后,宴会即可结束。此时,一般先由主人向主宾示意,请其做好离席的准备。然后与主宾起立,主人宣布宴会到此结束,并对各位宾客莅临宴会表示衷心感谢。主人有时为参加宴会者备有小纪念品,宴会结束时,主人要招呼宾客带上纪念品。主人和副主人及相关陪客应先将主宾送至门口,热情握手告别。主宾离去后,原迎宾人员应按顺序排列,与其他宾客礼貌握别。如有安排助兴活动,如卡拉 OK、舞会或喝茶、打牌等,可挽留有兴趣的来宾自由参加,主随客便。

(二)客人应注意的礼仪

1.赴宴前的准备

(1)接受邀请。接到宴会邀请后,能否出席应尽早给对方明确答复,以便主人妥善安排,接受邀请后不要随意改动,万一遇到特殊情况不能出席时,尤其作为主宾,应尽早通知对方,深表歉意并做必要的解释。

(2)仪容仪表。出席宴会前,应根据宴请场合的要求对仪容、仪表做适当的修饰。衣着要求整洁得体、美观大方。国外宴请非常讲究服饰,往往根据宴会的正式程度,在请柬上注明着装要求。在中国虽然没有具体要求,但作为应邀者也应注意着装礼仪,因为着装不仅反映了自身的礼仪修养,同时也是对主人尊重的一种表现形式。整洁得体的着装,精神饱满、容光焕发地赴宴,不仅会给宴会增添隆重、热烈的气氛,也会使主人因感到受人尊重而高兴。

(3)准备礼物。参加某些宴请还需备礼,特别是家庭宴会,礼物可根据宴请的性质和主客双方的关系而定,可赠送花篮或花束,也可赠送食品、工艺品等。礼品价值不一定很高,但要有意义。

2.入席和退席礼仪

应邀参加宴会,首先必须明确宴席的时间和地点,以便准时到达。入席前最好先弄清自己的桌次和座位,以免入席时东张西望,有失风度。入席时应礼让女士和长者先行,习惯上从左侧入座,男子应主动为女士拉椅子让座,如无座次,也应把好的位置让给女士和长者。入座后坐姿要端正,切不可用手托腮或将双肘放在桌上,也不要随意翻动菜单,摆弄餐具和餐巾。这些举动都会给人以迫不及待的坏印象。解决一双空手的最好办法是将其放在自己的腿上。腿应平放在本人的座位下,不能将脚搁在椅档上,或随便乱伸,踢到别人,都将有失礼仪。宴会结束往往要看主人和主宾,通常主宾退席,其他客人便可离座,退席时多从左侧,男士可帮邻座女士把椅子拉开。如因故要提前退席,须向主人说明并表示歉意,切莫不辞而别。

3.席间礼仪

当你坐定后,服务员会递上一块湿毛巾,此时你应礼貌地接下,并轻轻地擦拭自己的双手和嘴角,不能用来擦脸、脖子或手背。当主人示意开始用餐,你便可将桌上的餐巾抖开,平摊在自己的双腿上。但应注意,中式餐是将餐巾全部打开,西式餐的午餐也是如此,晚餐则将餐巾打开至双折为止,将餐巾压在脖子里或系在裤腰上的做法早已过时,不能用餐巾来擦洗餐具或酒具,假如你中途要离开一下,应将餐巾放在椅背上。

在进餐过程中,吃相要文雅,每次取食不宜过多,不够时再添。吃东西时尽量不要发出声音,闭嘴咀嚼,尤其是女士,喝热汤不要吹,待汤稍凉后再喝。嘴内的鱼刺、骨头不要直接外吐。用手或用筷子取出,或轻轻吐在叉上,放在餐盘内。吃剩的菜,用过的餐具、牙签,都应放在盘内,勿置桌上。用牙签剔牙时要用手或餐巾把嘴捂住。此外还应注意礼貌礼节,如主人或侍者送上不对口味的菜肴,可少许取一点,说声"够了,谢谢",当着主人面露难色地说"我不喜欢吃这东西"显然是失礼的,无论是酒还是调味品,只能选择已有供应的,不要贸然提出要什么,因为这会令主人难堪,好像主人准备不周似的。饮酒要有节制,喝醉了容易失礼,西方人一般不劝酒。席间尽量不要退席,如因打电话或去厕所离座,尽量不惊动邻座,可说声"对不起,一会儿就回来"。西方人席间多不吸烟,一来呛人,二来可能给主人带来误会,认为是饭菜不合口味。席间交谈不应只同熟人或左右邻座说话,也不要缄默不语,如互不相识,可先自我介绍。席间交谈应多选同桌人共同关心的话题,不要谈论容易引起争议的话题。主人祝酒致词时,应停止一切活动,认真聆听,不可做无关的小动作。主人前来敬酒碰杯或相互间碰杯时,应目视对方,面带微笑,点头致意。人多时也可同时举杯共祝,不必一一对碰。

四、西餐礼仪

1.西餐的特点

西餐在用料方面,肉禽中以牛肉为多,主食以面包为主,米饭、面条、馄饨等则不为主食;在原料加工方面,多用大块原料做菜,如大块牛排、猪排、鱼、鸡等;使用作料方面,因是大块原料做菜,因此在烹制过程中,调味品不宜渗透,所以需加各种调料,并且要用刀、叉分割才能食用;在烹制方面,除猪排和牛排等部分原料烧至九成熟外,其余都较生,有的菜甚至生吃。

2.西餐餐具的使用

西餐餐具非常之多,常常在一个宴会上,吃的菜不过几道,而使用的餐具却不下数十件。餐具的使用是否得当,关系到是否合乎用餐的礼仪。

西餐的餐具主要是刀、叉、匙。一般情况下,应左手持叉,右手持刀,当餐桌上有多副刀叉并排时,应按先外后内的顺序,先使用摆在最外面的一副刀叉,然后依次向内,绝不可由内向外乱拿一气。因为餐具的摆放与上菜的先后顺序是直接衔接的,顺序错了,就可能导致物不尽其用。在最正式的宴会上,常会摆放三把以上的叉子、两把以上的刀子和调羹(如需要更多的餐具,会在上菜时一道拿上来)。最小的叉子是吃海鲜用的,它用来吃虾、蜗牛、牡蛎等;最大的叉子是吃正菜用的,如肉、禽或鱼等;略小一点的叉子是用来吃沙拉的。在大多数情况下是刀叉并用,不同的并用目的,有不同的使用方法。

(1)用刀叉切食,左手持叉进食,叉尖向下。

(2)用刀叉切割食物,右手持叉进食。左手拿叉,右手拿刀,然后换手进食,叉尖向上。

(3)用刀叉盛取食物,左手持叉进食。应将食物拨入叉的内侧,而不是外侧。

(4)用刀叉盛取食物,右手持叉进食。用刀将食物拨入叉的内侧,换手进食。

用刀叉割食物时,必须牢牢按住所切的食物,刀紧贴叉边,以免滑开,不要用力太猛,切割到盘子或叉子,发出刺耳的声响。一般应吃一块切一块,每块大小以一口的量为宜。美国人则习惯将食物全部切完后,再一块块吃。假如你习惯用右手持叉进食,那么盛取食物时,通常是叉尖朝上,每一次盛取的量应以一口为宜,堆得满满的是不雅致的。当吃完一道菜后,应将刀叉平行放在盘子上,叉尖向上,刀刃向内,表明你这道菜已用毕。服务员会主动过来撤下用过的餐具。如果刀叉相交或成八字形排列,叉尖向下,正好表明你这道菜还没用完。西餐中的匙是专门用来喝汤的(喝咖啡用的小匙例外),俗称汤匙。因此它不宜用来进食,但可以与叉并用,帮助叉盛食物。匙叉并用盛取食物和刀叉并用一样。

喝汤时应当右手持匙,左手扶着盘子,由桌沿绕桌心方向慢慢舀去,喝剩少许,可以用左手把汤盘靠自己的一边稍稍提起,喝汤时只能将汤匙的1/3放入嘴里,不要使劲吮,以免发出声响。喝完后,汤匙应放在盘内,匙心向上,匙柄置于右边边缘。

 小资料

西餐餐布的使用

餐巾布、西餐餐巾一般用布,餐巾布方正平整,色彩素雅。经常放在膝上,在注重礼节的场合也可以放在胸前,平时的轻松场合还可以放在桌上,其中一个餐巾角正对胸前,并用碗碟压住。

餐巾布可以用来擦嘴或擦手,要以对角线叠成三角形状,或平行叠成长方形状,污渍应全部擦在里面,外表看上去一直是整洁的。离开席位时,即使是暂时离开,也应该取下餐巾布随意叠成方块或三角形放在盘侧或桌角,最好放在自己座位的椅背上。用餐完毕将餐布稍微折一下,放在餐盘里,侍者就会将餐具收掉。

3.西餐食品的吃法

(1)面包。面包往往是西餐的主食。吃法是用手将其掰成小块后拿起来吃,不能用嘴直接啃整块的面包。如果需要涂抹黄油、果酱,应先用手将面包掰开,再用专用的小刀抹在面包块上,然后再吃。当盘上有一点食物不能叉起来的时候,还可以掰一小块面包来帮助,但不要用面包来擦干净菜盘。

(2)三明治。就是夹心面包,可以用一只手拿着吃。有的三明治是一片面包,上面放有肉和菜,叫"露面三明治",吃的时候用刀、叉。普通三明治也可以把上面的一片面包拿开,改成为"露面三明治",用刀、叉去吃。

(3)意大利馅饼。人们多是用手拿起来吃,也可以用刀、叉切开,一小块一小块吃。

(4)意大利面条、通心粉。一般人的吃法是一只手拿叉子,一只手拿汤匙协助,把面条绕在叉子上送进口中。也有的人不用汤匙,只用叉子绕面条。吃面条最要注意的是不要让面条挂在嘴边,也不要发出呼噜呼噜的声音。

(5)玉米棒。一般用于家宴,食用时用手拿住玉米棒的两头,还可以每次往几排玉米粒上放黄油和盐,然后放到嘴上啃食。

(6)奶酪。每次切下一小片放在面包片或饼干上用手拿着吃。从V字形奶酪上取用时,应沿V字形两侧切,不要在顶端切。

(7)鸡块。这道菜在野餐或非正式宴会上可以用手拿起来吃,但是在比较正式的场合还是用刀叉切开吃较有礼貌。吃鸡时,应先用刀将骨去掉,再用刀子切出一小块,用叉子叉住吃。吃肉时,要切一块吃一块,大小以一口为宜,一般不能一次将肉都切成块。但美国人例外。

(8)整条鱼。应当先用吃鱼专用的刀把鱼头切掉。吃鱼时不要将鱼翻身,要吃完上层后用刀叉将鱼骨剔掉后再吃下层。

(9)虾。如果是虾沙拉,就用吃牡蛎的叉子吃。若虾太大,不能一口吃下去,可以用叉子叉住分两三口吃,不能在盘子上把小虾切开。如果是炸大虾,就可以用刀叉吃。如果是带壳的虾,可以用手拿起来,把壳剥掉然后再吃。

(10)螃蟹。如果是硬壳的螃蟹,用手把蟹腿掰开,拿叉子把蟹肉抠出来放在盘子上,壳里剩余的蟹肉可轻轻地用嘴吮吸,然后用叉子把其余的蟹肉叉住蘸一点调料吃。蟹盖和蟹身可用刀子把它分开,用叉子吃蟹黄,再把蟹肉切成小块吃。如果是软壳的螃蟹,整只螃蟹都可以用刀子和叉子切开吃。

(11)牡蛎。如果是连壳一起的烤牡蛎,用吃牡蛎的叉子叉着吃。如果是蒸熟的牡蛎,可以用手把壳掰开,用手指或叉子把牡蛎抠出来吃。还可把牡蛎壳拿起来,喝掉里面的汤,注意不要发出大的吮吸声。

(12)蜗牛。带壳的蜗牛端上来时总附有一把小夹子。食用时右手持钳夹夹住壳,左手持专用双齿叉挑出肉食用。吃完蜗牛肉后,可以吮吸壳内的汁。如果蜗牛是去掉了壳用盘子盛着,就可以用吃海鲜的叉子来吃。

(13)煮鸡蛋。这种鸡蛋一般是煮得半熟的,蛋黄是流质的。吃的时候,要把鸡蛋放在一种供吃煮鸡蛋用的小杯子中,一只手固定住杯子,另一只手拿叉刀敲裂蛋壳,把上半部的蛋壳剥下来放在盘子上,然后用小匙舀鸡蛋吃。吃之前可以放一点食盐。

(14)布丁。一般用叉、勺分解成适于入口的小块食用。

(15)汤。要用汤匙一勺一勺舀起来喝,不能用嘴直接到碗里或盘里喝汤。如果上的汤附有薄脆饼干,那是给你边喝汤边吃的。正式宴会上,不要把饼干泡在汤里,也不要拿饼干蘸着汤吃。只有牡蛎薄脆饼干例外,可以每次放一点在杂烩中吃。

(16)调味酱。如果要用番茄酱、果酱等调味酱,应当放一点在菜盘边,把食物切成小块后用叉子叉住蘸着吃,不能往菜盘中的食物倒调味酱。

(17)酒。西餐宴会上,进餐前常常先喝开胃酒;用餐时主要喝红、白葡萄酒和香槟酒而不喝烈性酒。红葡萄酒是以室温供应,白葡萄酒则是喝冰镇的。酒随菜走也是西式宴会的一条重要原则。一般来说,吃肉喝红葡萄酒,吃鱼、海鲜喝白葡萄酒,甜酒只在吃甜食时喝,每上一道菜之前先斟酒,一般把酒斟得半满。人们拿起酒杯,先闻一下那扑鼻的芳香,然后再喝;用餐完毕往往还要喝餐后酒。喝餐后酒应当一点一点品尝,而不宜一饮而尽。一般喝餐后酒时不再碰杯。不管在哪种场合,都应注意饮酒适量。

(18)茶、咖啡。喝茶或咖啡时,应右手拿杯,左手端盛杯的茶盘,慢慢品饮,切忌一饮而尽和拿茶匙一勺一勺地舀着喝。如需加糖,应用专用糖夹将方糖夹入杯中,切忌用茶匙去取方糖;如需加奶,先将适量牛奶加入,然后用茶匙轻轻搅拌。喝的时候,茶匙应放在盘上而不能放在茶杯里。喝完后,应再将杯子置于茶盘中,将茶盘放在桌上。

(19)水果。吃水果也应该懂得一些规范性常识。苹果、梨等,应先用刀切成数块,然后再用刀去除皮核。削皮除核时,刀口应向内,由外往里削。削好皮后,可用手拿着吃,也可用叉叉起来吃。吃香蕉时,应先用手剥皮,再用刀切成小块,用叉叉起来吃,不能用手将整只香蕉拿起来吃。吃葡萄时,应将葡萄一颗颗摘下来吃,不能整串拿着吃。吃橘子时,可以用手剥皮后,一瓣一瓣拿着吃。西瓜、菠萝等通常都去皮切成块,然后用叉取食。橙子用刀切成块吃。荔枝、龙眼等可剥去皮用手拿着吃。水果的果核应用手先接住,再放于盘中,不可直接吐于桌面或地面。

知识实训

[实训背景]

赵云龙是某银行某支行办公室职员。这天省分行的领导来视察工作,支行行长请他订了一个包间进行宴请,赵云龙该做哪些准备?

[实训要求]

1.宴请的规格及人员的确定。

2.宴请的席位安排。

3.宴请菜单的确定。

[实训提示]

宴请是金融交往活动中最常见的形式之一。它是增进了解和信任、联络感情的有效手段,成功的宴请活动最应注意的就是人的因素。

项目4 熟练掌握金融行业的接待拜访礼仪

工作任务

熟练掌握金融行业工作中的接待拜访礼仪

工作步骤

第一步:了解接待的概念、作用和要求。

第二步:学习具体接待的礼仪规范。

第三步:掌握拜访礼仪及技巧。

知识链接

接待和拜访是一种礼节性很强的社会交流活动,有一定的礼仪规范和要求,接待或拜访的成功与否会对金融行业的整体形象产生重要影响。

一、接待的概念、作用和要求

接待是金融行业对外的一个文明窗口,来访人员往往直接通过这个窗口,来推论金融行业的工作作风、精神面貌、员工素质等整体形象。因此,作为金融行业工作人员,必须十分重视和切实做好接待工作。

(一)接待的公共关系效应

接待是金融行业的日常工作之一,国外公共关系专家认为,接待不是摆设,而是最基本的工作投资。接待直接作用于来访者的"首因心理"和"近因心理",使来访者产生某些联想,因而在公务活动中具有特殊的作用。

1.强化客户关系

建立持久稳定的客户关系,是金融工作的目标之一。金融行业如只具备优质的金融产品和一流的服务,在市场经济的条件下,并不能完全有效地吸引客户,建立良好的客户关系。只有强化接待意识,培养"以心换心""热情公正"的接待工作艺术,才能永久性地吸引大量客户,扩大金融行业的合作性客户队伍。

2.强化金融行业的整体形象

客户对金融行业的整体形象的判断,受"首因效应""近因效应"和"晕轮效应"等一系列心理活动的影响。所谓"首因效应"是指客户根据第一次获得的印象对金融行业进行总体性价值判断,并一直影响以后的看法。所谓"近因效应"是指公众往往根据最近的信息形成对金融行业的印象。所谓"晕轮效应"是指公众根据某一方面的信息来推论金融行业的整体形象。如公众对金融行业某些主要品质有了良好印象,就会得出金融行业一切都好的结论。接待主要是作用于人的这些心理机制,如果我们在接待工作中能自觉尊重客户,巧妙地运用接待技巧,始终把关怀和温暖送到客户心目中,使他们在"首因效应""近因效应""晕轮效应"的作用下,永久性地保持对金融行业的良好印象,就能达到强化金融行业整体形象的目的。

3.显示金融行业的文化品位

金融接待工作虽然是平凡、普通的工作,但也能显示出金融工作人员的内在素质和修养。具有良好知识素养和文化品位的金融工作人员,在接待工作中能展现端庄优雅的风姿,给人以文化品位感,进而使人产生美好联想,形成对金融行业文化品位方面的良好印象。

4.刺激客户消费欲望

客户的消费受制于很多因素,其中接待是一个很重要的因素。在服务性接待中,如果接待不到位,客户不满意,那么就算已经形成消费欲望,也会顿时消失,反之,如果我们能热情周到地接待每一位客户,设身处地地为客户着想,不仅会加强客户的消费欲望,而且会激发客户产生新的需求,对金融行业而言,这就是新的客户市场的开拓。

(二)接待工作的基本要求

1.友好热情,态度诚恳

诚恳热情的态度是人际关系成功的起点,也是待客之道的首要之点。因为来访者对态度的反应是最敏感的,尤其是初次拜访。因此,在接待过程中应友好热情,态度诚恳,一视同仁。不论是厂长、经理、业务员还是投诉者,进门是客,都应予以尊重和礼遇,使来访者感受到尊重,产生温暖愉快的感觉,从而就容易接受金融行业所传播的信息和倡导的价值观念。相反,如果接待人员态度不好,抱着轻视、不情愿的态度接待来访者,势必会破坏来访者的交往情绪,影响来访者的积极互动反应。

2.文明礼貌,热情周到

在接待工作中,工作人员作为金融行业的代表直接与来访者接触,工作人员的一举一动都会影响到来访者对金融行业的总体评价。因此,在接待工作中一定要做到文明礼貌、热情周到。尤其是对远道而来的来访者,更应关怀备至,问寒问暖。帮助解决实际困难,消除对金融行业的陌生感和恐惧心理,造成一种良好的交往气氛,让来访者感到宾至如归的温暖,留下一个良好的第一印象。此外,由于接待是既琐碎又严谨的重要工作,在接待中还应细致入微,综合考虑问题,把工作做得面面俱到、有条不紊。

3.朴实自然,举止大方

在接待中,工作人员一定要做到朴实自然、举止大方,既注重基本礼仪,又不至于过分做作;既不失现代人的洒脱风度,又庄重大方,从而赢得来访者的好感。在待人接物中,如过分矫揉造作,举止异常,则会引起来访者的反感和不信任,不利于形成互相信任、和谐的交往氛围。因此,在接待过程中应注意自己的言行举止。具体而言,在仪表方面应做到面容整洁、衣着得体、和蔼可亲;举止方面应表现得稳重端庄、风度自然、从容大方;在言语方面应做到声音适度、语气温和、礼貌文雅。

4.情真意挚,平等待人

接待工作是金融工作人员日常工作的重要环节之一,不能把它看成额外工作。接待工作具有传递信息、沟通情感和影响行为的公共关系功能,因此,在接待过程中应带深厚的情感,不要给来访者一种冷冰冰的感觉,这不利于创造和谐友善的交往环境,更不利于来访者在情感上向贵单位倾斜,认同贵单位。情真意挚,是接待工作的基本要求。此外,在接待中还应做到平等待人,对所有的来访者都要一视同仁,平等相待,而不能厚此薄彼,不然就容易产生不信任甚至对立情绪。

5.不卑不亢,积极投入

在接待中,既要让来访者感觉到你的热情与尊重,又要让他感受到你身为本金融单位的自豪感,这就需要接待人员做到不卑不亢。在接待中,一方面要热情真诚、谦虚有礼,切忌目中无人,从而创造出融洽的交际环境;另一方面又要落落大方、自尊自信,保持自己的尊严,体现出作为金融行业的代表所特有的自豪感和自信心,从而赢得来访者的青睐。

二、具体的接待形式及礼仪要求

(一)日常接待礼仪

在日常办公时间里我们经常会接待来访,若是事先约定的应提前做好接待准备,如个人仪容、办公室的卫生、茶水等。重要宾客预约来访,还应事先向领导汇报,确定接待规格,落实合适的接待人员并根据来访者的意图准备好相关资料等。若是无约而至突然来访,应马上放下手头的工作,简单收拾桌面的资料,起身相迎,礼貌问候,热情招呼对方入座,并沏上热茶,然后在其一侧或对面坐下,首先礼貌地询问对方的来意,是初次见面,还应了解对方的姓名、工作单位等。若对方提供了有关证明或材料,应仔细阅读,耐心倾听对方叙说,目光注视对方,不轻易打断对方的谈话。来访者说话声音过高或情绪异常激动时,应及时暗示或用手势要求对方放低声音或保持平静,可能的话,最好请对方到接待室去交谈,以免影响工作,给其他客户造成不好的影响。

在接待来访时应认真做好来访记录,如交谈的主要内容、来访者的意图等,可做适当记录,必要时,要向对方复述记录,看看是否有差异和需要补充的地方,以便向有关部门、领导汇报、落实和交代。对客人提出的问题和要求要认真考虑,不要立即答复,对没有把握的问题或不属于直辖权力范围以内的问题,不要轻易评说或做出许诺,应深思熟虑,向有关部门、领导汇报后再答复,以免造成被动。如不能立即答复,应诚恳地向客人说明,并把来访者的问题以记录的形式提交给有关部门或领导处理。或者直接介绍其找相关部门,并告知行走路线,或亲自引领前往,千万不要简单推诿。如对方的意见和要求不能满足,应委婉拒绝。总之,无论结果如何,都不能失礼和失态,一方面要尊重来宾,另一方面也要注意维护企业的利益和尊严。当来访者故意找碴或蓄意骚扰、寻衅时,应保持高度的冷静与沉着,本着"有理、有利、有节"的原则,将事端制止于萌芽状态中,并将他们劝出办公场所,以免正常的工作秩序受到干扰和破坏。千万不能惊惶失措,甚至借故开溜或推诿责任。这样只能助长其气焰,造成更大的负面影响。必要时,应迅速与公安机关取得联系。

此外,在接待时还应注意接待礼仪,做到平等待人,不论是职位高低还是熟悉与否,都应一视同仁,热情相迎,亲切招呼。如在交谈过程中,突然电话响起或有紧急事务要处理,应先向客人说明理由,暂时中断彼此交谈。接听电话应尽快结束,避免客人等候时间过长。若正在打电话时,有客人来访,应点头微笑并示意对方坐下。如突然来访者身份地位较高,应及时向领导汇报。从礼仪的角度,接待应考虑宾主双方的同级性,一般应由级别相当的领导出面接待。如领导正忙,抽不开身或有事外出,应向来宾说明,并表示歉意,同时做好接待记录工作,将接待情况及时向领导汇报。

1.一般客人的接待

在会客过程中如遇到又有新的客人来访,对此,只要安排恰当,礼貌待人,同样会收到良好的效果。一般来说,首先应向后来的客人表示欢迎,但在迎接新客人之前,应向先来的客人表示歉意。然后向先来的客人介绍后来者,使之彼此相识。如果两批客人都是有事而来,在接待方法上,可视不同的情况,选择以下三种方法之一:

(1)一起接待。如果两批客人之间很熟,很谈得来,且谈话的内容可以相互公开,可以对两批客人同时接待,话题应选择两批客人都感兴趣的内容。若发现有人沉默无言,则应转换话题,并迅速与之对话,以保证在场的每一个人都得到一种满足。

(2)按顺序分批接待。一般的顺序是先来先谈。但也有例外,若先来的客人常来往,后来的客人难得上门;或是先来的客人无既定目的,后来的客人有要事相商;先来的客人是平级或下属,后来的客人是长者或上级;等等。在这种情况下,主人在征得先来的客人同意后,可与后到者先谈,但必须保证先到者有事可做,如看电视、杂志、书籍等。

(3)安排两处分别接待。如果是到家里来拜访的客人,可根据其家庭成员的关系,分别由熟悉客人的主人分两个房间进行接待;如是到单位拜访并谈业务的客人,要根据业务的性质安排不同的负责人分两处进行接待,以免互相干扰。有多批客人来访,只要我们能恰当地选择好接待方法,照样可以使客人满意。

客人告辞时应起身相送,握手告别,互道再见。一般送客应送到门口,对地形不熟的人,应主动介绍附近车辆的交通状况,对重要来宾、稀客、老人、远道而来的客人应送上车,待车启动后再挥手离别。切忌自己坐在办公桌前,嘴里说"再见,再见!",而手中却还在忙自己的事,甚至连眼神都没有转到客人身上,这样是很不礼貌的。送客人离去时,主人应走在客人后面,否则有赶客人之嫌。

2.重要宾客的接待

对重要宾客,尤其要做好迎客前期准备。在接待重要宾客的工作中,应进行必要的事前准备,以求有备而行,这是做好接待工作的前提,不能省略。一般前期准备工作主要有以下几项:

(1)搜集背景资料。首先必须搜集来宾的基本情况资料,如来宾的人数、性别、姓名、职务、级别、年龄及带队人,来访的意图、要求、目的、任务及乘坐的交通工具,起讫日期,来访者的生活习惯、饮食爱好和禁忌。

(2)拟订接待方案。在接待来宾,特别是重要来宾之前,有必要预先拟订专门的接待方案。这样的话,可有助于接待工作避免疏漏、减少波折,更好地、按部就班地顺利进行。一般情况下一个接待方案不一定要面面俱到,但是按照常规,接待方案应包括以下几项内容:

- 接待方针,即接待的指导思想。
- 接待规格,即接待规模大小、隆重程度,由哪一级的领导前往迎接陪同。
- 接待形式,确定迎接、宴请、会谈、参观、游览、送行等事宜进行的形式。
- 接待日程安排、接待经费开支、生活安排等。

接待方案的制订主要在于对接待规格的把握,接待规格往往能反映出对来宾的重视程度和欢迎的热烈程度,主要根据来宾的身份及实际需要来确定。接待规格过高会影响正常工作,造成浪费;规格过低,又会失礼,影响双边关系。因而,接待的规格问题必须高度重视,正确把握。通常有三种类型的接待规格。

- 高规格接待:指陪同比来宾职务高的接待。受接待的人员有上级领导委派的人员,兄弟单位领导派员到本单位商谈重要事宜的人员,上级领导来访、办理重要事务的人员,等等。
- 低规格接待:指陪同比来宾职务低的一般接待。受接待的人员有上级领导下来调研的人员,故地重游的老同志,路过本地的老干部,外地参观团,等等。这种接待本单位最高领导出面看望一次即可。
- 同等接待:即陪同与客人职务、级别大致一样的接待,这在机关接待中常见。客人来的什么级别,本单位派相应级别的人陪同,本单位最高领导可视情况决定是否看望。

接待方案拟订后,需报上级领导或本单位领导审核,批准后,就开始准备相关事宜。如:根据接待规格,预订住房,准备车辆,落实具体迎接及陪同人员,对初次来访的陌生客人,还应事先准备接站牌,如"某某银行来宾接待处""某某先生,欢迎您!"。

根据来访的目的、任务和行程准备好相关资料及场地,安排布置会议室、欢迎标语、领导欢迎词、介绍资料等。准备有纪念意义或有特色的礼品,这对接待重要宾客尤为重要。为帮助客人尽快适应当地环境,还可准备一些有关资料,如城市简介、交通图、游览图等供客人查阅。

(二)接站礼仪

1.接站

对远道而来的客人,根据客人到达的准确时间及所乘坐的交通工具,提前15分钟到车站、码头或机场等候。对未曾谋面的客人,应将事先准备好的接站牌设在显眼处,让客人远处就能看到,便于寻找。

2.介绍

客人初到,主人宜主动与客人寒暄,首先向客人表示问候和欢迎,说一些"路上辛苦了"之类的问候语。接着将前来迎接的人员介绍给来宾,并自我介绍,便于客人称呼,随后应主动帮客人拿行李,不过对于客人手上的外套、小包、公文包或密码箱则没必要为之代劳。

3.陪车

首先引导客人上车,打开车门,如是轿车还需扶住车门框,做出"请上"的手势。座位安排应根据国际惯例,如果客人先上车坐错了位置,坐到了主人的位置上,则应顺应客人的意思,而不必请客人挪动位置。抵达目的地后,接待人员要先于客人一步下车,为客人打开车门,协助其下车。

在驱车前往客人下榻地点的途中,接待人员应主动与客人攀谈,根据对方的身份,选择恰当的谈话方式和内容,使自己的谈话得体,有针对性。谈话内容一般应选择一些容易引起客人兴趣的话题,如当地的风土人情、旅游景点,近期发生的重大事件和客人即将参加的活动的背景资料、筹备情况等。

4.安排客人住宿

将客人送至下榻地点,主动帮助办理入住手续,并将客人送入房间,大致介绍日程安排,并征求客人意见,尽可能地创造条件满足客人要求。落实好有关事项后,接待人员不宜在宾馆久留,应及时告退,留给客人休息和自由活动时间,临走时应留下联系电话,便于客人有事联系。然后,按照对等礼仪,于当天或次日安排身份相当的领导前往客人下榻处看望来宾,以便相互熟悉。

(三)送客礼仪

首先协助客人办好返程手续,按客人意图和离去日期,提早帮助客人预订返程车票、船票或机票;若无力解决,应尽早通知客人,免得使人措手不及。其次是送行,客人离去一定要送行,送行的时间,可以在客人返程的当天,也可在前一天,视具体情况而定。在客人返程的当天送行,最好由原接待人员将客人送到火车站、机场或码头。送行人员要待车、船启动或将客人送进站,待客人身影离开视线后再离去。如果有事不能等太长的时间,应向客人说明原因,并表示歉意。如果是在客人返程前一天送行,应到客人住的地方拜访。临别之时,还可赠送一些有地方特色的礼物。

(四)接待投诉者

在日常的接待中,也许会接待一些怒气冲冲的投诉者。其实接待前来投诉的客人,并不像人们所想象的那样是个烫手的山芋。只要处理恰当,不仅有利于树立本企业的良好形象,而且有利于企业通过投诉者了解自己的金融产品和服务,以便不断地改进和提高。因此,在日常工作中要重视对投诉者的接待工作,在礼节上注意把握如下细节:

(1)热情周到。对于前来投诉的客人,应该明白这样一个事实,不信任本单位的客户是绝不会前来投诉的。也就是说,客户前来投诉,其实也是对本单位的信任,相信本单位会为其解决问题。因此,对于前来投诉的客户,即使他怒气冲冲,态度粗鲁,也应面带微笑,热情接待。这样一来,投诉者原本愤慨的心情也会逐渐平稳下来,而且你热情诚恳的态度也会渐渐消除投诉者的心理障碍,并建立相互间的信赖感,使得投诉者在轻松、舒畅的气氛中谈出自己的问题、意见和建议。

(2)耐心倾听。在接待投诉来宾时,接待人员一定要耐心聆听。因为投诉者一般都是事先经过反复考虑才前来的,觉得自己受了委屈,受到了不公平甚至不道德的待遇,因此有满腹的话要诉说,甚至会对单位提出严厉的批评,不管这种批评采用何种方式,措词如何尖锐,是否存在偏见,都应代表单位,诚恳耐心地听取,体谅他们的心情。不能一味地为自己辩护,更不能运用手中的权力企图压服对方,这样只会激怒对方,造成更大的纠纷。

(3)查清事实。对待客户上门投诉,要查清事实,了解真相。不要粗枝大叶、以偏概全、主观武断,一定要以事实为依据,客观地评价。

(4)诚恳答复。接待人员应控制情绪,多听少说,积极思索对方讲话的目的、意图和要点。准确理解对方的话意,依据有关条文的规定,本着与对方达成和解的思想,当场给予明确、得当的答复,对当时不能答复,很难解决的问题,不能急于表态,更不能轻易下结论,应向对方说明原因,经请示领导后再做答复。给予对方的答复一定要慎重。

(5)以礼相送。当投诉者告辞时,接待人员应起身相送,并说些感谢和安慰的话,如:"你放心,我会将你反映的问题向领导汇报,一定会给你一个满意的答复。"对于年老体弱者,接待人员还应送到门口,指示返回的乘车路线,使他们感到亲切、温暖,从而对企业产生良好的印象。

三、拜访的礼仪及技巧

拜访是指亲自到他人家里或工作单位去拜见某人。拜访可分为正式拜访与非正式拜访两种。正式拜访是指有正当的拜访原因,通过事先预约,确定时间和地点,并按时赴约,当面进行的拜访;非正式拜访一般是指朋友之间的往来,原因可能是对朋友表示感谢,也可能是对朋友表示关心,还可能是向朋友求助。

(一)拜访前的礼仪

1.事先约定拜访时间

约定拜访时间是拜访的第一步,约定强调的是不能贸然拜访,而是要依约前往。在与客户约定时间时,要以客户的时间为准,在客户方便的时候进行拜访,这样可以充分体现出你对客户的尊重,会在未见面时就先给客户留下较好的印象。

2.备妥资料及名片

在进入访客所定地点之前,要做好以下自我检查工作:首先,重新确认是否遗漏了任何在谈话中可能涉及的资料;接着确认资料摆放的顺序在出示时是否方便;见面之后第一个环节就是彼此交换名片,所以,需要再次确认名片是否准备妥当。

如果在以上需要确认的问题上出了差错,客户就会对你的工作能力和效率产生怀疑。所以,一定要在与客户会面前备妥资料及名片,它能令你在客户面前表现自若。

3.注意仪容形象的修饰

拜访客户还要注意仪容的修饰,衣着要大方得体,要表现出良好的精神风貌。特别需要强调的是对头发的修饰:不要让刘海遮住眼睛,最好用发胶稍微把它固定一下;切忌用手玩弄发丝,否则会给客户留下不稳重的印象。

4.遵守时间观念

与客户见面最忌讳的事情之一就是迟到。一定要遵守约定的时间,千万不要迟到,因为你迟到的分钟数就是你侵占客户生命的时间数,所以你一定要准时到达所定地点。如果约定的时间是09:00,最好能在08:50就到达客户所在的公司。提前到达的这10分钟,是用来搭电梯或走楼梯、整顿服装仪容的时间,所以,最好能在守时的前提下再早到几分钟,千万不要迟到。

 小资料

拜访时间有讲究

在国外,尤其是西方国家,拜访别人事先预约,是最基本的礼貌准则。外国人通常有计划时间的习惯,如果不事先预约贸然造访,打乱了他人的计划安排,会使对方非常生气,同时对不速之客留下缺乏教养的印象。

与美国人预约,最好提前一周。美国人性情开朗,个人计划较多,拜访前最好再用电话联系敲定一下。

德国人作风严谨,未经邀请的不速之客,有时会被他们拒之门外。

日本人对约会的规矩较多,事先联系、先约优先和严守时间是日本人约会的三条基本原则。

拜访时间要选择恰当。拜访的时间应以不妨碍对方为原则,一定要注意错过吃饭时间,午饭后或临睡前的时间都是不妥当的。一般说来,下午四五点或晚上七八点是最恰当的拜访时间。

（二）拜访中的礼仪

1.敲门或按门铃

不管是到拜访对象家里或者办公室,事先都要敲门或按门铃,等到有人应声允许进入或出来迎接时方可进去。不打招呼就擅自闯入,即使门原来就敞开着,也是非常不礼貌的。

2.要注意物品的搁放

拜访时如带有物品或礼品,或随身带有外衣和雨具等,应该搁放到主人指定的地方,而不应当乱扔、乱放。

3.要注意行为礼节规范

进屋随主人招呼入座后,要注意姿势,不要太过随便,即使是十分熟悉的朋友。架二郎腿、双手抱膝、东倒西歪等都是不礼貌的行为。如主人家有其他人,要微笑点头致礼;若主人送上茶水,应从座位上欠身,双手接过,并向主人表示感谢。

4.要控制好拜访时间,掌握谈话技巧

拜访者一般不宜在主人家待的时间太久,要根据情况控制好逗留的时间,掌握好交谈的技巧;与主人交谈要善于察言观色,选择时机表明拜访的目的。如果主人情绪较好、谈兴较浓,待的时间可长一点;如果发现主人心不在焉,说明主人有厌倦情绪,应该及时收住话题,适时起身告辞。

5.拜访时,要尊重主人的生活习惯

到别人家拜访,应尽量适应主人的习惯。如果主人客厅里没有摆放烟缸,说明主人没有吸烟的习惯,应尽量克制不吸烟。如果主人没有主动邀请,最好不要到主人客厅以外的其他房间去。

 小资料

接待、拜访小贴士

接待客户:

● 推销人员来访:予以委婉拒绝。

● 陌生客户:应暂停手头的工作,主动上前迎接,了解来意后,向有关负责人通报或引导到相关部门。

● 重要客户:先带到会客室茶水接待,然后向有关领导汇报。

● 客户离开:礼貌地指引或送到电梯口,挥手道别。

拜访客户:

● 拜访前应与客户预约时间、地点,并整理好相关的业务资料。

● 拜访时应遵时守约,注意个人的仪表仪容。

- 主动自我介绍并递出名片。
- 拜访尽可能在预约的时间内结束。

知识实训

[实训背景]

在一个秋高气爽的日子里,有位非常重要的贵宾来某银行,小贺应行领导要求在门口迎宾,他着一身剪裁得体的新制衣,站在门口静候贵宾。一辆白色高级轿车向银行驶来,司机准确地将车停靠在银行豪华大转门的雨棚下。看到后排坐着两位男士,前排副驾驶座上坐着一位身材较高的外国女宾,小贺一步上前,以优雅姿态和职业性动作,先为后排客人打开车门,做好护顶、关好车门后,迅速走向前门,准备以同样的礼仪迎接那位女宾下车,但那位女宾满脸不悦,使小贺茫然不知所措。通常后排座为上座,一般凡有身份者皆在此就座,优先为重要客人提供服务是常规,这位女宾为什么不悦? 小贺错在哪里?

[实训要求]

1. 总结贵宾接待工作的要点。
2. 模拟练习贵宾的接待工作。

[实训提示]

接待工作中要注意性别、职务和地位等因素。

思考与练习

1. 办公室的设备摆放和办公桌的归置有哪些要求?
2. 汇报工作和听取汇报时要注意哪些问题?
3. 大型会议的筹备中要做哪些方面的准备?
4. 中餐和西餐席位安排和座次的区别有哪些?
5. 西餐礼仪中的刀叉和餐巾该如何使用?
6. 接待方案包括哪些内容?

主要参考书目

[1] 杨继明,罗来发.实用公关礼仪.海口:海南国际新闻出版中心,1996
[2] 胡静.实用礼仪教程.武昌:武汉大学出版社,2003
[3] 钟敬文.中国礼仪全书.合肥:安徽科学技术出版社,2004
[4] 李惠中.跟我学礼仪.北京:中国商业出版社,2002
[5] 国英.现代礼仪.北京:机械工业出版社,2003
[6] 罗烈杰.公务礼仪.深圳:海天出版社,2003
[7] 何浩然.中外礼仪.大连:东北财经大学出版社,2002
[8] 众行管理资讯研发中心.办公室事务管理.广州:广东经济出版社,2003
[9] 胡锐.现代礼仪教程.杭州:浙江大学出版社,1995

模块六
金融行业岗位服务礼仪

⮕ 案例导入

柜面服务

一天,某客户到银行柜面存款,柜面工作人员微笑着起身相迎,双手接过钱款和单据。由于存款的金额相对较大,柜面人员就非常热情地花了许多时间向这位客户介绍银行的各种理财或代理产品,游说客户购买。最后,该客户不但没有领情,没有购买任何一款产品,反而对其留下了很坏的服务印象。

[案例分析]

为什么会给客户留下很坏的服务印象?

[案例启示]

由于工作人员完成销售任务的心切,因此全然不管客户此时的感受和存款目的,花了许多时间游说客户购买银行的理财或代理产品,因而引起了客户的反感。服务礼仪和服务语言在服务接触点的管理中起到很重要的作用,而柜面人员在服务过程中的表现则是评价服务质量的关键要素。

⮕ 学习目标

[知识目标]

1.了解岗位礼仪的作用、特点及基本内容,理解柜面服务仍是银行的主流服务。
2.明确银行规范化服务的作用、主要内容及开展规范化服务的原则和注意事项。

[能力目标]

1.掌握金融行业服务工作中的具体礼仪规范要求。

2.能够熟练掌握金融柜面服务、客户接待、纠纷处理等金融服务岗位开展各项业务活动的技能技巧与开展服务工作的礼仪规范。

⇨ 工作项目

项目1 岗前准备
项目2 柜面服务
项目3 客户接待
项目4 纠纷处理
项目5 岗位服务业务活动规范

项目1　岗前准备

⇨ 工作任务

任务1 理解金融行业工作人员岗位服务礼仪
任务2 了解岗位服务礼仪的基本要求

任务1　理解金融行业工作人员岗位服务礼仪

⇨ 工作步骤

第一步:了解金融行业岗位服务礼仪概念。
第二步:了解金融行业岗位服务礼仪的特点。
第三步:明确金融行业岗位服务礼仪在业务开展、企业形象塑造过程中的作用。

⇨ 知识链接

一、岗位服务礼仪的概念

岗位服务礼仪是指金融行业工作人员在岗前准备、柜面服务、客户接待、纠纷处理等履行岗位职责时以约定俗成的、规范的程序和方式来表现的律己敬人的完整行为,具体包括仪容、仪表、仪态和言行等方面。

金融行业的岗位按与客户接触的程度来分主要有三大类:一是临柜岗位,此类岗位接触的客户最多,每天所有的营业时间几乎都是在与客户打交道;二是客户经理岗位,经常与客户打交道,但不是所有的营业时间;三是内部管理岗位,很少与客户打交道。所以,对金融行业来说最需要、也最有意义的岗位礼仪是临柜礼仪。它是一种服务礼仪,又因为它是金融行业工作人员在临柜服务或营业过程中表现的礼仪行为,所以也称柜面服务礼仪或营业礼仪。

二、岗位服务礼仪的特点

1.职业性

金融业是与钱打交道的行业,经营的是货币信用,有着非常广泛的客户群体,属于服务行业。服务的无形性,决定了金融行业特别注重行业形象的塑造和展示。这种形象的特点是安全、稳健、实力、诚信和亲和。岗位礼仪也必须体现金融行业工作人员的庄重、严谨、自信和可亲、可信的职业素养。

2.完整性

岗位礼仪是多种礼仪的整合,个人容貌、神态、语言和举止等都必须纳入礼仪管理的范畴;客户服务是一个过程,强调过程中的每一个环节都应体现礼仪的光芒;礼仪是公众产品,每人都应享受,而不能欺老愚幼、嫌贫爱富。岗位礼仪应覆盖并渗透到服务的全方位、全过程。

3.规范性

礼仪是约定俗成的行为规范。礼仪只有规范统一,有标准可依,有制度约束,才能成为全体员工的共同行为,才能体现金融行业的整体形象。如果员工各喊各的号,各唱各的调,再有"礼仪"也是低层次的,难以得到社会和广大客户的认可。

4.个性化

客户需求的多样性、客户个体的差异性决定了岗位礼仪应有个性化的内容。只有因人制宜,"因你而变",灵活运用,不断创新,岗位礼仪才有生命力。如果不问服务对象的个体差异,千篇一律,千人一面,必然导致礼仪的僵化和庸俗。

服务是金融行业永恒的主题。在金融企业高度同质化的今天,唯有服务品质才能凸现一家金融企业的"比较优势"。打造优秀的服务品质已成为现代金融企业求生存、谋发展最基本的手段。优秀的服务品质主要取决于文明得体的服务礼仪、安全健全的服务功能、准确快捷的服务效率和优美舒适的服务环境等。而岗位礼仪是金融企业展示给客户的"第一印象",所以提升服务水平也应首先从岗位礼仪开始。

三、岗位服务礼仪的作用

得体自然的金融行业工作人员形象,规范的岗位服务礼仪,对于现代金融企业提升服务水平,展示窗口形象,增强竞争能力具有十分重要的意义,其作用主要表现为:

1.满足客户需求,体现精神文明

礼仪是社会文明的标志,社会越进步,人们对"礼"与"仪"的要求越高。礼仪的本质就是尊重人,愉悦人。讲究礼仪不仅是广大客户对服务行业的基本需求,也是金融行业职业道德的起码要求,更是现代人的必备素质。

2.展示窗口形象,弘扬先进文化

临柜是金融行业的窗口,员工的柜面表现能反映出金融行业的管理水平、文化底蕴,能体现员工的精神面貌、职业素养,是金融行业的金字招牌。因此金融行业员工的举手投足、言语谈吐、穿着打扮,都代表着金融行业的外在形象和内在管理。构建先进的服务文化,首先从讲究礼仪开始。

3.提升服务质量,促进产品营销

礼仪是服务的包装,能使服务更加美丽。礼仪是沟通的"名片"、营销的助推器。彬彬有礼、温文尔雅、仪表端庄的工作人员往往会给客户留下良好的第一印象,从而提高营销的成功率和服务的质量。

4.规范工作人员行为,提升人生品位

礼仪是现代社会人际交往的"润滑剂",并不只有金融行业工作人员要讲礼仪,作为现代人为人处世同样需要礼仪。良好的礼仪习惯是人生的财富,能使人受益终身,金融行业的工

作人员如果具备了良好的礼仪修养,不仅能使自己的职业生涯增添光彩,也可通过言传身教影响下一代,为后人享用。

▷ **知识实训**

[实训背景]

这几天,某银行储蓄所主任连续接到客户的投诉,反映开办业务的窗口少,自动柜员机又老出毛病,造成营业厅滞留大量客户,不少客户怨声载道。储蓄所主任就让新来的员工小张在营业厅观察客户接受服务时排队时间有多长等服务中存在的问题,以此来研究储蓄所工作改进的方法。

[实训要求]

1.如果你是小张,要求对观察的结果进行分析并提出改进的建议和意见。

2.在模拟实训室,以小组为单位进行模拟现场操作练习。

[实训提示]

1.充分发挥柜面服务中各类人员的作用,如大堂服务人员、个人客户经理、保安等的咨询、协助、维护工作,减轻柜员的工作压力。

2.银行柜面服务的管理具有很强的综合性,做好柜面服务的内部管理,尽可能减少业务销售时可能出现的礼仪服务、系统交易操作服务中存在的问题。

任务2　了解岗位服务礼仪的基本要求

▷ **工作步骤**

第一步:主动热情。

第二步:周到细致。

第三步:"四心"待人。

第四步:微笑永恒。

第五步:语言文明。

第六步:上岗前业务准备要求。

▷ **知识链接**

注重礼仪是出于对客户的尊重和友好。金融行业工作人员的岗位服务礼仪是职业服务礼仪的一种具体表现形式,是金融行业工作人员对客户主动服务、热情服务、周到服务、礼貌服务的外在表现,能使客户在精神上得到愉悦和享受,从而使服务增值、产品增色、形象增光。作为一名金融行业岗位服务的工作人员,必须明确并掌握在金融行业岗位服务业务活动开展中,礼仪服务的各方面具体化的基本要求。

一、主动热情

主动,就是要服务在客户开口之前。一个简单的主动问候包含着自信和期待——我准备好了,我有能力为您提供更好的服务,也意味着有更强的情感在投入。金融行业有了礼仪规范和工作标准,只能说是有了为达到一流服务而应具备的基础条件,并不等于就有了一流的服务。金融行业工作人员只有把自己的情感投入一招一式、一人一事的工作服务中去,真正把客户当作上帝,真正从内心理解他们、关心他们,才能使自己的礼仪行为更具有人情味,更富有特色,让客户倍感亲切,从中体会到银行较高的服务水准。

热情,是指金融行业工作人员出于对自己从事的职业有明确的认识,对客户的心理有深切的理解,因而富有同情心,发自内心地、满腔热情地向客户提供良好服务。工作服务中多表现为精神饱满、热情好客、动作迅速、满面春风。

二、周到细致

周到,是指在服务工作的内容和项目上,做到全方位、全过程,处处方便客户、体贴客户,千方百计帮客户排忧解难。这些服务工作是实质性的,客户能直接感受到。周到还体现在不但能做到、做好共性规范的服务工作,还能做到、做好特色服务。在当前金融业竞争日益激烈的情况下,对金融机构而言,最根本、最有效、最持久的竞争手段,就是通过向客户提供竞争对手无法学到或短期内无法仿效的、客户需要的、金融机构可以长期坚持下去并能促进盈利的服务。

周到还要求有更为灵活的服务。金融行业的规章制度和服务规范,只是解决了服务的技术标准和大致的行为规范问题。而金融服务的对象却是千差万别的活生生的人。一流的服务不应仅仅把客户当成流水线上的半成品,一成不变地照搬规范,而应是在规范的基础上创造性地、灵活地处置各种意外情况,尽量满足客户突发而至的各种需求,从而在客户心目中留下深刻的印象。

周到还体现在细致入微上。细节决定成败。客户到金融机构办事,寻求的不只是办理业务本身,还希望享受到银行等金融机构优美的环境、方便的设施以及服务人员的声声提醒和殷切关照。这就要求金融机构能从客户的角度出发考虑问题,根据他们的不同需要提供有针对性的更具体的服务。

三、"四心"待人

与人为善,礼貌待人,是岗位礼仪的起码要求。举止源自内心,金融岗位服务礼仪强调要体现"四心",即:诚心、热心、细心和耐心。

1.诚心

诚恳待人,想客户所想,急客户所急,虚心听取意见,不断改进工作。如果因为金融机构方面的原因,增加了客户等候的时间,就应该主动向客户道歉;在迎送客户、向客户道歉以及听取客户意见时,都应该主动起立,以体现诚恳和尊重的态度;在递出单证或现金时,应有礼貌地用双手递到客户手里,不扔不摔,成捆的现金不便直接递到客户手中时,也应有礼貌地向客户示意。这都体现了一个"诚"字。

2.热心

需要发扬"一团火"精神,主动热情地为客户服务。金融机构开办的各种业务种类繁多、特点各异,应根据客户的具体情况,主动热情地进行介绍,当好客户的参谋。

如果客户要求办理的业务不属自己经办,就要明确告知客户经办此项业务的人员、地点或电话,不要随口说声"到前面"或者"那边去问"。

热心还体现在对待客户一视同仁上,做到生人熟人一样亲切,存款取款一样热情,金额大金额小一样欢迎。

3.细心

要在细微处见精神,处处体现周到、细致、关心的态度。比如为客户提供纸笔、印泥、老花镜、装钞袋等一些服务用具,发现储户的存折破损,主动予以粘贴或更换等。另外,柜员在细心办理业务时,还应该有足够的警惕性,及时识别假币、假票据等,防止金融诈骗活动的发生,保证银行资产的安全,避免客户的资金损失。

4.耐心

是指办理业务不怕麻烦,执行规章制度做好解释。银行业务种类和服务项目繁多,服务对象广泛,在柜面服务时也会遇到很多复杂情况,对有不同要求的客户,应诚恳热情、耐心细致地满足其合理要求。银行的各种规章制度,是保障业务顺利进行,维护客户和银行双方合法权益,应严格执行。在执行的过程中应该注意向客户做好宣传解释,即使发生纠纷,也要以克制忍让、冷静耐心的态度来对待,做到"得理也让人"。

四、微笑永恒

 小资料

"你今天对顾客微笑了没有?"

"你今天对顾客微笑了没有?"美国希尔顿旅馆的董事长康纳·希尔顿常用这句话问下属。"无论旅馆本身遭遇的困难如何,希尔顿旅馆服务员脸上的微笑,永远是属于旅客的阳光。"他要求职员们牢记这一信条。服务员脸上永恒的微笑果然帮希尔顿旅馆度过了20世纪30年代美国空前的经济萧条时期,在全美国旅馆倒闭了80%的情况下,希尔顿旅馆跨入黄金时代,发展成了显赫全球的旅馆集团。这个微笑的例子很富有启发性。

微笑是世界上最美好的表情。亲切、温馨的微笑,可以有效地缩短双方的距离,创造良好的心理气氛。要笑得好,并不容易。面对不是亲密的人,笑得过火,显得不稳重;硬挤出的淡淡的笑,又给人虚伪的感觉,显得机械、呆板、冷漠,不过例行公事罢了。微笑要发自内心、亲切自然。微笑也可以训练,金融行业的岗位礼仪特别强调微笑的重要性,临柜服务人员更应注重微笑礼仪,服务人员对着镜子练微笑,并不是新鲜事。但是,更为重要的是心理的调适以及对职业的认同。如果我们的工作人员有"客户是上帝"的观念,如果对别人都能以兄弟姐妹般来相待,如果人人都有一种良好的心态,那么,面容上就不难保持发自内心的微笑。

五、语言文明

好话一句三冬暖,恶语半句六月寒。语言,是人们交流思想感情的重要工具。不同的语言、语气有着不同的效果。柜面服务时,应该讲究语言艺术,做到亲切、准确、得体。

(一)金融行业工作人员岗位服务礼仪在语言上的要求

1.亲切

亲切就是要和颜悦色,诚挚热情,面带微笑。使用好"十字"文明用语(请、您好、谢谢、对不起、再见）。让笑意写在脸上，尊称不离口，请字在前头，以微笑和亲切的语言铺设起金融机构和客户之间感情的桥梁。

2. 准确

准确就是要口齿清楚，语言表达既通俗易懂，又合乎规范。对客户不应使用金融机构内部术语，比如我们把支票、凭条等银行内部传递处理的凭证都统称为传票，要是对客户也这样说，就会让人家弄不明白了。既要注意语言的通俗易懂，也要避免使用不规范的语言。比如询问客户存定期还是活期说成是"要死的还是活的"，就容易产生误会，甚至出现争执。

3. 得体

得体就是要根据不同的对象和不同的场合，采取恰当的表达方式。针对不同的对象采用相应的尊称；对某些比较敏感的问题更要注意分寸。例如做柜面调查需要掌握储蓄大额取款的用途时，要是直愣愣地问："您取这么多钱干吗用？"客户就会不高兴。遇到这种情况就可以采取这样的方式：用比较公开的话题来询问，如住房制度改革、发行股票债券等；从维护储户利益的角度来引起话题，如提前支取利息不合算，支取大额现金不安全等；从介绍银行服务项目来间接询问，比如结合银行开办的各种储蓄种类的介绍、动员大额取款转存等，这样，储户就有可能说出其取款的用途了。当然，在储户与我们有较密切的关系或者有问题需要我们帮助解决时（如定期储蓄提前支取），在不引起储户反感的前提下，也可以直接询问。这都需要根据情况灵活掌握。

（二）语言文明还应注意做到"八个不"

1. 不信口开河

有些话不该说，有些话不宜在公开场合说，有些话不能用某种方式说，避开一些不适当的内容、形式，要比随心所欲地信口开河好。

2. 不议论别人

议论别人的短处绝不能显示自己的高明，有好的建议找对方当面去说，在公众场合对别人说三道四只能暴露自己的短处。将道听途说来的闲话在交际场合散布出去，可能会给自己带来麻烦。

3. 不夸大其词

尊重别人的意见，但不是盲从。可以适度称赞对方，但不能肉麻吹捧，特别是对上级领导，在交际场合更不宜毕恭毕敬地说些奉承话。对晚辈或地位比你低的，请勿用轻视、冷淡的口吻说话。

4. 不出言不逊

恶语中伤、斥责、讥讽对方，不会起到良好的效果。

5. 不泄露机密

将该保密的事泄露于人，同将隐私暗示于人一样不对头。企图以任何手段炫耀自己、贬低别人，反而会给人以品格低下的感觉。

6. 不窃窃私语

凑到某个人耳边说话，容易引起别人反感，有什么事不好当着大家讲。确有私事要说，不如请他跟你到旁边再谈。撇开众人，只跟一小帮人交谈，也说明你不善于与大家打交道。

7. 不使用方言

在场的人有不懂外语、方言的，就免用这种语言交谈；用在场某人不懂的语言，跟别人交谈,更不应该。

8. 不分散注意力

谈话双方须互相正视,互相倾听,不能东张西望或兼做其他事情,如玩弄指甲,摆弄衣服,搔痒痒,抓头皮,打哈欠,伸懒腰,不等人说完话视线和注意力就转向他方,既不礼貌,也使自身显得缺乏修养。

六、上岗前业务准备要求

上班必须提前 15 分钟到岗,按规定做好上岗各项准备工作。包括打扫卫生;开启监控设备,更换录像带;开启电子屏;整理并添置宣传资料及各类凭条;更换摆好当日临柜人员工号牌;等等。员工接库箱后,必须立即进入营业场内各自工作岗位,打开终端,有序摆好桌面营业用品,更换调好业务章、日戳等。

▷ 知识实训

[实训背景]

作为银行的一名工作人员,在正式走上工作岗位之前,应掌握相应的服务技能和服务礼仪,在心理上和行动上做好上岗前的准备。而环境和工作规范是展示银行形象的重要方面,工作人员到岗开始营业前应做好银行临柜服务的各项准备工作。

[实训要求]

1. 按规定做好上岗前的各项环境的准备工作。包括打扫卫生,整理并添置宣传资料及各类凭条,更换摆好当日临柜人员工号牌等,有序摆好桌面营业用品,更换调好业务章、日戳等。

2. 调整好心态,从面部表情、迎候语言、动作举止等方面加以体现,对待客户应精神抖擞,面带微笑,让客户有贴心的感觉。

3. 四人一组,在柜面练习,相互观摩,相互分析和讨论。

[实训提示]

服务是一个过程,具有不可逆性,是"一次性"消费,练习时要求服务人员一定要将准备工作按规定程序进行作业,准确到位。

项目 2　柜面服务

▷ 任务分解

任务 1　柜面服务的礼仪规范
任务 2　柜面服务规范

任务 1　柜面服务的礼仪规范

▷ 工作步骤

第一步:金融行业工作人员柜面服务的仪表仪容规范。

第二步：金融行业工作人员柜面服务的行为举止要求。

第三步：金融行业工作人员柜面服务时使用的礼貌用语。

 小资料

金融业的主流服务仍是——柜面服务

随着电话银行、自助银行、网上银行等新型电子化服务手段的兴起，过去必须依靠临柜才能完成的交易，得到了大量的分流，给人造成的错觉是，柜面的业务量正在逐步萎缩。但事实上，在中国相当长一段时间内，柜面服务仍是金融业的主流服务。现在各银行的营业场所的业务量与过去相比有过之而无不及，特别是在一些发达地区，营业场所内客户排长队现象时有存在，难以消除。这是因为：

(1)受传统文化的影响。中国人习惯于"套近乎"，喜欢面对面的交流，感觉近距离的服务，更有亲切感、体验感，而且"眼见为实""落袋为安"。

(2)业务构成发生变化。随着经济的持续发展，人们的富裕程度提高了，带来的必然是频繁的理财活动。而理财业务繁杂程度较高，更需要面对面的交流。

(3)老年化趋势的影响。老年人的特质决定了他们对柜面服务的依赖度相当大。据老龄客户反映，他们最相信的还是银行的柜面服务，对于网上银行、电话银行等虚拟银行业务难以适应，甚至会有所抵触。如对于ATM机自助存取款业务，老龄储户普遍感觉不适应：一是认为ATM机存取款有安全隐患，二是老年人记忆密码较困难。此外，老年人不习惯操作机器，或是文化程度不高也是原因之一。

知识链接

一、柜面服务的仪表仪容要求

金融行业工作人员岗位礼仪的总要求是：端庄得体，整洁大方。要求工作人员着装统一，上班时一律穿行服，并保持整洁，不卷裤挽袖，衬衣下摆系裤（裙）内。因季节更替需要换装时，应以网点为单位统一换装。系领带（结），不歪斜、长短适宜。着深色皮鞋，并保持光亮。发型：男士两侧不盖耳、后不触衣领，不留大鬓角，不蓄胡子；女士刘海不超过眉毛，不飘散于面，留长发的必须扎起来；男女发型自然大方，不染异色。

提倡淡妆，鼓励员工对自己的容貌做适当的修饰，但不浓妆艳抹。男士以"洁"为原则，女士以"雅"为原则；男女不留长指甲、不戴墨镜；女士不涂猩红的指甲油、口红，不使用浓烈香水，不佩戴下垂耳环、手镯等饰物，戒指最多戴一只。

二、柜面服务的行为举止规范

金融行业工作人员上岗前应摆放好统一的工号牌。工作时应保持良好的姿态，做到精神饱满，面容和气，表情自然，略带微笑，目光亲切。上班时不聚谈闲聊、喧哗和笑闹。不看各类书报，营业场所内不准吸烟；站立时应挺胸收腹，双脚与肩同宽，双手自然下垂或向前交叉，不要脚打拍子，也不要身靠桌、椅、台、柱等歪斜站立。两手不要叉腰及插在衣裤口袋里，也不要捧茶杯或与业务无关的东西；坐时不跷二郎腿，臀部坐在椅子的2/3处，双脚平放地上,小腿与大腿应成 90°。女士穿裙子时特别要注意双腿并拢;行走时,速度要适中,身子不要向前后倾斜,也不要左右摇摆。乘电梯应请客户先上下,并为客户确定楼层。对迎面而来的客户应侧身礼让,同时也不要超越同向行走的客户。行走时不要哼歌曲、吹口哨等,在客户面前不能有这种不稳重的表现。

三、柜面服务的礼貌用语使用

服务是人与人的相悦,心与心的交流,沟通用语非常重要。金融行业的服务人员临柜接待客户时必须使用标准服务用语,语言文明礼貌,语气和蔼谦逊,体现语言美。提倡临柜服务说普通话,遇到讲本地方言的客户,可用本地话对答,使客户有亲切感。

以银行为例,金融行业员工在临柜服务时应使用下列标准用语。

在办理业务过程中应使用:请进;您好;请稍等;请您拿好号牌(单);请排好队;请问您办理什么业务;请把凭证(条)某项内容填上;请用钢笔填写凭条;请您到某号柜面办理;请收好您的存折(单);请出示您的身份证(单位证明)好吗;谢谢合作;请对号;请输入密码;请您点好;请签名;请问提款金额多少;请您到某号柜面等候取款;这是您的单据请签收;请收好您的回单;请把号牌(单)交回;请多提意见;谢谢;您慢走,欢迎再来,再见。

客户在办理业务中出现失误时应使用:您的款项有误,请重新点一下好吗;你的票据(凭条)上某项内容与规定要求不符,请予更换好吗;请您重新填写存(取)款单好吗。

遇到突发性通信线路(电脑)发生故障时应使用:对不起,通信线路(电脑)出现故障,请稍等;让您久等了;让您跑了几趟,辛苦了。

▷ **知识实训**

[实训背景]

某天上午,一位先生到银行办理定期储蓄提前取款业务,由于正值社保划拨工作日,这位先生等候了 20 分钟才轮到他办理业务,于是非常焦急。

[实训要求]

1. 以 2～5 人为一小组,使用恰当的文明服务用语设计活动。
2. 在职业礼仪实训室进行现场模拟练习。

[实训提示]

对于出现让客户等待时间较长等情况,应面带笑容地起身致歉,然后再询问和办理业务。

任务2 柜面服务规范

▷ **工作步骤**

第一步:了解柜面服务规范化的作用。
第二步:明确柜面服务礼仪规范化的具体体现。
第三步:掌握业务办理规范化的具体流程。
第四步:营业环境布置物品摆放的规范。

第五步：坚持安全防范规范化的措施。

▷ **知识链接**

作为一名金融行业柜面服务的工作人员，从职业的角度要到达合格的服务，努力提升自己的服务质量，服务做到规范化是基础。规范化包括以下几个方面。

一、柜面服务规范化的作用

服务是一个过程，具有不可逆性，这就决定服务是"一次性"消费，要求工作人员一开始就要按规定程序进行作业，准确到位。规范化的服务除了能提升服务质量外，还有两个重要作用：一是巩固服务质量；二是保障服务安全。

二、柜面服务礼仪规范化的具体体现

（1）柜面岗位礼仪的规范化内容主要是服务人员的仪表仪容、行为举止、服务用语以及相应岗位服务礼仪的程序。

（2）岗位纪律。每位工作人员都必须遵守劳动纪律，不得迟到、早退。上岗时要精力集中，不得擅自离岗、串岗，因事需离岗时，应在柜口摆放暂停营业的牌子以提示客户。办理业务过程中不准中断业务去接打电话；工作时不大声喧哗，保持环境安宁；严防泄密，确保安全，尊重客户意愿，维护客户利益，严守客户秘密。

三、业务办理规范化

业务办理准则：忠于职守，遵章守纪；优质服务，诚信待客；服从分配，团结协作；廉洁奉公，不谋私利；敬业爱岗，乐于奉献；敢与内部不良现象做斗争，尽心尽责维护整体利益、全行（公司）形象。具体应做到准、快、好三项要求。

（1）准：熟知业务知识，熟练操作技能，熟悉规章制度，办理业务要准确，让客户一次成功。

（2）快：坚持按照临柜操作程序和先外后内的原则，办理业务要快捷，减少客户等候时间。

（3）好：服务态度要热情，对待客户要诚恳，解答提问要耐心，咨询回话要准确。做到想客户所想，急客户所急。办理业务时，不准抛掷卡、钱和单证；不顶撞、刁难、冷落、讽刺客户；不推托、拖延、拒绝办理业务；不准压票、随意退票和无理拒付。柜面发生纠纷时，要善解人意，得理让人；如一时无法解决，应及时报请单位领导处理。

四、营业环境规范化

各网点的门楣标识，包括字体、徽标的规格和颜色，必须按总行（部）统一制定的标准加以规范，给人以"天下某银行（公司）是一家"的视觉感和认同感。在大门的两侧还必须挂有规范的机构名称牌、营业时间牌。门面应保持整洁，营业时间牌所示时间应与实际营业时间相一致。

营业场所环境须整洁、明亮、美观，地面保持清洁光亮。根据场地大小设立客户休息处，配置沙发、茶几若干并保持清洁，无污垢；严禁与业务无关的物品任意堆放。有条件的应设

置"一米线"。

营业场所正面醒目处悬挂金融业务许可证、工商营业执照、日历和时钟,时间应保持准确。其他服务设施,如业务种类指示牌、利率牌、服务公约牌、公告牌、客户书写台、意见簿、暂停服务提示牌、服务监督电话号码、便民措施提示牌、宣传资料架等应设置齐全并摆放有序。

柜面布置要求按工作人员窗口座位放置统一规格的工号牌、密码机、书写笔、老花镜,有条件的可放置若干盆花卉。

工作台面上允许放置的用具只有:电脑、算盘、计算器、印章、印泥、海绵缸、笔筒、现金分格箱、防伪鉴别器。不要在工作台上放置书报、毛巾等,椅背上也不能搁置衣服、领带等物。个人物品应统一放置在洗手间或柜子内。

小资料

金融机构的服务规范

某家银行的服务公约是:客户进门,主动招呼;客户询问,耐心解答;办理业务,准确快捷;客户有疑,真情解释;客户有求,尽量满足;客户有急,特殊服务;客户个性,给予尊重;客户意见,虚心接受;客户有误,婉言提醒;客户离柜,亲切致别。

香港银行员工奉行的服务要诀是十二个字,即:热情、协作、礼貌、负责、快捷、准确。热情,使客户感到春天般的温暖;协作,为客户提供系统化的服务;礼貌,让客户享受至尊至善的礼遇;负责,对客户全程服务负责到底;快捷,为客户提供高效便捷的服务;准确,为客户服务恰当到位,一丝不苟。

五、安全防范规范化

工作人员应树立安全防范意识,严格遵守安全防范制度。随时关注营业场所的安全状况,边门必须上锁,报警器、灭火器保持完好;自卫武器应放置在随手可取位置;严禁非本单位人员进入营业场所内;营业终了,现金、重要空白凭证、印章、机证、有价单证、账(簿)、卡等应全部入库,电器、电脑设备应及时关闭。

六、柜面岗位服务规范化应注意的事项

(1)要把客户当作自己的父母、兄弟、姐妹、好友一样对待,发自内心无怨无悔地为他们服务。语言应亲切、柔和,动作要自然、到位,眼神要凝视客户,面带微笑,始终以良好的仪态、饱满的精神出现在客户面前,让客户体会到如沐春风般的感受。

(2)不能用"连这你都不知道"的眼神对待客户。始终牢记,我们没有权力要求客户知道这或知道那,我们所拥有的权力是始终为客户提供所需信息或了解信息的渠道。也不可以指着客户说话或者指着单证指指点点地说:"我跟你说……"

(3)有时,我们已对客户反复解释了办理业务的手续,但他就是不明白。这时,千万不要说"我已经说过了"。虽然会再为他解释,但此时客户会以为为他解释是一种施舍,而不是他享有的权利,从而产生受辱的感觉。

(4)不要光同客户说"这是规定",客户并不关心这是不是符合规定,他关注的是自身的

利益。当他的要求超出我们的职权范围时,就应该与上级取得联系,但无论如何必须说明,这么做对他的利益存在着潜在的危害。如果一味强调"规定",会让客户觉得在用规定来搪塞他,甚至压他,导致不必要的纠纷。

(5)不能在旁边有客户或来客的时候顾自几个人说笑,或与正在接待客户的同事说话,分散其注意力。这样会让客户觉得没有受到足够的关注。在客户面前不要把手插在口袋中,不得抖腿、斜站,前后左右摇摆或左顾右盼,也不要对客户皱眉头,这样会让他觉得我们的员工很不屑与他交谈或是有些不耐烦。同样的道理,也不应该一边接待客户一边把茶杯、热水袋抱在手中。

(6)不要说"不知道",应该说"对不起,这个我不是很清楚,我来帮您问一下,请稍等一会儿"。说一句"不知道"很简单,但这也将客户推到一个尴尬和无助的境地。当然我们也不应该很含糊,非常不明确地回答客户,必须是停下来听清客户的问题再给予适当的负责任的回答。如果实在有急事,应该向他表示抱歉,为他再找另一位同事解释问题。

(7)因人制宜,量体裁衣。为最大限度地满足客户的需求,需要临柜人员针对不同客户的特点提供相应的服务或不同的接待技巧,即开展个性化服务,让每位客户都感到银行的安全、可信并受尊重。

(8)维护客户利益,站在客户的立场,为他们出谋划策,当好理财参谋,减少不必要的损失。提倡提醒服务,特别是对客户比较生疏的业务,应详细告知办好此项业务需要准备的有关资料及注意事项,以免客户不必要的往返。

▷ 知识实训

[实训背景]

某日上午,一位古稀老妇人来到银行办理取款业务,由于时间久,年纪大,忘记了存折密码,银行工作人员应该用怎样的语言热情地接待并帮她办理,能否让她顺利取到款,满意地回家呢?

[实训要求]

1.迎客送客礼仪的表现。

2.客户愉悦程度的判断,关怀性语言的使用。

3.柜面人员的仪表仪容、精神状态等。

[实训提示]

1.了解服务操作质量评价流程。

2.对银行柜面日常的服务操作过程与标准化进行匹配对照。

3.进行操作时间和行为效率分析。

4.对柜面人员与客户的互动质量进行评价等。

项目3 客户接待

▷ 工作任务

柜面客户接待礼仪

▷ 工作步骤

第一步:以标准站立服务和半站立服务迎接客户的到来。

第二步:当客户前来办理业务时,工作人员应微笑地对他说:"您好,请问您要办理什么业务?"从而达到与客户的沟通和建立起友好的感情。

第三步:充分利用手这体态语言中最重要的传播媒介。双手接客户手中的凭证和款项,以示尊重。

第四步:不断强化技能的训练和积累,提高自身的业务素质,注重缩短操作时间,提高操作效率。

第五步:办理完业务后,双手递给客户回单和款项,凭证回单的正面朝客户,方便客户,以示尊重。

第六步:注重业务和服务开展的完整性,有始有终,让客户有需而来,满意而归。

▷ 知识链接

有一种观点认为,金融行业尤其是银行柜面岗位工作人员是在做业务,而不是在做服务。在这种心态下,人们往往忙于手头的业务,关注自己的熟客。当客户前去办理业务时,往往会发现柜员要么表情严肃机械地叫道:"下一位!"要么在低头忙于手中的业务,不理人。这种现象是不能发生的。银行工作人员应微笑迎客,主动热情,满足银行客户的各种需求。

金融职业礼仪适用于所有金融行业和机构,而服务对象是千变万化的,不同的金融岗位服务也有其各自相应的具体要求,而作为现今金融行业的主要岗位,银行的柜面服务仍是金融服务的主流业务,因此掌握柜面服务的岗位礼仪规范非常必要。

现将某银行多年总结并坚持的"站相迎、笑相问、双手接、快速办、双手递、热情送"的"十八字"临柜服务程序介绍如下,可供在柜面服务中加以借鉴和运用。

(一)站相迎

站相迎是指以标准站立服务和半站立服务迎接客户的到来。站相迎分为准站立服务和半站立服务两种。准站立服务是,站立迎送客,站立办理业务,无客户时可以坐。半站立服务是,站立迎送客,坐着办理业务。客户临近柜面时,如手头没有业务,应起立迎候客户,站立姿态为面带微笑;身体保持正直,双目注视客户,待双手接过客户提交的凭证和钱后方能坐下,并迅速办理业务。如果几个窗口同时接待一位客户,无业务的窗口人员均须同时起立迎候客户,等一窗口接下业务后,其他窗口工作人员方可坐下,办好业务后须起立,双手将办好的凭证或钱交给客户,站立姿态与迎接客户时相同,待客户转身离柜面后坐下。标准的站姿应该是全身笔直,挺胸收腹,精神饱满,两眼平视,两肩平齐,双臂自然下垂,双手中指贴裤缝,放在身体两侧。女士可以双手相叠搭握、稍向上提,轻轻地放在身体前面,置于小腹前,男士的手可以放在身体背后;女士的双腿应绷直,脚跟并拢,脚尖张成约60°,身体重心落于两脚正中,男士站立时两脚可以稍微分开,双脚距离不要太大也不要太小,大致与双肩齐宽,一般不超过50厘米。切忌以下几种站姿:与人交谈时两手叉腰;将双臂交叉在胸前;两脚分开距离太大,一脚直立一脚弯着;边说话边抖脚;等等。

临柜时，要做到"四个站立"，即：客户走近窗口和离开窗口时；客户交解钱款不符时或发现假币时；客户递交的单证有疑问时；为老弱病残、孕妇等特殊客户办理业务时。

遇到上级或兄弟单位领导、嘉宾来考察、检查、参观时，机关和网点的工作人员都应起立、问好，体现对领导和客人的尊重。

（二）笑相问

当客户前来办理业务时，工作人员应微笑地对他说："您好，请问您要办理什么业务？"从而达到与客户沟通和建立起友好的感情的作用。

微笑是一种艺术，是一种具有穿透力和征服力的艺术。微笑表现的是一种自信。当客户前来办理业务时，我们应微笑地对他说："您好，请问您要办理什么业务？"一次真诚的微笑能够立即增进与客户友好的感情。

当客户前来要求办理私人外汇买卖而该行暂未开展此项业务时，我们应微笑着地对他说："非常抱歉，我行暂不提供个人外汇买卖服务。"一个自信的微笑可以稳定客户的情绪。

如果机器出现故障，我们应微笑地对客户说："请稍等，机器线路有故障。"一个歉意的微笑可以平息客户的怒气。

微笑要做到四个结合：与口眼结合、与气质结合、与语言结合、与仪表举止结合。微笑要发自内心，结合目光，温柔含蓄，不要浮躁，而且光张嘴不行，要学会用眼睛微笑，眼睛是心灵的窗户，要把窗户打开。微笑是一种世界语，地球上任何一个角落的人都能读懂。日本的职员上岗前，都要练习一个月的微笑，站在大街口向每一位路人微笑，对着镜子咧开嘴对自己微笑，走路时练微笑，甚至上洗手间也在练微笑，还要互相问一下："今天你微笑了吗？"有人说，科技比微笑更重要。其实这句话并不确切，科技就是科技，科技代替不了微笑，微笑的力量是无穷的。

（三）双手接

充分利用手这体态语言中最重要的传播媒介。双手接客户手中的凭证和款项，以示尊重。

在接递客户手中的凭证和款项时，需要用手的动作来完成，而手是体态语言中最重要的传播媒介。因此在接递客户手中的凭证回单时，临柜人员必须用双手接收，注意递单时，凭证回单的正面朝客户，忌用手指指着人或物，因为手指也是一种尖锐物。另外接过客户的存单或钱款，礼貌地与客户核实一下户名和金额。应说："这里是两万元钱吗？请输入您的密码。""存单上的金额全部提取吗？""您叫什么名字？"……这样做对一些免填写凭条的储蓄网点显得尤为重要，可以避免不必要的差错和纠纷。

手势语言中应将掌心向上，同时忌用手指指人。正确的手势一般有以下几种：屈臂式、直臂式、横板式、斜式等。"请上二楼"，用屈臂式由下到上；"请到一楼3号柜面办理电汇业务"，用横板式示意客户往右（或左）方向走；"请坐"，用斜式；电梯到了，您示意客户"请"，用直臂式；"请您稍等一下，请喝茶"，由上至下。

（四）快速办

不断强化技能的训练和积累，提高自身的业务素质，注重缩短操作时间，提高操作效率。

在商业社会中，时间就是效率，就是金钱。有人说，效率比态度更重要。此话不无道理。因为客户来主要不是来享受态度的，而是来解决问题（办业务）的。快速办，不仅要求工作人员增强时间观念，更重要的是要不断提高自身的业务素质。快速办的背后，是平时技能的训练和积累。

（五）双手递

办理完业务后,双手递给客户回单和款项,凭证回单的正面朝客户,方便客户,以示尊重。

递送客户手中的凭证回单时,临柜人员必须要用双手相送,凭证回单的正面朝客户,忌用手指指着人或物,递出客户的存单或钱款,要与客户核实一下户名和金额。应说:"请您核对一下,然后在这儿签个字。""这里是 6 万元钱,请收好。"这样做很重要,可以可以避免不必要的差错和纠纷,同时也体现了对客户的悉心关照。

（六）热情送

注重业务和服务开展的完整性,有始有终,让客户有需而来,满意而归。

办理一笔业务要有始有终,不能忽视最后的礼貌。从服务礼仪这方面讲,当客户离去时,就像主人送别客人以后,还应目送客人,目视 3 秒钟,说些"请走好""再见""再会"之类的告辞语。不能一告辞,主人就马上转身回去或关门。也有部分网点工作人员中午吃饭仍在办公场地围在一起吃,客户来办业务都让客户先等着,这不妥。中午时,柜面工作人员应轮流去吃饭,避免在营业柜面面对客户吃饭。

 小资料

五优先·七一样·六有声

五优先:老弱病残优先;儿童孕妇优先;申请挂失优先;对外业务优先;急用款项优先。

七一样:大小客户,存多存少一样对待;存款、取款、借款、还款一样热情;生人、熟人、新老客户一样周到;时间早晚、业务忙闲一样耐心;表扬、批评一样诚恳;新钞、旧钞、主辅币一样办理;自营业务、代理业务一样认真。

六有声:客户临近柜面时有亲切的迎客声,如"您好""请问您办理什么业务"等;客户询问时有应答声,客户询问时应认真听清问意,属办理范围的及时办理,属查问的应速查询后答复,属他人办理的要介绍到位;办理业务过程有关照声,遇正在办理业务时有另一客户到柜,不能起立接业务时要有关照,如"请稍等";办好业务双手交接时要有关照声,如取款的,在向客户交接现金时应提示本金多少、利息多少、共多少,请点一下;遇客户不懂业务或客户差错时,耐心指导,使用"您的凭条某某项填写有误,请重填一下"等语言予以纠正;遇到电脑故障或内部差错而引起客户有意见或不满意时要有歉意声,要和气解释,使用"对不起""请稍候""马上办理"等语言稳定客户情绪;遇到客户表扬时要有谢意声,应以"没关系""不客气"等语言致谢;客户离柜时要有送客声,如"慢走""欢迎再来"等。

▷ **知识实训**

[实训背景]

杨小姐到银行存款 10000 元,不同窗口排队长度不同。两个窗口之中,一个排着长队,另一个仅有两三个客户。排队的通道入口写着一块客户提示牌:存款 10 万元以下客户请在此排队;客户较少的通道入口写着一块客户提示牌:存款 10 万元以上客户请在此排队。杨小姐知道自己存款没超 10 万元,就自觉站到长队的末尾。

后来,杨小姐发现办理"10 万元以上"的窗口没有客户,就前去存款。

杨小姐:"你好,请帮我办一下。"

柜员:"小姐,您的存款余额达 10 万元了吗?"

杨小姐:"没有,我看这边没人啊。"

柜员:"这边是大客户服务专用窗口,请你到那边排队吧,马上就有大客户来了。"

杨小姐:"为什么要这样?"

柜员:"我们为了做好分层服务,优先服务好 20% 的大客户,使他们感受到受尊重啊。"

杨小姐:……

[实训要求]

1. 从柜面服务的规范化和流程及服务礼仪的要求以小组为单位加以分析、讨论。

2. 以 3~5 人一组分别由学生扮演柜员和客户,进行模拟练习。

[实训提示]

"五优先·七一样·六有声"的具体体现。

项目 4　纠纷处理

⇨ 工作任务

柜面服务中的纠纷、投诉处理

⇨ 案例导入

投诉处理

客户钱先生来到银行营业厅,称昨天晚上在该行的取款机上取款,结果其中有两张面额 100 元的假钞。营业厅王主任见此,就前去处理。

钱先生:"你们取款机出假钱,你看怎么办吧?"

王主任:"您什么时间取的,能拿出来给我看一下吗?"

钱先生:"你看看吧,两张钱号码相同,怎么回事,银行竟然出假钱!"

王主任:"您先别着急,我们了解一下情况再说。"

钱先生:"怎么不急,你要不认账,我就去媒体曝光,让大家都来看一看你们银行的服务!"

[案例分析]

在柜面服务中,经常会碰到一些比较棘手的问题,如电脑发生故障、没收假钞、ATM 机吞卡等,也会碰到一些态度不够友好,脾气急躁的客户,甚至"刁民",以致引起纠纷。在这样的情况下,特别要注意纠纷投诉处理的方法和技巧。切记千万不能与客户争吵。

出现此类客户投诉问题,要完成妥善处理的工作任务。

➯ **工作步骤**

第一步：掌握处理纠纷问题的基本原则和基本程序。
第二步：熟悉银行处理客户投诉基本方法，按有关规定进行。
第三步：客户投诉处理技巧和客户投诉处理要点。
第四步：遵循银行处理投诉的内部流程，根据实际情况加以分析解决。

➯ **知识链接**

一、处理纠纷问题的基本原则和基本程序

（一）处理纠纷问题的基本原则

在银行服务，尤其是临柜服务中，经常会碰到一些比较棘手的问题，如电脑发生故障、没收假钞、ATM机吞卡等，也会碰到一些态度不够友好，脾气急躁的客户，以致引起纠纷。在这样的情况下，首先要记住千万不能与客户争吵，特别是在公开场合，这更是绝对不允许的。应遵循以下基本原则：

（1）耐心听取客户的抱怨，坚决避免与其争辩。

只有认真听取客户的抱怨，才能发现其实质原因。一般的纠纷客户多数是发泄性，情绪都不稳定，一旦发生争论，只会火上加油，适得其反。真正处理纠纷的原则是，开始时必须耐心听取客户的抱怨，避免与其发生争辩，先听他讲。

（2）想方设法平息抱怨，消除怨气。

由于产生纠纷的客户多数属于发泄性质，只要得到对方的同情和理解，消了怨气，心理平衡后事情就容易解决。

（3）要站在客户的立场上将心比心。

漠视客户的痛苦是处理客户纠纷的大忌。非常忌讳服务人员不能站在客户的立场上去思考问题，而需要站在客户立场上将心比心，诚心诚意地去表示理解和同情，承认问题的存在和过失。因此，要求所有纠纷的处理，无论已经被证实还是没有被证实，都不是先分清责任，而是先表示道歉，这才是最重要的。

（二）处理纠纷问题的基本程序

（1）始终以友好的态度，耐心倾听，冷静解释，得理让人。

（2）将客户请进办公室，进一步沟通，在本岗位职权内满足其合理要求。

（3）如客户提出更多要求，应向上级报告，由上一级负责人出面协商解决。

如果还不能"私了"，可以通过"第三者"，如银行同业协会、消费者协会出面仲裁。最后还可以通过法律途径来解决。

解决此类纠纷关键是要核实和判定这是否是一起服务质量事故及严重程度。如银行方确有过错，并确实造成了对客户利益的损害，除赔礼道歉外，还应酌情给予赔偿或适当补偿。当然对于要价过高或无理取闹者，甚至有欺诈迹象者，可建议向上级行及公安机关报案。化解和处理服务纠纷是对临柜人员的制怒能力、应变能力、规劝能力和法制水平的综合考验。

二、银行处理客户投诉的基本方法

投诉是抱怨的升级。服务失误后，尽管进行了有效的补救，但也不可能做到十全十美，

不能保证不会引起客户向上级投诉。其实投诉并不可怕,关键在于我们对客户投诉的态度。要把投诉的客户当成银行的朋友,把客户的每一次投诉都看成一次新的机会,即提高服务质量的机会,培养永久忠诚客户的机会,创造效益的机会。

(一)确认问题

认真、仔细、耐心地听取投诉者说话,并边听边记录,在对方陈述过程中判断问题的起因,抓住关键因素。尽量了解投诉或抱怨问题发生的过程,听不清楚的,要用委婉的语气进行详细询问,注意不要用攻击性言辞,如"请您再详细讲一次"或"请等一下,我有些不清楚……"把你所了解的问题向客户再复述一次,让客户予以确认。了解完问题之后征求客户的意见,如他们认为如何处理才合适,有什么要求等。

(二)分析问题

在自己没有把握的情况下,现场不要下结论、下判断,也不要轻许承诺。最好将问题与其他人员协商一下,或者向银行领导汇报一下,共同分析问题:问题的严重性到何种程度;你掌握的问题达到何种程度;是否有必要再到其他地方做进一步了解;如果客户所提问题不合理,或无事实依据,如何让客户认识到此点。解决问题时,投诉者有什么要求。

(三)互相协商

在与其他人员或者与公司领导协商,得到明确意见之后,由在场的工作人员负责与客户交涉协商。

(四)处理及落实处理方案

协商有了结论后,接下来就要做适当的处置,将结论汇报给银行领导并征得领导同意后,要明确直接地通知客户,并且在以后的工作中要跟踪落实结果。处理方案中有涉及银行内部其他部门的,要将相关信息传达到执行的部门中。

三、客户投诉处理技巧和客户投诉处理要点

(一)处理客户投诉的基本技巧

1. 善用"同理心"(换位思考法),建立与客户的共鸣

用自己的话重述客户投诉的原因,把从客户那里感受到的情绪说出来,并稍微夸大客户的感受。

模拟使客户产生投诉的场景,并换位思考,想象当我们去其他银行或类似单位时,如果我们被以相同或类似的方法对待时,我们会做出怎样的反应。

不要只是说诸如"我能够理解"这样模式化的语句,否则就有可能听到客户说"你才不能理解呢! 不是你的钱,你当然不心疼"之类的话。如果你想使用"我能够理解"这种说法,务必在后面加上你理解的内容(使客户难过的原因)和你听到的客户的感受(他们表达的情绪)。

2. 适当情绪引导,抚平客户情绪

保持平静,不打岔,耐心地听完对方的全部叙述后再做出回答。专心客户投诉事项,减少其他工作和电话的干扰,并适当做些记录。不使用刺激对方情绪的言语,即使遇到口头的人身攻击也不应采取对抗姿态,要神情专注、面部表情合适,与对方对视时眼神自信,语调平和而诚恳。表现出对对方情感的理解,让客户知道所允许的帮助是真诚的。出现问题时应避免指责自己的同事或银行方。

3.减缓客户愤怒,巧施"熄火"策略

(1)寻求合作契机。找一个双方都认可的观点或提出中立性的建议,作为谈话的切入点,使用"我有一个建议,您是否愿意听一下?"的语句让客户认同。

(2)确认实际需求。我们通常都会以自己的想法来推测客户的想法,但实际上往往这样的想法都有些偏差,应使用"您希望我怎么做呢?"的语句,确认客户的实际想法。只有当正确描述客户的想法的时候,我们才能真正确定,才可能达成双方都接受的解决方案。

(3)巧用物品解围。当接待情绪激动的客户时,请求客户随手递一些物品,诸如回行针、笔、纸等东西,并立即表示感谢,逐步与客户创造出一种相互配合的氛围,有效地引导客户进入一种相互合作的状态。

(4)柔和迂回处理。在了解客户投诉的情况后,使用"我很高兴您告诉我这些问题,我相信其他人遇到这类问题也会和您一样的。先请允许我提一个问题,您看这样处理是否合乎您的心意……"的话,利用客户施加的压力柔和迂回处理,以改善或扭转局面。

(5)深入探询"需要"。如果客户向你询问如何办理本地汇款,这是他的要求,如果你只是努力满足这一"需要",就失去了更有效满足客户需要的机会。也许,客户要汇款的原因是往自己不同银行账户上转款,也许是要进行账务结算,等等。总之,应该努力去满足客户的需要,经常发现客户提出的需求背后的真正需要。因为银行工作人员是专业人士,完全可以在这方面帮助客户,这也是最能体现工作人员专业价值的地方。

(6)管理客户期望。不要只是告诉客户你不能做什么,使用"我不能这么做,我只能这么做"的语句,大多数人所犯的错误是告诉对方我们不能做什么。这种错误就好像是你向别人问时间时,他回答:"现在不是 11 点,也不是中午。"向客户说明你可以做什么,不能做什么后,使用"你希望我怎么做呢?"的语句,直接询问客户他期望你做些什么。

(二)银行客户投诉处理的要点和禁忌

1.要点

(1)要鼓励客户投诉。

(2)告诉客户如何进行投诉。

(3)方便客户投诉(如建立举报中心、公开举报电话和设置客户意见箱等)。

(4)迅速处理客户投诉。

(5)向客户及时反馈投诉处理结果。

2.禁忌

(1)缺少专业知识,不能满足客户对产品或服务的了解或使用的要求。

(2)怠慢客户,缺乏耐心,急于打发客户。

(3)欠缺诚意,急于为银行方的问题开脱。

(4)过度承诺或越权承诺超出自己职责范围的事项。

(5)过高估计与客户的亲密程度,滥用幽默而降低在客户心中的专业形象。

(6)想当然的心态,用自己对产品和服务了解的程度默认客户的认知度。

(7)夸夸其谈,给客户更多的机会发现问题、延伸问题。

四、遵循银行处理投诉的内部流程,根据实际情况加以分析解决

(1)记录清楚投诉内容。

（2）判定投诉是否成立及问题的严重程度。

（3）确定投诉处理责任部门。

（4）责任部门分析投诉原因并提出处理方案。

（5）提交主管领导批示。

（6）实施处理方案。

（7）总结评价。

当然，随着银行服务手段的多元化，投诉接受处理的途径也更广泛。各家银行的特服电话或呼叫中心，是对外受理客户投诉的主要渠道，应保持畅通和接听规范。

 小资料

开展岗位服务规范化的原则

（1）客户第一。客户包括自然人客户和法人（公司、企业、事业单位）客户。客户一般指自然人。因为有了客户，我们才有一份职业，才有事业，才有饭碗。客户就是"上帝"，就是衣食父母，从这个意义上说，客户永远是正确的。客户意识就是饭碗意识。要以客户为中心，按照客户是否满意为标准，整合金融企业的所有服务要素和开展服务规范化活动。

（2）信誉第一。老百姓为什么要把家庭财富交给银行打理，无非就是看中了银行的信誉。从某种意义上说，银行经营的就是信誉。信誉是金融企业的无形资产、经营资源。信誉就是生命，信誉就是口碑，信誉是一言九鼎的承诺。海尔集团总裁张瑞敏有句名言：我们不卖产品，而是卖信誉。他告诫员工，要像爱护自己的眼睛一样，爱护企业的信誉。金融行业服务规范化活动的目的，就是更好地为客户服务，从而提升企业的美誉度。

（3）效率第一。强调服务的效用性、单位时间的成功率。客户来银行（保险公司）主要不是来享受礼仪的，也不是来感受规范的，而是来完成一种使命，获取某种效用，即要解决实际问题。即便员工的礼仪再标准，态度再亲切，环境再优美，但如果不能提供有效的服务，不能实现他的主要目标，一切努力也等于零。虽能实现目标，但占用了客户大量的宝贵时间，客户还是会感到不满意、不高兴。在"时间就是金钱"的今天，对大多数客户来说，效率比什么都重要。因此岗位礼仪要以岗位服务规范化为前提，服务规范化必须强调方便快捷、实用有效，即效率优先，兼顾态度。切不可搞花拳绣腿，热衷作"秀"。

（4）安全第一。安全压倒一切，责任重于泰山。安全服务对于高风险的金融企业尤为重要。柜面服务中的安全主要是财务安全和人身安全。如柜面人员识假技能不高致使假币入账或外流；对存单审核不严，致使储户存款被冒领；存单挂失中操作失误，导致客户资金在挂失生效期内被盗而承担的赔偿责任；等等，均属财务上的安全事故。至于犯罪分子抢劫银行，这就会威胁到客户和工作人员的人身安全。

知识实训

[实训背景]

李先生为买回家的机票急需现金，到就近一台自动取款机上取钱。由于操作不慎，银行卡被吞，这下可把李先生急坏了。只好通过取款机的客户热线求助于取款机管理员。

李先生："你好,打扰了,我的卡被吞,不知怎么办?"

管理员："您的卡是我们银行的吗?"

李先生："不是。"

管理员："按规定,自吞卡次日起3日内带开户行的证明来取卡。"

李先生："我是外地人,而且现在急需钱买机票,怎么办?"

管理员："现在是下班时间,您也没有手续,我们帮不了您。"

李先生:……

[实训要求]

1.思考并讨论:针对以上背景资料,在客户较为激动时,首先应该怎么做? 作为客户以上的做法是否令你满意? 在不违反银行有关规定的前提下,有没更好的处理方法?

2.3~5人一组,以小组为单位分别由学生扮演管理员和客户,进行模拟练习。

[实训提示]

1.一般出现纠纷和客户进行投诉时,客户都会比较激动,因此安抚情绪是首先要解决的问题,切不可将客户也升级成为问题的一个部分。

2.待客户稍平静后给出较为合理的建议和意见,得到允许后及时加以实施,让客户感觉到你在帮助他。

项目5 岗位服务业务活动规范

⇨ 任务分解

任务1 办理银行储蓄业务

任务2 办理委托业务

任务3 办理银行卡

任务4 办理存单(存折)挂失

任务5 没收假钞

任务6 大堂咨询

任务7 个人汇款

任务8 其他岗位行为规范

任务1 办理银行储蓄业务

⇨ 活动实例

办理储蓄取款业务

工作人员:(起立,欠身,微笑,目光注视对方眼睛)您好! 请问您办理什么业务?

客户:我要取钱。(递上存单)

工作人员:好的。(看存单)噢,您这张存单还有一个月就要到期了,提前支取按中国人民银行规定,利息是按活期计算的,要损失好多钱呢!

客户：我家现在有急用，还是取出来吧！

工作人员：如果您有急用，我可以向您推荐小额质押贷款业务。您这张存单是一万元，可以贷到九千元钱，只要付一个月的贷款利息，比您现在取出来合算多了，您看怎么样？

客户：算了算了，我还是取出来好。

工作人员：那好，请问您身份证带了吗？

客户：哎呀，我没带。怎么，取自己的钱，还要身份证吗？

工作人员：真对不起，因为您是提前支取，按规定需要本人身份证。

客户：帮帮忙，我是从好远的路地方过来的，给我取一下吧。

工作人员：真抱歉，提前支取一定要有身份证的。希望能得到您的理解和合作。

客户：请相信我，这真是我的存单。

工作人员：对不起，这样做不是不信任您，而是为了维护您的利益。您想，万一有人拿了您的存单前来冒领，支取时又不需要本人身份证，这不是给您造成损失吗？

客户：这倒是，那就按规定办吧。

工作人员：真不好意思，让您再跑一趟了。再见！

（过一会儿）

工作人员：您好。

客户（同一人）：小姐，我要取钱。

工作人员：好的，请问您身份证带了吗？

客户：带了。

工作人员：（双手接下身份证）请稍等。（坐下，验证）请先放好。（双手送还身份证，办业务）请您输一下密码。您的密码输入有误，请您重输一遍，最后按一下确认键。

客户：啊呀，我按错了键。

工作人员：没关系，请按一下删除键，重新再来一次。可以了。（办完业务后起立）好了，您的税后利息是七十二元六角，本息一共是一万零七十二元六角，这是利息清单，请您清点核对一下。

客户：（复点）对的，谢谢。

工作人员：不客气，欢迎您下次再来。

办事储蓄存款业务

工作人员：（起立）您好，请问您办理什么业务？

客户：小姐，我要存钱。（递上钱与凭条）

工作人员：好的。（双手接过）请问您存多少钱？

客户：一千元。

工作人员：请稍等。（坐下，点钞后）是一千元，定期一年吗？

客户：是的。

工作人员：（起立）请出示您的身份证。（双手接过后）请稍等。（坐下办理业务）请您输入密码。（起立）已经存好了，请您核对一下。（双手递上存单、身份证）

客户：对的，谢谢！

工作人员：不客气。欢迎您下次再来。

小资料

一般储蓄存款服务操作流程图及服务要点分析

客户　　　　　　　　　　　　柜面人员

客户临柜

迎客礼仪,确认业务品种

收取客户凭证、款项,确认存款金额

审核凭证

读取存折磁条信息

执行存款的电脑交易

客户输入密码

打印

客户签字确认

审核签字,撕回单

收款,机器清点

递送客户资料

客户离柜

服务操作流程结束。

从以上的分析比较可见,在银行业柜面服务操作的层面上,我们应该更多地关注服务操作流程的建设,它完全贯穿了整个银行服务过程,并与客户有完整的接触及互动过程,能最大限度地展示银行服务的形象、效率、服务语言等,同时也能反映客户对银行服务质量的感知和评价。

知识链接

储蓄业务开展过程中的注意事项如下:

(1)客户如有疑问,应耐心详细地为他解释清楚。

(2)面对客户提出的一些与制度不相符的要求,我们在坚持原则的前提下,要本着"一切为客户"的理念,向客户解释清楚为什么要这样做,并为给客户带来的不便表示适当的歉意。

(3)遇到客户的要求也许很没有必要,但又不违反制度,这时就应顺着他的意愿去办,切不可不屑一顾。

(4)钱款要与客户当面点清。

(5)对大小客户应一视同仁,对所有客户都要热情周到。

任务2　办理委托业务

活动实例

办理现金缴费委托业务

工作人员:(见客户走近,欠身起立)您好。请问您办理什么业务?

客户:我想缴电费,刚搬进新房子,不知道怎样缴。

工作人员:好的,缴电费可以办银行存折或银行卡,这样每月自动扣款,您不必每月都要跑银行,也可以用现金缴费,不知您愿意用哪种方法?

客户:我还是用现金缴吧。

工作人员:好的,请问您带电费单子了吗?

客户:带了,给你,这是钱。

工作人员:(双手接过)这里是两百元。(办理业务后,将代收付业务收据和找零交给客户)请拿好,这是收据,这是找您的钱,请您核对。

客户:不错的。谢谢!

工作人员:不客气,再见!

➡ 知识链接

办理委托业务活动开展的注意事项如下:

(1)这类业务因涉及内容较多,应向客户简明、扼要地介绍办理过程中的所有要素,不要让他无谓地往返。

(2)对一些关键要素必要时可重复征询、核实,以求办理时就使客户清楚他的权利和义务,减少因交代不清而造成客户误解,以致日后发生不快的可能。

(3)耐心回答客户提问,理解专业人员为客户解释是义务,也是一种荣耀。

(4)对容易疏漏的问题,应主动提醒,如"账户要保持一定的金额,以便扣款成功"等。

任务3 办理银行卡

➡ 活动实例

办理银行卡业务

工作人员:(欠身起立)您好,请问您办什么业务?

客户:我想办一张银行卡。

工作人员:好的。请问您带身份证了吗? 是办可以透支的贷记卡,还是不好透支的普通卡?

客户:带了。办张普通卡吧。

工作人员:好的。请您先填一张办卡的申请表。(稍后,双手接过客户的申请表看一遍)办卡,需要存入一定的现金并付十元钱的开卡费。

客户:给,这是三百一十元钱。(递上钱、存款凭条)

工作人员:(双手接过)这里一共是三百一十元,请稍等一下。(坐下办业务后起立)请您在申请表和开户表上签上您的名字。(客户签好后)谢谢。还有请您在这张卡的背面也签上您的名字。

客户:是这样吗?

工作人员:对的,这样就可以了。好了,您的手续办完了,您的初始密码是六个8,这是您的身份证和手续费收据,请拿好。为了您的资金安全,请及时修改密码并注意保密。

客户:请问怎样修改密码?

工作人员:您可以在我这里修改密码,也可以到自动取款机上,根据提示自己修改密码。

客户:好的,谢谢啊。

工作人员:不客气。再见!

客户:再见!

📑 **知识链接**

办理银行卡业务活动开展的注意事项如下:

(1)因这类业务涉及的内容较多,应向客户简明扼要地说清楚办理过程中的所有要素,不要让他无谓地往返。

(2)对一些关键的要素必要时可重复询问、证实,以求办理时就使客户清楚自己的权利和义务,减少今后发生不快的可能。

(3)对客户容易疏漏的问题,要主动提醒,如"某某卡不要和密码袋放在一起",从而体现服务礼仪中的关照。

任务4　办理存单(存折)挂失

📑 **活动实例**

办理存单(存折)挂失业务

工作人员:(欠身起立)您好!

客户:(急促地)我的一张某行定期存单不见了,这是我的账号。

工作人员:(双手接过纸头,目光急人所急)噢,请别着急,我这就帮您办理挂失手续。请把您的身份证给我看一下。因为您的存单不是本所开的,我先给您办理口头挂失手续,请稍等一下。请问您存单上的地址是留哪里的?

客户:就是我身份证上的地址。

工作人员:(办完手续后,起立双手递上挂失单和身份证)请核对。

客户:(接过)是不是我办了这个挂失后,就不会被人冒领了?

工作人员:对,我现在帮您办理的是临时止付手续,正式挂失手续请您5天内到开户行办理,去的时候,请不要忘了带上您的身份证。如果您有事要请人代办,请不要忘了带上代办人的身份证。

客户:好的。谢谢!

工作人员:不客气,再见!

客户:再见!

📑 **知识链接**

办理存单(存折)挂失业务活动开展的注意事项如下:

(1)针对此类情况,因客户往往比较着急,即使他们有过激的言行,也应本着体谅、理解的态度善待他们。

（2）如因挂失对客户的利益有着直接的影响,应详细、清楚地把有关要素都交代明确。

（3）要注意加快语言和动作的节奏,使客户感到您在尽力为他分忧,切忌漠不关心、慢慢吞吞。

任务5 没收假钞

▷ **活动实例**

开展没收假钞业务

工作人员:(欠身起立)您好,请问您要办什么业务?

客户:存钱。

工作人员:好的,请问要存多少?

客户:三千。

工作人员:好的。(双手接过)请稍等,(点钞,发现有问题,在点钞机上重点,点钞机发出叫声)小姐,真是对不起,您这里有一张是假币。(出示假币,并当着客户的面对假钞盖专用章)

客户:(嗓门提高)不可能,绝对不可能,这是我单位刚刚发的年终奖,怎么会有假钞呢?

工作人员:真对不起,您看一下,这张纸比较薄,而且没有凹凸感,水印也比较模糊,如果您真的不信,我可以用仪器再帮您测试一下。

客户:真不可思议。

工作人员:(仪器声响)请听一下,这张确实是张假钞。

客户:真倒霉,气死我了,那你还给我。

工作人员:对不起,根据中国人民银行规定,发现假钞是一定要没收的,希望您能够理解我们。我给您开一张没收假钞的收据。

客户:那也没办法。

工作人员:请问,接下来您是存两千九,还是三千呢?

客户:存三千吧。

工作人员:请再给我一百元。(双手接过钱,办业务)好了,您的钱存好了,请您核对一下,这张是没收假钞的收据,请拿好。再见!

▷ **知识链接**

开展没收假钞业务活动的注意事项如下:

（1）理解客户,对客户而言,假钞被没收意味着一笔损失。要体谅他们此时的不满甚至愤怒,对他们表示出足够的理解和同情。千万不要因为客户的喧哗而提高自己的嗓门。

（2）虽然没收假钞是按规定办事,但切不可凭"规定"一句话简单了事,因为客户也是受害者。我们要在坚持原则的基础上,尽可能地做好解释工作。

（3）应主动教给客户识别假钞的知识,使他们增强反假能力,以免再次上当,体现关心。

任务6 大堂咨询

▷ **活动实例**

开展大堂咨询服务

工作人员:您好,欢迎光临,您请坐。

客户:谢谢。

工作人员:请问您有什么事要帮忙吗?

客户:我来看看我的工资到没到。

工作人员:请问您的存折带了吗?

客户:带了。

工作人员:那我领您去办一下补登折好吗?

客户:好的,谢谢。(来到营业柜口)

工作人员:小王,请给这位大妈补登一下存折吧。

小王:好的,请稍等。(双手接过存折,电脑操作)请您输入密码。(客户输密码)您的工资已经来了,一共是五百八十元,请看一下。

客户:对的,谢谢,谢谢。

小王:不客气,欢迎下次再来,请走好。

▷ **知识链接**

明确大堂咨询的责任和工作要求:

(1)咨询的责任之一是眼观八方,及时发现并帮助那些需要帮助但尚未提出或羞于开口的客户。老年人、小孩、孕妇都是需要帮忙的,而对残疾人则要注意分寸,要在适当的地方以适当的方式关注他,并在他确实需要时帮助他,以维护他的自尊心。

(2)除此咨询的责任还有维护营业场所内的秩序,做好保洁工作,疏导客户等责任,尤其是疏导客户。当柜面上人头攒动时,就应该根据经验和同事的工作情况,主动分流储户,并对他们表示歉意。如果发现客户在柜口有问不完的问题,咨询人员也有责任帮助同事解答他的问题,为柜面上减轻压力。

(3)咨询员在营业场所内,一定要微笑,切忌板着脸。因为一位咨询员的冷若冰霜,会使柜面内几位同事的微笑都有可能化为乌有。

任务7 个人汇款

▷ **活动实例**

办理个人汇款业务

工作人员:(欠身起立)您好。

客户:请问可以办理个人汇款吗?

工作人员:可以。请问您要汇到哪里去?

客户:我要汇到深圳。

工作人员:请问是否急用?

客户:是的。

工作人员:这样好不好,我向您推荐实时汇兑,它到账迅速,而且费用也不贵,您看怎么样?

客户:好的。

工作人员:那么请您填一下实时汇兑凭证,并在第二联签上您的姓名和电话号码,以便我们取得联系。

客户:可以。

工作人员:请稍等,(坐下办业务后,双手递出凭证)小姐请拿好,请您到旁边的出纳柜缴款。再见!

(出纳柜)工作人员:(欠身起立)您好。

客户:请问个人汇款的钱是这儿缴的吗?

工作人员:是的。(双手接过钱)请稍候。(坐下办业务后起立,递出回单)请您核对一下。

客户:对的。

工作人员:欢迎下次再来。

▷ **知识链接**

办理个人汇款业务活动的注意事项如下:

由于办理个人汇款对大多数人来说,可能是陌生的,就需要耐心、详细地为客户解释其中的每一个要素。目前,银行的汇款方式有数种,工作人员应运用掌握的银行知识为客户做好参谋,维护客户利益,让客户既省钱又方便使汇款安全快捷到达目的账户。

任务8 其他岗位行为规范

▷ **工作步骤**

第一步:二线、后台工作人员应树立为一线工作人员服务的意识。
第二步:客户经理岗位业务活动开展的行为规范。
第三步:其他管理接待岗位业务活动开展的行为规范。
第四步:大堂经警保安岗位业务活动开展的行为规范。

▷ **知识链接**

一、二线、后台工作人员树立为一线工作人员服务的意识

(1)二线为一线服务,为自己的同志服务,同样要热心周到,否则,面向一线的服务可能受阻,继而影响到客户的情绪。

(2)不要以制度等冠冕堂皇的理由,拒绝同志的求助,相反,除非有绝对的把握,否则也

不要在常规之外另辟蹊径,更不要做出违反制度的歪点子举动。

(3)对临柜一线的求助,始终要以友好、认真、负责的态度给予答复,对能够立即解决的要立即解决,对一时不能解决的,要给出承诺。

▷ 活动实例

后台为业务一线服务

工作人员甲:(电话)您好,农行西湖支行电脑部。

工作人员乙:(电话)您好,我是支行理财中心专柜,我这里的电脑出故障了。

工作人员甲:(电话)请问是一台电脑,还是所有电脑都有问题了?

工作人员乙:(电话)是一台电脑,您能不能过来看一下。

工作人员甲:(电话)好的。请稍等,我马上测试一下。(放下电话,到旁边一台电脑测试后,拿起电话)您好,电脑的通信是好的,可能是接口有问题了。我马上派人维修,再见。(放下电话,对对面的小王)小王,你马上到理财中心专柜去一下。那里有台电脑估计是接口出了问题。

工作人员丙:好的,我马上就去。(拎起工具袋起身)

二、客户经理业务活动开展

客户经理是展示银行形象的流动窗口,因此一举一动都要显得落落大方、文明优雅。穿着整洁、得体,如穿行服,则应严格遵守穿行服的规定,如不穿行服,也应穿职业装。可以有适当的时尚装扮,但不能太跳眼。过于随便的休闲服饰也不能穿,如砖头鞋、紧身衣等。夏天,女士要注意衣着的质地、厚薄和长短。客户经理前去拜访客户应注意:

(1)事先与客户约定时间。

(2)无论门开着还是关着,进房间都要敲门。

(3)进出时要尽量和在场的每个人打招呼。

(4)要遵守该单位安全保卫规定,譬如,进大门时要登记。

(5)递、接名片用双手。

▷ 活动实例

询问款项是否到账

工作人员(女):(电话铃响两声后,提起话筒)您好,农行城东支行朝晖分理处。

客户:我是宏达公司的,请问一下最近我公司一笔500万元的货款是否到账?

工作人员:噢,您是张会计吧?我帮您查一下,请稍等。(打开电脑查询)对不起,贵公司最近没有资金入账,请问对方是在哪家银行开户?什么时候汇出的?

客户:是在深圳建行吧,就这几天汇出的。

工作人员:请不要着急,因为不是同一家银行,款项需转划后才能到我行。这样好不好,张会计,款到后我们立即通知您。

客户:谢谢。

工作人员：不客气，再见。（对方搁下电话后，放下电话）

电话找人

工作人员（男）：（电话铃响两声后，拿起话筒）您好，农行西湖支行客户部。

客户：请问小李在吗？

工作人员：请您稍等，我去看一下。（看留言板）对不起，小李外出了，请问您有什么急事吗，或者有什么事需要我转告吗？

客户：好的，谢谢，请他回来后给我回个电话。

工作人员：那您的电话号码是多少？

客户：我单位的电话号码是 86973423。

工作人员：86973423,（写下）对吗？他回来后我一定通知他。

客户：谢谢。

工作人员：不客气，再见。

客人来访

客人：（敲门）请问小张在吗？

工作人员：请进，请问您是……

客人：我是宏达公司的小陈。

工作人员：噢，小张去会计部了，您先请坐。（倒茶）请喝茶，我帮您先联系一下。（打电话）您好，请问小张在吗？小张吗，办公室有位宏达公司的陈小姐找你，请你马上过来一趟好吗？

工作人员：陈小姐，小张马上过来，我还有点事情，请您稍等一下。

客人：没事，您忙。

小张：（热情地）小陈，您好，不好意思，让您久等了。要不我们去会客室坐一下。

客人：好的。

小张：这是您的茶吧，我给您带过去。

（办公室其他工作人员欠身，目送）

（过一会儿，送客）

客人：那好，这事就麻烦您了。

小张：没关系，请放心好了。

客人：那我先走了。

小张：我送送您。（为客人按电梯）有空经常来坐坐。

客人：好的。（电梯开门）那麻烦您了，再见。

小张：不客气，再见。

三、大堂经警岗位

对客户来说，只要是在银行里的工作人员，就应该懂得银行业务。作为大堂值班经警，尽力为客户解答问题是应该的，但也不要太勉强，有时不妨把客户介绍到大堂咨询那儿去，由咨询人员为他们提供真正的专业服务。

　　大堂经警值班时,切记不要把手插在裤袋或皮带里走来走去。接、听无线步话机时,不要在大厅里,而在相对隐蔽的地方,一方面可以保密,另一方面也是出于维护营业场所秩序的需要。

　　金融行业的每位工作人员都有责任从自己做起,从一点一滴做起,提高自身的服务艺术和服务水平,为把自己的所在企业建成一家发展高速度、经营高质量、效益高增长、队伍高素质、形象高品位的现代金融企业而不懈努力。

 小资料

外语服务(外币兑换人民币)

服务员(bank teller)——T

外　宾(customer)　——C

T:Good morning! Welcome to the Agricultural Bank of China! May I help you?

　　早上好! 欢迎来到中国农业银行。需要帮忙吗?

C:Good morning! I want to exchange some US Dollars into Renminbi.

　　早上好! 我想把美元兑换成人民币。

T:Ok.

　　好的。

C:Ah, what is today's exchange rate?

　　今天的汇率是多少?

T:Today's exchange rate is one US Dollar to Renminbi 8.0867.

　　今天的汇率是1美元兑8.0867元人民币。

C:Ok, that's fine. I would like to exchange 500 US Dollars.

　　那好。我想换500美元。

T:Ok. Please show me your notes. For 500 US Dollars, you can get Renminbi 4043.35.

　　可以。请把您的美元交给我。500美元可以换成4043.35元人民币。

　　Here's your money. Please check.

　　这是您的钱。请点好。

C:Thank you.

　　谢谢。

T:You're welcome.

　　不客气。

C:Fine, thank you very much. Bye!

　　好,谢谢你。再见!

T:Bye!

　　再见!

📖 知识实训

[实训背景]

作为一名商业银行的柜面工作人员,每天要接待各种各样的客户,办理多种业务,正确掌握银行柜面服务的程序和礼仪规范,是其为客户提供优质服务的基础和保障。

[实训背景]

某天早上 10:00 左右,营业厅内客户较多,都坐着等叫号,这时一位客户径直急匆匆地来到 3 号柜面前。3 号柜面的工作人员、大堂经理、保安等应该用什么语言和手势接待客户和办理业务呢?

[实训要求]

1. 在模拟训练室的模拟操作台前四人一组进行模拟接待客户和办理银行业务的练习。

2. 注意银行操作规范和服务礼仪"站相迎、笑相问、双手接、快速办、双手递、热情送"的具体运用,用心为客户服务。相互观摩,并在实训后进行讨论总结。

[实训提示]

1. 银行的临柜服务仍是金融服务的主流业务,学习临柜服务的岗位礼仪规范是非常必要的。

2. 对"站相迎、笑相问、双手接、快速办、双手递、热情送"的每一细节都需要细细体验,灵活运用,练习到位,营造一个无可挑剔的"真实瞬间"。

📖 思考与练习

1. 金融行业岗位服务礼仪的核心是什么?具体体现在哪些方面?

2. 为什么说在中国相当长一段时间内,柜面服务仍是金融业的主流服务?

3. 如何将"十八字"柜面服务程序贯穿在金融行业工作人员的日常工作中?

4. 岗位服务规范化的主要内容有哪些?

5. 根据金融行业的职业特点和岗位服务礼仪的要求,进行一次走访金融机构的实践活动,并对柜面服务礼仪现状中存在的不足提出具体的改进方法和措施。

📖 主要参考书目

[1] 王华. 现代金融礼仪. 杭州:浙江大学出版社,2004

[2] 金正昆. 服务礼仪教程. 北京:中国人民大学出版社,2005

[3] 何冯虚. 银行客户服务技巧运用. 北京:高等教育出版社,2007

[4] 李荣建. 现代服务礼仪. 武昌:武汉大学出版社,2007

模块七

金融行业营销礼仪

▷ 案例导入

过度营销的启示

一天,小王去某银行办事,看到营业大厅摆放着醒目的理财产品宣传广告,其中周期短、风险低、收益高等引起了小王的注意。一位男营销员热情地迎上来,满脸职业微笑,主动打招呼介绍这种理财产品,他的介绍很在行、很流畅,从产品优势到产品特点,从低投入、低风险到高回报率,说得头头是道,还不停地说某客户已经获得收益,准备再次投入资金购买,等等。开始小王还因为他热情而熟练的介绍,对产品颇感兴趣,本想深入咨询一下,可他总是喋喋不休,也不顾及小王的反应如何,似乎你不买他决不罢休,在褒扬自己银行做的理财产品的同时还贬低其他银行的理财产品,小王不免对他的动机产生疑问,也没了先前的好感,幸好这时又来了一位客户,小王便借机离开。小王想那位营销人员肯定为自己的白费口舌有几分失望,为什么营销人员滔滔不绝的介绍反而扑灭了客户的购买欲望呢?

[案例分析]

这说明,在现实的营销过程中,营销交往礼仪的运用是否恰当将对营销结果起相当重要的作用,营销人员只有把握好营销礼仪方面的问题,然后在营销过程中不断创新,方能取得良好的营销业绩,为银行赢得良好的服务形象。

[案例启示]

在金融业竞争日趋激烈的今天,强化营销已无可置疑地成为金融业谋取自身生存与发展的重要策略和途径。在营销中注重营销礼仪是一个关键性的问题,也是一个非常重要的环节。营销礼仪复杂多样、丰富多彩,在不同的时间、区域、民族、文化等条件下表现出明显的差异。这就要求金融营销人员熟悉金融产品不同营销方式下的营销礼仪规范,掌握金融产品营销礼仪基本要求,明确在营销产品活动中应注意的行为规范,做好金融营销工作。

[知识目标]

1. 熟悉金融行业营销、金融产品和不同营销方式下的营销礼仪规范,了解金融行业营销礼仪对金融营销工作的重要性。

2. 掌握金融产品营销礼仪的基本要求,明确掌握常用的金融营销礼仪规范,做好金融营销工作。

[能力目标]

1. 能够掌握不同金融产品的特性。

2. 能够根据金融产品的特性进行有效营销。

3. 在金融产品营销过程中,能够运用金融产品营销礼仪要求和规范来操作。

工作项目

项目1　了解金融行业营销礼仪概念
项目2　掌握金融行业营销礼仪规范

项目1　了解金融行业营销礼仪概念

工作任务

了解金融行业营销及其产品特征,掌握金融行业营销礼仪的基本要求

工作步骤

第一步:从营销定义入手了解金融营销,熟悉金融产品及其特性。

第二步:阅读教师准备的案例材料,对案例进行分析,并从中理解金融营销礼仪在营销过程中的重要性。

第三步:列举不同的金融产品,在不同的环境、不同的营销方式下进行产品个案分析,使学生更好地掌握金融营销礼仪的基本要求。

知识链接

一、金融行业营销

(一)营销

营销学家菲利普·科特勒在其 *Marketing Management*(第11版)中,对"营销"的定义是:"市场营销是辨别和满足人类与社会需要,把社会或私人的需要变成有利可图的商机的行为。"该定义反映了市场营销的实质内容,这就是以交换为中心,客户需要为导向,通过协调企业资源使客户需求得到满足,并且在此基础上实现工商企业所追求的目标。其强调了三点:

(1)营销是一个管理过程,包括一系列活动,从辨别需要到变成有利可图的商机,需要开

展一系列活动并加强管理,才能实现预定目的。一系列活动包括对市场环境的调查研究,对营销机会的确定,设计与生产能满足特定需要的产品;对产品进行宣传,引起购买者购买欲望;为产品销售建立一个渠道,方便购买者购买;为产品定价,在购买过程中甚至购买前后要向购买者提供服务;等等。由此可以看出,营销不同于销售,也不同于推销,销售或推销是营销中的一部分。

(2)营销是以满足消费需要为出发点与归属点的,识别需要的目的就是满足需要,这就是出发点。实现有利可图的商机是指实现"双赢式"的交换,对金融机构而言,"赢"是实现既定目标;对于购买者而言,"赢"表现为能最大限度地满足自己期望的需要。能实现"双赢式"交换则意味着需求得到了满足,这就是归属。

(3)营销以达成交易为最终目的。营销的目的就是努力实现交易,使交易双方都有利可图,购买者满足特定消费需要,企业在向购买者提供需要的产品或劳务中实现所追求的目标。

(二)金融行业营销

金融行业营销是市场营销在金融领域的发展。基本的市场营销活动通常由市场调查、产品开发、信息沟通、定价分销和售后服务等组成。贯穿于基本营销活动之中的是以客户的需要和欲望为导向的经营哲学,它要求企业必须以客户为中心,以满足客户的需要和欲望为己任,以整体营销为手段来获得客户对其产品和服务的认同、接纳和消费,通过优质服务赢得客户的满意,从而实现企业的长远利益。

在市场经济体系中,金融行业是一组专门为客户提供金融性服务,以满足客户对金融产品消费需要的服务性行业(商业银行是这组服务性行业的主体),它的营销既与生产消费品、工业品等企业的营销有相似之处,同时又有其自身的特点和规律。金融行业的营销目的为借助精心设计的金融工具以及相关金融服务以促销某种金融运作理念并获取一定收益。金融营销活动的目标就是要争取新客户,留住老客户。为了实现这样的营销目的,金融行业在其经营过程中所采取的营销行为可以是多种多样的,一般可以概括为产品、价格、渠道、促销四个方面。这四种营销行为并非随意的,而是金融行业在所处经营环境下的自觉选择,因此金融行业应主动适应其所处政治法律环境、经济技术环境、社会文化环境、国际市场环境、行业竞争环境以及自身资源与发展目标等要求,充分体现把握机会、应对挑战、扬长避短、趋利避害、适应环境的经营取向。

金融营销活动的最终目标是能够满足客户的需要。金融营销的主要任务是要将客户的社会需要转化为盈利的机会,即金融营销是以适当的产品价格、适当的促销方式,通过适当的路径和网点,适时地把适当的产品和服务提供给适当的客户,并在适度地满足客户需要的同时,使企业自身获得盈利和发展。

可见,除了所经营的对象特殊之外,金融业的运营与工商企业一样,既要面向社会广泛地分销其产品,又要应付激烈的市场竞争,并且都是以营利为目的。因此,在市场经济条件下,金融行业必须充分运用市场营销原理和方法,积极开展金融营销活动,其经营理念和营销手段应该与一般工商企业营销相同。

因此,我们认为,金融营销是指金融行业以市场需求为核心,通过采取整体营销行为,以金融产品和服务来满足客户的消费需要和欲望,从而为实现金融企业利益目标所进行的经营管理活动。

（三）金融产品

1. 金融产品

对于产品，可以从不同的角度去定义。从市场营销的角度说，产品是指"企业向它的客户销售或建议的所有一切。可以是物质的东西（家电、服装等）、无形的服务（保险合同、电视节目等），或者，并且也是最常见的情况——两者的结合体（航空运输、有售后保障的汽车销售等）。"这是法国人雅克·朗德维与德尼·林顿的定义，也代表着很多市场营销专家的看法。另外，他们还认为："企业负责人想要生产什么并不是最重要的，具有决定意义的是市场需要什么，以及消费者自己赋予产品的价值理念。"

关于金融产品的定义有很多，对此目前也还没有一个得到充分认可的答案。如英国著名金融营销专家亚瑟·梅丹认为："金融服务产品可以被合理定义为以特定市场为目标，由一种金融机构为任意用户所提供的一整套服务。"金融产品是指金融市场的交易对象，是金融活动中与资金融通的具体形式相联系的载体，即金融工具。由于金融产品与金融服务在大多数情况下可以互换，金融产品与金融服务难以截然分开，因此，我们认为，金融产品可以被定义为：金融机构向市场提供的，使客户可以取得、利用或消费的一切事物。它既包括各种金融工具，也包括与各种金融工具有直接关系或间接关系的各类金融服务。

2. 金融产品的特征

金融产品的特征是金融产品区别于其他一般消费品与生产资料的特点。除金融产品本身所具有的基本要素以外，由于不同的金融产品所具有的特殊内容，一般而言，金融产品的基本特性主要包括以下几个方面：

（1）无形性。金融产品在自然形态上经常是无形的。诸如存款、贷款、结算、代理、信托、咨询等，客户在购买之前既看不到，也感觉不出这些产品。在购买与使用时，金融企业一般通过文字、数据等方式与客户进行交流，让客户了解产品的性质、职能和作用等，以满足客户需要。由于金融产品可能并不具备某些鲜明的物理特性，因而具有较强的抽象性特征，这就使得金融产品在扩展方面有比较广泛的想象空间，大多数金融服务属于不能预先用五官直接感触到的特殊消费，无法像实物产品一样，通过观察其外观及测试其性能，快速、准确地判断其质量和价格是否合理。所以，如何通过某些有形的形式与特点设计，使金融产品具有吸引客户的强大魅力，是金融产品设计开发的关键性因素。

（2）不可分割性。由于金融业向客户提供的金融产品大多为一种服务，企业一旦向客户提供了产品，就是将一系列服务同时分配给了该客户，因而金融产品的提供与服务的分配具有同时性，两者不能分开。正是基于这一特性，金融产品与金融企业也就密不可分。例如，某企业在某家银行申请贷款获准后，企业获得了银行的资金融通，但这种融资服务必须由这家银行提供。

（3）易被仿效性和价格的一致性。金融产品并不像各种工业产品一样，具有专利保护。任何一项新的、有利可图的金融业务或服务品种，都可能而且可以在短时期内以较低的成本被其他金融机构引入，金融产品具有极易被仿效的特点。这样，一方面使得开发和创新金融产品的金融机构极难维持其创新利润，另一方面也使得某一金融机构的金融产品和服务想区别于其他金融机构的产品和服务成为非常困难的事情，整个金融业呈现出金融产品"你有，我也有"的局面，产品"克隆"的速度非常迅速。并且，由于引进金融产品的金融机构，其产品开发费用较低，引进速度较快，也会造成这类产品的增幅大大提高。同时，由于现代信息社会及资金市场的区域化与全球化,资金价格的传递迅速并且广泛,使得同类金融产品在国内金融市场甚至国际金融市场上出现价格上趋于基本一致的状况,从而更加剧了各类金融机构之间的产品竞争。

由于金融产品具有以上特点,金融行业的营销活动也就有别于其他企业,金融行业因此更多地采用直接销售渠道,在营销的过程中只有注重树立企业形象,营销人员注重自身的言谈举止,不断地提升自身服务的质量,才能满足不同层次的客户需求,才能提高客户的满意度,从而拥有更多的忠诚客户,更好地实现企业自身的盈利目标。

二、金融行业营销礼仪

服务是最能够创造价值的营销利器,体现服务的手段主要就是礼仪的运用。礼仪可以塑造营销人员完美的个人形象,给客户留下美好的第一印象,让营销人员在营销开始之前就赢得客户的好感、信任和尊重。礼仪同时贯穿在营销的每个程序中,它可以帮助营销人员从细节上区分客户的心理,避免或及时地挽救客户的异议和投诉。

所以,从这个角度来说,营销礼仪是新市场环境下竞争的核心,营销礼仪就是要把"无形的服务有形化",使得有形规范的服务和营销过程进行完美的结合。

在金融业竞争日趋激烈的今天,强化营销实力,注重行业营销礼仪,已无可置疑地成为金融业谋取自身生存与发展的重要策略和途径。营销人员的综合素质决定着金融业的营销成效,是金融业发展的关键所在。它不仅要求各金融业协调和运用一切市场活动手段,各职能部门围绕提高整体竞争力而加强相互联系,而且要求各从业人员在推销金融产品时要具备一定的综合素质,充分认识到自身的形象在整个营销过程中的重要作用。

三、金融行业营销礼仪的基本要求

金融产品营销方式的不同,决定了在不同的环境下,面对不同的客户,需要我们遵循不同的行为规范。但不管面对什么样的金融产品、采用什么样的营销方式,有一些基本的礼仪要求是金融行业营销人员应当共同遵守的。

(一)以尊重为前提

社会交往中的各种礼仪,实际上体现的就是对对方的尊重。尊重是建立友谊、加深交往、发展关系、达成协议的前提,在营销产品的过程中,我们只有体现出对客户真诚的尊重,理解客户、宽容客户,做到礼遇适当、寒暄热烈、赞美得体,让客户感觉自己是受人尊重的,是受欢迎的和有地位的,感到与你交往心情是愉快的,才能深入沟通,建立感情,达到目的。

(二)积极的工作态度

金融行业营销是一种特殊行业特殊产品的营销,其产品的共性化,争取客户时的被动性,决定了金融营销较一般的营销有更大的难度,因而也更富于挑战性。如果没有积极的工作态度,就很难在待人接物时表现出主动热情,也不可能做到彬彬有礼、自尊自信。只有树立了积极的营销意识,具备积极的工作态度,才会迸发出极大的工作热情和敬业精神,才会全身心地投入其中,以苦为乐,也才能够在整个营销过程中用极大的热情去感染客户,以美好的形象去面对每一位客户。因此,积极的工作态度是营销成功的重要保证。

(三)拥有自信,永不言"不"

自信是营销员必备的心理素质,它体现着一个人的意志和力量,牵制着人的思维和言谈举止。作为营销员,只有拥有自信,才能挥洒自如、左右逢源。要永远相信没有什么事是不可能的,只要抱着积极的心态去开发自身的潜能,就有用不完的智慧与能量,就会随意进入生龙活虎的状态,乐观应付,活力焕发,心智敏锐,从而达到心想事成的理想境界。

从某种意义上讲,营销就是对自己能力的营销,我们必须明白我们为客户提供的是什么,我们的优点何在、缺点何在、目的何在,有哪些有利条件和不利因素,如何扬长避短、趋利避害,等等。我们面对的第一位客户就是我们自己,我们必须首先说服自己,才有可能去说服别人;我们必须首先欣赏自己、喜欢自己,才有可能让客户欣赏、喜欢、接受我们。

(四)充满希望,永不放弃

毅力是到达成功彼岸的关键所在,世界上没有任何事物可以取代毅力的地位。营销能否成功,一半靠实力,一半靠机遇,把握机遇要靠耐心和韧性,而耐心和韧性是那些心中总是充满希望的人的一种特性。如果你心中从不放弃希望,你就会相信只要自己努力、自己坚持,那么就一定"一切都会好的""一切都会有的"。

作为营销员,被客户拒绝很常见的事,再成功的营销员也会不时地遭到客户的拒绝,问题就在于成功的营销员把被拒绝视为正常,他们不管遭到怎样不客气的拒绝,都能恰到好处地面带微笑、彬彬有礼、轻声细语地与客户从容而谈,并且从一次次失败的经历中,总结经验,寻找对策。天长日久,他们遭到的拒绝就会越来越少,他们应付拒绝越轻松自如,他们的成功率就越高。

石家庄农行某分理处的一位女主任,自山东调入石家庄后,不到三个月的时间,就吸收存款近千万元。一个女同志来到一个举目无亲的地方,在短短的时间里取得这么好的成绩,奥秘何在? 除了营销的方法科学外,更重要的是在于她的毅力,在于她对自己的工作充满希望,在于当别人因种种拒绝而放弃时,她却能持之以恒、坚持到底。

金融营销,可能有一时的拒绝,但没有永远的失败,只要我们不轻言放弃,就总会有希望。

(五)接受挑战,不卑不亢

在金融产品的营销过程中,我们会遇到形形色色的人,包括一些身份、地位都比我们高出许多的客户。如果我们对对方的评价过高,我们的心智就会萎缩,在"交战"还没有开始的时候,我们就先输了一半,也就注定了失败的命运。一般来说,解决这一问题的最好办法就是:不要把对方看作对手,而是看作合作伙伴。挑战大,难度大,也意味着希望大,成效大。对这些黄金客户我们要勇于接受挑战,不卑不亢,决不轻言放弃! 要了解他们的需要、他们的爱好、他们的心理。一般来说,一些大客户都比较关心他们的健康、他们的善名、他们的事业发展、他们的亲人现状与前景,这样我们就能有针对性地选择适当的话题,来激起他们的兴趣,博得他们的"欢心",达到我们营销的目的。

▷ 知识实训

[实训背景]

实 训 一

小李是某公司的营销员,每次到客户家里去营销时,在敲门以前,总是先放松自己,然后想一些值得自己感谢和高兴的事情,直到脸上展现出富于感染力的微笑,自我感觉到一种真诚、热忱、自信的心绪在胸中涌动时,才去敲门。在小李看来,情绪具有很强的"传染性",自已热情洋溢、满面春风，也一定能使客户热情起来，亲切友好起来，这对于推动营销的顺利进行具有不可忽视的积极作用。如果自己情绪不好，势必会在脸上、在言谈举止中有意无意地流露出来，客户一旦受到感染，必将会影响营销的成功。

实 训 二

一次，梁小姐去拜访一张姓大户。她是这样做的：

梁小姐："我还以为您不见我呢，真没想到，您这么和蔼可亲，对人这么热情。"（热情洋溢，先入为主）

张先生："小姑娘还挺会说话，找我有什么事呢？我可不欠你们银行的钱啊。"

梁小姐："瞧您说的，我是来麻烦您的。""哦，张先生也信佛啊，对了，修缮普彤塔时张先生还捐了不少钱呢，是吧？"梁小姐望着桌上的观音菩萨说。

张先生："是啊，也算为家乡做些善事吧，梁小姐也知道这件事啊？"

梁小姐："是啊，我还知道张先生为希望工程捐款，为抗洪救灾捐款。我奶奶也信佛，她说种善因，必结善果，张先生多行善事，菩萨一定会保佑您的。"

张先生高兴地直点头。梁小姐接着问道："张先生下一步怎么打算呢？"

张先生兴致勃勃地讲起他的"宏伟设想"……直到最后，他才问及梁小姐有什么事情，梁小姐很腼腆地告诉了他，张先生竟以"小事一桩"很痛快地答应了她的要求。

[实训要求]

1. 根据金融营销礼仪的基本要求对实训一中小李主动积极的营销态度你有何体会？

2. 请用金融营销礼仪的基本要求对实训二中梁小姐的表现进行分析。

[实训提示]

1. 金融营销是一种特殊行业特殊产品的营销，也更富于挑战性，营销人员需要树立积极的营销意识，具备积极的工作态度，要有极大的工作热情和敬业精神，全身心地投入，在整个营销过程中用极大的热情去感染客户，以美好的形象去面对每一位客户。因此，积极的工作态度是营销成功的重要保证。

2. 在金融产品的营销过程中，我们会遇到形形色色的人，不要把对方看作对手，而是看作合作伙伴。对这些黄金客户要勇于接受挑战，不卑不亢，决不轻言放弃！要了解他们的需要、爱好及心理。交流过程中有针对性地选择适当的话题，来激起他们的兴趣，达到营销的目的。

 小资料

客户不喜欢的服务态度及其示例或弊端

客户不喜欢的服务态度	示例或弊端
假装没有看见客户接近	客户：请问一下，今天的牌价是多少？ 服务员斜眼望着客户，一言不发。 客户：小姐，你就不能回答我一句吗？

续表

客户不喜欢的服务态度	示例或弊端
一副爱理不理的面孔	客户进门没有人打招呼,没有人欢迎。
以貌取人	看到客户的穿着很普通,就认定他没有钱,也没有地位。
言谈粗俗无礼	服务员:又来一个,你去吧。我正在忙着呢,我不去。
语调高昂,缺乏耐心	客户:对不起,小姐,我写错了,能不能再给我一张单子? 服务员:自己拿,我给了你几次,你还写错,你到底会不会写字?
工作效率低下	工作人员工作效率低下,令客户对你的服务乃至你所在的公司产生怀疑。
无精打采	无精打采的情绪会影响到客户以及其他同事的情绪。
问话不搭理 与同事高声喧哗 边与同事聊天,边回答客户的问题	这三种态度都是忽视客户的典型表现,会令客户觉得你是一个做事随便,非常不专业的服务人员,也会对你所在的公司产生恶劣的印象。

项目2　掌握金融行业营销礼仪规范

任务分解

任务1　掌握电话营销礼仪规范

任务2　掌握金融行业工作人员营销礼仪规范

任务3　掌握网络营销礼仪规范

任务1　掌握电话营销礼仪规范

工作步骤

第一步:要求学生模拟电话预约营销场景,根据学生的电话预约表现来进行现场分析、讲解,使学生正确了解电话预约的基本要领。

第二步:根据学生模拟电话营销的礼仪情况来分析、点评,从中熟悉掌握电话营销的基本礼仪。

第三步:列举成功和失败的电话营销案例各一个,分析电话营销案例中成功和失败的原因所在,使学生掌握电话营销的基本技巧。

知识链接

一、电话营销礼仪规范

金融产品的营销方式主要有电话营销、上门推销、柜台推销和网络营销等。金融营销礼仪规范是在不同营销方式中得以体现的,不同的营销方式对营销人员提出了不同的要求。

现在的社会,大家都很忙碌,电话营销的出现与其说是一种销售方式的改变,不如说是大家通过电话拉近彼此心理距离过程中衍生出来的方式。

"对不起,我很忙。""谢谢!我们不需要。"……在电话销售中我们经常会遇到客户诸如此类的委婉拒绝。面对这些问题的时候,我们首先要思考的是:"客户对我们是否建立起了足够的信任?"

要想让客户对我们产生好感,获得他们的信任,在营销过程中,需要营销人员掌握电话营销的一些技巧和方法,掌握在营销过程中应当遵循的一些行为规范。

(一)电话预约的基本要领

营销人员在访问客户之前用电话预约,是有礼貌的表现。成功的电话预约,不仅可以使对方对你产生好感,也便于营销工作的进一步进行。

打电话预约看似简单,其实这里面是有学问的。打电话要牢记"5W1H"即 When——什么时候;Who——对象是谁;Where——什么地点;What——说什么事;Why——为什么;How——如何说。电话拨通后,要简洁地把话说完,尽可能省时省事,否则易让客户产生厌恶感,影响预约的质量以至营销的成功。

电话预约的要领是:

(1)以客户的时间为基准。

(2)力求谈话简洁,抓住要点。

(3)考虑到交谈对方的立场。

(4)使对方感到有被尊重、重视的感觉。

(5)没有强迫对方的意思。

(二)电话营销的基本礼仪

面对面的交谈,除了语言因素外,还可以借助动作、手势、表情、眼神等来表情达意,而打电话却没有这么多有利条件,它完全靠语言美和动听的声音来吸引和打动客户。所以,电话营销尤其要注意用我们的声调和语言表达我们的微笑、诚意和修养。

(1)电话的开头语直接影响客户对你的态度、看法。通电话时要注意使用礼貌用词,如"您好""请""谢谢""麻烦您"等。打电话时,姿势要端正,说话态度要和蔼,语言要清晰,既不装腔作势,也不娇声娇气,要保持良好的心情,这样即使对方看不见你,但是从欢快的语调中也会被感染,给对方留下极佳的印象。由于面部表情会影响声音的变化,所以即使在电话中,也要抱着"对方看着我"的心态去应对。这样说出的话哪怕只是简单的问候,也会给对方留下好印象。特别是早上第一次打电话,双方彼此亲切悦耳的招呼声,会使人心情开朗。电话接通后,主动问好,并问明对方单位或姓名,得到肯定答复后报上自己的单位、姓名。不要让接电话的人猜自己是谁,以使对方感到为难。

(2)打电话时,一般来说我们的嘴要正对着话筒,嘴唇离话筒 10 厘米左右,吐字要清楚,发音要准确,数字、时间、地点等关键字眼要特别注意,最好能重复一遍,直至确知对方或自己完全听清楚。

(3)打电话时,应礼貌地询问:"现在说话方便吗?"要考虑对方的时间。一般往家中打电话,以晚餐以后或休息日下午为好,往办公室打电话,以上午 10 点左右或下午上班以后为好,因为这些时间比较空闲,适宜谈工作。

(4)接听电话要及时。一般讲,铃响不超过三声,要及时接听电话,表示对客人的重视。当然也别做过了,不要铃响一声就去接,对方还没做好准备呢,应该给对方一个心理准备。

(5)通话三分钟原则。通话时间要简短,长话短说,废话不说。现在市场竞争如此激烈,人们的时间都很宝贵,所以,在电话营销时,我们最好不要说与这次营销不着边际的话题,一件小事情,应该在三分钟内了结,一定要注意语言的简明扼要。

(6)在打、接电话时,如果对方没有离开,不要和他人谈笑,也不要用手捂住听筒与他人谈话,如果不得已必须这样做,要向对方道歉,请其稍候,或者过一会儿再与对方通电话。

(三)电话营销技巧

在繁杂的商业社会里,建立信任永远是销售中最为核心的内容,在电话销售中更是如此。在没有任何的身份证明,也没有出示任何商业契约的情况下,仅仅通过声音就让客户建立起强烈的信任,这无疑是件非常困难的事情。正是如此,在电话营销中使用一些技巧才显得尤为必要。

1.建立信任关系是一个过程

电话营销说到底其实是一个人与人交往的过程管理,要想一次性达成交易的概率很小。"电话销售就是持续不断地追踪。"一位优秀的电话销售人员首先是一个相当具有自信和耐心的人,因为在一个长达数个月甚至一年的与客户接触的周期中,这位销售人员必须要对自己的产品拥有足够的自信以及对客户提供服务的执着。长期地跟进,不是一打电话就谈产品,而是能让客户感觉到"销售人员是为我着想的,而不是单纯地卖产品",因此久而久之,一旦客户对销售人员产生了信任,不但能达成现有交易,而且能发掘出潜在的消费。

2.营销人员必须在极短的时间内引起客户的兴趣

在电话拜访的过程中如果没有办法让客户在20~30秒内感到有兴趣,客户可能随时终止通话,因为他们不喜欢浪费时间去听一些和自己无关的事情,除非通电话让他们产生某种好处。

3.电话营销是一种你来我往的过程

在电话沟通的过程中,最好的过程是销售员说1/3的时间,而让客户说2/3的时间,如此就可以维持良好的双向沟通模式。一般情况,在初次沟通中总会销售员说得多一些,而随着与客户沟通的深入,客户参与的程度就会愈来愈高,所以第一次沟通若处理不好,比例反过来也勉强可以,但若销售员说的话超过3/4以上,一般可以断定这次沟通是无效的,或者说效果会很差,除非是客户一直在问问题,他用1/4时间提问,销售员用3/4时间回答,而客户又在不断地用声音表示"嗯""对""哦""很好""是呀"等。

4.把握适当机会赞美客户

真诚地赞美,是拉近与客户距离的最好方式,在电话的交流中,声音是可以赞美对方的第一点。在与客户的交流中,只要销售人员细心倾听,实际上可以通过声音掌握到客户很多方面的信息,如年龄、受教育程度、做事情的态度等。而营销人员正好利用这些获取到的信息,适当地赞美对方,就可以很好地营造谈话的氛围,并能很快地改变客户的态度。如:"听您的声音,您应该只有30岁左右吧""听您的声音,就知道您做事特别果断""您说话的声音真的很好听"等,这些话语若使用得恰到好处,可谓是屡试不爽。

5.了解对方的有关信息

除了声音以外,掌握对方公司和客户的一些履历都是赞美的亮点。不过,赞美一定要把握适当的时机,若是过了,反而会适得其反,因此"真诚"两字尤为重要。懂得寻找与客户的共同点,营造双方的认同感,如"我们都姓张呀""我们是老乡呀""我们原来都在杭州上大学呀"等,这样也能够很好地拉近与客户的距离。

6.尽量坚持以关系为导向

在现实的营销过程当中,要想在如此激烈的竞争环境中脱颖而出,就必须要懂得维护与客户的长期联系。一般情况下,消费者在金融理财方面,一般从有这个念头到最后真正实施金融投资是有一定的时间跨度的,在这一段时间内,就要尽量坚持维护与潜在客户的不断联系,争取最后真正赢得客户。

知识实训

[实训案例]

小张是保险公司的销售员,他侧重与客户建立良好的关系。车险快到期的前一个月,小张给客户打了一个电话。小张表示他们保险公司有一个免费的卡可以送给客户,如果客户的车发生了意外,公司可以免费提供24小时拖车服务。毕竟,免费的东西总是有吸引力的。那个客户当时还不相信。小张表示三天之内可以帮他寄过去,并提醒客户注意查收。三天之后,小张第二次打电话给那个客户,确认免费卡是否已经收到。而那个客户刚好在进办公室的时候看见了小张所在的保险公司寄给他的免费卡,而且是快递寄的。小张表示,如果他的车有任何问题,可立即跟保险公司联系。这让那个客户非常感动。两个星期之后,那个客户的车险到期了,小张第三次给他打电话。他对客户说,考虑到你的保险快到期了,我能不能帮你送些资料过来,这样你方便一些。结果呢,小张顺利地让那个客户买了他保险公司的车险。之前,有十几家保险公司打电话给他,他烦得要命。

这是比较典型的以关系为导向的电话营销案例,侧重与客户在关系层面建立联系。通过这种关系,让客户自然而然地接受你的产品。

[实训要求]

1.根据电话营销礼仪的规范要求,我们能从实训案例中小张的做法中吸取什么经验?

2.在现实的电话营销过程中,如何建立和维护与客户的长期联系?

[实训提示]

电话营销时要掌握电话营销礼仪规范,包括电话预约的基本要领、电话营销的基本礼仪,要注意用我们的声调和语言表达我们的微笑、诚意和修养。电话营销技巧也尤为重要,电话营销说到底其实是一个人与人交往的过程管理。"电话销售就是持续不断地追踪"。与客户建立信任关系,引起客户的兴趣,适时赞美客户,了解客户信息,尽量坚持维护与潜在客户的不断联系,争取最后真正赢得客户。

 小资料

如何在电话中成为被客户喜欢的人

(1)电话礼仪和微笑是让客户接受的前提条件。

(2)不断提高声音感染力。

(3)真诚地"赞美"是沟通中的润滑剂。

(4)"同理心"的应用是沟通中的另一润滑剂。

(5)积极倾听更容易让我们成为被客户接受的人。

（6）了解客户性格以适应客户沟通风格

（7）寻找共同点以快速拉近距离。

（8）谈客户感兴趣的话题，客户才会对我们感兴趣。

（9）真正关心客户和家人，客户也才会关心我们。

任务2　掌握金融行业工作人员营销礼仪规范

▷ 工作步骤

第一步：收集一些金融营销人员不同形象设计的照片、图片、影像资料等进行播放、比较，根据收集的这些图片来进行知识讲解，掌握仪容、仪表、仪态礼仪的基本要求。

第二步：让学生模拟金融营销人员的拜访情景，根据情景表现来分析拜访礼仪要领，使学生掌握金融营销人员拜访礼仪的要领。

第三步：设定不同的社交场合，分小组按交谈礼仪的基本原则来进行模拟，使得学生理解和掌握金融营销人员交谈礼仪的基本原则。

第四步：要求同桌学生相互握手，通过学生双方握手时的表情、目光交流、手势、顺序等基本握手礼仪规范来边示范边讲授，使学生能够掌握和运用与客户见面时的握手礼仪。

▷ 知识链接

人员营销主要包括上门营销和柜台营销两种方式。这两种营销方式都需要我们的营销人员通过多种努力去感染客户、打动客户、说服客户，最终让客户接受我们的产品。营销过程中，客户对营销人员的第一印象是非常重要的。

第一印象在心理学上称为"最初印象""黄金印象"，是指人们初次对他人知觉形成的印象，就是和他人初次见面进行几分钟谈话，对方在你身上所发觉的一切现象，包括仪表、礼节、言谈举止，对他人的态度、表情、说话的声调、语调、姿态等诸多方面。第一印象一旦形成，便很难改变。对营销人员来说，第一印象犹如生命一样重要，你给客户的第一印象往往会决定交易的成败，客户一旦对你产生好感，自然也会对你和你营销的产品有了好感。所以，在与客户打交道时，营销人员必须注意自己的仪容仪表，在拜访、交谈、握手等环节遵循一定的礼仪规范。

一、仪容礼仪

仪容主要指一个人的容貌，包括身体、头发、面部、手部及个人卫生等方面。在营销产品过程中，因营销人员直接与客户打交道，代表公司的形象，所以仪容仪表显得十分重要，要求每位一位从事交易工作的工作人员都要自觉地使自己的外表保持整齐、清洁和悦目。

当然，对营销人员来说，注意仪表并不是非要穿戴什么名贵衣物不可，也不是要刻意讲究，一般做到朴素、整洁、自然、大方即可。营销人员的衣着打扮，同样符合国际通用的 TPO 原则，总之，外貌整洁、干净利落，会给人以仪表堂堂、精神焕发的印象，对方一眼看去就会觉得"这人看上去挺舒服，肯定可信可靠"，他就能够接受你、喜欢你，自然也就容易接受你的产品。

要给客户留下美好的印象，就必须做到：身体清洁、脸部清洁、口腔清洁、头发清洁、双手清洁、胡须清洁、发式整齐、制服整齐。

由于前面对金融行业人员的仪容仪表礼仪已经有过具体的介绍,这里就不再赘述。衣着大方、仪表堂堂给人的印象与蓬头垢面、衣冠不整给人的印象是截然不同的,对营销的影响肯定也是截然不同的。

二、拜访礼仪

拜访又叫拜会、拜见,就是指前往他人的工作单位或住所,去会晤、探望对方,进行接触,以达到产品营销的目的。拜访是人员营销经常使用的形式,营销人员和客户通过拜访可以达到相互了解、加深感情、增进友谊、沟通信息和产品推销的目的。但是需做好以下几点:

（一）事先有约

有约在先,是拜访礼仪中最重要的一条。当有必要去拜访客户时,必须考虑客户是否方便,为此一定要提前预约。

（二）做好准备

拜访都有一定的目的性。事先都应做认真的设想和安排。

（三）遵时守约

约定拜访的时间和人员后,务必认真遵守,不可轻易变更。拜访客户,最好准时到达。

（四）上门有礼

拜访客户时,不论是在办公室还是在住所,进门之前都要先敲门或按门铃。敲门的声音不要太大,轻敲两三下即可;如果接待者因故不能马上接待,应安静等候;与客户相见,要主动问好。如果双方初次见面,应主动递上名片,或略做自我介绍;进门后,随身物品不要随意乱放;在客户家中,未经邀请,不能随意参观住房,不乱触动室内的物品;与客户交谈时,要注意自己的仪态,站有站相,坐有坐相,落落大方,彬彬有礼;与客户的交谈,态度要诚恳大方,言谈要得体,要尽快进入实质性的话题;适时告辞,拜访的时间应根据具体情况而定,辞行时应感谢客户的接待。

三、交谈礼仪

交谈是表达思想、抒发感情、交流思想的基本方式,在上门营销或柜台营销过程中的主要活动之一就是与客户交谈。交谈不仅是语言的组织和运用,而且是人与人之间沟通和理解的纽带。

在拜见客户和其他一些交际场合中,营销员与客户交谈时态度要诚恳热情,措词要准确得体,语言要文雅谦恭,不能含糊其辞、吞吞吐吐,不能信口开河、出言不逊,要注意倾听,要给客户说话的机会,"说三分,听七分"。这些都是交谈的基本原则,具体要注意以下几个方面。

（一）使用敬语

在任何社交场合,都要努力营造融洽的谈话氛围,使人感到亲切、轻松、自然。在交谈过程中交谈双方要以礼相待,随时随地要有意识地使用敬语。

（二）真诚微笑

真诚而发自内心的微笑是打开客户之门的第一张通行证,它在不知不觉中会消融我们与客户之间因陌生而产生的不信任。当看见客户时,营销人员应点头微笑致礼,要时刻面带微笑,表现自身的亲和力。

（三）认真的眼神

"眼睛是心灵的窗户"，在与客户交谈时，目光注视是起码的礼仪，既表示对对方的尊重，又表示对交谈内容的关注和兴趣，同时也为愉快的谈话气氛创造条件，所以，认真的眼神在交谈中是非常重要的，可以使话题更加深入、广阔地展开，最终促成营销的成功。

（四）言语规范

交谈时，音调要明朗，咬字要清楚，语言要有力，频率不要太快，交谈要口语化，使客户感到亲切自然，尽量使用普通话。

（五）注意聆听

在对方说话时，不要轻易打断或插话，应让对方把话说完。要学会倾听、善于倾听，给客户表现自我的机会，虚心向客户请教。"听"可以获得许多信息。首先，通过"听"可以观察了解对方的各种信息；其次，通过"听"可以获得对自己有用的信息；最后，通过"听"可以向别人学习一些有益的知识，从而不断地完善自己，提高自己。如果要打断对方讲话，应先用商量口气问一下："请等一等，我可以提个问题吗?""请允许我插一句话。"这样可避免对方产生你轻视他，或对他不耐烦的心理。

（六）诚实守信

在推销过程中一定要讲信誉，本着诚实守信的原则。虽然欺骗有时也能给人带来横财和成功，但是终不长久。并且，在营销的过程中弄虚作假，不仅损害公司的形象，而且还破坏自我形象。只有诚实，我们才能更好地与客户相处，获得客户的信任，使客户变成我们的忠诚客户。

（七）正确对待异议

客户的满意程度是检验我们工作好坏的最直接标准。对于营销人员来说，赞扬是激励，意见是良言。客户的批评与建议是我们了解自身缺陷、完善服务、改进工作的重要途径。金融营销工作要求我们要有识大体顾大局、忍辱负重的博大胸怀，特别是对一些莫名其妙的误解和不公正的指责，既要坚持原则，实事求是，又要讲究方法，不慌不忙、不急不躁，善于和风细雨地化解矛盾，善于化曲解、误解为理解。

四、握手礼仪

握手是社交场合中运用最多的一种礼节。营销员与客户初次见面，经过介绍后或介绍的同时，握手会拉近营销员与客户间的距离。但握手是有讲究的，不加注意就会给客户留下不懂礼貌的印象。

（1）营销人员在与客户握手时，要主动热情、自然大方、面带微笑，要双目注视客户，切不可斜视或低着头。

（2）握手时可根据场合，一边握手一边寒暄致意，如"您好""谢谢""再见"等。对年长者和有身份的客户，应双手握住对方的手，稍稍欠身，以表敬意。

（3）握手时，必须注意目光的交流，适当的寒暄；忌左顾右盼或与第三人谈话。握手要按规定顺序伸手，并把握基本规范。

⟱ **知识实训**

[**实训背景**]

实 训 一

丁先生是某学校的高材生,毕业后分配到一所银行营销部供职。一日,丁先生去某公司营销,因在校不拘小节,以穿衣随便为潇洒,这一次和往常一样,他很随便地穿了一件衣服就去拜会该公司的老板。守门的警卫见他穿得如此寒酸,立刻拦住他,对他详加盘问,弄得丁先生好不尴尬,费尽口舌,百般解释,才终于放行。丁先生上了楼,刚要自报家门说明要拜会老板,就被秘书颇为礼貌地告知老板不在。丁先生很扫兴地步出公司,刚好遇见昔日同窗好友,遂告知所受"礼遇",好友上下打量其一番,坦言告诉他,老板就在公司,但请他换件衣服再来。丁先生恍然大悟,自此,不敢再随随便便着衣戴帽。

实 训 二

王先生在银行某基层储蓄所曾遇到这样一件事。一位农民客户于 1991 年 12 月 3 日在该储蓄所存入 5 年期 3000 元的存款,到期支取时,称储蓄所计算得不对,少算了利息。出于对客户负责的精神,王先生他们几个人又多次验算,认为是正确的,但是客户仍心存疑虑,称他在相近的时间在其他银行也取了钱,利息相差悬殊。王先生顿时明白了,他微笑着拿出条文给客户耐心地解释:1991 年 12 月 1 日以前存的按 1.245% 计算利息,以后分段计算。为清楚起见,王先生专门给他写在纸上,一步一步依据什么、怎么算的,都一一写清,并诚心诚意地留下银行的咨询电话,请他查询核实。客户走了,王先生望着客户的背影仍不放心,他想客户这个"结"解不开,很可能会因此远离储蓄所,并因此而别扭,过了两日,王先生又专门到客户家了解情况,终于使客户彻底消除了疑虑,密切了与客户的关系。

实 训 三

乔·吉拉德被誉为当代最伟大的推销员,回忆往事,他常提到下面一则故事。一次推销中,和客户洽谈顺利,正当马上就要签约成交时,对方突然变了卦。当天晚上,按照客户留下的地址,乔·吉拉德找上门求教。客户见他满脸真诚,就实话实说:"你的失败是你没有自始至终听我讲话。就在我准备签约前,我提到我的独生子即将上大学,而且提到他的运动成绩和他将来的抱负。我是以他为荣的,但是,你当时却没有任何反应,而且还转过头去用手机和别人通电话!"

这一番话重重地提醒了乔·吉拉德,使他领悟到了"听"的重要性,让他认识到如果不能自始至终地听对方谈话,认同客户的心理感受,就难免会失去自己的客户。

这个小例子,让人们从另外一个角度认识到了聆听客户谈话的重要性。

[**实训要求**]

1. 根据仪容礼仪的基本要求,试分析实训一中丁先生的仪容礼仪。如果是你,你会怎么办?

2. 根据交谈礼仪的基本原则,你如何看待实训二中王先生的做法,对你有何启发?

3. 谈谈你对实训三中乔·吉拉德的做法的认识。

[实训提示]

1. 仪容主要是指一个人的容貌,包括身体、头发、面部、手部及个人卫生等方面。在营销产品过程中,营销人员的仪容仪表显得十分重要,要求每位营销人员做到朴素、整洁、自然、大方。

2. 交谈是表达思想、抒发感情、交流思想的基本方式,交谈不仅是语言的组织和运用,而且是人与人之间沟通和理解的纽带。在拜见客户和其他一些交际场合中,要注意交谈礼仪,客户的满意程度是检验我们工作好坏的最直接的标准,对于营销人员来说,赞扬是激励,意见是良言,应正确对待异议。

3. 营销人员要学会倾听、善于倾听,虚心向客户请教,在与客户营销洽谈中获取有用的信息,通过聆听获得有益的知识,从而不断完善自己、提高自己。

 小资料

自我形象检查

男士:头发是否短而整齐?　　　　　　　女士:头发是否经常整理?

　　　早上是否剃过胡须?　　　　　　　　　　头发是否遮脸?

　　　领带花纹是否太耀眼?　　　　　　　　　化妆是否过浓?

　　　西装上衣和裤子颜色是否搭配?　　　　　衬衣纽扣是否有脱落?

　　　衬衣和上衣、裤子是否搭配?　　　　　　服装是否怪异?

　　　工作服是否清洁无破损?　　　　　　　　内衣有无外露?

　　　手是否干净,指甲是否修剪过?　　　　　指甲颜色是否过于艳丽?

　　　裤子拉链、纽扣是否完好?　　　　　　　裙子拉链有无异常? 是否有斑迹?

　　　袜子有无破损?　　　　　　　　　　　　丝袜是否破露?

　　　皮鞋是否擦拭干净?　　　　　　　　　　是否佩戴过于前卫、招摇的小饰品?

任务3　掌握网络营销礼仪规范

工作步骤

第一步:列举各银行网络营销的具体金融产品的案例进行分析,使学生理解和掌握网络营销礼仪的基本原则。

第二步:举例来说明和教授网络营销礼仪的重要性,使学生掌握网络营销的礼仪要求。

第三步:根据不同银行的各类金融产品的广告宣传册、宣传单、网络宣传等其中的宣传礼仪进行有效分析、讲解,使学生掌握网络广告宣传礼仪的基本要点。

知识链接

因特网作为“网上银行”的媒介,被越来越多的金融机构作为自己的宣传媒体和营销渠道。但是网络的自由、开放、虚拟等特点要求网络营销应该遵守默认的网络交往礼仪,即网络礼仪。网络之间的交往都是建立在真诚、公平和自律的基础上的,因此网络营销等商业行为必须遵守网络营销规范才能获得人们的信任,从而达到营销和宣传目的。

一、网络营销的基本原则

(一)真诚

真诚是做人的基本道德准则,也是网络营销成功的关键所在。网络营销的显著特点在于虚拟性,可以在未见其人、未闻其声、未知其真实状况下进行交易。因此,在网络中要客观地、实事求是地反映自身产品的特点、优势,让潜在客户通过网络进一步了解我们、认识我们、接受我们。

(二)公平

公平是法律的基本原则,在网络营销中也同样适用。网络世界给了我们最大的言论自由,但绝不意味着你就可以肆无忌惮、为所欲为。在网络中,机会对于每一个人、每一家企业都是均等的、公平的。

(三)自律

自律是一种高尚的品格,在网络营销礼仪中显得尤为重要。网络世界的虚拟性、隐蔽性,容易使人眼花缭乱、想入非非。在进行网络营销过程中,我们一定要经得起一切考验,不要受利益的驱使,去做违法的事。

二、网络营销礼仪

网络营销成本低、营销环节少、营销方式新、营销国际性、营销全天候性等特点决定了目前好多金融企业把网络营销作为良好的宣传媒体和营销渠道。所以,要想在因特网上让更多的客户认识我们、了解我们、选择我们,就必须遵循网络营销的礼仪要求。

(一)信息要真实

因特网的宣传面是相当广泛的,每天都有许多人去阅读相关的信息,网上除了包括企业与产品介绍外,还可以说明企业的经营理念、企业文化、服务保证等,所以,企业要想提高其在消费者中的知名度,就必须客观地反映自己产品的特点,注意所提供信息的真实性。

(二)主题要明确

因特网所提供的产品主要在于信息的提供,除了充分显示产品的性能、特点等内容外,更重要的是对个别需求进行一对一的营销服务。所以,在做公司及产品的介绍时一般要有一个明确的主题,以便于有需求的客户准确地选择自己要找的信息。

(三)语言要流畅

网上公布的信息要便于阅读,语言就必须流畅,尽量别写错别字、异体字。引用数据、资料时,则最好做到精确无误。

(四)内容要简洁

网上的时间极为宝贵,所以网上的内容应当简明扼要,只要说明问题即可。

(五)承诺要兑现

目前,金融机构已率先进入信息网络,企业通过金融机构采取更加灵活的购买付款方式已成为可能,在因特网的推动下,企业可依赖金融机构的专业信息的优势,针对不同的用户采取灵活多样的付款方式,达到刺激和方便消费者购买的目的,这就需要我们提供优质的网上服务,兑现承诺。

（六）正确引用其他信息

在网络上转载、复制、引用有版权的文字及图片时，要与版权人联系，在征得同意后方可使用；不要随意散发不属于自己的信息；不要任意链接他人站点的内容。

三、网络广告宣传礼仪

广告是通过各种宣传媒介直接向目标市场上的客户对象（包括现有的和潜在的）介绍和销售产品、提供服务的宣传活动。金融广告旨在巩固现有客户和诱使潜在客户意识到金融企业提供的某种服务将有助于达到他所期望的目标。其主要目标是让公众熟悉企业的名称，同时向公众宣传企业所提供的产品和服务。

例如，在什么地方存放资金最为安全，如何通过贷款买一套新的住宅，委托哪家证券公司进行证券投资，在何处可以买到合适的保险单，等等。

由于金融行业所提供的产品大多属于服务性的产品，具有无形性等特点，又由于金融行业所提供的产品类似程度很高，客户从金融业那里希望得到的不仅是忠告，而且是安全和理解，因此金融行业广告促销的重点要放在激发客户的欲望，使之愿意与企业打交道上；要注重宣传企业的信誉，以事例来赢得客户的信赖。宣传本企业的新产品和新服务，以此来突出本企业的特点和优势；强调企业的形象，以赢得更高的信誉。为此，金融行业的网络广告宣传要把握以下几个要点。

（一）要以情感人

广告宣传虽然是对自己企业及产品的一个宣传和促销，但广告语的运用只有从公众的立场出发，体现出对公众的关心、体贴和责任心，以情感人，才能被消费者所接受。

（二）要诚信

金融行业所提出的允诺应当务实，不应提出让客户产生过度期望而企业无力达到的允诺。金融行业必须实现广告中的诺言，才能取信于客户。但由于金融业服务性成分很高，其服务表现往往会因服务递送者的不同而各异，因此金融业有必要使用一种可以确保表现的一致标准的方法，即只允诺最起码的服务标准。这样既不会让客户产生过度期望，又不会对工作人员造成不当的压力。如果员工能做得比此标准更好，客户通常会更高兴。

（三）广告语要凝练

广告语言要尽可能简洁、凝练、生动，适合目标公众的语言习惯，在少量的时间内给公众以艺术享受。

金融广告的最大难题在于要用简单的文字和图形，传达所提供的产品的领域、深度、质量和水准。有些金融产品广告，可以使用图像或符号来协助传递广告信息，但有些产品如银行的投资理财产品则必须给予详尽的解释。但这样做，则很可能会形成冗长啰唆的广告而干扰效果。因此，必须注意运用简明精练的言辞、图像，贴切地把握金融产品内涵的丰富性和多样性。

（四）要注意表现形式

表现形式和媒体是否与广告意图相协调，如版面设计是否合理，广告媒体的选择是否恰当等，也是金融产品的网络广告宣传要注意的。

（五）要强调利益

能引起注意的、有影响力的广告，应当强调客户购买使用产品所得到的利益而不是强调一些技术性细节。强调利益才符合营销观念,也与满足客户需要有关。当然,所强调的利益应与客户寻求的利益一致。为此,广告中所使用的利益诉求,必须建立在充分明确了解客户需要的基础上,以确保广告的最大有利影响效果。

（六）要提供有形的线索

金融产品广告应尽可能使用有形线索（如展示本单位的工作人员,展示提供服务的场所、设备设施等）来作为提示,尽量结合一些可触知的物体来表现金融产品的无形特征,增强努力促销的效果。例如某保险公司的广告:"买了保险,您就在保护神手中了。""买了保险,您就在一把大伞下"。"手""伞"都是象征保护的可触知的物体,用它们来帮助客户理解保险提供的保护这一不可触知的内容。

▷ 知识实训

［实训背景］

目前各投资银行理财产品广告宣传图文并茂,因为看到同行同类产品提高了预期收益率,也不得不内部修改了原定的预期收益率,以争抢客户。多家银行的营业厅宣传广告上都是收益率颇为吸引人的理财产品。银行的理财产品宣传广告上常常会忽视风险提示,只字未提潜在风险。此外,有的银行理财产品说明书使用专业难懂词句,投资者无法完全理解等,使得很多客户被银行广告宣传所迷惑,给客户造成不少经济损失。

［实训要求］

根据网络广告宣传礼仪的要点,针对实训案例中各投资银行的理财产品广告宣传的做法,请谈谈你的看法。

［实训提示］

网络之间的交往都是建立在真诚、公平和自律的基础上的,因此网络营销等商业行为必须遵守网络营销规范才能获得人们的信任,从而达到营销和宣传的目的。在网络营销中应时刻注意网络营销的基本原则、网络营销礼仪以及金融行业的金融广告宣传的礼仪规范。

 小资料

全国青少年网络文明公约

要善于网上学习,不浏览不良信息。

要诚实友好交流,不侮辱欺诈他人。

要增强自护意识,不随意约会网友。

要维护网络安全,不破坏网络秩序。

要有益身心健康,不沉溺虚拟时空。

▷ 实训题

1. 实训内容:去一家商业银行实习,在大厅进行接待咨询工作。

2. 实训目的:通过接待来银行办理业务的客户,掌握营销礼仪规范。

3. 实训环节:按照银行的要求为前来办理业务的客户进行引导,帮助客户顺利办理业务。工作过程中时刻注意营销礼仪的应用。

　　4.实训要求：熟悉银行业务的工作流程，掌握银行礼仪的工作技巧。

　　5.实训成果：上交一份实训报告，写出实训期间的心得体会。

思考与练习

　　1.开展金融营销有何意义？

　　2.金融营销礼仪的基本要求有哪些？

　　3.结合营销礼仪的要求，探讨进行电话营销应注意的问题。

　　4.网络营销礼仪的基本原则是什么？

主要参考书目

　　[1]贝政新，王志明.金融营销学.北京：中国财政经济出版社，2004

　　[2]林友华.社交礼仪.北京：高等教育出版社，2002

　　[3]李莉.实用礼仪教程.北京：中国人民大学出版社，2002

　　[4]陈士亮.保险推销.北京：寿险营销系列丛书（内部资料）

　　[5]王华.金融职业礼仪.北京：中国金融出版社，2006

　　[6]贾晓龙.金融职业礼仪规范.北京：清华大学出版社，2009

模块八

金融行业涉外服务礼仪

⮚ 案例导入

不同文化背景下称职保姆的标准

下岗女工兰妹通过中介公司，找到一份在外国专家布朗家里做保姆的工作。兰妹热情活泼、精明能干，第一天就给对方留下了不错的印象。她的主要工作之一是打扫房间，包括布朗夫人的卧室。细心的布朗夫人特意给兰妹制订了一份时间表，规定每天上午8点清理卧室，让兰妹按照上面的计划严格执行。

开始几天，兰妹都干得相当好，令布朗夫人很满意。直到有一天，兰妹照例去清理布朗夫人的卧室，却发现布朗夫人并没有像往常一样外出，而是仍在休息。兰妹心想，我按照计划办事，打扫也不会影响她休息。热情的兰妹认真地干起活儿来。这时，布朗夫人突然醒了，发现兰妹在她的房间里，很惊讶，马上用不是很流利的汉语叫起来："你来干什么？请出去！"兰妹仍是一片好心："您接着休息吧，我一会就打扫完了。"布朗夫人提高了嗓门，一字一顿地说："请——你——出——去！"并且用手指着门。兰妹不明白自己哪里惹了布朗夫人，她怎么这种态度？心想，不是你叫我按时打扫的吗？满肚子委屈地走了。

[案例启示]

在人类已进入21世纪十余年的今天，经济全球化和区域一体化的浪潮已经将我们席卷于其中，中国的各行各业无一例外。特别是金融行业，涉外业务、国际交往活动越来越多，在涉外服务过程中，如何维护国家、企业以及自身形象，提升服务质量，得到外国友人的信任、肯定、尊重与支持？首先必须把握涉外服务礼仪，因为讲究礼仪是对外国友人尊重的一种表现形式，同时也反映了金融服务人员的文化素质与修养，它不仅表现为一种精神文明，也是我们扩大交流、增进友谊、促成金融合作的重要手段。

⬆ **学习目标**

[知识目标]

1. 了解涉外服务规范与禁忌。
2. 了解涉外主要国家和地区的服务习俗。

[能力目标]

1. 掌握金融涉外礼仪中的外宾迎送礼仪、会见与会谈礼仪。
2. 学会涉外礼仪中的礼宾次序、国旗悬挂的礼仪规范及签字仪式中的礼仪。

⬆ **工作项目**

项目 1 掌握涉外服务基本礼仪
项目 2 了解涉外服务的习俗与禁忌
项目 3 学习主要国家和地区的涉外服务习俗

项目 1 掌握涉外服务基本礼仪

⬆ **任务分解**

任务 1 学习做好外宾的迎送工作
任务 2 掌握涉外礼仪中的会见与会谈的礼仪规范
任务 3 掌握礼宾次序与国旗悬挂的礼仪规范
任务 4 了解签字仪式的礼仪规范

任务 1 学习做好外宾的迎送工作

⬆ **工作步骤**

第一步：通过收集相关资料和案例分析，了解接待外宾的具体要求。
第二步：教师讲解与播放视频教学资料，熟悉做好迎送外宾的前期准备工作。
第三步：掌握接待外宾的礼宾礼仪。
第四步：熟悉做好涉外送客的礼仪工作。

⬆ **知识链接**

一、接待外宾的具体要求

接待外宾是一项重要的工作，接待人员要严格要求自己，严谨对待。在接待过程中应热情周到、谨言慎行，不掺入任何个人的兴趣和感情，尽可能避免发表不必要的个人意见。对对方可能提出的问题，要事先做必要的准备。严守国家机密，非工作需要不得随身携带文件资料、工作记事本等。不在外宾面前谈内部问题。未经上级批准，不得自行接受外宾的馈赠,但如果外宾坚持赠送纪念品时,可先收下,并立即报告上级组织,把礼品提交组织处理。另外,接待人员要及时、准确地向上级汇报外宾工作情况和生活要求以及对各种活动与事件的反应。若对外宾的反应搁置不理、隐匿不报,是非常失礼的行为,是无组织、无纪律的表现。

在金融涉外服务中,迎来送往是一项重要的日常性工作,遵守迎送礼仪,搞好外宾的接待与迎送工作,直接关系到金融工作的成败。接待与迎送礼仪是金融涉外服务的基本礼仪。

迎来和送往是整个外宾接待工作中最重要的两个环节。迎来是接待工作的开始,是给外宾留下良好第一印象的关键;送往则意味着访问活动的结束,是整个接待工作的最后一环。因此,迎送不仅是一般的迎来送往,而是对外交往中的一项重要礼仪活动。

二、做好迎接外宾的前期准备工作

外宾的接待工作,可谓是千头万绪、环环相扣,应对每个环节进行认真准备。以求有备而行,这是做好接待工作的基础,不能省略。一般前期准备工作时,首先,收集外宾的基本情况,了解来访意图、要求、目的,知晓人数、性别、姓名等;其次,拟订接待方案,重点拟订接待形式及接待规格;最后,根据领导审核批准做好相应的准备工作。

➪ 知识实训

[实训背景]

张明作为一外贸公司的专职驾驶人员,下周一需要负责接待一重要的外国客户团。此次公司派出的五辆车,由张明统一负责调度、接待。

[实训要求]

1.需要向宾客展现出我方待客的热情与周到。

2.整个接待仪式相对较为隆重。

[实训提示]

1.接待车辆的驾驶人员在每次参加涉外活动前,都必须对车辆进行检修,以确保车辆的行驶安全,并事先弄清行驶路线,了解路况,准确把握接站时间,以免误时误事。

2.招待外宾时,驾驶人员应主动、热情,以优质的服务礼貌待客。外宾准备乘车时,驾驶员应将车门打开,并用手示意,防止客人头部碰撞车门上端的车篷。待外宾坐好后再关车门。

3.接待外国代表团,在主宾车上的人员上齐后,前卫车即可开始缓行,以免主宾车等候过久,车辆之间要保持一定的距离。驾驶人员在未结束当天活动前,不得离车,以确保安全。

任务2 掌握涉外礼仪中的会见与会谈的礼仪规范

➪ 工作步骤

第一步:通过资料的学习和案例分析,了解涉外会见、会谈的概念。

第二步:了解做好涉外会见、会谈的准备工作事项。

第三步:熟悉进行会见、会谈的操作流程。

☞ 知识链接

一、涉外会见、会谈的概念

(一)会见

会见一般又称为接见或拜会。涉外会见是指在国际交往中为了一定目的而进行的约会、见面活动。会见不同于政治性或业务性的会谈,也不同于就某些或某一个问题进行谈判或交涉而进行的会谈,而是更多地带有礼仪性的色彩,属于礼宾的范畴。当然,会见的性质不仅只是礼节性的,有时,它也会涉及政治性、事务性的问题,或兼而有之。其中礼节性的会见时间较短,话题较为广泛。政治性会见一般涉及双边关系、国际局势等重大问题。事务性会见则有一般外交交涉,业务商谈,经贸、科技及文化交流等。

(二)会见的基本方式

会见一般包括接见、召见、拜会和拜见四种。身份高的人会见比自己身份低的人,或是主人会见客人,这种会见一般称为"接见"或"召见";身份低的人会见比自己身份高的人,或是客人会见主人,这种会见一般称为"拜会"或"拜见"。我国一般不做上述区别而统称"会见"。接见和拜会后的回访,称"回拜",身份高者对身份低者可以回拜,也可以不回拜。

(三)会谈

会谈是指双方或多方就某些重大的政治、经济、文化、军事及其他共同关心的问题交换意见。会谈也可以指洽谈公务和业务谈判。一般说来,会谈的内容较为正式,政治性、专业性较强,既可就某些重大的政治、经济、文化、军事问题及其他共同关心的问题交换意见,也可洽谈公务或就具体业务进行谈判。

二、做好涉外会见、会谈准备工作的事项

(一)提出会见、会谈要求

主客双方都可以在认为合适的时候提出会见、会谈要求。但从礼节上讲,客人来访,东道主应根据对方的身份及来访目的,在当日或次日,安排相应的领导及有关人员会见。

(二)确定相关事项

会见、会谈前要将出席人员、时间、地点、具体安排及注意事项等通知双方。会谈双方都要确定主谈人,主谈人的职位要相同或相近,会谈人数也要大体相等。如在会谈结束时要签署《会谈纪要》或《协议书》等,应事先拟好文本。

(三)选择场地、布置会场

东道主应根据会见、会谈的级别、性质来选择和布置会场,并根据参会者的身份安排座位。通常高级领导人之间的会见,多安排在重要建筑物内宽敞的会客厅(室)里进行,亦有在下榻宾馆的会客室里进行的。会谈桌上常放置两国国旗,设置中、外文座位卡,以便与会者对号入座。会见、会谈人数较多,必须准备扩音设施,如需要同声传译还应准备翻译设备,并尽早确定同声传译人员,以便翻译能对会见时、会谈可能涉及的专业术语的翻译方法提前做好准备。此外,为衬托现场气氛,还可视情况布置花卉、标语等。

(四)合影准备

会见、会谈如有合影,则要事先做好准备,排好合影主要人员位置,人数多时还应准备拍

照架子。位置的排列一般主人居中,主宾在主人右侧,按以右为尊的礼宾顺序,主客双方间隔排列,两端应由主方人员把边。

（五）饮品准备

会见、会谈还应根据不同的季节以及来访客人的习惯,准备不同的饮品。我国国内一般只备茶水,有时也备矿泉水和饮料,但是一般不备含酒精的饮料,会谈如时间过长,可适当上咖啡、红茶、点心、水果等。

三、涉外会见、会谈的操作流程

（一）赴会

会见双方都应准时赴会,尤其是主方人员应提前到达,并在门口迎候客人。迎候时主人可站在大楼正门,也可在会客厅门口等候。如果主人不到大楼门口,则应由工作人员在大楼门口迎接。当客人到达时,主动上前行礼表示欢迎,并引导客人入座。

（二）会面介绍,宾主握手

介绍时,应先将主人向客人介绍,随后将客人向主人介绍。如客人是贵宾（国家元首或大家都熟悉的知名人物）,就只将主人向客人介绍。介绍主人时要把姓名、职务说清楚。介绍到具体人时,应有礼貌地点头或举手示意。

（三）合影

为表示友好,会见、会谈一般都安排合影留念项目。合影可安排在会见、会谈之前,也可安排在会见、会谈结束之后,摄影的位置都应事先准备好。

（四）会见、会谈

组织领导人之间的会见、会谈,除陪同人员、翻译、记录员外,其他工作人员安排就绪之后应退出会场,谈话过程中旁人不要随意进出会场。会谈由主谈人主持,其他人员未经主持人许可,不得随便发表意见。如有不同看法,可写条子递给主持人,供主持人参考。

（五）记者采访

如允许记者在会见、会谈前采访,则应在会见、会谈开始前几分钟进行,会见、会谈即将开始时离开。

（六）会见、会谈结束

会见、会谈结束后,主人送客人至车前或门口握手告别,目送客人离去后再退回室内。

 小资料

涉外会见、会谈的座次安排

会见、会谈的座位安排一般有三种,分别是相对式、并列式和自由式。

1. 相对式

相对式是指宾主双方会见时,面对面而坐,便于进行交流。一般应以会客室的正门为准,面对正门的一方为上。宾主双方均不止一个人,则除主人与主宾之外,双方其他人员均应按照具体身份的高低,由尊而卑,自右而左依次排列在主人或主宾两侧。这种坐法主次分明,多适用于公务性的会见、会谈。

（1）主客双方面门和背对相对而坐,面门方为上,请来宾坐（见图8-1）。

(2)主客双方分别在门的左边和右边相对而坐,门的右边为上,请来宾坐(见图8-2)。

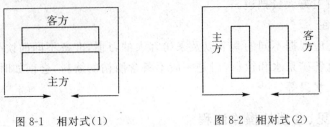

图 8-1　相对式(1)　　　　　　　　　图 8-2　相对式(2)

2.并列式

并列式是指宾主双方会见时,面对会客室或会见厅的正门并排而坐,可显示双方的平等与亲密,多适用于礼节性的会见、会谈。它的具体排列是主人在左,主宾在右。宾主双方的其他人员按照具体身份的高低,依次在主人、主宾的一侧排开。并列式一般有三种坐法。

(1)双方面门而坐,右边为上,请来宾坐。若双方多人时,其他人员按身份高低分别在为首的主人和客人两边依次就座(见图8-3)。

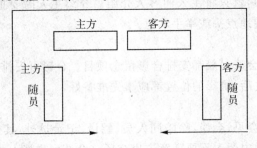

图 8-3　并列式(1)

(2)双方在门的左边或右边并排就座,此时以距门较远之座为上,请来宾坐(见图8-4和8-5)。

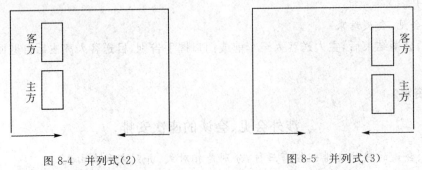

图 8-4　并列式(2)　　　　　　　　　图 8-5　并列式(3)

3.自由式

自由式不排座次,请宾主自由就座。在举行多边会见时和非正式会见、会谈时,比较适用。会见的座位安排有多种形式,有分宾主各坐一方的,有宾主穿插坐在一起的。

综合会见、会谈座位的安排形式,通常的规则是:主宾、主人席安排在面对正门位置,主宾座位在主人右侧,其他客人按礼宾顺序在主宾一侧就座,主方陪见人在主人一侧按身份高低就座,如图 8-6 所示。翻译、记录员通常安排在主宾和主人的后面。会见座位多采用单人沙发或扶手椅,人数多时则在会见的里圈用沙发,外围用扶手椅或靠背椅。

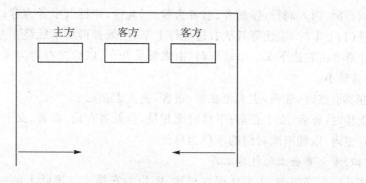

图 8-6　自由式

▷ **知识实训**

[**实训背景**]

我方作为东道主,需就某一产品的价格及质量标准问题同俄方客户进行会见、会谈。

[**实训要求**]

1. 双方参与会谈人员均为五人。

2. 请安排好会谈会场,要使双方感觉气氛轻松和谐。

[**实训提示**]

可按照"相对式"进行会场的整体安排,有助于双方的交流讨论。

任务3　掌握礼宾次序与国旗悬挂的礼仪规范

▷ **工作步骤**

第一步:掌握礼宾次序的概念与排列顺序。

第二步:了解国旗的悬挂方式及礼仪规范。

▷ **知识链接**

一、礼宾次序的概念与排列顺序

(一)礼宾次序

礼宾次序是指在涉外交往中,对出席活动的国家、团体或个人的位次按某些规定和惯例进行排列的先后次序。它体现东道主对宾客所给予的礼遇,又表明各国主权平等的关系。礼宾次序安排不当或不符合国际惯例,会引起不必要的争执和交涉,甚至会影响国家之间的关系。因此,对礼宾次序应给予充分重视。

(二)礼宾次序排列的一般要求

社交场合凡涉及位次顺序时,国际上都讲究右高左低,即以右为大、为长、为尊,以左为小、为次、为偏,这是国际惯例。

(三)礼宾次序排列不同场合的特殊要求

同行时,两人同行,以前者、右者为尊;三人行,并行以中者为尊;前后行,以前者为尊。

进门、上车时,应让尊者从右边先行上车,位低者再从车后绕到左边上车。下车时,低位者应让尊者由右边下车。坐轿车时,由驾驶员开车,以后排右边为大位,左边次之,中间再次之,前排最小。

迎宾引路时,迎宾,主人走在前;送客,主人走在后。

上楼时,尊者、女士在前;下楼时则相反,位低者在前,尊者、女士在后。

在室内,以朝南或对门的座位为尊位。

(四)重大宴会上的礼宾次序

按礼宾次序规则,主要体现在桌次、席位的安排上。国际上的一般习惯,桌次高低以离主桌位置远近而定,主宾或主宾夫人坐在主人右侧。我国习惯按客人职务、社会地位来排次序;外国习惯男女穿插安排,以女主人为准,主宾在女主人右上方,主宾夫人在男主人右上方。如果是两桌以上的宴会,其他各桌第一主人的位置可以跟主桌主人的位置同向,亦可面对主桌的位置为主位。

小资料

礼宾次序的排列

礼宾次序的排列,国际上通常有三种方法:

(1)按身份与职务的高低排列,这种排列主要是以各国提供的正式名单或正式通知作为确定身份与职务的依据。

(2)按字母顺序排列,一般是按参加国国名的第一个字母顺序排列,按英文字母顺序排列居多,少数情况也有按其他语种字母顺序排列的,按字母顺序排列多见于国际会议、体育比赛等。

(3)按日期先后排列,这种排列一般是按通知代表团的日期先后,或按代表团抵达活动地点的时间先后,或按代表团给予答复的时间先后排列。

采用何种排列方法,东道国在致各国的邀请书中都要明确注释,便于对方事先心中有数。

二、国旗的悬挂方式及礼仪规范

国旗是一个国家的标志,是国家主权和尊严的象征,也是民族精神的体现。在涉外活动中,我们往往通过悬挂国旗来表示对本国的热爱和对他国的尊重。但是,在国际交往中,悬挂国旗有一定的礼仪规范和要求。正确使用和悬挂国旗,不仅可以维护本国的形象和尊严,也是对他国表示友好和尊重的表现。

(一)悬挂国旗的常见场合

(1)按国际惯例,一国元首、政府首脑在他国领土上访问,在其住所以及交通工具上可以悬挂本国国旗(有的是元首旗);东道国接待来访的外国元首、政府首脑时,在隆重的场合、贵宾下榻的宾馆、乘坐的汽车上可以悬挂对方(或双方)的国旗。

（2）一个国家的外交代表在派驻国境内有权在其办公处和官邸,以及交通工具上悬挂本国国旗。

（3）国际会议上,除会场悬挂与会国国旗外,各国政府代表团团长,也可在住所或车辆上悬挂本国国旗。

（4）国际经济合作的重大项目奠基、开工、落成、开业以及其他重大庆典活动,可悬挂项目所在国和有关国家的国旗。

（5）举行国际体育比赛、展览会、博览会、经贸洽谈会以及其他经济、技术、文化等重大国际活动,通常也悬挂与会国国旗。

（6）举行正式签字仪式,在签字桌中间摆放签字双方的国旗。

（二）悬挂国旗的礼仪规范

国旗具有十分重要的象征意义,在涉外活动中,应严格遵循悬挂国旗的礼仪规范和要求。

（1）悬挂多国国旗。在联合国大会、国际会议、国际体育比赛的场合,往往要并列悬挂各国国旗。国旗排列顺序为表示各与会国主权平等,一般以东道国国旗为中心,其他各国按英文国名的首位字母的顺序,在东道国国旗左右两侧依次排列。由于是并列悬挂,各国的国旗长宽比例、面积大小应基本相等。

（2）悬挂两国国旗。两国国旗并挂,应遵守右为上、左为下原则,以旗正面为准,一般右挂客方国旗,左挂本国国旗;汽车上挂旗,驾驶员左手为主方,右手为客方;开座谈会时,主客双方分别在各自主谈人桌上用旗架悬挂本国国旗。

（三）悬挂国旗时应注意的问题

国旗不能倒挂,一些国家的国旗由于文字和图案的原因,也不能竖挂或反挂。有的国家明确规定,竖挂需另制旗,将图案转正,如朝鲜民主主义人民共和国国旗竖挂时,五角星的星尖要依然朝上。各国国旗图案、式样、颜色、比例均由本国宪法规定。不同国家的国旗如比例不同,同样尺寸制作,两面旗帜放在一起,也会显得大小不一,因此,并排悬挂不同比例的国旗时,应将其中一面略放大或缩小,使其显得大小一致。正式场合悬挂国旗宜以正面(即旗套在旗的右方)面向观众,不用反面,如果旗是挂在墙壁上,避免交叉挂和竖挂。

任务4 了解签字仪式的礼仪规范

▷ 工作步骤

第一步:通过资料的阅读,了解签字仪式的含义和具体准备事项。

第二步:播放视频教学资料,熟悉签字仪式的程序。

第三步:掌握签字仪式的礼仪。

▷ 知识链接

一、签字仪式含义和具体准备事项

（一）签字仪式的含义

签字仪式是由双方的正式代表在有关协议或合同上签字,产生法律效力,体现双方诚意和共祝合作成功的庄严而隆重的仪式。因此,主办方要做好充分的准备。

（二）签字仪式的具体准备事项

1. 确定参加仪式的人员

签字仪式中的签字人一般由缔约双方根据文件的性质和重要性协商确定。可由国家领导人出面,也可由政府有关部门负责人出面,但双方签字人的身份应大致相当。按惯例,参加签字仪式的,应是双方参加会谈的全体人员。如一方要求让某些未参加会谈的人员出席,另一方应予以同意,但双方人数应大体相等。不少国家为了对签字的协议表示重视,往往特意安排更高或更多的领导人出席签字仪式。

2. 仪式准备

举行签字仪式之前,要准备好文本。文本的定稿、翻译、印刷、校对、装订和盖印等均要确保无误。同时还要准备好签字时用的国旗、文具,确定助签人员。签字仪式有关的细节问题应事先与对方进行沟通洽谈,如有争议或不当之处,应在签约仪式之前,通过再谈判的形式来达成共识,尽可能地使双方满意。

3. 落实签字仪式的场所

举行仪式的场所,应视参加签字仪式人员的身份和级别、参加仪式人员的多少和所签文件的重要程度等诸多因素来确定。大至著名宾馆、饭店,小至企业会客厅室,都可以选择。既可以大张旗鼓地宣传,邀请媒体参加,也可以选择在僻静场所进行。无论如何选择,都应是双方协商的结果。任何一方自行决定后再通知另一方,都被视为失礼的行为。

4. 座次排列

座次的排列方式是举行签字仪式时最为引人注目的问题,一般签字仪式的座次排列根据不同情况,具体有三种基本形式:

（1）并列式。是举行双边签字仪式时最常见的形式。它的基本做法是:签字桌在室内面门横放。双方出席仪式的全体人员在签字桌之后并排排列,双方签字人员居中面门而坐,客方居右,主方居左。

（2）相对式。与并列式签字仪式的排座基本相同。两者之间的主要差别,只是相对式排座要将双边参加签字仪式的随员席移至签字人的对面。

（3）主席式。主要适用于多边签字仪式。其操作特点是签字桌仍须在室内横放,签字席设在桌后面对正门,但只设一个,并且不固定其就座者。举行仪式时,所有各方人员,包括签字人在内,皆应背对正门、面向签字席就座。签字时,由文本保存国代表先签字,然后由各国代表,按礼宾次序轮流在文本上签字,然后即应退回原处就座。

5. 现场的布置

现场布置的总原则是庄重、整洁、清静。

我国常见的布置是在签字厅内设一长桌,桌面覆以深绿色的台布。桌后放两把椅子,桌子中间摆一旗架,悬挂双方国旗,主方挂左侧,客方挂右侧。桌前摆放本国保存的文本,文本前面放置签字文具。有的国家在签字厅内设置两张签字桌,双方签字人各坐一桌,桌面分别悬挂双方的小国旗,位置排列遵循主左客右原则,桌面其他东西的摆放同上。双方参加仪式的其他人员的座位布置,按已选定的排列方式排位。

二、签字仪式的程序

签字仪式开始,双方人员进入签字厅。签字人员首先入座,其他人员按宾主身份顺序就位。助签人员分别站立在各自签字人的外侧,协助翻阅文本,指明签字处。签字人在本国保存的文本上签字后,由助签人员传递文本,再在对方保存的文本上签字。签毕,双方签字人交换文本,并互相握手。此时,可上香槟酒,宾主双方共同举杯庆贺。多边签字仪式与双边签字仪式大体相似。若只有三四个国家,一般只相应地多配备签字人员座位、签字文具、国旗等物。如果签字国家众多,通常只设一个座位,由文本保存国代表先签字,然后由各国代表按礼宾次序轮流在文本上签字。

签约仪式结束,双方可共同接受媒体采访。退场时,可安排客方人员先走,主方送客后再离开。

三、签字仪式的礼仪

注意服饰整洁、挺括。参加签约仪式,应穿正式服装,庄重大方,切不可随意着装,这反映了签约一方对签约的整体态度和对对方的尊重。如因一时轻松而忘乎所以,可能引起对方的不快。

签约者的身份和职位,应双方对等,过高或过低都会造成不必要的误会。参加仪式的其他人员在站立的位置和排序上应有讲究,不可自以为是。在整个签约完成之前,双方人员都应平和微笑地直立站好,不宜互相走动谈话。

签字应遵守"轮换制"的国际惯例,即签字者应先在自己一方保存的文本左边首位处签字,然后再交换文本,在对方保存的文本上签字。这样可使双方都有一次机会在首位处签字。在对方文本上签字后,应自己与对方签字者互换文本,而不是由助签者代办。

最后,双方举杯共饮香槟酒时,不能大声喧哗叫喊。碰杯要轻,稍后高举示意,浅抿一口即可,举止要文雅有风度。

▷ **知识实训**

[实训背景]

某银行与外商就某项金融合作业务达成协议,将举行合作签约仪式。

[实训要求]

1. 将学生,分成 A、B 两组(3～5 人一组),分别扮演主方与客方,模拟进行签字仪式。
2. 以组为单位,对每组的模拟进行互相评议。

[实训提示]

按照签字仪式的礼仪程序与要求,布置场地,进行现场情景模拟练习。

项目 2　了解涉外服务的习俗与禁忌

▷ **工作任务**

了解不同国家的习俗与禁忌

▷ **工作步骤**

通过资料的阅读和案例分析,了解不同国家的习俗与禁忌。

知识链接

一、日本的习俗与禁忌

(一)语言习俗与禁忌

日本是一个比较信守传统的国家,因而禁忌较多。在日本参加别人的婚礼时,忌说"完了""断绝"等词。与男士交谈,忌问收入和物价等。与女士交谈忌问年龄及婚配情况。对老年人忌用"年迈""老人"等字眼。与残疾人谈话,忌说"残疾"之类的词语,应称"身体障碍者",称盲人为"眼睛不自由的人",称聋人为"耳朵不自由的人",称哑巴为"嘴不自由的人"。

(二)赠送习俗与禁忌

日本人赠送礼品时注重阶层或等级,不送有动物形象以及太昂贵的物品,赠送礼品要免偶数,在礼品包装上不要系蝴蝶结。在探望病人时忌用山茶花、仙客来、淡黄花及白花,因为山茶花凋谢时整个花头落地,不吉利;日本人也忌送带根的花,如盆花和带有泥土的花,因为"根"与"睡"字同音,有卧床不起的恶兆。樱花是日本的国花,因此,他们对樱花无比厚爱,但忌讳荷花,丧葬活动时才用荷花;菊花在日本是皇室的标志,不要作为礼物送给日本人。赠送礼品时,忌赠梳子、手绢,不送 T 恤衫、火柴、圆珠笔、广告帽及刀等。备办结婚用品时,避免选择玻璃、陶瓷之类的易碎品。忌倒贴邮票,倒贴邮票意味着与收信人绝交;折叠信纸时,忌将收信人的名字头朝下。日本人大多不喜欢茉莉花茶,喝不惯中国的烈性白酒。很喜欢猕猴和绿雉,并且分别将其定为国宝和国鸟;同时,他们对鹤和龟也好评如潮,认为是长寿和吉祥的代表;但是,日本人对金色的猫、狐狸和獾极为反感,认为它们是"晦气""贪婪"和"狡诈"的化身。

(三)颜色禁忌

日本人最忌讳绿色,认为是不祥之色;不喜欢紫色,认为是悲伤之色;喜欢红色、黄色、白色,认为是吉祥、阳光、纯洁之色。

(四)数字禁忌

日本人喜欢奇数,不喜欢偶数,对"3""5""7"数字特别喜欢,忌"4""6""9"及由其组成的数字,如"14""16""19"等,忌赠送礼物件数为"6""9",也忌"13";忌住饭店时安排在 4 楼、4层、4 号或第四餐桌;忌 3 人并排合影,他们认为在中间被左右两人夹着是不幸的预兆,很不吉利。

(五)手势语的运用与禁忌

日本人竖起大拇指表示"老爷子""男人""您的父亲""最高";用小拇指表示"女人""女孩子""恋人";伸出食指,指节前屈表示"偷窃";伸出一只手,将食指和大拇指连成圆圈,表示"金钱"。

二、韩国的习俗与禁忌

(一)特殊的民族习俗

韩国政府规定,韩国公民对国旗、国歌、国花必须敬重。不但电台定时播出国歌,而且影剧院放映演出前也放国歌,观众须起立。如外国人在社交场合表现过分怠慢,会被认为是对韩国和其民族的不敬。照相在韩国受到严格限制,军事设施、机场、水库、地铁、国立博物馆以及娱乐场所都是禁照场所,在空中和高层建筑拍照也都在被禁之列。韩国人的民族自尊心很强,反对崇洋媚外,提倡使用国货。在韩国,着一身外国名牌服装的人,往往会被人看不起。在韩国,忌谈的话题有:政治腐败、经济危机、意识形态、南北分裂、韩美关系、韩日关系及日本之长等。商务交谈时忌做手势和外露面部表情,忌过于兴奋。回答问题忌长篇大论。不要拍对方肩膀。在正式场合不要叉腿坐。女性笑时要掩嘴。访问韩国最好不要在 10 月,因为 10 月的假日太多,圣诞节前后 2 周都不宜去访。

(二)赠送礼品的习惯

在赠送礼品时,最好选择鲜花、酒类和工艺品,但不要选日本货。韩国人禁忌颇多。逢年过节相互见面时,不能说不吉利的话,更不能生气、吵架;农历正月头三天不能倒垃圾、扫地,更不能杀鸡宰猪;寒食节忌生火;渔民吃鱼不许翻面,因忌翻船;忌到别人家里剪指甲,否则两家死后结怨;吃饭时忌戴帽子,对边吃饭边谈话的人也非常反感;睡觉时忌枕书,否则读书无成;忌杀正月里生的狗,否则三年内必死无疑。

(三)男尊女卑的讲究

韩国有男尊女卑的讲究,进入房间时,女人不可以走在男人的前面,女人须帮助男人脱下外套;坐下时,女人要主动坐在男子的后面,不可以在男人面前高声谈论。

(四)数字忌禁

韩国人忌讳数字"4",因在韩语中"4"与死的拼写和发音相同,所以韩国房子无 4 号,宴会无 4 桌,医院无 4 号病房,吃东西不吃 4 碗,喝酒绝对不喝 4 杯。喜欢单数,尤其是 3 这个数字,可以说韩国人生活中处处有 3。韩国的文字是以"天、地、人"的原理创制的,韩国的建国神话——檀君神话中有 3 个"天符印"、3000 随从、3 神等。韩国人认为"3"代表着完成、最高、稳定、神圣,大多数人认为"3"是带福气的数字,以至于韩国人取名也喜欢用"三",如金泳三、金三顺等。

(五)手势语的习惯与禁忌

在韩国,人们竖起大拇指,表示"首领""自己的父亲""部长"或"队长";伸出一只手,将食指与大拇指连成圆圈,表示"金钱";将食指与中指伸出形成"V"字形,表示两件事或两件东西;伸出小指,表示打赌。

三、泰国的习俗与禁忌

(一)特殊禁忌

泰国人最忌触摸别人的头部,即使是小孩的头也不可触摸,忌讳拿着东西超过别人的头顶;进门时忌脚踏门槛,认为门槛下住着神灵,不可冒犯;忌左手吃东西或交接物品,认为左手不吉利,是洗澡和上厕所用的;泰国人认为脚是你的最下部位,严禁将脚伸到别人面前,忌用脚把东西踢给别人;就座时,忌跷腿,女士就座腿要并拢,否则被视为没有教养;忌睡觉头朝西,因为日落西方象征死亡;忌夜间开窗户,否则鬼神会闯入屋内;忌红色,认为红色是不祥之色;忌用红笔签名,因为泰国人死后是用红笔将死者的名字写在棺材上的;在宗教圣地,忌穿裸露的衣服,如背心、短裤等;忌妇女与僧侣身体接触;禁止抚摸寺庙中的佛像。

(二)手势语

在泰国,人们伸出一只手,用食指和大拇指形成一个圆圈,表示"没问题";用食指和中指伸出形成"V"字形,表示两件事情或两件东西;食指弯曲,表示死亡;伸出小指,表示朋友。

四、新加坡的习俗与禁忌

（一）特殊语言禁忌

对新加坡人忌说"恭喜发财"，因为新加坡人认为这话有发横财之嫌；与新加坡人谈话，一般忌谈宗教和政治方面的话题；忌口吐脏话；忌乌龟；忌大年初一扫地。

（二）颜色和图案禁忌

色彩方面，忌讳黑色、黄色、紫色，认为它们是不吉利的颜色。他们偏爱红色，视红色为庄严、热烈、刺激、兴奋、勇敢和宽宏的象征。对白色也普遍看好，视之为纯洁与美德的象征。新加坡国旗由红、白两色构成。他们也喜欢蓝色和绿色。图案方面，忌讳使用宗教图像，也忌讳乌龟图案，认为是不祥的动物。

（三）数字禁忌

数字方面，忌讳"4""7""13"等数字。

（四）蓄发、留须的禁忌

新加坡人对留胡须、蓄长发的男子极为厌恶，众多家长和学校严禁男青年蓄长发，许多公共场合标牌上明确写着"长发男子不受欢迎"。

（五）公德意识

新加坡很注重公德，必须随时注意保持环境卫生和遵守交通规定，若随地吐痰、乱扔废弃物、不走横道线而翻越栏杆，在公共汽车、剧场、餐馆和装有空调的商店等公共场所吸烟，以及使用公厕后不冲水等，都要被罚款。

（六）手势语言

在新加坡，伸出食指表示最重要；而食指弯曲则表示死亡；伸出中指表示被激怒和极度不愉快。

五、印度的习俗与禁忌

（一）特殊习俗

在印度的北部和中部，信仰印度教的女士严禁抛头露面，严禁不戴面纱。在印度，男人不能和女人握手，在行双手合十礼或鞠躬礼时男人不能碰女人，如果男女两人关系很一般，则男人和女人不能单独谈话。在饭馆、商店等服务性的行业中，忌用吹口哨的方式招呼侍者。忌用荷花做馈赠品，因为印度人多以荷花为祭祀之花。印度人不喜欢别人拿他们的照片，除非他们自愿。此外，不要在上了年纪的印度人面前抽烟。还忌用澡盆给孩子洗澡。印度教徒敬牛如神，因此印度政府确定了保护牛的法令，禁止屠杀健壮的牛，特别是不准宰杀母牛。印度人不仅忌食牛肉，而且忌用牛皮做的东西。印度教徒忌讳众人在同一盘里进食。在印度，乞讨和施舍是一种受到鼓励的社会行为，其乞丐比其他国家的同行更大程度地发挥了行为艺术，他们都打扮成既能造福生灵，也能毁灭生灵的印度教女神卡莉的模样。

（二）颜色和图案禁忌

印度人忌白色，认为白色象征内心的悲哀；黑色也被认为是不祥的颜色。还忌讳弯月的图案。

（三）数字禁忌

印度人将"1""3""7""13"视为不吉利的数字。不少印度教徒不喜欢6和8，因为在印度占星术里,第 6 宫预示疾病,第 8 宫则代表死亡。他们认为,"5""11""21""101"是吉利的数字,特别是在赠送礼金时,整数之外再多出 1 卢比,才被收礼者认为是吉祥的。

（四）手势语

在印度,伸出一只手,将食指和大拇指形成一个圆圈,表示"正确";竖起大拇指表示拦路搭车;伸出小指表示要去上厕所。

六、俄罗斯的习俗与禁忌

（一）特殊禁忌

俄罗斯人主张"左主凶,右主吉"。因此,与俄罗斯人交往,不允许用左手接触别人或用左手递、接物品。俄罗斯人不隔着门槛与人握手,担心门槛会把友谊隔断。与俄罗斯人交谈,要坦诚相待,不能在背后议论第三者,忌向初次结识的俄罗斯人问私事以及女士的年龄和个人问题,说话时尽量不要随便使用手势。忌送手绢及尖利的东西。在俄罗斯,向日葵被称为"太阳花",视为"光明象征",被定为国花,是最受人们喜爱的花。俄罗斯人的生活习惯是睡得晚,起得早,很爱清洁,不在公共场所乱扔东西,普遍喜欢洗蒸汽浴。喜爱白桦树,喜好去郊外休闲。忌打碎镜子,认为这意味着灵魂的毁灭,个人生活将出现不幸;但若打碎杯子和碗,特别是盘子和碟子,则意味着富贵和幸福;忌打翻盐瓶。忌在家里和公共场所吹口哨,认为口哨声会招鬼魂。进东正教教堂做礼拜或参观东正教教堂时,男士必须脱帽,女士一定要戴头巾或帽子。过马路一定要走人行横道,绿灯才能通过,因为在俄罗斯,如果行人违反交通规则,撞死概不负责。

（二）数字禁忌

拜访俄罗斯人时,送给女士鲜花或礼品时宜为单数,因为他们认为双数不吉利,忌讳数字 13 和星期五,但喜欢 7,认为"7"象征成功和幸福。

（三）动物和颜色禁忌

俄罗斯人都很喜欢动物,尤其是狗,在俄罗斯千万不要伤害动物,这是被法律绝对禁止的。但俄罗斯人不喜欢黑猫和兔子,认为它们不会带来好运气,但在乔迁新居时会让猫先进门槛,认为猫的尖牙利齿可击退魔鬼,消灾避难。认为黑色是不吉利的颜色,也不喜欢黄色。

七、德国的习俗与禁忌

（一）特殊禁忌

德国人最忌纳粹标志。因为它是希特勒纳粹党（Nazi）的标志,服装和商品包装上都忌用该标志。在与德国人打招呼时,切勿身体立正,右手向上方伸直,掌心向外,这一姿势过去是纳粹行礼的方式,因此也应避免。交际场合他们忌讳四人交叉握手,反感交叉谈话或窃窃私语。与德国人交谈时,不可将手插在口袋里,这样会被认为是无礼的表现,他们不喜欢听恭维话,不要询问年龄、职业、婚姻状况、宗教信仰、政治面貌、个人收入、物品或服装价格等隐私,也不宜涉及纳粹、宗教与党派之争。遇德国人生病,除伤风感冒和外伤等常见病外,不要问及病因及病情,否则会招来窥视别人秘密之嫌。此外在公共场合不要大声讲话或是窃窃私语,德国人认为这都是十分无礼的。

访友要预约,切忌"突然袭击式"的登门拜访。向德国人赠送礼品时,不宜送刀、剑、剪、餐刀和餐叉。忌用郁金香为馈赠品。送花时,不能随意送玫瑰,这表示求爱;也不能送蔷薇和菊花,蔷薇专用于悼亡。在所有花卉之中,德国人最喜欢矢车菊,并且选定其为国花。

(二)颜色禁忌

对礼品的包装纸很讲究,但忌用白色、黑色或咖啡色的包装纸包装礼品,更不能用丝带做外包装。忌茶色、红色、深蓝色,对黑色、灰色比较喜欢。红色在有些地方被视为色情的颜色。

(三)数字禁忌

忌讳"13"这个数字,尤其是13号又碰到星期五;德国人过生日不得提前祝贺。

八、加拿大的习俗与禁忌

加拿大人在禁忌上与欧洲人有很多相同之处。

(一)特殊禁忌

加拿大人忌讳不约而至,拜访他人无论正式与否,意外的来访都是不礼貌的。与加拿大人交谈时,切忌用手指指人、打断对方谈话、强词夺理。不要询问涉及私生活、收入、支出、女士年龄等隐私问题;忌谈政治、死亡、灾难、性等方面的问题;忌说"老"字,年纪大的被认为是"高龄公民","养老院"被称为"保育院";不要把加拿大与美国进行比较,将加拿大视为美国的"小兄弟",或是大讲特讲美国的种种优点和长处,加拿大人喜欢谈论本国的长处。送礼时普遍喜欢送鲜花,但绝不能送百合花,百合花只能用于葬礼。

在日常生活中,他们认为撒盐不吉利,打碎玻璃制品也是不祥之兆。加拿大女子有美容化妆的习惯,不喜欢服务员给其送擦脸的毛巾。加拿大人讲究卫生,不随地吐痰或乱扔垃圾,他们吸烟也很少,大多地区尤其公交等公共场合都禁止吸烟,餐馆则大多分为吸烟区和无烟区。他们在饮食上,忌吃虾酱、鱼露、腐乳和臭豆腐等有怪味、腥味的食物;忌食动物内脏和脚爪;也不爱吃辣味菜肴。

(二)数字禁忌

忌讳"13"和"星期五","13"被视为"厄运"之数,"星期五"被视为灾难的象征。

(三)颜色禁忌

色彩上深为忌讳黑色和紫色。

九、美国的习俗与禁忌

(一)特殊禁忌

美国人十分讲究"个人空间"。与他们谈话时,不可靠得太近,一般保持在50厘米以外。在公共场所不能蹲着或敞开双腿坐着,认为这是很不文明的行为,甚至会引起误会。忌讳在别人面前脱鞋或赤脚,会被视为是不知礼节的野蛮人;在美国,只有在卧室里,或是热恋的男女之间,才能脱下鞋子。舞会时,同性不能双双起舞,会被人认为是同性恋者。在交谈时不能询问任何成年人的年龄、婚姻、收入、宗教信仰等隐私情况,这是很不礼貌的。也不宜使用"老人家""老太太"等称呼。美国人认为"胖人穷,瘦人富",因此,忌讳别人说自己"太胖了"。也不能随意打骂孩子。在美国千万不要把黑人称作"nigger",否则,黑人会感到你对他的蔑视。说到黑人,最好用"black"一词。一般情况下送礼忌送厚礼,忌给女士送香水、化妆品、衣物、药品以及广告用品,但可送头巾;忌讳送白色百合花;也忌讳赠送带有公司标志的便宜礼物;忌讳不带礼物就去亲友家赴宴。忌打听女性婚否与年龄,不要搀扶女性上楼梯、爬山。

忌在他人面前挖耳朵、抠鼻孔。忌讳只穿睡衣出门或会客。忌一根火柴连点3支烟。忌走路踏出声响。

（二）数字禁忌

美国人忌"13"和"3"，他们不喜欢"星期五"。

（三）动物的特殊寓意

美国人多数喜欢狗，忌养黑猫。驴代表坚强，象代表稳重，分别是共和党和民主党的标志。白头雕是美国人最珍爱的飞禽，是美国国徽的主要图案，蝙蝠被视为吸血鬼与凶神，令美国人反感，忌用蝙蝠做图案的商品和包装品。

（四）手势语的特殊性

美国人喜欢运用手势或其他体态语来表达自己的情感，但注意不要盯视他人、冲着别人吐舌头、用食指指人或是用食指横在喉头之前。他们认为，这些体态语都具有侮辱他人之意。做错事情也不要在别人面前伸舌头，会被理解为瞧不起人。

在美国，用拇指和食指弯曲合成一个圆圈表示"Ok"；伸出食指表示让对方稍等；伸出中指表示被激怒或极度不愉快；伸出食指和中指形成"V"字表示"胜利"；伸出小指表示打赌；竖起大拇指表示"祈祷幸运"，但若在马路上伸出大拇指、其他四指弯曲则表示搭车；将手掌向上伸开，不停地伸屈手指，表示招呼对方"到这边来"。美国人用手指数数是从食指开始的，而拇指则排除在外。

十、澳大利亚的习俗与禁忌

澳大利亚人除与西方国家有一些共同的忌讳，如"13""星期五"之外，他们对自己独特的民族风格感到自豪，因此谈话中忌拿澳大利亚与英、美进行比较。也忌谈工会、宗教、个人问题、袋鼠数量的控制等敏感话题，多谈旅行、体育运动及到澳大利亚的见闻。忌讳兔子，认为碰到兔子是厄运来临的预兆。澳大利亚的房屋建筑朝向与我国相反，他们的房屋多为"坐南朝北"，因为这样的朝向才会冬暖夏凉。对于公共场合的噪声极其厌恶，最看不起在公共场所大声喧哗，或在门外高声喊人。在社交场合忌讳打哈欠、伸懒腰等动作。忌过分客套和做作。

在澳大利亚，竖起大拇指表示"祈祷幸运"；伸出食指表示"请再来一杯啤酒"；而伸出中指则表示侮辱。

十一、英国的习俗与禁忌

（一）注重隐私

英国人比较注重自己的隐私，非常不喜欢谈论男人的工资和女人的年龄。忌谈个人私事、家事、婚丧、年龄、职业、收入、宗教问题，忌以英国王室的隐私作为话题。在英国，动手拍打别人、跷起"二郎腿"、"V"形手势手背向外，都被视为失礼的动作。吃饭时忌刀叉与水杯相碰，如果碰响后不及时中止，被认为将会带来不幸。忌讳在众人面前相互耳语、把食物碰撒、打破玻璃、直接提"厕所"这个词和佩戴条纹领带。

英国人最忌讳无所顾忌地打喷嚏，他们一向将流感视为一种大病。英国人忌过分表露喜、怒、哀、乐的感情，否则会使对方感到窘迫。玫瑰是英国的国花，深受喜爱，而对于百合花和菊花，则比较忌讳，主要在葬礼上使用。给英国女士送鲜花时，宜送单数，不要送双数和13

支。忌用人像作为服饰图案和商品的装饰。忌用白象、猫头鹰、孔雀做商标图案,认为大象是蠢笨的象征,把孔雀看作淫鸟、祸鸟,连孔雀开屏也被视为是自我吹嘘。

（二）数字禁忌

英国人非常忌讳"13",尤其是 13 号又恰逢星期五就更忌讳,如住房门号不能有第 13 号,影剧院座位不能有第 13 排和 13 号,出外探亲或旅行不能选择 13 号,用餐不准 13 人同桌等。数字方面还忌讳"3",特别忌用打火机或同一根火柴为 3 个人点烟,他们相信这样做厄运一定会降临到抽第三支香烟的人身上。忌讳四人交叉式握手。

（三）手势语

在英国,伸出食指且指节前屈,表示"祝好运";竖起大拇指表示要搭车;伸出食指和中指形成"V"字形,表示"胜利""成功";如果伸出食指和中指,掌心向着自己,意味着取笑对方;伸出小指表示懦弱的男人;将手掌向上伸开,手指不停地伸屈是在招呼人"到这边来"。

十二、法国的习俗与禁忌

（一）特殊禁忌

法国人有不少忌讳,忌打听别人的隐私,如政治倾向、工资待遇及个人私事等。

忌对老年妇女称呼"老太太",认为这是一种侮辱性的语言。法国人忌讳黄色和墨绿色。有仙鹤、孔雀、大象、黑桃等图案的工艺品不宜送人。法国人喜爱花,但菊花、牡丹、玫瑰、杜鹃、水仙、金盏花和纸花也不可随意送人;忌摆杜鹃花、牡丹花及黄色的花,他们认为黄色意味着危险、恐怖、警告和专横;法国人将鸢尾花作为国花,他们也喜欢玫瑰。送花通常要逢单数,但不能是 13 朵,也不能用线捆扎花束。男士向女士赠送香水,会有过分亲热和"不轨企图"之嫌。朋友间也不能送刀、剑、刀叉、餐具之类,若送了,意味着双方会割断关系。初次见面就送礼,往往会令人产生疑虑。在接受礼品后,若不当着送礼者的面打开其包装,则会被认为是没有礼貌的。在圣诞节及复活节前后两周不宜往访;7 月 15 日至 9 月 15 日为当地人度假期。

（二）对数字的特殊理解

过去法国人也忌"13",认为它代表着不幸,但是由于"13"具有神秘性,现在法国人不仅不再忌讳这个数字,反而认为这是一个能给自己带来奇迹的数字。主要原因是法国人相信平衡的理论,即对于大多数人不幸的事情,往往对某个人可能是幸运的事情,而且很多人都相信这个人就是自己。

（三）特殊的手势语

法国人表示拒绝的特有的手势语是用食指背刮下巴,如同刮胡子一般,尤其是女性对不喜欢的追求者常以这种手势来表示。人们在咖啡厅常可看到法国美女一面微笑一面用食指刮下巴的动作,非常迷人可爱,但追求者一见,便多会知趣地离开。在法国,人们伸出一只手,将食指和大拇指形成一个圆圈,表示"微不足道"或"一钱不值"。伸出大拇指表示"1",而在马路上则表示搭车;伸出大拇指和食指表示"2",并依次伸出中指、无名指和小指分别表示"3""4"和"5";伸出中指,表示被激怒和极度的不愉快。

小资料

各国对颜色、数字、花卉的禁忌

1. 颜色的忌讳

● 棕黄色:巴西人认为棕黄色意味着凶丧,因此非常忌讳。

● 绿色:日本人大都忌用绿色,认为绿色是不吉利的象征。

● 黑色:欧美许多国家以黑色为丧礼的颜色,表示对死者的悼念和尊敬;俄罗斯人、印度人、德国人、加拿大人忌黑色,视黑色为不祥的颜色。

● 黄色:法国人忌黄色,认为黄色是不忠诚的象征;俄罗斯人、新加坡人不喜欢黄色,埃塞俄比亚人、叙利亚人以穿淡黄色的服装表示对死者的深切哀悼,因此视为死亡之色;在巴基斯坦,黄色是僧侣的专用服色,所以普通的民众基本上都不穿黄色的衣服;而委内瑞拉却用黄色做医务标志。

● 蓝色:比利时人最忌蓝色,如遇有不吉利的事,都穿蓝色衣服;埃及人也同样忌讳蓝色,因为蓝色在埃及人眼里是恶魔的象征。

● 红色:泰国、德国人忌红色,认为红色是不祥之色。

● 白色:印度人忌白色,认为白色象征内心的悲哀。

● 茶色:德国人忌茶色。

● 紫色:加拿大人深为忌讳的颜色。

另外,印度人喜爱红色、蓝色和黄色等鲜艳色彩,不欢迎黑色和白色;伊拉克人视绿色代表伊斯兰教,黑色用于丧事,客运行业用红色,警车用灰色,丧服用黑色;尼日利亚人视红色、黑色为不吉祥色;马达加斯加人视黑色为消极色,喜好鲜明色彩。

2. 数字的忌讳

● 13:西方人认为"13"是不吉利的,应当尽量避开,甚至每个月的13号,有些人也会感到不安。

● 5:西方人也避谈星期五,如果星期五出了事,就归罪于这是个黑色星期五。尤其是逢到13号又是星期五时,最好不举办任何活动。有些人就会因此而闭门不出,唯恐发生不吉利的事情。

● 4:"4"在中文和日文中的发音与"死"相近似,所以日本与韩国等东方国家将它视为不吉利的数字,因此这些国家的医院里没有4号病房和4号病床。在韩国,昔日的旅馆没有4层楼,门牌没有4号,几乎什么东西都不用"4"字,一些家庭生了第4个儿子或女儿,也被认为不吉利,孩子常常受虐待。

● 9:在日语中"9"发音与"苦"相近似,属忌讳之列。日本人喜欢奇数,不喜欢偶数,忌"4""6""9"以及由其组成的数字。

● 3:英国人忌讳"3",但韩国人却喜欢"3"。

● 7:新加坡人不喜欢数字"7";印度人视"1""3""7""13"为不吉利的数字。

● 6和8:不少印度教徒不喜欢这两个数,因为在印度占星术里,第6宫预示疾病,第8宫则代表死亡。

3. 花卉的忌讳

● 玫瑰和白色百合花：印度和欧洲国家，玫瑰和白色百合花是送死者的虔诚悼念品。

● 荷花：中国、泰国、印度等国家，对荷花评价极高；而日本却认为荷花是不祥之物，是人死后的那个世界用的花；印度忌用荷花做馈赠品，因为印度人多以荷花为祭祀之花。

● 菊花：在意大利、西班牙、德国、法国、比利时等国，菊花象征着悲哀和痛苦，代表哀悼，因此在葬礼上才会用到，绝不能作为礼物相送；在拉丁美洲，人们将菊花看作一种"妖花"，只有人死了才会送一束菊花；但德国人和荷兰人对菊花却十分偏爱；菊花是日本皇族的标志，特别是黄色的十六瓣菊花，被认为是皇族的徽号，一般不能作为礼物送人。

● 红玫瑰：与德国、瑞士人交往时，不要向朋友妻子或普通异性朋友送红玫瑰，因为红玫瑰代表爱情，会使他们误会。

● 郁金香：德国人视郁金香为"绝情之花"，所以德国人大多不喜欢送郁金香，送给他们代表绝交。

● 百合花：在英国人和加拿大人眼中象征着死亡，绝不能送。

另外，在国外，给中年人送花不要送小朵的鲜花，因为这意味着他们不成熟；给年轻人送花不要送大朵大朵的鲜花。在俄罗斯、南斯拉夫等国家若送鲜花一定要送单数，因双数被视为不吉祥；巴西人忌讳黄色和紫色的花，认为紫色是不顺的色调，视黄色为凶丧的色调；墨西哥人和法国人忌讳黄色的花，在法国，送黄色的花是不忠诚的表示；德国人还忌讳蔷薇；在巴西，绛紫的花主要是用于葬礼，看望病人时不要送那些有浓烈香气的花；罗马尼亚人什么颜色的花都喜欢，但一般送花时，送单不送双，过生日时则例外，如果您参加亲朋的生日酒会，将两支鲜花放在餐桌上，那是最受欢迎的。

▷ 知识实训

［实训背景］

国内某家专门接待外国游客的旅行社，有一次在接待来华的意大利游客时准备送每人一件小礼品。于是，该旅行社订购制作了一批纯真丝手帕，是杭州制作的，还是名厂产品，每个手帕上绣着花草图案，十分美观大方。手帕装在特制的纸盒内，盒上又有旅行社社徽，显得是很像样的小礼品。中国丝织品闻名于世，料想会受到客人的喜欢。

旅游接待人员带着盒装的纯真丝手帕，到机场迎接来自意大利的游客。欢迎词致得热情、得体。在车上他代表旅行社赠送给每位游客两盒包装甚好的手帕，作为礼品。

没想到车上一片哗然，议论纷纷，游客显出很不高兴的样子。特别是一位夫人，大声叫喊，表现极为气愤，还有些伤感。旅游接待人员心慌了，好心好意送人家礼物，不但得不到感谢，还出现这般景象。中国人总以为送礼人不怪，这些外国人为什么怪起来了？

［实训要求］

你作为该旅行社的负责人应该怎么做，觉得送什么比较合适？

［实训提示］

在意大利和西方一些国家有这样的习俗：亲朋好友相聚一段时间告别时才时送手帕，取意为"擦掉惜别的眼泪"。在本案例中，意大利游客兴冲冲地刚刚踏上盼望已久的中国大地，准备开始愉快的旅行，你就让人家"擦掉离别的眼泪"，人家当然不高兴，要议论纷纷了。那位大声叫喊而又气愤的夫人,是因为她所得到的手帕上面还绣着菊花图案。菊花在中国是高雅的花卉,但在意大利则是祭奠亡灵的,人家怎能不愤怒呢?本案例告诉我们:旅游接待与交际场合,要了解并尊重外国人的风俗习惯,这样做既对他们表示尊重,也不失礼节。

项目3 学习主要国家和地区的涉外服务习俗

🖅 工作任务

学习掌握各国和地区客商服务习俗

🖅 工作步骤

通过资料的阅读和案例分析,了解各国和地区客商的服务习俗,掌握主要国家和地区客商的商务礼仪规范。

🖅 知识链接

一、美国客商服务习俗

(一)遵时守约

与美国和欧美国家的客商打交道,首先应遵守时间,绝不能迟到,最好是比约定时间提前3~5分钟到达。如果你迟到,不管怎样解释也无法真正挽回失礼的印象。美国客商在社会交往中,一般情况下以点头、微笑为礼,不是特别正式的场合,美国人甚至连国际上最为通行的握手礼也略去不用了,若非亲朋好友,绝不会主动与对方亲吻、拥抱。行握手礼时,他们习惯手握紧,眼正视对方,微弓身,认为这样才算是礼貌的举止。

(二)注重商务着装

美国人在商务活动中,穿着上大多喜深色西装配着黑色皮鞋、深色袜子,切忌白袜黑鞋。正式场合或上班时,女性以裙装为宜,男性应打领带,穿深色西服。美国客商在商务活动中不喜欢依赖别人,也不喜欢别人依赖他们,他们独立进取,常常独往独来。美国人待人热情、开朗大方,易于接近。即使初次结交,他也会对你侃侃而谈,甚至滔滔不绝,使你毫无拘束。在商务活动中常常随约随往,一般不搞迎送,不讲派头,讲求实际,非常务实。

(三)讲究务实,以惠相报

美国人在金钱上也非常务实。付出劳动便要取得报酬,求助他人当以惠相报,在美国人看来是天经地义的。所以他们在劳动与报酬方面计算得清清楚楚,搭乘别人的汽车要分担汽油费,使用亲友的电话要交电话费。在美国社会中,人们的一切行为都以个人为中心,个人利益是神圣不可侵犯的。这种准则渗透在社会生活的各个方面。所以与美国客商交谈时,千万不要涉及个人私事,特别是询问对方年龄、婚姻状况、收入、宗教信仰、竞选投谁等是非常忌讳的。

二、德国客商服务习俗

(一)讲究遵守时间

德国客商在商务活动中对礼节非常重视。讲究遵守时间,德语中有一句话"准时就是帝王的礼貌"。所以与德国客商见面时不能迟到,最好提前3~5分钟到达。

(二)注重见面礼节

见面时通常都行握手礼。与德国客商握手时,要注意务必坦然地注视对方,并且握手的时间宜稍长一些,摆动的次数宜稍多一些,握手时所用的力量宜稍大一些。对于初次见面的成年人以及老年人,务必要用尊称"您",对于熟人、朋友、同龄者,方可用"你"相称。在德国,称"您"表示尊重,称"你"则表示地位平等、关系密切。德国客商比较严肃沉稳,不会轻易与人见面。德国客商在商务活动中一般要在阅读企业材料、认真看过样品后,才会与你见面,见面时都带助手,因此,常常会推迟约见日期。德国客商比较看重学术头衔,讲究形式,缺乏灵活性,做事谨慎小心,一切按规矩和制度行事。

(三)执法严格自觉

德国人在遵纪守法方面具有很强的自觉性,同时德国也是一个执法严格的国家。在德国,人们视遵纪守法为最高伦理原则。

三、英国客商服务习俗

(一)态度友好,讲究礼仪

英国客商在商务活动中,一般都行握手礼,不喜欢拥抱,随便拍打客人被认为是非礼的行为。英国客商态度友好,讲究礼仪,但不喜欢别人直接称他们为"英国人",叫他们"大不列颠人"则易于接受。与英商洽谈时,不要佩戴条纹领带,不要以英国皇家的私事为话题闲聊。英国人性格孤僻,寡言含蓄,生活刻板,办事认真,对外界事物不感兴趣,对新鲜事物持谨慎态度,具有独特的冷静的幽默。他们保守、冷漠,感情轻易不外露,即使有很伤心的事,也常常不表露出来。他们很少发脾气,能忍耐,不愿意与别人做无谓的争论。

(二)恪守传统,墨守成规,矜持庄重

在英国购物,最忌讳的是砍价。英国人不喜欢讨价还价,认为这是很丢面子的事情。在英国送礼不得送重礼,以避贿赂之嫌。在商务会晤时,按事先约好的时间光临,不得早到或迟到。英国工商界人士办事认真,他们视夸夸其谈、自吹自擂为缺乏教养的表现。到英国从事商务活动要避开7月、8月,这段时间工商界人士多休假,另外在圣诞节、复活节也不宜开展商务活动。

四、法国客商服务习俗

(一)善于交际

法国客商在社交场合与客人见面时,一般习惯施握手礼,但男女之间、女子之间见面时,也常行亲面礼。与英国人和德国人相比,法国人在待人接物上表现大不相同。法国人诙谐幽默、生性浪漫、骑士风度、尊重妇女、爱好社交。对于法国人来说社交是人生的重要内容,没有社交活动的生活是难以想象的,此外法国人渴求自由,纪律较差,自尊心强,偏爱"国货"。浪漫的法国人在待人方面很热情,处事方面较为随意,有时许诺不兑现,对未来和前途充满美好的幻想,对婚恋富于激情,时间观念不是很强,思维方式中诗情画意的成分多些。法国客商谈判时,喜欢先就主要交易条件达成共识,而后才谈合同条文。他们习惯反复多次地涉及交易的全部内容。法国客商如与你约会,喜欢采用共进晚餐的方式。

(二)看重礼物,注重生活享受和生活质量

在人际交往之中,法国人对礼物十分看重,但又有其特别的讲究。宜选具有艺术品位和纪念意义的物品,不宜以刀、剑、剪、餐具或是带有明显的广告标志的物品。忌讳男人向女人送香水。在接受礼品时,若不当着送礼者的面打开其包装,则是一种无礼的表现。此外,"超前享受"是法国人与其他国家人性格的最大区别。法国人只要有了一份稳定的收入,人人都可通过银行贷款或以分期付款的方式购买汽车及其他大额物品,因而有可能把大部分薪水用于消遣或旅游。并且法国的节假日非常多,除了周末两天休息日以外,每年还有 11 天的法定假日,外加 5 周带薪年休,总共 140 天。因此法国人非常注重生活的享受和生活的质量。

五、日韩客商服务习俗

(一)日本客商

1.时间观念很强

日本客商在商务活动中时间观念很强,与日本客商约谈千万不要迟到,可提前 3～5 分钟到达。日本人见面时多行鞠躬礼,但在国际交往中,也习惯握手礼。在商务活动中,日本客商在与对方接触洽谈之前,习惯于先建立友好往来关系。他们往往通过最初几次的会晤来揣摩对方。日商早期和你见面,一般不谈工作,而只是自我介绍、彼此引见、互换名片等。名片交换是以地位低或者年轻的一方先给对方,递交名片时,要将名片正对着对方,名片最好一面印有日文。

2.互赠礼品、礼物

日本人第一次洽谈时喜欢互赠礼品、礼物,你可以在还礼时回赠本单位的特色产品,但不必借机炫耀产品的商标。礼品的数量只可是 3、5、7 件,绝不能选 4 件。在接受日商的礼物时,一定要再三推谢之后才可收下,而再次相遇时,一定要重提和夸赞他送的礼物。根据日本的习俗,送礼时间最好是在年末或 7 月初的中元节。日本客商很注意礼仪的运用,你也应当举止从容、态度谦恭。与日商洽谈,切忌边说边指手画脚、插话打断别人讲话。发言时要低姿态,施压对日本人不起作用。阵容应从中级别开始,防止日商有压力感。日商喜欢把谈判安排在晚上进行,而且持续到凌晨。他们认为"晚上最能了解人的灵魂"。

3.谈判隆重,一般不单独进行

日商谈判往往兴师动众,与欧美客商单车独马的风格不同,谈判中要注意日商的三种表现:第一,报以微笑,这只表示"我们还是朋友",别无他意;第二,长时间的沉默不语,借此考验对手的耐心和态度,这种沉默不是拒绝,也不是默认,而只是一种赢得时间和观察对手的策略;第三,日商的"嗨"只表示"听见了""知道了",并不是表达"是的""对的"意思,只能理解为是一种礼貌的应和。

(二)韩国客商

韩国人十分重视礼仪道德的培养,尊敬长者是韩国民族恪守的传统礼仪。韩国人见面时的传统礼节是鞠躬,但和韩国官员打交道一般不使用鞠躬礼,可以握手或是轻轻点一下头。女人一般不与他人握手。若对方是有地位、身份的人,韩国人往往要多次行礼,行礼三五次,也不算多。在一般情况下,韩国人在称呼他人时爱用尊称和敬语,但很少会直接叫出对方的名字。

在商贸活动中韩国客商比较谨慎,在贸易谈判前,往往要对客人的情况做细致的了解,否则不会轻易与对方坐到谈判桌前。韩国客商在谈判时多采用"声东击西""先苦后甜""以退为进"等策略,用率先忍让的假象去换取对手的让步。而他们自己,即使到了将近签约之时,也仍不放弃"再让价格"的要求。和日本客商相似,韩国客商也多行鞠躬礼。如果结束时鞠躬的时间长于开始的时间,且鞠躬的幅度也加大,则透露出他们对会谈进展是满意的;反之,则意味着会谈还有麻烦。韩国客商还针对不同的谈判对手,经常使用"疲劳战""限期战"等手法与对手周旋。

六、东南亚地区客商服务习俗

亚太地区各国的服务习俗大同小异。大多数人都很客气,崇尚个人的谦恭和与集体的和谐。当然毕竟各国的习俗也不尽一致,所以应区别对待。

(一)泰国客商

泰国客商讲究礼节,在商务活动中,见面时多行合十礼。泰国人很讲究礼貌、礼节,与人相处总是面带微笑,很容易与陌生人融洽相处。泰国人追求闲逸舒适,对待生意漫不经心,也不太主动争取客户,常常是等客上门。泰国商人喜欢通过共进午餐来开展商务联系,以便能更多地了解你。许多地位高级的商人都有皇室头衔,并醒目地印在名片上,接过名片后应认真细读,并以头衔称呼他,这既能满足他的虚荣心,也表现你对他的尊重。

见面时,在接、递名片时应用右手或双手接、递,切忌用左手。因泰国人认为右手高贵,左手只能拿不干净的东西,因此,在接收礼物或递东西时应用右手或双手,以表示庄重有礼。泰国在圣诞节或每年4月的宋干节期间,商业部门大多是停止营业的,所以与泰国人做生意要先通过信函约定。泰商对你给孩子送小礼品十分欢迎。

(二)马来西亚客商

马来西亚客商在商务活动中,见面的礼节,往往因民族的不同而有所区别。马来西亚人传统的见面礼节是所谓的"摸手礼"。它的具体做法为:与他人相见时,一方将双手首先伸向对方,另一方则伸出自己的双手,轻轻摸一下对方伸过来的双手,随后将自己的双手收回胸前,稍举一下,同时身体前弯,呈鞠躬状。与此同时,他们往往还会郑重其事地祝愿对方。马来西亚的华人与印度人,则大多以握手作为见面礼节。现在,马来西亚人的常规做法是向对方轻轻点头,以示尊重,除男人之间的交往以外,马来西亚人很少相互握手,男女之间尤其不会这么做。

(三)新加坡客商

新加坡人所行的见面礼节多为握手礼。在商务活动时一般穿白衬衫,着长裤,打领带即可。访问政府办公厅仍应着西装、穿外套。新加坡人非常讨厌男子留长发,对蓄胡子者也不喜欢。

马来西亚和新加坡的客商外出频繁,与他们洽谈金融业务首先必须确定洽谈的时间,至少提前一个月联系。若能找到熟人或由银行开具引荐信,会使你建立客户关系和安排约会更顺利,否则你会晤的请求,将可能会没有答复。在这些国家洽谈业务需要有耐心,决策不但是缓慢的,而且可能重新决策。比如价格已达成协议后,对方却试图就此再度协商,这是一种习俗,你不必感到吃惊。去马来西亚进行商务活动,应避开穆斯林斋月和华裔新年。时间最好选在每年的3月和7月。东南亚诸国近年来对环境保护和禁烟抓得都很严,赴外洽谈金融业务时,应充分注意。

七、中东客商服务习俗

中东国家多信奉伊斯兰教,既不在意开始的时间,又不节制结束的时间。他们在约会时往往迟到,会谈中却延时。其生活方式造就了"一个完全不同的世界",渗透到金融商务活动中就形成了非常独特的商务习俗。阿拉伯人的纪元是以公元 622 年为元年,使用的伊斯兰教历和公历不同,所以在与阿拉伯商人洽谈时要进行换算,别弄错了日子。一年一度的斋月中,金融商务活动照常进行,但商务宴请却必须在日落之后。因为宗教要求,伊斯兰教徒每天要面向麦加方位做 5 次祈祷,金融商务活动中也不例外。阿拉伯人会因不断接待新的来访者,让你坐等 20 分钟,然后可能在同一个场合与不同的对手进行谈判,原定的会谈 1 小时,被拖长两三个小时是常事。

阿拉伯人等级观念较明显。你想越过下级直接去找其上司,丝毫不能加快你办事的速度,甚至还可能事与愿违。在办公室或社交场合,喝茶或咖啡以 3 杯为限,多喝被认为是不懂规矩。若有人在你正谈话时介入,不必诧异,这是阿拉伯民族一种古老的"共同听政"习俗。阿拉伯人喜怒难测,固执己见。怒时极易冲动,但不伤害别人,只是自我宣泄;喜时往往不顾实际情况的可否,就欣然答应别人的要求,而外人还常常信以为真。

沙特人与人约会,一般只说从现在起几小时后,而不能说定几点钟。因为沙特习惯以日落时为零点,不同的地方因日落时间不同,会相差几十分钟(如首都利雅得比吉达市早约 30 分钟)。沙特是男女之间防范最严的国家,外国女士申请入境非常困难。商谈前,不可贸然向外商的妻子问好。在禁忌方面,沙特严禁一切偶像,任何人不准携带雕塑、洋娃娃之类物品入境,连商店的服装塑料模特和十字路口的交通招贴画上的人像,都是无头的。他们忌用左手接拿物品。在沙特签署文件或合同,必须有两名沙特见证人在场方能生效。

与科威特人洽谈业务,多数是在饮酒中进行的。他们并不多说话,通过与对方饮酒,用酒杯来"说出"贸易语言,发表自己的意见。比如,科威特人表示愿意和你做生意时,就会频频举瓶为你斟酒,每次量不大,你也应为他倒酒表示回敬;如果他举杯要你饮酒,自己只饮一两口,又不喝干,则表示他愿意在价格上做些让步;表示达成协议时,就摆上两只酒杯,各盛上饮料和酒,双方各喝两杯,就可签约成交;相反,如果对方把一杯酒喝完后,再把酒杯扣在桌上,则生意告吹,准备告辞走人。所以去科威特商谈,既要懂他们的"酒语",又要能陪他们喝酒,还不能因量小醉酒而误事。

总之,阿拉伯国家很神奇,宗教禁忌颇多,这使得欧、亚、美各地的商人深感不适。在中东经营金融业务,务必要尊重阿拉伯人的习俗,尤其是宗教习俗,才能减少麻烦,获得成功。

八、澳大利亚客商服务习俗

澳大利亚人非常注重仪态礼仪。澳大利亚客商在商务活动中,与人见面时多行握手礼,也行拥抱礼、亲吻礼、合十礼、鞠躬礼、拱手礼、点头礼。澳大利亚人非常注重仪态礼仪,男人们相处,感情不能过于外露,大多数男人不喜欢紧紧拥抱或握住双肩之类的动作。在社交场合,忌讳打哈欠、伸懒腰等小动作。澳大利亚客商不多疑,不以门第、等级取人,比较容易接近。他们洽谈金融业务时,一般会爽快地安排洽谈,并且洽谈条件较为客观,几乎有问必答。一般只要金融产品和服务能接近对方可以接受的水平,无须过多商谈,往往能够很快达成协议。

澳大利亚人洽谈业务,重视大的原则问题,不大纠缠细节,没有先抬价再让价的习惯。所以与澳商谈判,应集中精力解决重大问题,不必多谈细节。到澳大利亚进行商务活动的最佳月份是 3—11 月,其余的 3 个月,特别是靠近圣诞节、复活节时,澳大利亚客商基本上是静不下心来洽谈业务的。

澳大利亚人很会享受生活,注重品质,他们不喜欢休息日谈工作,他们把公和私分得很清楚。虽然节假日澳大利亚有双薪甚至三薪,但是澳洲人宁愿去度假,所以公众假日很难找人上班,只有亚裔继续着"勤劳、勇敢、智慧"的传统美德。澳大利亚是一个讲求平等的国家,不喜欢以命令的口气指使别人。所以不要以为一起进过餐,生意就好做了。

▷ 知识实训

[实训背景]

失败的接待

某银行王经理在一次接待一位重要的德国客户,因为堵车比约定的时间晚到 20 分钟。见面王经理自我介绍之后准备递上名片时发现名片用完了,于是尴尬地跟客户解释:"不好意思,名片刚用完,我姓王,您叫我小王就好了。"待客户在会客室坐好后,王经理用左手给客户递送了业务资料和茶水。这时王经理的手机响起,为了不影响客户阅读文件,王经理躲到桌子下面非常小声地接听电话。鉴于王经理的表现,最后这位德国客户很礼貌地与王经理告辞,业务也没谈成。王经理很纳闷,不知道自己错在哪里?

[实训要求]

根据此案例,思考一下,如果你是王经理,在进行涉外接待的时候应该怎么做才能赢得德国客户呢?

[实训提示]

在接待外宾的过程中,涉外接待礼仪是一项非常重要的工作,就因为这位王经理在接待外宾时不恰当的表现,其所在银行失去了这位重要的客户。德国人一般严肃而谨慎,注重形式,注重体面,讲究信誉,重视时间观念。王经理在接待客户之前没有做足充分的准备,接待过程中迟到、用左手递送资料和茶水,以及接听电话等行为缺少了作为银行工作人员应具备的修养,也是不尊重对方的表现,让德国客户感觉自己被怠慢了,因此不愿意和王经理合作。

▷ 思考与练习

1. 金融涉外工作人员在迎来送往过程中应注意哪些礼仪?

2. 会见、会谈的座次安排主要有哪些形式?

3. 金融涉外接待工作的基本要求是什么?

4. 不同国家的人对花卉和颜色有什么特别禁忌?

5. 世界主要地区与国家的服务习俗有哪些?

6. 悬挂国旗有哪些礼仪规范和要求?

7. 签字仪式的基本程序是怎样的?

主要参考书目

[1] 王华.金融职业礼仪.北京:中国金融出版社,2006

[2] 赵景卓.现代服务礼仪.北京:中国物资出版社,2007

[3] 何浩然.中外礼仪.大连:东北财经大学出版社,2006

[4] 李晶.现代国际礼仪.武义:武汉大学出版社,2008

[5] 陶汉军.现代礼俗必读.上海:上海财经大学出版社,2008

[6] 郝凤波.商务礼仪.北京:地震出版社,2008

[7] 李家发.外事外交知识与国际交往礼仪.南宁:广西师范大学出版社,2008

[8] 罗杰泽.新商业礼仪.北京:商务印书馆,2007

[9] 陈福义,覃业银.礼仪实训教程.北京:中国旅游出版社,2008

[10]金正昆.礼仪金说服务礼仪.西安:陕西师范大学出版社,2008

[11]刘长凤.实用服务礼仪培训教程.北京:化学工业出版社,2007

[12]王华.金融职业服务礼仪.北京:中国金融出版社,2009